Biographie

Brian Mulroney

L'HOMME DES BEAUX RISQUES

Projet dirigé par Pierre Cayouette, éditeur

Adjointe éditoriale : Raphaelle D'Amours
Conception graphique : Sara Tétreault
Mise en pages : Andréa Joseph [pagexpress@videotron.ca]
Révision linguistique : Myriam Gendron et Chantale Landry
Index : Monique Dumont
En couverture : Brian Mulroney brandissant l'accord du lac Meech lors
    d'une assemblée électorale à l'automne 1988. Photographie reproduite
    avec la courtoisie du Très Honorable Brian Mulroney, provenant de
    la collection du Très Honorable Brian Mulroney à Bibliothèque et
    Archives Canada.

Québec Amérique
329, rue de la Commune Ouest, 3e étage
Montréal (Québec) Canada H2Y 2E1
Téléphone : 514 499-3000, télécopieur : 514 499-3010

Nous reconnaissons l'aide financière du gouvernement du Canada par
l'entremise du Fonds du livre du Canada pour nos activités d'édition.

Nous remercions le Conseil des arts du Canada de son soutien. L'an
dernier, le Conseil a investi 157 millions de dollars pour mettre de l'art
dans la vie des Canadiennes et des Canadiens de tout le pays.

Nous tenons également à remercier la SODEC pour son appui financier.
Gouvernement du Québec–Programme de crédit d'impôt pour l'édition
de livres–Gestion SODEC.

Conseil des Arts   Canada Council   SODEC
du Canada   for the Arts   Québec

**Catalogage avant publication de Bibliothèque et Archives nationales
du Québec et Bibliothèque et Archives Canada**

Gendron, Guy
Brian Mulroney : l'homme des beaux risques
(Biographie)
Comprend des références bibliographiques et un index.
ISBN 978-2-7644-2720-0 (Version imprimée)
ISBN 978-2-7644-2764-4 (PDF)
ISBN 978-2-7644-2765-1 (ePub)
1. Mulroney, Brian, 1939-. 2. Canada - Politique et gouvernement -
1984-1993. 3. Parti progressiste-conservateur du Canada - Histoire.
4. Premiers ministres - Canada - Biographies. I. Titre. II. Collection :
Biographie (Éditions Québec Amérique).
FC631.M84G46 2014   971.064'7092
C2014-941361-0

Dépôt légal : 3e trimestre 2014
Bibliothèque nationale du Québec
Bibliothèque nationale du Canada

GUY GENDRON

Brian Mulroney

L'HOMME DES BEAUX RISQUES

ICI RADIO-CANADA | Québec Amérique

À mes anges :
Laurence, Myriam, Élisabeth, Brigitte et Cléo.

Table des matières

Avant-propos

C e livre découle d'une série documentaire biographique présentée sur les ondes de la télévision de Radio-Canada en septembre 2013. La diffusion de ces quatre heures de reportage marquait un double anniversaire : les 30 ans de l'élection de Brian Mulroney à la tête du Parti progressiste-conservateur du Canada et les 20 ans de son départ de la vie politique.

Le projet a trouvé son origine en mai 2011, lors d'une rencontre avec Brian Mulroney, à son bureau du 24e étage de la Place-Ville-Marie, l'édifice emblématique de Montréal où il a commencé sa carrière d'avocat, presque un demi-siècle plus tôt. En compagnie de la recherchiste Micheline Fortin, j'allais soumettre à cet ancien premier ministre l'idée de participer à un exercice de mémoire et de réflexion sur ses années au pouvoir, parmi les plus tumultueuses de l'histoire politique canadienne. Bien sûr, il aurait été possible d'en faire le bilan sans lui, à travers le regard d'amis et d'adversaires, ou l'analyse d'historiens et de politologues. Mais cela me semblait insuffisant, voire injuste. Car l'homme est toujours vivant. Et alerte, comme j'allais le découvrir en entrant dans son bureau. J'avais oublié à quel point sa stature est imposante : un grand six pieds, les épaules carrées et droites, alors que je l'imaginais diminué par le poids des années et les conséquences de la maladie qui l'a presque emporté en 2005, lui imposant un séjour de plusieurs mois à l'hôpital. Au contraire, c'est un homme vif à la poignée de main robuste qui nous accueille en commentant la dernière soirée électorale canadienne tout en nous montrant l'objet dont il semble le plus fier. Il trône au milieu de la pièce. Son parti le lui a offert comme cadeau de départ. Il s'agit du bureau de travail de John A. Macdonald, le premier à occuper le poste de premier ministre du Canada, en 1867. Un conservateur, il va de soi, mais bien davantage aux yeux de Brian Mulroney. Car Macdonald a réalisé l'exploit de réunir des partis adversaires en une « Grande Coalition » pour ensuite entreprendre de longues négociations constitutionnelles visant à jeter les bases d'un pays immense reconnaissant et réconciliant ses multiples identités régionales, linguistiques et religieuses. C'est ainsi que fut adopté l'Acte de l'Amérique du Nord britannique, le certificat de naissance du Canada, qui lui servit de constitution jusqu'en 1982. Élu deux ans plus tard à la tête d'un gouvernement majoritaire, Brian Mulroney allait consacrer toutes ses énergies à tenter de reproduire une opération politique semblable inspirée de sa promesse de « réconciliation nationale » entre le Québec – écarté de l'accord constitutionnel conclu sans lui en 1981 – et le reste du Canada. L'échec de cette initiative, on le verra, constitue le moment le plus sombre de la vie politique de Brian Mulroney. Le bureau de Macdonald, qu'il affectionne pourtant, en est un rappel quotidien.

Cette réconciliation nationale, qualifiée de « beau risque » par nul autre que le premier ministre René Lévesque, a sans doute connu le pire dénouement de tous les beaux risques ayant jalonné la vie de Brian Mulroney. Homme de projets, c'est dans l'action qu'il a cherché à se réaliser : défendre la cause des francophones auprès du gouvernement canadien quitte à rompre les liens privilégiés qu'il avait développés avec John Diefenbaker ; convaincre le Parti progressiste-conservateur que la reconquête du pouvoir passait par le Québec ; lancer des négociations de libre-échange avec les États-Unis, une mesure à laquelle son parti s'était toujours opposé, puis conclure cette entente malgré l'opposition féroce de l'entourage du président Ronald Reagan et la faire ensuite ratifier par la population canadienne lors d'une élection fiévreuse ; prendre la tête du mouvement mondial contre le régime raciste d'apartheid en Afrique du Sud, au risque de brouiller ses relations avec les deux figures de proue du conservatisme mondial anglo-saxon, Margareth Thatcher et Ronald Reagan ; faire du Canada un leader dans les combats pour la protection de l'environnement planétaire, le développement durable, la protection de la couche d'ozone, l'élimination des pluies acides.

Brian Mulroney allait-il accepter de ressasser pour nous, devant la caméra, pareils souvenirs? La mémoire de ses relations tendues avec les journalistes de la Tribune de la presse parlementaire à Ottawa – dont je fus à l'époque – allait-elle l'amener à poser des conditions? Nous seraient-elles acceptables d'un point de vue journalistique? À ma grande surprise, Brian Mulroney s'est immédiatement enthousiasmé pour le projet bien que nous l'ayons présenté sans enrobage sucré: il n'était pas question de réaliser une hagiographie. Notre seul engagement envers lui était de produire un documentaire factuel, respectueux de l'homme et de sa fonction. Une œuvre journalistique donc, et qui ne pouvait en conséquence s'accompagner d'obligations à ceci ou d'interdits de cela dans le but de polir l'image de notre sujet. « Sans la liberté de blâmer, il n'est point d'éloge flatteur », disait Figaro sous la plume du dramaturge Beaumarchais.

Brian Mulroney a complètement endossé cette démarche. D'entrée de jeu, il nous a assuré qu'il n'allait poser aucune condition quant au choix des intervenants que nous allions interviewer pour cette série. « Même pas pour Lucien Bouchard », ce qui est tout dire dans son cas! Allait-il y avoir des sujets tabous, par exemple en ce qui concerne l'alcool, la famille, l'affaire Airbus, les histoires de corruption? Je peux témoigner que jamais il n'a dicté, orienté ou demandé d'approuver nos questions. Jamais même il n'a refusé d'y répondre. Le lecteur jugera dans quelle mesure il l'a fait candidement à l'occasion des cinq séances d'enregistrement qu'il nous a accordées à l'hiver et au printemps 2012, à moi et à la réalisatrice Denise Tardif. Nous avons aussi rencontré une quarantaine d'autres personnes: amis, parents, collègues, fonctionnaires, ambassadeurs, chefs d'État étrangers ou adversaires politiques. Nous avons ratissé large et amassé une centaine d'heures de témoignages qui dressent un portrait souvent étonnant d'un homme politique malmené par l'histoire avec un petit « h », celle écrite par les journalistes, mais pour lequel l'Histoire, celle des historiens, pourrait un jour être plus clémente. Notre série télévisée de quatre heures ne pouvait pas rendre justice à la richesse de tous ces témoignages pourtant essentiels. C'est ce qui nous a convaincus de rédiger ce livre. Moins pour nous excuser auprès de nos invités d'avoir autant abrégé leurs propos que pour en faire profiter le plus grand nombre possible de lecteurs.

Bien que largement inspiré de la série télévisée, ce livre n'en est cependant ni la reproduction ni la suite. Il constitue une nouvelle lecture – forcément plus personnelle – de Brian Mulroney, l'homme, le politicien et l'homme d'État. Les idées et opinions exprimées dans cet ouvrage sont donc celles de son auteur et ne doivent pas être interprétées comme étant celles de la Société Radio-Canada.

Guy Gendron

Chapitre 1

La panne

C e soir-là, le 24 Sussex était plongé dans le noir.

La panne de courant est survenue au pire moment, alors que le temps était particulièrement lourd à Ottawa. Le vieil immeuble mal isolé où il fait toujours trop froid en hiver et trop chaud en été était devenu un four. Les enfants Mulroney s'étaient mis à la tâche pour ouvrir toutes les fenêtres par où entraient des rafales de vent parfois violentes. On se serait cru dans un château abandonné, comme en plein film d'épouvante. Les rideaux bougeaient dans tous les sens, possédés par l'air du temps mauvais, agités d'une énergie démentielle en cette soirée du 22 juin 1990, le soir de la première mort de Brian Mulroney, celle du rêve de toute une vie.

Dans la voiture qui les ramenait, lui et son épouse Mila, à la résidence officielle des premiers ministres canadiens, Brian Mulroney n'avait pas prononcé un seul mot. Son esprit était anesthésié par l'ampleur de la défaite, son cœur subjugué par le chagrin. Leur fille Caroline l'a tout de suite remarqué dès leur arrivée. Contrairement à leur habitude, ils ont tout juste salué les enfants. Il y a des peines dont on veut protéger ceux qu'on aime. Brian Mulroney et Mila se sont donc rapidement enfermés dans le bureau de travail qu'avait aménagé le premier ministre six ans plus tôt. De la fenêtre, il offrait une vue imprenable sur la rivière des Outaouais et, au-delà, sur les douces collines de la Gatineau. Le Québec était juste là, si proche, et pourtant si loin. Le lendemain, Brian

Mulroney le sait, il lui faudra porter le deuil et trouver la manière de réconforter un pays meurtri. Il voudrait dormir des jours, fuir le plus loin possible. Il ne le peut pas. Sa fonction exige que demain il mobilise toute son énergie pour balbutier un discours à la nation dont les contours sont un inéluctable appel à l'unité : « C'est le temps de concilier nos différences, de panser nos plaies et de tendre la main à nos concitoyens », dira-t-il, lui dont l'âme n'est plus qu'une plaie béante. Face au gâchis qui vient d'exposer les aspects les plus inavouables des rivalités régionalistes, il n'a d'autre choix que de reprendre, comme par réflexe, mécaniquement, son rôle de réconciliateur en chef.

Au fond de lui-même, ce soir-là, il a néanmoins la conviction que tout a été dit. Trop, ou pas assez ? La question va le hanter tout le reste de sa vie. Aurait-il dû faire autrement ? Aurait-il pu en faire plus pour sauver l'accord constitutionnel conclu trois ans plus tôt à quelques kilomètres de là, au lac Meech ? L'entente qui devait permettre au Québec d'adhérer à la Constitution canadienne « dans l'honneur et l'enthousiasme » était la concrétisation du projet de réconciliation nationale porté par Brian Mulroney depuis… l'enfance. L'affirmation est grosse. Le lecteur pourra juger de son à-propos dans les pages qui suivent. Mais une chose est certaine au sujet de cette soirée du 22 juin 1990, lorsque l'accord du lac Meech est devenu caduc faute d'avoir été ratifié par toutes les provinces canadiennes : ce soir-là, le 24 Sussex était plongé dans le noir.

Chapitre 2

Les origines

O n imagine mal aujourd'hui ce que pouvait être la vie à Baie-Comeau où Brian Mulroney a vu le jour, le 20 mars 1939. Un monde au milieu de nulle part, entre un océan de forêt boréale et l'immensité d'un fleuve gelé pendant les longs mois d'hiver. Un univers social minuscule tout juste planté là pour satisfaire aux besoins insatiables en papier journal des presses rotatives du Chicago Tribune. L'usine – la North Shore Paper Company – est inaugurée par son propriétaire, le colonel Robert R. McCormick, en présence du premier ministre Maurice Duplessis, le 11 juin 1938. Les célébrations ont sans doute été grandioses : Brian Mulroney naît 40 semaines plus tard !

Pour ses parents, c'est le début d'une nouvelle vie. Son père Benedict et sa mère Irene viennent des environs de Shannon où une petite communauté anglophone d'origine irlandaise s'est installée sur les bords de la rivière Jacques-Cartier, à l'ombre de la grande ville de Québec. Leurs ancêtres ont fui la misère et les persécutions religieuses imposées par « les Anglais » dans les années 1830 pour trouver un monde meilleur au Québec où la religion catholique jouit paradoxalement de la protection de la Couronne britannique. Ben est le treizième de 14 enfants. On est catholique ou on ne l'est pas. Il a atteint une neuvième année à l'école, ce qui est très honorable à l'époque dans les classes laborieuses mais n'ouvre généralement les portes d'aucun emploi prestigieux. Or Ben a de l'ambition. Il suit donc un cours par correspondance pour devenir électricien, un métier, il en est convaincu, qui a de l'avenir. C'est ainsi que tout juste après les fêtes du Nouvel An 1938, il déménage à Baie-Comeau avec femme et enfants – le couple marié en 1934 a déjà deux filles – pour participer à la construction de l'usine de pâtes et papiers dont il deviendra plus tard contremaître général. La position est enviable dans une petite ville comme Baie-Comeau. Pourtant, elle suffit à peine à faire vivre la famille qui compte bientôt six enfants. Ben travaille six jours par semaine à l'usine et il doit, sa vie durant, avoir un second emploi à la tête de sa petite entreprise de travaux électriques. Toutefois, ce n'est pas encore assez pour subvenir aux besoins de base. Alors on entasse les six enfants dans deux chambres pour faire de la place à des pensionnaires.

Baie-Comeau était un milieu égalitaire, dit Brian Mulroney dans ses mémoires[1] : «tout le monde était pauvre». Certaines semaines, se souvient-il, on ne mangeait de la viande que le jeudi, le jour de la paye. Premier fils vivant de la famille, Brian va donc très tôt apprendre les vertus du travail et le sens du devoir. À 10 ans, il occupe un premier emploi à la Hudson's Bay Company, la plus vieille entreprise en Amérique du Nord, qui tient à Baie-Comeau ce que l'on pourrait qualifier de magasin général. Il est préposé au lavage des légumes, les mercredis, jeudis et vendredis, et à la distribution porte-à-porte des feuillets publicitaires annonçant les soldes de la semaine. En hiver, lors des tempêtes pouvant charrier des bordées de neige d'un mètre à la fois, c'est un travail qui tient souvent de l'exploit. Chaque semaine, le jeune Brian remet à sa mère tout l'argent ainsi gagné. C'est sa contribution. Les filles, elles, aident aux travaux domestiques. Voilà l'ordre des choses à l'époque.

Il va également de soi que les enfants Mulroney fréquentent l'école francophone de Baie-Comeau, bien que l'on parle anglais à la maison et que le village dispose d'une école de langue anglaise. Car chez les Mulroney, la langue passe après l'appartenance religieuse. L'école française constitue un havre catholique alors que l'école anglaise est de confession protestante. Dans ces circonstances, ces fiers descendants d'Irlandais n'ont d'autre option que d'envoyer leurs enfants à l'école de langue française. De la même manière, ils assistent tous les dimanches, à l'église Sainte-Amélie, à la messe en français, ce qui n'est pas une mince affaire pour la mère, Irene, dont la maîtrise de la langue française est toute relative : «Ça faisait bizarre un peu, mais on s'entendait à merveille», se souvient aujourd'hui Brian Mulroney.

---

1.   Brian Mulroney. *Mémoires*, Éditions de L'Homme, Montréal, 2007, 1 342 p.

Cette situation de double minoritaire – anglophone mais pas pro-
testant, catholique mais pas francophone – place très tôt Brian Mulroney
dans une position qui forgera sa personnalité. Elle sera aussi déterminante dans sa vie professionnelle et politique. D'un naturel affable, il
passe aisément d'une communauté à l'autre. Cela est d'autant plus facile
que tous les habitants de Baie-Comeau se connaissent, qu'ils partagent
le sentiment d'avoir bâti la ville ensemble, à partir de rien. Ici, on est
dans un monde nouveau, sans les rivalités ancestrales inscrites jusque
dans la géographie des lieux des grandes villes. Bien sûr, on retrouve
surtout des anglophones sur la rue qu'habitent les Mulroney et qui
mène vers l'Hôtel Le Manoir surplombant le fleuve. Cependant, elle ne
porte pas un nom rappelant la suprématie historique anglo-saxonne
comme Dorchester, Amherst ou Wolfe. C'est la rue Champlain. Tout
près, la rue Laval est peuplée principalement de francophones qui représentent plus des trois quarts des citoyens de Baie-Comeau. Dès l'enfance,
Brian Mulroney circule naturellement dans cet univers, s'y fait des amis
indistinctement de la langue ou de la religion. Son identité multiple
l'amène à voir au-delà de ces différences, à créer des passerelles, à réconcilier les points de vue des deux communautés. D'autant qu'il ne fait
entièrement partie d'aucune. «C'est un peu comme si je croyais que je
comprenais les deux et que je pouvais être, peut-être, utile là-dedans»,
analyse-t-il maintenant, en parlant non seulement de son enfance, mais
aussi du rôle qu'il a tenté de jouer plus tard, comme premier ministre,
avec l'accord constitutionnel du lac Meech. «Être utile» : la volonté
d'«être», mais dans l'«action». Voilà l'un des principaux moteurs de
l'engagement politique de Brian Mulroney, inscrit au plus profond de
sa personnalité. Selon Marcel Masse, qui sera plus tard l'un de ses
ministres, cela explique aussi une faille majeure dans le caractère de
Brian Mulroney : «Sa faiblesse, à mon avis, c'est de vouloir être aimé.»
Bien sûr, dit Marcel Masse, il est normal pour un homme politique de
vouloir plaire au plus grand nombre, mais il faut aussi savoir imposer
sa raison, ce que Brian Mulroney ne pouvait souvent se résoudre à faire.

*« Il voulait toujours convaincre tout le monde… Il avait ce besoin
d'être aimé. […] C'est un Irlandais dans un Québec francophone qui,
lui, est dans un Canada anglophone. Alors il y a trois étapes avant
d'arriver en haut. Et les minorités en général espèrent être aimées. »*
– Marcel Masse

Chapitre 3

L'engagement politique

À l'âge de 14 ans, Brian Mulroney quitte Baie-Comeau pour de bon. En larmes. Ses parents ne pouvaient se résoudre à l'inscrire au Baie-Comeau Highschool, l'école secondaire anglo-protestante locale. Il part donc seul avec une lourde valise de carton à la main et prend le traversier, puis un train pour se rendre à ce qui lui semble être l'autre bout du monde, le Nouveau-Brunswick. Il y complètera ses études secondaires au Collège Saint-Thomas de Chatham, devenu aujourd'hui l'Université du Nouveau-Brunswick à Fredericton. Jamais jusqu'alors il n'était allé plus loin que la ville de Québec, à l'occasion du pèlerinage estival annuel en famille. Une véritable odyssée sur le sentier routier approximatif longeant la rive nord du Saint-Laurent. Entassés dans la Pontiac 1938, le père, la mère, les six enfants, le chien et 16 sandwichs pour la route. Sans oublier le chapelet qu'Irene égrainait tout le long du voyage en invoquant la protection divine.

Le voilà maintenant pensionnaire dans une autre province, loin des siens sauf pour le congé de deux semaines à l'occasion des fêtes. Heureusement pour lui, l'institution d'enseignement est minuscule. On y retrouve moins d'une centaine d'élèves. Une grande famille en somme, ce qui facilite l'intégration et permet à Brian Mulroney de conserver intacte son assurance, comme en témoigne le prix du meilleur orateur qu'il obtient au terme de ses études, deux ans plus tard.

Déjà, au primaire, il affichait des talents précoces dans la maîtrise du verbe lors des concours d'art oratoire organisés par le Club Rotary et la chambre de commerce de Baie-Comeau. La formule, très en vogue à l'époque, y compris dans les endroits les plus reculés, a servi à former et à recruter des générations d'avocats, de politiciens… et de curés. Brian Mulroney conserve un souvenir impérissable de la compétition de 1949, alors qu'il n'avait que 10 ans. Non qu'il en soit sorti gagnant ; c'est plutôt à cause de la victoire de sa sœur la plus âgée, Olive, dont le discours portait sur l'adhésion à la Confédération canadienne, cette année-là, de la dixième province, Terre-Neuve-et-Labrador. Dans un grand éclat de rire teinté d'ironie, Brian Mulroney se souvient encore du titre de la présentation : *Welcome Newfoundland !* Il ne pouvait se douter qu'un jour son rêve de réconciliation nationale du Québec avec le reste du pays allait s'échouer sur les rives de la province dont sa sœur célébrait alors l'arrivée.

Une fois ses études secondaires complétées, Brian Mulroney souhaitait retourner à Baie-Comeau pour y vivre, apprendre un métier, comme son père, dans l'espoir de trouver un emploi à l'usine. Il cesserait d'être un poids financier pour ses parents. Il pourrait même contribuer au budget familial. Cependant, son père avait d'autres projets pour lui.

« Il dit : la seule façon de sortir d'une ville des pâtes et papiers, c'est par la porte d'une université. […] Même si on a besoin de l'argent, et j'apprécie l'offre, on n'en a pas besoin à ce point-là. Tu vas aller à l'université. » – Brian Mulroney

À l'automne 1955, Brian Mulroney se retrouve donc une fois de plus à bord du traversier, sa valise de carton à la main, en direction d'une nouvelle institution d'enseignement anglophone et catholique : l'Université Saint-Francis-Xavier (StFX) à Antigonish, en Nouvelle-Écosse. Sa principale qualité, au-delà de la confession religieuse de l'établissement, tenait dans la modicité de ses frais d'inscription : 700 dollars par année, logé, nourri, blanchi. Cela en fait un choix de prédilection pour les fils d'ouvriers de toute la région atlantique, et bien au-delà. Car StFX a une vocation singulière, inspirée du père Moses Coady, grand promoteur de l'aide au développement des pays pauvres par le microcrédit et le système coopératif. Cette particularité, qui place l'université nettement à la gauche du spectre politique, se reflète dans la composition de sa clientèle.

« Il y avait des gens qui venaient de partout, des États-Unis, de l'Afrique. Pour moi c'était complètement nouveau. Je n'avais jamais vu ça de ma vie. » – Brian Mulroney

À 16 ans, Brian Mulroney côtoie pour la première fois des Noirs et prend conscience des inégalités sociales et économiques dans le monde. Il devient président de la société coopérative de StFX : « Pour un conservateur, c'est pas si mal ! », lance-t-il avec humour. L'expérience le marque à vie et elle aura une grande influence sur sa conception des relations internationales, particulièrement en ce qui concerne le continent africain. Déjà, il est naturellement plus progressiste que conservateur, sans doute influencé par ses parents, de bons libéraux pour qui le Parti conservateur est avant tout le parti des anglo-protestants. Selon lui, sa conversion politique est attribuable à un collègue d'université plus âgé, Lowell Murray, alors président de l'Association étudiante progressiste-conservatrice de StFX qui l'aurait convaincu de se joindre au parti. Murray, qui sera plus tard sénateur et ministre dans le Cabinet Mulroney, en a gardé un souvenir différent :

« Il était dans sa première année. Il avait 16 ans. Il m'approche sur le campus de StFX, il s'identifie comme Brian Mulroney. Il sait que je suis président du club progressiste-conservateur sur le campus. Il voulait se joindre à nous. » – Lowell Murray

En ce début d'année, ça bataille ferme sur le campus pour préparer les élections au parlement étudiant. Pourtant, l'affaire semble réglée d'avance. Jamais les conservateurs n'ont réussi à se faire élire dans cette université gauchisante. Lowell Murray voit en Brian Mulroney une recrue de choix : il peut à la fois faire campagne chez les étudiants de première année et parmi les quelques Québécois qui fréquentent l'établissement. Et il est un charmeur infatigable à l'humour communicatif.

Fred Doucet, un autre ami rencontré sur le campus et qui demeurera un fidèle de Brian Mulroney pendant des décennies, dit de lui qu'il était un leader naturel et un beau parleur impénitent.

« Il s'est fait connaître comme un orateur très tôt après son arrivée à l'université, pas juste par les élèves, mais par les professeurs. Il faisait partie des clubs de débat. Tout ce qui pouvait avoir affaire avec parler, faire des débats, les parlements, ces choses-là, il était attiré par ça. » – Fred Doucet

À la surprise générale, les conservateurs remportent l'élection, bien qu'ils soient minoritaires. En reconnaissance de sa contribution, Brian Mulroney est nommé « ministre des pêches » dans le Cabinet du « premier ministre » Murray dont le « gouvernement » est presque aussitôt renversé. Mais l'essentiel est ailleurs. Brian Mulroney a goûté à l'adrénaline de la bataille, au plaisir du débat, à l'ivresse de la victoire. Et il y a pris goût. Deux ans plus tard, le voilà premier ministre du parlement modèle de toutes les universités atlantiques !

Auparavant, il aura connu son véritable baptême du feu à l'occasion du Congrès à la direction du Parti progressiste-conservateur du Canada qui s'est tenu à Ottawa en décembre 1956. Cette fois, Brian Mulroney est dans les ligues majeures. Le parti se cherche un nouveau chef qui pourrait bien être le prochain premier ministre du pays. À titre de président du club conservateur de StFX, c'est Lowell Murray qui aurait dû participer au congrès. Or il se trouve à l'hôpital à la suite d'un accident d'automobile… providentiel pour la suite de la carrière politique de Brian Mulroney. Lorsque Murray annonce à son protégé qu'il lui cède sa place, il lui donne des instructions très précises :

« *J'ai dit : Écoute Brian, il faut appuyer Davie Fulton. Fulton est jeune, intellectuel. Il est susceptible d'attirer la nouvelle génération. Il parle pas mal le français. Alors appuie-le. Mulroney a dit oui et il est allé à Ottawa.* »

Pour Brian Mulroney, il s'agit d'une première visite dans la capitale fédérale. De surcroît, avec la responsabilité de choisir le prochain chef du parti. Il n'était pas aussitôt descendu du train qu'un homme aux allures de géant l'accoste. Il s'agit de Ted Rogers, futur magnat canadien des médias, qui en un tour de main convainc le jeune homme de 17 ans de rallier un autre camp : « Il m'a nommé sur le spot vice-président du comité national pour Diefenbaker », raconte Brian Mulroney, encore amusé de cette soudaine conversion. L'explication tient moins aux idées défendues par les différents candidats qu'à l'opportunité qu'offre leur organisation de gravir les échelons, de devenir quelqu'un qui compte. C'est en somme la même dynamique qui a conduit Brian Mulroney à choisir le Parti conservateur sur le campus de StFX :

« *Nous étions si peu nombreux qu'il y avait une façon presque inégalée pour nous de façonner le débat, […] d'être "importants" parce que nous n'avions pas comme les libéraux des milliers et des milliers de membres, au contraire. Alors tu pouvais rentrer comme simple membre, et le lendemain te retrouver comme vice-président du comité en charge de je ne sais pas trop quoi!»*

Au congrès de décembre 1956, le «vice-président» Mulroney se voit confier la responsabilité… de poser les affiches de Diefenbaker! Une tâche à laquelle il s'adonne avec un zèle peu commun: «C'était l'occasion pour moi de participer à un grand événement historique. J'étais dans le feu de l'action. J'adorais ça.» Un jour, Brian Mulroney reviendra dans un congrès à Ottawa, et c'est son visage qui sera sur l'affiche.

Chapitre 4

Les germes de la réconciliation

L'année suivante, en 1957, Brian Mulroney entreprend sa progression dans les rangs conservateurs. En juin, au moment où John Diefenbaker est élu à la tête d'un gouvernement minoritaire, il devient vice-président national de la Fédération jeunesse du parti puis, à l'automne, premier ministre du parlement étudiant des Maritimes. La période est propice à l'engagement politique puisque de nouvelles élections générales se profilent à l'horizon au Canada. Avec à peine 111 sièges sur 265, le gouvernement Diefenbaker sait qu'il peut tomber à tout moment.

Si la politique nationale passionne le jeune Mulroney, un thème en particulier l'intrigue : la place qu'y occupe sa province d'origine, le Québec. Il en fait d'ailleurs le sujet de sa thèse de fin d'études à Saint-Francis-Xavier : *The Politics of Quebec (1933-1958)*. Le document daté d'avril 1959 constitue un plaidoyer précoce en faveur de la reconnaissance, au sein du Canada, du caractère distinct du Québec. En une centaine de pages, il retrace l'histoire de la Confédération dans la perspective des «Canadiens français», la présentant non pas comme l'union de 10 provinces, mais plutôt comme un pacte entre deux peuples de langues et de religions différentes. Il cite à l'appui de cette thèse la déclaration d'un ancien premier ministre du Québec, le libéral Lomer Gouin, selon qui le Canada est «une nation souveraine faite de deux nationalités distinctes[2]».

---

2. «*One sovereign nation with two distinct nationalities.*»

Contrairement aux observateurs du reste du Canada, « qui débarquent au Québec avec un dactylo et la sombre détermination de ne jamais comprendre le Canada français », dit-il, il faut accepter que les Québécois « pensent et agissent de manière différente », d'où leur relative marginalisation sur la scène fédérale.

« Traditionnellement, écrit-il en introduction, le Québec a été coupé du reste du pays. Bien que les politiciens aiment faire l'éloge de l' "unité nationale", il est indiscutable que les choses sont différentes au Québec[3]. »

Ce travail de fin d'études en sciences politiques le conduit à prendre contact avec un jeune avocat de Montréal qui, lui a-t-on dit, s'intéresse à ces questions : Pierre Elliott Trudeau. Il est alors l'un des artisans de la revue *Cité libre*, que plusieurs considèrent – avec le quotidien *Le Devoir* – comme le plus brillant phare intellectuel de cette période de fin de régime du gouvernement Duplessis. Brian Mulroney écrit donc au futur premier ministre libéral pour lui demander quelques suggestions de lectures qui pourraient l'éclairer dans la préparation de sa thèse. Il obtient en retour une liste d'articles écrits en bonne partie par Trudeau lui-même !

La thèse de Brian Mulroney est fascinante à plus d'un titre. On pourra choisir de s'étonner de la naïveté des conclusions du jeune étudiant lorsqu'il affirme à propos de la lutte à la corruption politique, un mal qui affligeait le gouvernement Duplessis depuis plusieurs années : « Une chose est certaine, on fait des pas de géants dans la bonne direction et il n'est pas irréaliste de croire que la fin de l'immoralité politique est à portée de main. »

Toutefois, le cœur de l'ouvrage se trouve ailleurs, dans le constat que Brian Mulroney dresse de la situation du Québec à l'intérieur du Canada : « Le Québec et ses habitants sont différents du reste du Canada. Mais pas de manière irréconciliable[4]. » Cette conviction – cette vocation, celle de la « réconciliation » – va constituer le moteur de l'engagement politique de Brian Mulroney ; elle sera l'une des rares certitudes de celui que ses proches les plus lucides décrivent comme étant bien plus oppor-

---

3.   « *Traditionally, Quebec has been divorced from the rest of the country. Albeit politicians speak glowingly of "national unity", it is an indisputable fact that things are different in Quebec.* »

4.   « *Quebec and its inhabitants, as we shall see, are quite different from the rest of Canada. But not irreconciliably so.* »

tuniste qu'idéaliste. Sur cette question qui le rejoint dans sa propre identité plurielle d'Anglo-Québécois d'origine irlandaise plongé dès l'enfance dans un bassin culturel francophone, il trouve un rôle, une mission : bâtir des ponts entre les deux communautés.

Chapitre 5

La Révolution tranquille

L es activités parascolaires de Brian Mulroney l'ont convaincu qu'il a le talent et la vocation nécessaires pour la vie politique. Encore faut-il pouvoir gagner sa vie. Dans les circonstances, rien de mieux que l'étude du droit. En effet, l'apprentissage des lois prépare au travail de législateur, et la pratique de la plaidoirie est une école idéale pour les débats politiques. Inversement, l'implication politique peut être une activité rentable pour un avocat car les politiciens et les généreux contributeurs financiers qui gravitent dans leur sillage sont de grands donneurs d'ouvrage potentiels.

En tout état de cause, Brian Mulroney décide de s'inscrire à la Faculté de droit de l'Université Dalhousie, à Halifax, pour la rentrée de 1959. Un choix dont les motifs obscurs vont de la perspective d'y obtenir une bourse d'études à celle d'y poursuivre une relation amoureuse avec une jeune femme rencontrée à Antigonish. Chose certaine, ce ne sera pas une année très productive pour Brian Mulroney.

Aux fêtes de Noël, il doit expliquer à ses parents qu'à la réflexion, c'est au Québec qu'il souhaite pratiquer le droit, de préférence à Baie-Comeau. Pour y arriver, il lui faut donc étudier le Code civil québécois et non le *Common law* britannique. C'est la raison pour laquelle il va s'inscrire à la Faculté de droit de l'Université Laval de Québec pour la rentrée de l'automne 1960. Cela lui permettra en outre de renouer avec la langue française qu'il ne fréquente plus qu'épisodiquement, surtout avec ses amis de Baie-Comeau pendant les vacances estivales.

Le mot « vacances » n'est certainement pas le premier qui viendrait en tête à Brian Mulroney pour décrire son été de 1960 car il l'a passé à travailler à l'élévateur Cargill de Baie-Comeau, où il transporte, 10 heures par jour, des sacs de 100 livres de grains. C'est une tâche éreintante pour un grand maigre comme lui qui pèse à peine plus que les charges qu'on lui demande de soulever. Il s'agit sans doute aussi d'un rappel salutaire de ce que la vie pourrait lui réserver s'il ne s'applique pas à ses études avec plus de sérieux.

Sa libération survient en septembre 1960 lorsqu'il s'installe à Québec. Le contexte politique est exceptionnel : c'est le début de la « Révolution tranquille », cet oxymore qui s'est imposé avec l'efficacité d'un slogan publicitaire pour décrire une décennie de bouleversements sociaux et politiques survenus à partir de l'élection du gouvernement libéral de Jean Lesage en juin 1960. Brian Mulroney se trouve aux premières loges pour en vivre les exaltations et les soubresauts, car la Faculté de droit de l'Université Laval est située dans la vieille ville de Québec, à quelques pas de l'Assemblée législative, du palais de justice et des bars et restaurants que fréquente alors toute la classe politique. Le jeune étudiant s'installe au milieu de cette faune, dans ce que l'on appelle alors le « Quartier latin », au 71 de la rue Saint-Louis, à mi-chemin entre la législature provinciale et le château Frontenac. Ses amis de l'époque se rappellent que ce sont deux endroits qu'il fréquente avec une plus grande assiduité que la bibliothèque universitaire. Brian Mulroney aime côtoyer les journalistes, tard le soir, prendre un verre avec les hommes politiques et parfois même jouer aux cartes avec René Lévesque. « Pour des groupies politiques comme nous l'étions tous, c'était formidable, c'était une période formidable. »

C'est ici que Brian Mulroney forge les amitiés les plus marquantes de sa vie. Plusieurs de ses confrères de classe conservent encore, un demi-siècle plus tard, un souvenir très précis de leur première rencontre avec lui, ce qui témoigne de son charisme précoce. C'est le cas de Bernard Roy.

« Il y avait déjà un magnétisme qui se dégageait du personnage malgré son français qui était correct mais qui n'était pas très, très bon. » – Bernard Roy

Dans la cohorte des 65 nouveaux étudiants en droit arrivés à l'automne 1960 à l'Université Laval, huit sont anglophones, dont Brian Mulroney. Plusieurs deviendront par la suite de proches collaborateurs, comme Peter White ou Michael Meighen. Cet influx de jeunes anglophones venus pour la plupart de Montréal est une nouveauté. Un signe d'ouverture à la société québécoise moderne alors en émergence. Le phénomène – c'est ainsi qu'il est perçu – est accueilli très favorablement par les professeurs, se rappelle Michael Meighen, au point de jouer en faveur des étudiants anglophones :

« Pour dire la vérité, je crois que les professeurs étaient peut-être un peu indulgents à notre égard. »

Chez les francophones, Mulroney crée aussi des amitiés durables avec Bernard Roy, mais surtout Lucien Bouchard et Jean Bazin, qui occuperont plus tard des postes de confiance dans son entourage. Encore là, Brian Mulroney va d'un groupe à l'autre avec aisance, cherchant à réconcilier les deux hémisphères de son identité.

Chapitre 6

Un futur premier ministre

P eter White se souvient encore de la soirée du 8 novembre 1960. Il l'a passée en compagnie de Brian Mulroney, ce qui n'avait rien d'exceptionnel car «pendant trois ans, en fait, j'ai pris le souper avec Brian à tous les soirs», dit-il. S'il se rappelle cette soirée, c'est que les deux étudiants anglophones tout juste arrivés à Québec étaient ce soir-là rivés à leur poste de télévision pour écouter la couverture en direct de la soirée électorale américaine. Quelques mois après l'élection québécoise qui avait porté au pouvoir «l'équipe du tonnerre» de Jean Lesage, les États-Unis allaient eux aussi vivre une révolution politique avec l'élection de leur plus jeune président, John F. Kennedy. Pour Brian Mulroney, un monde de possibilités venait de s'ouvrir :

> *« Étant Irlandais catholique, imagine-toi de voir pour la première fois de l'histoire des États-Unis un Irlandais catholique élu président, un gars qui paraissait bien, qui était intelligent, sympathique, [...] alors pour moi c'était un modèle d'excellence. »*

On arrive mal à comprendre aujourd'hui, alors que triomphe un cynisme généralisé envers la classe politique, ce qu'a pu représenter l'arrivée de JFK aux commandes de la première puissance mondiale. On tournait la page sur la génération des dirigeants qui avaient participé à la Seconde Guerre mondiale. On rejetait leur rigorisme moral, mais sans pour autant faire le vide des valeurs auxquelles était associée cette génération qu'on appelle maintenant «la plus grande[5] ». Au contraire,

---

5. Le célèbre journaliste Tom Brokaw a publié en 1998 un livre intitulé *The Greatest Generation* (Random House).

l'idéalisme politique des années 60 glorifiait le sens du sacrifice et de l'engagement civique. D'où l'appel lancé par Kennedy aux « *best and brightest* », les invitant à participer à l'édification de la société américaine sans en espérer une gratification immédiate en retour : « *Ask not what your country can do for you. Ask what you can do for your country.* »

Si Brian Mulroney est fasciné par la vision de John F. Kennedy, il admire aussi et peut-être surtout chez lui le sens de la formule qui fait image, qui touche au cœur et frappe l'imagination. « Brian a emprunté beaucoup de Kennedy », estime Peter White : « un discours pour Brian, c'était beaucoup plus qu'un geste. C'était quelque chose de symbolique et le contenu était important. »

Alors qu'aux États-Unis, à l'automne 1960, l'arrivée de JFK annonce un temps nouveau et qu'à Québec l'équipe de la Révolution tranquille s'installe au pouvoir, à Ottawa, quel contraste ! Celui que Brian Mulroney a contribué à faire élire à la tête du Parti progressiste-conservateur, John Diefenbaker, est alors âgé de 65 ans. Il a, lui, participé à la Première Guerre mondiale ! Depuis l'élection générale de 1958, on le retrouve aux commandes d'un gouvernement majoritaire qui s'avère être – aux yeux de Brian Mulroney – de plus en plus réfractaire à la modernité. Mais « le chef » possède tout de même une grande qualité : il a une excellente mémoire, particulièrement lorsqu'il s'agit de se souvenir des jeunes qui l'ont aidé à accéder à la direction du parti. Comme un certain Brian Mulroney :

« *J'étais un des rares [jeunes] qui appuyaient Diefenbaker alors il se souvenait de moi pour cette raison-là. Pas à cause de mes qualités particulières, mais parce que j'étais un supporteur loyal du chef à ce moment-là.* »

Pour le mordu de politique qu'est Brian Mulroney, avoir des contacts, c'est bien. S'en servir, c'est mieux. Il lui arrive de rater des cours pour faire valoir son point de vue sur la direction du pays, relate Peter White : « Brian était le vice-président national des jeunes Conservateurs alors il passait son temps à téléphoner à tous les ministres partout au Canada. » Au nombre de ses interlocuteurs réguliers, on retrouve le ministre de l'Agriculture, Alvin Hamilton, celui de la Justice, Davie Fulton, et John Diefenbaker lui-même. Certains collègues d'université, y compris parmi ses proches, croient que Mulroney ne cherche qu'à se donner de l'importance.

« Nous étions tous un peu sceptiques quand Brian nous disait qu'il pouvait non seulement joindre monsieur Diefenbaker au téléphone, mais le faire venir à la Faculté. » – Michael Meighen

Or Mulroney convainc le vieux chef de se rendre à Québec pour visiter la Faculté de droit et y présenter un discours aux étudiants.

« Je pense qu'à ce moment-là les sceptiques ont été confondus et que ceux qui voyaient déjà en lui une bête politique ont été confirmés », dit Bernard Roy qui n'était alors pas encore un intime de Brian Mulroney. Habitant avec sa mère à Québec, jouant au hockey dans le club universitaire, il ne pouvait se permettre de sortir le soir dans les restaurants et les bars fréquentés par le futur premier ministre. S'il l'avait fait, comme Peter White, il n'aurait eu aucune raison de douter des intentions de Mulroney.

« Je pense qu'il a toujours voulu faire de la politique. Il a su même avant qu'on le connaisse, nous, qu'il voulait être premier ministre et il ne le cachait pas. Je me souviens d'une conversation que j'ai eue avec lui un de ces soirs au Café de la Paix à Québec et je lui ai demandé : "Brian, quand tu regardes autour de toi, vois-tu quelqu'un d'autre au Canada qui pourrait te devancer comme premier ministre ?" Il y a pensé, pas très longtemps, et il a dit non. Il savait qu'il deviendrait premier ministre. » – Peter White

Brian Mulroney est mal à l'aise lorsqu'on aborde la question de l'origine de son ambition politique. Peut-être parce qu'elle est tellement enracinée dans son histoire personnelle qu'il n'arrive pas à en situer le point de départ. Peut-être aussi a-t-il conscience de l'aspect caractériel de cette pulsion précoce :

« J'étais ambitieux, j'aimais la politique, j'aimais le monde, j'aimais le monde politique. […] Donc ça m'attirait, ça m'intriguait et ça m'intéressait mais je ne me souviens pas d'avoir dit ou affirmé "Je veux être premier ministre" moi-même. Ça aurait été un peu ridicule… mais c'est possible ! Ça ne serait pas la première fois que j'aurais dit quelque chose de ridicule ! »

Chapitre 7

La question québécoise

À l'automne 1961, Brian Mulroney prépare avec ses amis anglophones Peter White et Michael Meighen un événement qui fera grand bruit à travers le pays, un Congrès national sur l'avenir du Canada. L'idée était de White ; le titre, de Michel Cogger : *L'Expérience canadienne : réussite ou échec ?* Mulroney en sera le moteur de l'organisation, celui qui fera en sorte que l'affaire soit un succès retentissant.

Ces jeunes étudiants en deuxième année de droit ne manquent pas d'air. Ils annoncent la rencontre comme étant « le premier Congrès des affaires canadiennes », présumant ainsi de la pérennité de l'événement. Il se tiendra – rien de moins – sous l'égide du gouverneur général du Canada, Georges Vanier, du premier ministre du Canada, John Diefenbaker, et des 10 premiers ministres provinciaux. Ce patronage aura nécessité de la part de Brian Mulroney une quantité considérable de coups de téléphone d'un bout à l'autre du pays et une force de persuasion hors du commun. White et Mulroney argumentent personnellement auprès de Diefenbaker pour le convaincre de la nécessité de placer la question québécoise au centre des préoccupations nationales à quelques années de la commémoration du centenaire de la Confédération et surtout au moment où le nouveau vent de liberté qui souffle au Québec menace de se transformer en tempête. Dans un télégramme qu'il expédie au premier ministre, un mois avant le congrès, Brian Mulroney résume ainsi l'enjeu en cause : « Il serait utile de réexaminer les principes fondamentaux permanents de l'unité canadienne et de mettre à nouveau l'accent sur ces principes devant les sérieuses attaques des mouvements séparatistes[6]. »

Le Rassemblement pour l'indépendance nationale (RIN) en est alors à ses débuts. L'un de ses fondateurs, Marcel Chaput, compte d'ailleurs parmi les invités de la rencontre. Bien que White et Mulroney n'adhèrent pas à sa cause, ils comprennent qu'elle n'est pas sans fondement. Brian Mulroney tente de l'expliquer à Diefenbaker dans son télégramme : « La raison fondamentale de l'existence du séparatisme réside dans le fait que pratiquement chaque Canadien français éprouve le sentiment d'être un citoyen de seconde zone dans ses rapports quotidiens avec les entreprises et le gouvernement », ce qui est, écrit-il, « malheureusement vrai ». « Le gouvernement canadien, poursuit Mulroney, pourrait – et devrait – poser plusieurs gestes afin d'améliorer les choses. »

Ces gestes, il les décrit lui-même comme se situant sur un plan « moins matériel qu'affectif ». En somme, symbolique. Car, Mulroney en est convaincu, en politique, les symboles comptent, les perceptions *sont* la réalité. Voilà pourquoi, dit-il, « l'annonce surprise de l'une de ces mesures à Québec le mois prochain ébranlerait fortement la cause séparatiste » : adoption du bilinguisme dans la fonction publique fédérale, du *Ô Canada* comme hymne national et d'un drapeau national distinct. Il propose même – chose étonnante aujourd'hui – la nomination d'un ambassadeur du Canada au Vatican, ce qui, selon Mulroney, « plairait énormément aux Québécois ».

« Brian pense, comme moi, que les anglophones [du Québec] ont la vie belle. Ils n'ont pas besoin de défenseurs. Ce sont les francophones qui ont besoin de porte-paroles au Canada. Ça a toujours été ainsi, et Brian a compris cela très vite, très jeune, peut-être même à Baie-Comeau. » – Peter White

En pleine Révolution tranquille au Québec, ces deux comparses anglo-québécois se posent donc en défenseurs des francophones auprès du reste du Canada, en réconciliateurs. Vaste programme pour des jeunes de 22 ans, l'âge où tout est encore possible.

---

6.   Les extraits de la correspondance avec le premier ministre John Diefenbaker cités dans ce chapitre sont tirés des mémoires de Brian Mulroney.

Le journaliste Robert McKenzie, un Anglo-Québécois d'origine écossaise alors correspondant pour la *Gazette* de Montréal, se souvient des longues soirées passées avec Brian Mulroney, Peter White et Michael Meighen dans un restaurant grec de la rue Buade, près du palais de justice de Québec. L'établissement, très fréquenté par les journalistes de la colline Parlementaire, avait une spécialité expliquant une bonne partie de son succès : à l'heure légale de la fermeture, à une heure, les patrons tiraient les rideaux, « puis on continuait jusqu'à trois ou quatre heures du matin », se rappelle McKenzie, qui dit avoir sorti quelques dollars de sa poche pour aider ces jeunes étudiants à financer leur congrès : « Ils étaient très nerveux. Ils disaient : "On s'est lancé et là on se demande… si ça marche pas." Puis il y a la publicité. Je pense que ça leur prenait un peu d'argent. »

Sans doute que la fréquentation d'un sanctuaire de journalistes n'a pas nui à la promotion de l'événement qui a, estime McKenzie, « pris une ampleur à laquelle ils ne s'attendaient pas ». Le contexte de l'époque y a contribué pour beaucoup, car le Canada anglais ne parvient pas à comprendre ce qui arrivait si soudainement au Québec : « C'était cette question épouvantable que tous les correspondants des journaux se faisaient poser de l'extérieur du Québec… *"What does Quebec want ?"* En fait, je crois que les gens voyaient le congrès comme la réponse à *"What does Quebec want ?"* »

À l'ouverture du congrès, le 15 novembre 1961, on distribue aux participants un exemplaire du journal étudiant de l'Université Laval, *Le Carabin*, dans lequel Lucien Bouchard y va d'une tirade aussi lucide que provoquante sur l'union canadienne : « Il faut admettre qu'il s'agissait d'un beau rêve », écrit-il avant d'ajouter : « Malheureusement, le problème avec les rêves, c'est qu'ils se réalisent rarement. » Dans une démonstration précoce du ton coriace qu'on lui connaîtra par la suite, Lucien Bouchard lance cette conclusion sans appel : « Appelons un chat un chat. Nous formons deux nations. »

L'ouverture du congrès avait été confiée au premier ministre Jean Lesage. Ensuite, le ministre fédéral de la Justice, Davie Fulton, défendit sa proposition de formule d'amendement de la Constitution. Mais la vedette la plus attendue était sans doute le bouillant ministre québécois des Ressources naturelles, René Lévesque. Déjà torturé dans ses liens avec le reste du Canada – pendant la Seconde Guerre mondiale, il avait préféré s'enrôler dans l'armée américaine plutôt que de servir sous le drapeau britannique –, Lévesque avait cherché à se défiler du congrès en prétextant un conflit d'horaire inattendu. Brian Mulroney dut appeler personnellement le premier ministre Lesage pour qu'il force René Lévesque à respecter son engagement. Il intervint aussi auprès de John Diefenbaker en faveur de Marcel Chaput, auteur du livre *Pourquoi je suis séparatiste*, lui demandant d'intercéder auprès du ministère de la Défense nationale – où travaillait Chaput en tant que chercheur – pour qu'on annule la décision de lui interdire de participer au congrès. En vain.

Ignorant l'ordre de son employeur, Marcel Chaput se présenta le 17 novembre au congrès où on l'avait invité comme paneliste à une table ronde que présidait Brian Mulroney lui-même. « Marcel Chaput était assis à côté de moi quand Peter White est venu me voir avec le télégramme du ministre de la Défense », se souvient Mulroney. Le télégramme annonçait que Chaput serait suspendu sans salaire pendant deux semaines pour insubordination. Plusieurs au Canada auraient souhaité davantage de sévérité envers celui qu'ils considéraient comme un traître à son pays, surtout depuis son élection, trois semaines plus tôt, au poste de président général du RIN. Brian Mulroney choisit d'attendre qu'il ait terminé sa présentation avant de faire lecture de la missive devant une assistance médusée. La nouvelle eut une résonance médiatique énorme à travers le Canada et Marcel Chaput annonça sa démission quelques semaines plus tard. Mulroney a longtemps conservé par la suite une certaine culpabilité envers Chaput, allant jusqu'à déplorer dans ses mémoires que « de nos jours, il est pratiquement absent de la mémoire collective du peuple auquel il a audacieusement cherché à montrer la voie ».

Pour Peter White, l'instigateur du congrès, la conclusion en était « celle que nous vivons aujourd'hui : le Canada est une expérience qui continue, et les problèmes que nous avons ne sont pas du genre que l'on règle mais que l'on gère. »

En effet, comme plusieurs l'avaient craint, le colloque a soulevé plus de questions qu'il n'a fourni de réponses, révélé plus de problèmes que de solutions. C'était tout de même un début, une tentative de rapprochement, une quête à laquelle Brian Mulroney – il l'ignorait alors – allait consacrer une bonne partie de sa vie et qui lui occasionnerait les plus grandes joies, de même que les plus amères déceptions.

Le congrès aussitôt terminé, Mulroney adressa une longue missive au premier ministre Diefenbaker, écrite sans ménagement. « Les Canadiens français sont en colère », dit-il. « Ils sont blessés » du peu de place qu'on leur a laissé au Cabinet fédéral et dans la haute fonction publique. Ils « croient qu'Ottawa se fait un plaisir de traiter le Québec en "province comme les autres". »

Le conservateur en lui en tirait une conclusion prenant la forme d'un sévère avertissement à Diefenbaker : « À moins qu'on adopte rapidement des mesures visant à atténuer les craintes selon lesquelles Ottawa est indifférent aux aspirations du Canada français et insensible à ses demandes, chaque candidat conservateur dans cette province en ressentira les effets lors de la prochaine élection générale. »

Une mise en garde prophétique.

Chapitre 8

Affronter le chef

L e succès médiatique du Congrès sur les affaires canadiennes avait attiré l'attention sur les qualités de communicateur de Brian Mulroney, comme sa voix chaude, son sens du *punch* et ses relations incomparables dans les milieux politiques.

Mulroney s'était donc vu confier l'animation d'une émission d'affaires publiques sur les ondes de CKMI, la chaîne de télévision privée de Québec alors affiliée à la CBC, le réseau anglais de la Société Radio-Canada. Il y recevait en entrevue les Jean Lesage, René Lévesque ou Daniel Johnson, ce qui nécessitait une certaine audace pour un jeune étudiant, constate le journaliste Robert McKenzie : « Je me souviens, les gens disaient […] : "Il va être premier ministre du Canada." »

Plusieurs seront davantage étonnés par l'influence occulte que Brian Mulroney avait auprès du gouvernement de John Diefenbaker. Son ami Peter White a été le témoin indirect de nombreuses conversations téléphoniques entre Mulroney et le ministre fédéral de la Justice au cours desquelles les deux hommes discutaient de la nomination des juges fédéraux :

« *Davie Fulton l'appelait pour dire "Brian, qu'est-ce que tu penses de ce monsieur-là ?" Et Brian dit : "Non, non, je préfère l'autre…" C'est vraiment bizarre, un étudiant en droit de première ou deuxième année qui nomme les juges au Québec !* »

L'air un peu embarrassé, Brian Mulroney confirme la véracité de ces propos. Mais selon Michael Meighen, futur président national du PC, si elles témoignent sans doute de son habileté politique, ces « consultations » révèlent peut-être davantage l'absence d'une véritable structure organisationnelle du Parti progressiste-conservateur au Québec sous la direction de John Diefenbaker.

« C'est quand même extraordinaire, et je ne veux rien enlever à Brian, mais il faut dire que monsieur Diefenbaker ne connaissait pas grand-chose au Québec! » – Michael Meighen

Ce n'est pas faute d'avoir essayé d'y remédier. Michael Meighen se souvient entre autres d'un voyage effectué à Ottawa en compagnie de Brian Mulroney en 1962. Les deux étudiants voulaient rencontrer John Diefenbaker en personne pour lui soumettre un grave problème :

« On avait remarqué que sur une quinzaine de commissions royales d'enquête, il n'y en avait qu'une seule présidée par un francophone. Alors on voulait suggérer à monsieur Diefenbaker que ça serait peut-être une bonne idée de remédier à cette situation-là. » – Michael Meighen

Malheureusement pour eux, Diefenbaker n'a pas pu les recevoir. Les deux hommes ont dû se rabattre sur le ministre de la Justice, Davie Fulton. Sans grand succès.

« On n'a pas réussi à convaincre les autorités du moment. » – Michael Meighen

Brian Mulroney conserve par ailleurs un souvenir très vif d'un tête-à-tête qu'il a finalement réussi à obtenir la même année avec John Diefenbaker. Dans le bureau du premier ministre, il s'est fait le porteur de la cause des francophones, plaidant pour que les billets de banque deviennent bilingues, et renouvelant ses pressions en faveur de l'adoption d'un drapeau canadien, d'un hymne national distinctif et d'une politique de bilinguisme dans la fonction publique canadienne.

« J'avais prôné une politique de bilinguisme officiel, bien avant monsieur Trudeau. C'était en 1962. Alors je suis pas mal fier de ça aujourd'hui. » – Brian Mulroney

Sauf que, bien sûr, Diefenbaker ne voulait rien entendre. En fait, il s'offusquait qu'on l'accuse d'être insensible aux aspirations des Canadiens français, lui qui avait plaidé en 1922 la cause de deux commissaires scolaires francophones de la Saskatchewan accusés d'avoir autorisé l'enseignement... en français ! Pris de colère devant les remontrances de Mulroney, il sortit une copie du jugement de la Cour d'appel[7].

« Pis il a garroché ça sur le pupitre et il a dit : "There ! What do you mean talking to me about this ? I was defending this before you were born !" *Il était sensibilisé au problème, mais à ce moment-là, évidemment, c'était difficile pour lui de comprendre ce qui s'en venait... et il ne l'a jamais compris. »* – Brian Mulroney

Aux élections de l'été 1962, comme l'avait prédit Brian Mulroney, les conséquences se sont fait durement sentir au Québec. Lors de la campagne précédente, en 1958, la province encore dirigée par Maurice Duplessis avait accordé une majorité de sièges aux conservateurs de Diefenbaker (50 sièges sur 75) grâce à un appui logistique et financier de l'Union nationale. En 1962, Duplessis n'est plus de ce monde et son parti se cherche. Diefenbaker doit donc se défendre seul. Or ses quatre années au pouvoir ne lui ont pas permis de construire des ponts avec les francophones, loin s'en faut. Résultat, le PC ne conserve que 14 sièges au Québec et se retrouve en situation de gouvernement minoritaire.

« Il était évident qu'il n'était pas capable de comprendre le Québec et pour nous c'est ça qui était le plus important. Alors on a essayé de le renverser, oui c'est ça. » – Peter White

---

7. Le jugement rendu par la Cour d'appel de la Saskatchewan, en mai 1922, n'a ni pour fondement ni pour conséquence la reconnaissance du droit à l'enseignement en français dans cette province. L'acquittement des deux commissaires du district scolaire d'Ethier repose sur une subtilité légaliste, le tribunal reconnaissant que les accusés pouvaient ignorer les activités illicites qui se produisaient dans l'école, soit l'enseignement en français par un professeur francophone à des enfants francophones dans une région à prédominance francophone ! L'affaire eut néanmoins un grand retentissement et permit à John Diefenbaker de se faire connaître comme un défenseur des droits des minorités. Mentionnons qu'en 1988, alors que Brian Mulroney était premier ministre, la Cour suprême du Canada a statué que la Saskatchewan avait illégalement aboli son statut bilingue reconnu par l'article 110 de l'Acte des territoires du Nord-Ouest, dès sa création comme province en 1905. Le tribunal estimait cependant que l'article 110 ne faisait pas partie intégrante de la Constitution canadienne, offrant ainsi à la province une voie de sortie facile. La Saskatchewan a immédiatement adopté une loi dans les deux langues officielles s'il vous plaît – pour être conforme au jugement de la Cour suprême – décrétant qu'elle n'aurait plus jamais à adopter ses lois dans les deux langues !

Chapitre 9

Un avocat manqué

À la Faculté de droit de l'Université Laval, les cours étaient dispensés par des juges ou des avocats en exercice, ce qui imposait aux étudiants un horaire plutôt incongru : ils devaient être en classe de 8 heures à 10 heures le matin, puis de 16 heures à 18 heures en fin d'après-midi. Entre les deux, les professeurs se précipitaient au palais de justice voisin pour y exercer leur véritable travail, celui d'entendre ou de plaider des causes diverses dans des procès auxquels les étudiants avaient le loisir d'assister. Plusieurs, davantage attirés par la politique, comme l'était Brian Mulroney, préféraient se rendre à l'Assemblée législative – également tout près – pour suivre la période des questions ou les travaux des commissions parlementaires.

C'est ainsi que Mulroney fut témoin des débats vigoureux entourant la création de la Caisse de dépôt et placement du Québec, l'un des piliers économiques mis en place lors de la Révolution tranquille. Il a aussi suivi avec intérêt les travaux de la commission Salvas instituée par le gouvernement Lesage pour enquêter sur les pratiques de corruption du régime de Maurice Duplessis. La Commission royale d'enquête sur l'administration de l'Union nationale mena deux années d'audiences, exposant l'existence d'une caisse électorale occulte alimentée par un système de ristournes sur les contrats gouvernementaux ; la Commission conclut aussi que plusieurs ministres et hauts fonctionnaires s'étaient personnellement enrichis grâce à un délit d'initiés relié à la privatisation de la Corporation du gaz naturel du Québec. L'affaire intéressa Mulroney à plus d'un titre : étudiant en sciences politiques à StFX, il avait participé à un concours oratoire en y présentant une critique de la corruption qui gangrenait le monde politique québécois. Maintenant étudiant en droit à l'Université Laval et intéressé par la politique au point de songer à devenir premier ministre, Brian Mulroney voyait dans la mise au jour des scandales du régime Duplessis une leçon personnelle : lui, il allait se soustraire à la tentation de la corruption.

« Quelqu'un lui disait : "Tu vas être premier ministre du Canada." Puis on disait : "Est-ce que tu vas être candidat bientôt ?" Il disait : "Non, moi je n'entrerai jamais en politique avant d'avoir les reins solides financièrement. Je ne veux pas me trouver coincé comme j'ai vu des hommes politiques coincés." » – Robert McKenzie

Entre le suspense animant les salles des tribunaux et l'adrénaline des joutes parlementaires, les quelques heures de cours quotidiennes semblaient de bien tristes parenthèses obligées. Quoique l'obligation ait été toute relative, puisque le surveillant des présences avait la réputation d'accepter de fermer les yeux en échange d'espèces sonnantes, une pratique plutôt « croche » dans un cours de « droit » ! Il serait hasardeux d'évaluer à quelle fréquence Brian Mulroney y eut recours, mais tous ses collègues d'études s'entendent pour dire qu'il fréquentait beaucoup plus assidûment les bars et les restaurants du Vieux-Québec, le palais de justice ou les corridors de l'Assemblée législative que la bibliothèque facultaire. On apprend comme on peut. Et il n'y a aucun doute que Brian Mulroney a développé en dehors des lieux réservés aux activités académiques des amitiés, des habiletés et des connaissances qui seront bien plus déterminantes dans sa vie que la mémorisation des articles du Code civil en matière de droit successoral.

L'apprenti politicien préfère côtoyer le chef de l'Union nationale, Daniel Johnson, qu'il considère comme son mentor politique. L'auteur de la formule choc « l'égalité ou l'indépendance » a inculqué à Mulroney l'importance de l'élégance vestimentaire et surtout humaine. Un jour, alors que les deux hommes effectuent à pied le trajet entre le château Frontenac et l'Assemblée législative, Johnson est abordé par un libéral notoire avec qui il se montre courtois et charmant. Puis, reprenant sa marche, Johnson explique au jeune Mulroney sa conception de la politique :

« Il m'a dit : "Brian, écoute-moi bien. Si tu veux être un politicien et que tu veux être là pour une période de temps prolongée, il va falloir

que tu apprennes à tourner la page dans la vie. Traiter tout le monde avec respect, mais tourner la page."Il avait raison. » – Brian Mulroney

Pierre-Marc Johnson, qui, comme son père et son frère – lui aussi prénommé Daniel –, deviendra plus tard premier ministre du Québec, constate chez Brian Mulroney d'autres influences paternelles dans la conception de la politique.

« *Lui, c'est un homme chaleureux, qui aimait les gens, qui aime écouter les gens. Mon père était pareil. Pis en plus de tout ça c'était deux bleus. Les bleus, c'était un certain conservatisme humaniste, qui n'était pas dénué de solidarité sociale, ce qu'on a appelé à une certaine époque à Ottawa les Red Tories ou les Pink Tories. Mulroney faisait partie de ça comme mon père qui venait d'un milieu modeste, qui était conservateur et qui croyait que l'intervention de l'État en matière sociale était importante. Et Mulroney était de cette farine-là aussi.* » – Pierre-Marc Johnson

Après deux années d'études à Québec, Brian Mulroney voit une nouvelle occasion de mettre ses talents politiques à contribution lorsque John Diefenbaker déclenche des élections générales pour le 18 juin 1962. Le début de la campagne coïncide avec la fin de la session universitaire, ce qui permet à Mulroney de s'y consacrer à plein temps. On le désigne alors pour servir d'assistant personnel au ministre de l'Agriculture, Alvin Hamilton, dont la circonscription de Qu'Appelle englobe une partie de Régina, la capitale de la Saskatchewan. Brian Mulroney ne connaît rien de ce coin des Prairies, sinon qu'il s'agit de la province d'origine de John Diefenbaker. Peu importe puisque la réélection du ministre Hamilton est à peu près assurée[8]. Étrangement, cette campagne fut peut-être surtout pour Mulroney une école de… journalisme.

En début de course, alors qu'Alvin Hamilton se trouve dans le studio d'une station de radio à Régina, Brian Mulroney échange avec le directeur. Il lui confie que le ministre sera souvent absent de la région au cours des prochaines semaines, car il doit aller prêter main-forte à des candidats en difficulté un peu partout au pays. La station n'a pas les moyens de dépêcher un journaliste afin de suivre le candidat dans ses

---

8.   Le 18 juin 1962, Alvin Hamilton obtient 58,5 % des votes exprimés, un résultat semblable à celui de l'élection précédente, en 1958, et 16 des 17 sièges de la Saskatchewan sont remportés par les candidats du Parti progressiste-conservateur.

déplacements. « Je peux vous être utile, affirme Mulroney. Si vous voulez des reportages à son sujet, ça me ferait plaisir de le faire et de vous les envoyer. » Le patron est ravi : il aura des reportages quotidiens et gratuits sur le candidat vedette local. Bien sûr, en totale contravention des principes éthiques les plus fondamentaux du journalisme !

« Alors partout où j'allais par la suite, après une assemblée d'Alvin Hamilton à travers le pays, j'appelais au numéro qu'on m'avait donné à CKRM, et je faisais un reportage comme vous le faites à Radio-Canada. (Guy Gendron : En toute objectivité !) En toute objectivité ! (rires) Je rapportais les événements de la journée en disant : "This is Brian Mulroney reporting to CKRM Regina from Sudbury Ontario with Alvin Hamilton." Pow ! » – Brian Mulroney

Après la réélection du gouvernement Diefenbaker, cette fois minoritaire, Brian Mulroney fut embauché temporairement comme secrétaire particulier du ministre Hamilton, reconduit au portefeuille de l'Agriculture. C'en était terminé des étés à Baie-Comeau passés à trimer dur. Âgé d'à peine 23 ans, Brian Mulroney occupe un poste sérieux dans la capitale fédérale.

Mais l'arrivée à Ottawa est un choc. « Le français n'existait pas », dit-il. Ni à l'Agriculture, ni ailleurs dans la fonction publique, y compris au Conseil privé, soit le ministère du premier ministre. Pour Brian Mulroney, c'est une grave anomalie. N'y a-t-il pas des agriculteurs au Québec ? Qui à Ottawa peut défendre leurs intérêts si pas un seul haut fonctionnaire ne comprend le français au ministère de l'Agriculture ? Cette question occupera une partie de son été, au cours duquel il rédigera un rapport proposant des mesures visant à « bilinguiser » l'appareil fédéral.

À mi-chemin dans son cours de droit, Brian Mulroney retourne avec plaisir à Québec à l'automne 1962. Bien qu'anglophone, il s'y sent chez lui, beaucoup plus qu'à Ottawa, une ville morne et triste. À Québec, il retrouve une énergie, une joie de vivre qui lui ressemblent. Un demi-siècle plus tard, il relate toujours avec émotion la découverte que fut pour lui cette ville à l'âge des premières amours :

« J'avais vu Yves Montand dans son tour de chant au théâtre Capitole en 1960. J'étais là avec ma blonde qui était infirmière à

l'Hôtel-Dieu. C'était une soirée inoubliable pour moi. Québec, j'adorais ça, la ville de Québec. »

Deux ans après cette soirée, où il était encore un jeune anglophone ayant du mal à s'exprimer correctement en français, Brian Mulroney est désormais l'un des étudiants les plus populaires de l'université. Sans grande difficulté, il devient président de l'Association étudiante de la Faculté de droit dans le cadre d'un mouvement concerté par son ami Jean Bazin, alors vice-président des jeunes conservateurs du Canada[9]. L'aile droite du mouvement étudiant fait élire ses représentants dans 10 des 12 facultés, permettant à Bazin de prendre la tête de l'Association générale des étudiants de l'Université Laval. Au même moment, les « gauchistes » règnent sur l'Association étudiante de l'Université de Montréal. La rivalité entre les deux grandes universités francophones du Québec s'exprime dans le débat qui fait rage au printemps 1964 sur la question de l'accès aux études supérieures. Un demi-siècle plus tard, les termes de l'affrontement idéologique de l'époque demeurent étrangement familiers.

« *Nous, on avait organisé une manifestation sur les frais de scolarité et la position des étudiants de l'Université Laval était pour un gel. Celle de l'Université de Montréal était pour la gratuité scolaire.* »
– Jean Bazin

C'est un débat dans lequel Brian Mulroney s'implique peu. Il a la tête ailleurs car ses études se terminent bientôt et il va, il en est convaincu, rentrer à Baie-Comeau pour y pratiquer le droit dans un cabinet qui lui a déjà fait une offre. Ses plans sont toutefois bouleversés lorsqu'il reçoit un appel de la plus importante firme d'avocats de Montréal, le cabinet Howard, Cate, Ogilvy, qui le convoque à une entrevue dans ses bureaux de la Place-Ville-Marie. Les dirigeants ont entendu parler de ce jeune homme bilingue, dynamique et bien branché dans les cercles politiques.

« C'est difficile d'oublier une première rencontre avec un gars comme Brian », raconte Yves Fortier, qui faisait partie du comité d'embauche devant lequel le jeune finissant s'est présenté, portant le seul complet

---

9.   L'Association des jeunes conservateurs du Canada est alors présidée par un Albertain du nom de Joe Clark. Lui et Jean Bazin ont tiré à pile ou face pour déterminer lequel des deux deviendrait président.

de sa garde-robe. « Je me souviens que pendant cette première entrevue il nous a parlé de sa feuille de route avec sa voix de baryton. Sur le champ on lui a fait une offre. »

Brian Mulroney est flatté. La proposition est trop belle pour être refusée. Pourquoi aller s'enfermer à Baie-Comeau alors que Montréal s'offre à lui ? Son ami Jean Bazin se souvient de leur « déménagement » commun vers la « métropole du Canada » :

> « Quand on est partis de Québec, on a mis tout ce qui nous appartenait, livres, vêtements, etc. dans une voiture. Une Volkswagen. […] Tout rentrait dans une Volkswagen, et puis on avait beaucoup de livres ! »

Ces livres, ils en auront bien besoin, car Bazin et Mulroney doivent affronter les examens du Barreau quelques mois plus tard, un passage obligé redoutable pour tout avocat. À Montréal, Brian Mulroney retrouve son ami Bernard Roy qui avait quitté l'Université Laval un an plus tôt afin de compléter son cours de droit à McGill. Les deux hommes s'enferment pendant plusieurs semaines dans un chalet du lac Saint-Joseph appartenant à la mère de Bernard Roy pour ingurgiter le contenu du Code civil, article par article.

> « C'était une épreuve uniquement de mémorisation et Mulroney n'était pas très fort, puis il n'aimait pas ça, alors il fallait que je le pistonne constamment. » – Bernard Roy

Roy réussit toutes les épreuves avec succès, mais pas Mulroney qui échoua l'examen de procédure civile. De l'avis de Bernard Roy, cela tenait en partie à la qualité discutable des cours dispensés à l'Université Laval :

> « Je ne suis pas très fier à quelques exceptions près de la qualité des cours que nous avons reçus à la Faculté de droit. […] On n'est pas ressortis de notre cours de droit avec une très, très bonne formation. »

Il faut dire également que les deux hommes ne sont pas absorbés que par les études. Bientôt colocataires et disposant maintenant de revenus amplement suffisants pour de jeunes célibataires, ils partagent leur temps entre le travail à Montréal et leurs amours à Québec.

« À tous les vendredis soirs, été comme hiver, on prenait la route pour se rendre à Québec pour aller visiter nos blondes respectives. » – Bernard Roy

Le rituel débutait dès la fermeture du bureau, le vendredi, par un arrêt au bar Le Carrefour de la Place-Ville-Marie. Ils y ingurgitaient un ou deux martinis, une des spécialités de l'établissement. Elle avait ceci de particulier que la consommation était présentée dans un verre immense contenant pas moins de cinq onces d'alcool. On imagine facilement dans quel état pouvait se trouver un conducteur au volant de son automobile après en avoir bu deux ! Bernard Roy possédait alors une voiture sport décapotable, une Triumph. Le vent en été, les courants d'air en hiver, aidaient sans doute les deux comparses à retrouver leurs sens.

« On était jeunes, fous, pas prudents du tout. Et là, dans des tempêtes de neige épouvantables, dans une voiture qui était à ras le sol, où on gelait – il fallait que je mette des plastiques à l'intérieur pour que l'air n'entre pas –, on allait voir nos blondes. C'est ça qui était important. » – Bernard Roy

Le rituel, comme le raconte Roy, se concluait dans un mélange de mélancolie, de poésie et de chansons :

« Au retour le dimanche soir, on syntonisait toujours Radio-Canada pour entendre Le cabaret du soir qui penche *avec Guy Mauffette. Pour nous c'était le clou de notre voyage de retour. »*

Le lundi matin, la reprise du travail n'avait rien de très glorieux. Dernier arrivé dans le cabinet, n'ayant toujours pas complété avec succès l'examen du Barreau, Brian Mulroney était relégué aux tâches les plus ingrates, ce qu'on appelait les « bumpers », ces procédures et réclamations diverses qui ont fait le pain et le beurre de générations d'avocats avant l'instauration du régime sans égard à la faute pour les dommages corporels dans les accidents automobiles au Québec.

Lors des fêtes de Noël 1964, Brian Mulroney aurait bien voulu offrir comme cadeau à ses parents la récompense de leurs années d'efforts qui lui ont permis d'aller à l'université : un statut d'avocat en bonne et due forme. Mais il doit se contenter de les rassurer. Ce n'est que partie remise, une simple formalité. Ce qu'il ignore, c'est que ce Noël 1964 est le dernier qu'il célèbre avec ses parents dans la maison familiale de Baie-Comeau. Le 1er janvier 1965, son père apprend qu'il souffre d'un cancer généralisé. Il meurt six semaines plus tard, inquiet de ce qui allait advenir de son épouse et des autres enfants toujours à la maison alors que le fils aîné, sur lequel il avait fondé tant d'espoirs, n'a toujours pas complété ses études.

« Je l'ai désappointé. J'aurais bien voulu lui dire : "Inquiète-toi pas papa, tout est réglé." J'ai senti que je l'avais laissé tomber[10]*. »* – Brian Mulroney

Au poids de la culpabilité s'ajoute bientôt celui des responsabilités. Sur son lit de mort, dans la maison du 79 de la rue Champlain, la seule qu'il ait jamais possédée, Ben Mulroney demande une chose à son fils Brian :

« Il dit : "Je sais que je peux compter sur toi pour t'occuper de ta mère et des enfants." Il n'était pas obligé de me poser la question, la réponse était évidente. » – Brian Mulroney

Le temps de régler les formalités, Brian Mulroney prend sous son aile sa mère et les deux plus jeunes enfants, avec qui il emménage dans un appartement du quartier montréalais de Notre-Dame-de-Grâce. « C'est pour ça qu'il a choisi de me quitter », dit son colocataire d'alors Bernard Roy. C'est aussi ce qui conduit Brian Mulroney à la rupture avec son amoureuse de Québec. Les deux, bien qu'ils n'aient pas été formellement fiancés, comptaient bien se marier un jour. Mais ce projet se trouvait perturbé par le nouveau rôle de soutien de famille que Brian Mulroney devait maintenant assumer. Tout à coup, à 25 ans, la vie devenait une affaire sérieuse. Et il lui fallait compléter ce foutu examen de procédure civile. Pour y arriver, il put compter sur l'appui de son ami Jean Bazin, qui avait lui aussi raté la même épreuve. Si la scène avait été immortalisée par une photographie, elle pourrait être accrochée au mur de tous les cancres du pays afin de leur redonner espoir : un futur premier ministre du Canada et un futur président du Barreau canadien enfermés dans un chalet, avalant de force les moindres subtilités du Code de procédure civile pour être enfin admis dans la profession juridique !

---

10.   Expression prononcée en anglais pendant l'entrevue : *« I felt I let him down. »*

«On avait décidé qu'il fallait prendre les grands moyens», dit Jean Bazin. Et donc, les deux hommes se sont cloîtrés pendant cinq ou six semaines dans un chalet des Laurentides mis à leur disposition par Yves Fortier. Il y régnait une discipline de fer, ce qui impliquait un sacrifice énorme pour la bête politique que n'a jamais cessé d'être Brian Mulroney: une sévère diète de nouvelles.

«On avait droit à une demi-heure de journaux le matin et le reste [de la journée], on étudiait sans arrêt.» – Jean Bazin

À l'été 1965, un an après avoir terminé ses études, Brian Mulroney compléta la série d'épreuves imposées par le Barreau du Québec. Il avait réussi la première étape de ses projets de carrière. Le plus dur restait à venir.

Chapitre 10

La vie à Montréal

Montréal, au milieu des années 60, est de loin la ville la plus intéressante au Canada. Elle en est à la fois la métropole financière, industrielle et culturelle. Le Québec, libre de dette à la mort de Maurice Duplessis, en 1959, vient de lancer, avec la Révolution tranquille, une vague d'investissements dans les infrastructures de transport et dans la construction d'hôpitaux, d'écoles secondaires et bientôt de cégeps et d'universités. Le secteur privé n'est pas en reste : les gratte-ciels poussent au centre-ville de Montréal où l'on vient d'achever l'édifice le plus haut de tout le Commonwealth : la Place-Ville-Marie, là où Brian Mulroney travaille tous les jours. Le bâtiment cruciforme, tout de verre et d'aluminium, est un symbole de la modernité et de la puissance économique de Montréal. La ville semble être un immense chantier jusque dans ses entrailles grugées pour la construction du métro. Les gravats qu'on en extrait servent de remblais pour un projet fou : fabriquer une île au milieu du fleuve Saint-Laurent afin d'y tenir l'Exposition universelle de 1967. « La ville était vivante, on y créait de la richesse », rappelle Brian Mulroney avec mélancolie. De son bureau toujours situé dans la Place-Ville-Marie, il contemple une ville aujourd'hui transformée, « où l'on ne gère plus que la pauvreté », déplore-t-il. « Si j'avais à tout recommencer aujourd'hui, j'irais à New York, à Toronto ou en Californie. » Mais en 1965, être à Montréal, c'est être là où tout se passe !

Car l'effervescence économique trouve son écho dans le domaine social. Les mœurs se libéralisent, ce qui n'est pas pour déplaire à un jeune célibataire. Et les revendications syndicales se radicalisent : une manne pour les avocats qui, comme Brian Mulroney et son ami Jean Bazin, commencent à se spécialiser dans le domaine des conflits de travail.

« C'était des années fastes pour les avocats qui faisaient des relations de travail. Il y avait beaucoup d'activité, beaucoup de conflits... et ça nous a forcés très jeunes à être impliqués dans des conflits majeurs. » – Jean Bazin

C'est un des associés de la firme, l'avocat Paul Renaud, qui recrute Brian Mulroney pour développer cette spécialité à l'intérieur du cabinet. Selon Yves Fortier, la décision reposait à la fois sur les limites et sur les forces de Mulroney. « Ça n'a jamais été un théoricien du droit, ça c'est clair », dit-il. Sauf que lorsque vient le temps de négocier avec un représentant des débardeurs, les « légalisteries » ne sont d'aucune utilité.

« Ce n'est pas nécessairement une connaissance du droit qui vous permet de faire avancer un dossier. C'est votre façon de dialoguer, votre façon de communiquer, votre façon de convaincre. Et il était surdoué, surdoué dans ce domaine-là. » – Yves Fortier

Sans doute les origines modestes de Brian Mulroney, fils d'ouvrier de la Côte-Nord, lui permettent-elles de bien saisir les codes de la communication avec les leaders syndicaux. Mais il y a plus, selon Bernard Roy : une attitude, une manière d'être que Brian Mulroney possède et qui, dès l'université, le faisaient ressortir du lot.

« On voyait déjà chez lui un grand talent de rassembleur, de réconciliateur, de médiateur. Et ça, pour moi, c'est des qualités essentielles pour quelqu'un qui fait du droit du travail. » – Bernard Roy

Pour Yves Fortier, ces qualités remontent à l'enfance de Brian Mulroney. Elles sont le résultat des circonstances particulières de ses premiers pas dans la vie, le mode de survie d'un enfant ayant grandi dans une situation doublement minoritaire. Selon lui, c'est cela qui expliquerait l'hypertrophie des talents relationnels de Brian Mulroney qui, dans le domaine des conflits de travail, ont fait de lui une quasi-légende.

« Je ne connais pas un dossier dans lequel Brian Mulroney a été impliqué comme avocat où il n'a pas réussi à un moment donné ce

qu'il s'était fixé comme objectif. C'est fort ce que je dis là, mais c'est vrai. » – Yves Fortier

Selon Bernard Roy, cela tient à la connaissance qu'a Brian Mulroney de la nature humaine, du respect qu'il démontre à la fois pour les capacités et pour les faiblesses de ses interlocuteurs. Bien qu'il ne soit pas reconnu pour sa modestie, il sait être magnanime dans la victoire. Plus encore, élégant :

« *Il faut toujours que celui qui est perçu comme étant le perdant, c'est-à-dire celui qui a laissé le plus sur la table, ne sorte pas de là sans pouvoir s'accrocher à quelque chose et dire à ses membres : voilà ce que nous sommes allés chercher. C'était bien important pour lui de ne pas faire preuve de triomphalisme à la suite du règlement d'un conflit.* »

C'est cette philosophie qui l'amène à développer un lien de respect mutuel et même d'amitié avec l'une des figures dominantes du syndicalisme québécois, Louis Laberge, en même temps qu'il devient un ami proche d'un des plus riches financiers et industriels du Canada, Paul Desmarais. Leur rencontre, marquante pour l'avenir professionnel et politique de Brian Mulroney, survient en 1965 lors d'un souper chez un des associés de son cabinet d'avocats. Les qualités de chanteur de Mulroney – certains diraient plutôt son absence de gêne – ne sont pas étrangères aux relations qui se tissent rapidement avec le couple Desmarais, Jacqueline étant une grande amoureuse du chant. Ces liens avec l'un des plus importants armateurs au pays[11] expliquent en bonne partie le succès de Brian Mulroney dans ce secteur d'activité. Ainsi, il fonde l'Association des employeurs maritimes et devient l'un des principaux représentants patronaux dans les nombreux conflits qui agitent les ports de l'Est du Canada.

Depuis cette époque, Paul Desmarais s'est construit une réputation de « faiseur de premiers ministres ». Financier surdoué, devenu multimilliardaire, il a aussi eu le talent de cultiver patiemment ses liens avec les politiciens montants. Pierre Elliott Trudeau, Paul Martin et Jean

---

11. En 1963, la société Power Corporation de Paul Desmarais s'est portée acquéreuse de la Canada Steamship Lines, entreprise de transport maritime fondée en 1845 et dont le siège social se trouve à Montréal.

Chrétien l'ont tous connu intimement. Dans ses mémoires, Brian Mulroney en parle comme de son ami le plus fidèle.

« En dehors de ma famille proche, personne n'a été plus près de Mila et moi, ou plus obligeant envers nous, que Jackie et Paul. Et personne n'a profité plus que moi de leur bon jugement et de leur soutien – généreusement et loyalement accordés à tous les moments cruciaux de ma carrière – dans la victoire comme dans la défaite, dans les bons moments comme dans les mauvais[12]*. »*

En cette fin des années 60, les défaites politiques sont passablement plus nombreuses que les victoires pour les partisans conservateurs. À Québec, l'Union nationale menée par Daniel Johnson connaît en 1966 une dernière victoire aux urnes avant sa disparition prochaine. Bien qu'ayant obtenu moins de votes que le Parti libéral, Johnson devient premier ministre d'un gouvernement majoritaire, une performance qu'il doit à un découpage archaïque de la carte électorale. Il meurt subitement deux ans plus tard lors d'un voyage au monumental barrage hydroélectrique de Manic 5. Ce drame en fait le troisième premier ministre unioniste à mourir en exercice en moins de 10 ans ! Marcel Masse, qui fut l'un de ses ministres, se souvient que Daniel Johnson lui avait demandé de rencontrer Brian Mulroney en 1965 pour le consulter dans la préparation du programme électoral du parti. Il avait par la même occasion fait la connaissance des deux jeunes comparses anglophones de Mulroney : Peter White et Michael Meighen.

Le trio participe l'année suivante à l'un des drames les plus mémorables de la longue histoire du Parti progressiste-conservateur, qui en compte pourtant plusieurs. Depuis quelques années déjà, le leadership de John Diefenbaker était remis en question. Plusieurs ministres s'étaient rebellés contre lui en 1963, provoquant le déclenchement d'élections qui allaient porter au pouvoir les libéraux de Mike Pearson. Le gouvernement libéral minoritaire passerait à deux sièges de décrocher une majorité aux élections suivantes, en 1965. Après ces deux défaites conservatrices, on se serait attendu à ce que le vieux chef cède sa place. Mais Diefenbaker s'accroche obstinément. Lors du congrès conservateur qui se tient en 1966 à Beauport, en banlieue de Québec, une fronde

---

12.   Brian Mulroney, *Mémoires*, Montréal, Les Éditions de l'Homme, 2007, p. 159.

est organisée par nul autre que le président du parti et porte-étendard des éléments les plus progressistes, Dalton Camp. Le groupe de Brian Mulroney est associé au mouvement, car c'est son ami Michael Meighen qui présente une résolution prévoyant la tenue d'un vote sur le chef à chaque congrès du parti, tous les deux ans.

« J'ai posé un geste qui n'a pas fait l'affaire de monsieur Diefenbaker du tout quand j'ai proposé le vote secret sur le leadership. De là jusqu'à sa mort, monsieur Diefenbaker ne m'a jamais parlé. »
– Michael Meighen

Diefenbaker en a aussi voulu à Brian Mulroney, bien qu'il se soit fait extrêmement discret dans cette lutte interne :

« Ça ne me tentait pas, je n'ai pas fait de discours, pas d'intervention. Je n'ai pas aimé cette période-là du tout dans notre vie collective du parti et ça a laissé des marques épouvantables. Il y a eu des règlements de compte pendant des années. »

Sans doute Diefenbaker a-t-il condamné Brian Mulroney par association. Ou à tout le moins pour son omission à le défendre. Quoi qu'il en soit, le vieux chef prendra sa revanche contre lui 10 années plus tard, preuve que cette affaire aura empoisonné la vie du parti plus longtemps qu'on l'aurait cru. Ce lourd fardeau explique en partie les remords que l'affaire inspire maintenant à Brian Mulroney :

« Je dois vous dire, c'était une erreur de notre part. On aurait dû mettre en place le mécanisme pour changer le chef tel que monsieur Camp l'avançait, mais compte tenu des résultats historiques de monsieur Diefenbaker, on aurait dû dire que [...] cette politique va s'appliquer au prochain chef, pas à Diefenbaker. On aurait dû faire ça par respect pour lui. Et on ne l'a pas fait. »

Toujours est-il qu'à l'automne 1967, les conservateurs tiennent un congrès à la chefferie où Diefenbaker décide tardivement de se porter candidat à sa propre succession ! Dans cette course, Brian Mulroney, tout comme ses amis Jean Bazin et Michel Cogger, se range du côté du candidat le plus progressiste, Davie Fulton, allant même jusqu'à le présenter personnellement à Paul Desmarais. Ancien ministre de la Justice, Fulton est favorable à l'abolition de la peine de mort et à la décriminalisation de l'avortement, deux sujets qui sont parmi les principaux traits de désunion entre les « progressistes-conservateurs ». C'est finalement un candidat de compromis, le terne Robert Stanfield, qui l'emporte. Diefenbaker arrive cinquième, une humiliation.

C'est à cette époque que Brian Mulroney fait la connaissance d'un des protégés de Paul Desmarais, Paul Martin, qui dirige alors la filiale maritime de Power Corporation. Il est le fils d'un autre Paul Martin, ancien ministre libéral sous les gouvernements de Mackenzie King, Louis St-Laurent, Lester B. Pearson et, plus tard, Pierre Elliott Trudeau. L'un des ministres les plus progressistes de son époque, Paul Martin père instaura le régime canadien d'assurance-hospitalisation. Il tenta à trois reprises de devenir chef du Parti libéral, mais c'est son fils qui y parviendra in extremis, en 2003, après avoir longtemps patienté dans l'ombre de Jean Chrétien. Brian Mulroney et Paul Martin fils, libéral de naissance pourrait-on dire, deviennent rapidement amis. Ils font plusieurs excursions de pêche au saumon, notamment sur la rivière Jupiter située sur l'île d'Anticosti.

« On a toujours été des amis et d'ailleurs il était beaucoup plus progressiste que conservateur selon moi, alors il y avait une certaine compatibilité politique. » – Paul Martin

Paul Martin nous a confié pour la petite histoire un incident survenu lors d'un de ces voyages de pêche. La chaleur étant particulièrement accablante, les deux hommes n'en pouvaient plus de brûler au soleil tandis que les saumons, cherchant la fraîcheur, se cachaient au fond de leur fosse et refusaient obstinément de mordre à l'appât. Seuls au milieu de nulle part, Martin et Mulroney décidèrent d'un commun accord qu'une baignade s'imposait : nus comme des mouches – on parle ici de pêche au saumon après tout –, ils plongèrent dans la fosse pendant quelques minutes, avant de s'étendre sur la rive pour se faire sécher au soleil. C'est alors qu'ils aperçurent au loin un étranger qui immortalisait la scène avec son appareil photo : un libéral et un conservateur, deux futurs premiers ministres, entièrement à découvert, dans une démonstration de transparence inhabituelle pour leurs partis. Enfin, on peut écrire « partis » comme on veut, le plus amusant reste à venir. Pendant les 50 années qui suivirent, raconte Paul Martin, les deux hommes se firent croire l'un l'autre qu'ils étaient en possession de la fameuse photographie, achetée à fort prix du mystérieux promeneur.

Martin, en nous racontant l'anecdote, suggéra d'informer Brian Mulroney qu'il avait accepté de nous confier la fameuse photo pour le bénéfice de la présente biographie. En apprenant que nous avions l'intention de montrer cette scène exposant les deux hommes dans leur intégralité, Brian Mulroney eut cette réplique : « Hmm, ça va être tout un choc pour son orgueil ! »

Décidément, la fin des années 60 est propice aux rapprochements entre Brian Mulroney et des libéraux notoires. L'un d'eux travaille dans le même bureau que lui. Il s'agit d'Yves Fortier, dont les ambitions de devenir un jour chef du Parti libéral canadien étaient bien connues. Après la démission de Lester B. Pearson, en décembre 1967, Brian Mulroney est invité chez les Fortier. Dans la cuisine, les deux hommes s'entendent pour dire que celui qui a le plus de chance de l'emporter est un jeune ministre bilingue, élégant et ambitieux : John Turner. Et ils se demandent qui, au Canada, serait de taille à l'empêcher de devenir premier ministre. C'est alors, relate Brian Mulroney, qu'il dit à Yves Fortier que les deux seules personnes pouvant y parvenir se trouvaient dans cette cuisine : « J'étais convaincu… que ça pourrait être lui ou moi. » Fortier, en lui ravissant la direction du PLC ; Brian Mulroney, en prenant la tête du Parti conservateur et en le battant aux élections générales.

Yves Fortier confirme : « Oui, c'est exact, et il y a un des deux hommes qui est allé jusqu'au bout, l'autre non. Et il a réussi de façon magistrale. »

Cependant, il y a un « détail » que les deux hommes n'avaient pas prévu : c'est que John Turner échouerait à succéder à Pearson. Un autre ministre, plutôt excentrique, allait se faufiler dans la course comme par miracle et décrocher le titre au terme de quatre tours de scrutin : il s'agit bien sûr de Pierre Elliott Trudeau. Il faudra attendre jusqu'en 1984 avant qu'il ne cède la place à John Turner, alors que Brian Mulroney est déjà depuis un an chef du Parti progressiste-conservateur. Au moment de la démission de Pierre Elliott Trudeau, Yves Fortier aurait pu se porter candidat à sa succession et réaliser ainsi la « prophétie » de Brian Mulroney, faite 16 ans plus tôt dans sa cuisine, mais il n'en était pas question.

« C'est que mon ami Brian Mulroney était devenu chef du Parti conservateur et je ne pouvais pas me voir un jour être à la tête d'un

parti dont le premier adversaire aurait été un parti [dirigé] par mon ami Brian. La vie est trop courte pour ça. » – Yves Fortier

Il est difficile de savoir si Paul Martin entretenait à la fin des années 60 l'espoir de réaliser un jour le rêve de son père de prendre la tête du Parti libéral du Canada. Pour l'instant, il avait pris la direction de la Davie Ship Building, une autre propriété de Power Corporation. Et l'avocat de la compagnie était Brian Mulroney. Lors d'un repas entre les deux hommes au restaurant de la Place-Ville-Marie, Mulroney ouvre encore une fois son jeu :

« *C'est là que Brian m'avait dit que c'était son désir de faire de la politique et qu'il pensait peut-être devenir chef du parti et éventuellement premier ministre. Je n'oublierai jamais cette conversation-là.* » – Paul Martin

Décidément, c'est une manie…

Chapitre 11

Octobre 70 :
un couteau sous l'oreiller

Le mois d'octobre 1970 occupe une place à part dans l'histoire du Québec et du Canada. La révolution que l'on disait tranquille pendant les années 60 se transformait au début de la décennie suivante en une crise violente aux mains d'un groupe de jeunes militants radicaux indépendantistes et socialistes, le Front de libération du Québec (FLQ). Il y eut d'abord l'enlèvement de l'attaché commercial britannique à Montréal, James Richard Cross, puis celui du ministre du Travail dans le gouvernement libéral de Robert Bourassa nouvellement élu à Québec, Pierre Laporte. L'homme s'était fait connaître dans les années 50 comme l'un des plus habiles pourfendeurs de la corruption du régime Duplessis alors qu'il était journaliste au quotidien *Le Devoir*. Les artisans de ces enlèvements politiques allaient amener Ottawa à promulguer la Loi des mesures de guerre, suspendre les libertés civiles et procéder à des centaines d'arrestations arbitraires.

Inspiré par les mouvements de libération nationale qui ont lancé dans les années 50 et 60 une vague de décolonisation, notamment en Afrique du Nord, puis par les groupes anarchistes de gauche florissant en Amérique du Sud, tels les Tupamaros d'Uruguay, le FLQ empruntait aussi les méthodes des Black Panthers américains : les vols de banque et les attaques à la bombe. Elles visaient au départ – dès 1963 – les institutions fédérales comme les casernes militaires, les postes, les douanes. Puis, la radicalisation à gauche se faisant plus aiguë, les bombes se mirent à exploser dans des usines en grève, dans de grands commerces anglophones et jusque sur le parquet de la Bourse de Montréal en 1969.

Au total, plus de 150 gestes violents sont attribués aux jeunes se revendiquant du FLQ.

On peut comprendre que Brian Mulroney, anglophone, personnalité en vue associée au Parti conservateur, et de surcroît représentant patronal dans des conflits de travail ayant une grande visibilité, se sente un peu nerveux. Après l'enlèvement de Pierre Laporte, il se déclare favorable à l'invocation de la Loi des mesures de guerre, une mesure – une autre – qui divise les conservateurs. Cette fois, Mulroney se retrouve dans le camp des faucons et il tente en vain de convaincre le chef, Robert Stanfield, d'appuyer la loi que le gouvernement Trudeau justifiait par une situation d'«insurrection appréhendée». Il le regrette aujourd'hui:

« *Oui, j'ai appuyé Trudeau [...] et je ne l'aurais jamais appuyé si j'avais su à ce moment-là ce que je sais maintenant, qu'il n'y avait aucune preuve qui justifiait ce qu'il a fait.* »

S'il n'y avait aucune preuve, en effet, d'une tentative de soulèvement visant à renverser le gouvernement du Québec, il n'empêche que Pierre Elliott Trudeau a agi à la demande insistante de Robert Bourassa et uniquement après que celui-ci ait présenté une requête écrite formelle, de surcroît endossée par le maire de Montréal, Jean Drapeau.

Brian Mulroney connaît bien les dessous de cette histoire puisqu'il a fraternisé avec l'un des principaux propagateurs de la thèse de l'«insurrection appréhendée». Il s'agit de Peter C. Newman, l'un des plus grands noms du journalisme canadien, que Mulroney considéra longtemps comme un ami personnel, au point d'en faire son biographe officiel[13]. En 1970, Newman était le rédacteur en chef du *Toronto Star*,

---

13.   Pendant toutes ses années au poste de premier ministre, Brian Mulroney accordait à Peter C. Newman des entrevues d'une ou deux heures plusieurs fois par année pour lui raconter les dessous de la vie de son gouvernement. Ces enregistrements devaient demeurer confidentiels et permettre à Newman de réaliser une grande biographie de Brian Mulroney lorsqu'il aurait quitté le pouvoir. Une mésentente entre les deux hommes – Newman voulait sortir le livre en vitesse après le départ de Mulroney, en 1993, alors que Mulroney souhaitait attendre que la poussière retombe sur son legs – mit fin au projet. Plusieurs années plus tard, lorsqu'une grave maladie faillit emporter Brian Mulroney, Newman, croyant possiblement profiter de l'engouement que provoquerait son décès, en profita pour publier un livre torchon (un *tell-all book*) principalement constitué des commentaires souvent acerbes distribués à tout vent par Brian Mulroney au cours de ses entretiens avec son «ami» Newman. Sitôt remis de sa maladie, Mulroney poursuivit Newman en justice et se vit remettre tous les profits du livre.

un journal considéré comme l'un des plus favorables au Parti libéral fédéral. Marc Lalonde, le bras droit de Pierre Elliott Trudeau, le fit venir à son bureau d'Ottawa pour lui livrer une « information » de première importance : le gouvernement fédéral possède la preuve qu'une insurrection se prépare au Québec. Plus précisément, un groupe de personnalités non élues s'apprête à renverser le gouvernement de Robert Bourassa et à prendre le pouvoir. L'heure est grave. Ça doit se savoir. Mais bien sûr, la confidence impose à Newman de ne pas révéler la source de cette information explosive. Newman insiste, il veut plus de détails. Lalonde lui précise donc que parmi les 16 architectes du coup d'État en préparation, on retrouve le syndicaliste Louis Laberge, le chef du PQ, René Lévesque, le sociologue Guy Rocher et même Alfred Rouleau, le président du mouvement Desjardins. Le groupe est dirigé par nul autre que Claude Ryan, le directeur du quotidien Le Devoir[14] ! Aussi loufoque soit-elle, et malgré les dénégations véhémentes de Claude Ryan, l'information est publiée en première page du Toronto Star sans la signature de Newman et sans précision sur les sources de son auteur. Il faudra attendre la sortie de l'autobiographie de Peter C. Newman, plusieurs décennies plus tard, pour apprendre qu'après sa rencontre avec Lalonde, il avait reçu un appel personnel du premier ministre Pierre Elliott Trudeau lui confirmant la thèse du coup d'État.

À quatre heures du matin, le vendredi 16 octobre 1970, des milliers de policiers et de soldats font irruption dans des centaines de maisons à travers le Québec. Sans mandat. Plus de 450 personnes sont arrêtées, mises en prison, privées du droit d'appeler un avocat ; plusieurs y resteront pendant des mois avant d'être relâchées ; aucune ne sera condamnée.

Le climat étant plutôt malsain à Montréal en ce sombre vendredi d'octobre, Bernard Roy et Brian Mulroney décident d'aller passer la fin de semaine dans un chalet que les deux hommes louent avec des amis

---

14. Dans une entrevue accordée à l'auteur au printemps 2010 pour une série documentaire sur les 40 ans de la crise d'Octobre, Marc Lalonde a confirmé cette rencontre en ces termes : « J'ai passé du temps avec Newman et son épouse qui était journaliste à l'époque aussi, à leur expliquer qu'est-ce qu'on entendait, l'information qu'on nous transmettait de Montréal et de Québec disant que la situation est beaucoup plus dramatique que vous pouvez le penser. Dans le fond il s'agissait de remplacer monsieur Bourassa comme premier ministre tout simplement. »

à Saint-Sauveur, dans les Laurentides. Tard le samedi soir, Bernard Roy se fait réveiller par Mulroney qui vient d'apprendre à la télévision la nouvelle de la mort de Pierre Laporte. Son corps a été retrouvé dans le coffre d'une voiture abandonnée par ses ravisseurs près d'une base militaire à Saint-Hubert, au sud de Montréal. Les deux amis sont sous le choc. Leur collègue Yves Fortier a reçu le mandat d'agir à titre de procureur de la Couronne contre certains accusés felquistes. Il dispose donc d'une garde rapprochée constante. Des policiers surveillent sa maison. Mais, ce soir-là, ses partenaires, Mulroney et Roy, sont seuls au milieu des bois. Des proies isolées.

« Je me souviendrai toujours de ce qu'il avait fait : il est allé dans la cuisine pour choisir le couteau avec la plus grosse lame et puis il était allé avec le couteau dans sa chambre, il l'avait mis en dessous de l'oreiller et il avait dit : ces christs-là, s'ils veulent venir faire du trouble ici, ils l'auront pas facile. » – Bernard Roy

Brian Mulroney ne conserve aucun souvenir de cet incident, bien qu'il se rappelle évidemment l'annonce de la découverte du corps ensanglanté de Pierre Laporte. Selon lui, cette crise, bien plus que n'importe quel autre événement survenu depuis, est responsable d'une fuite massive des capitaux et des cerveaux qui a relégué le Québec au rang des provinces les plus pauvres au pays per capita.

Chapitre 12

Mila

L e lundi 10 juillet 1972, Brian Mulroney se trouve au Club de tennis Mount Royal. Son ami Bernard Roy, toujours un grand sportif, lui a suggéré de s'y abonner pour se remettre en forme. Âgé de 33 ans, Mulroney brûle la vie telle une chandelle allumée par les deux bouts. Maintenant le plus jeune associé de la plus importante firme d'avocats de Montréal, il travaille sans modération, fume comme une cheminée et boit comme un matelot.

Il sort justement d'un dossier où il a donné son maximum dans les trois domaines. Une fois de plus, c'est un conflit de travail qui agite l'une des entreprises de son ami Paul Desmarais. Et pas n'importe laquelle : le journal *La Presse*, où l'employeur a décrété un lock-out pour ses typographes un an plus tôt, le 19 juillet 1971. Trois mois plus tard, c'est au tour des journalistes de se retrouver dans la rue. Ils y sont restés trois mois et demi. Puisqu'il s'agit d'une des principales entreprises de presse au Québec, l'affaire a une très grande visibilité. Il y a eu plusieurs manifestations d'appui aux syndiqués. L'une d'elles s'est soldée par la mort d'une jeune femme, enceinte de surcroît. Il faut dénouer la crise, et même si Brian Mulroney ne connaît rien au monde de l'édition, Paul Desmarais réclame son assistance.

« *J'ai dit : "Paul, je vais prendre ça comme mandat à une condition. C'est que j'aie carte blanche. Je vais régler ça, mais je ne peux pas avoir des gens qui m'appellent à trois heures du matin pour me dire quoi faire."* » – Brian Mulroney

Les circonstances de la négociation qui a suivi ont contribué à bâtir le mythe qui entoure Brian Mulroney. Son premier geste fut un appel à l'Hôtel Reine Elizabeth pour y réserver trois suites parmi les plus confortables. L'une pour y loger son ami Louis Laberge de la FTQ dont le syndicat représente les pressiers du journal ; l'autre pour Marcel Pépin, le président de la CSN, à laquelle est affilié le syndicat des journalistes de *La Presse* ; la troisième, bien sûr, pour lui-même. Puis il convoqua les deux représentants syndicaux à l'hôtel :

« J'avais dit à Louis et Marcel : "On va sortir d'ici quand c'est réglé. [...] On va vivre ici tant et aussi longtemps que ce n'est pas réglé." »

Le marathon de négociation aux allures de prise d'otage dura sept jours et sept nuits. Dans la fumée et dans l'alcool. Sans modération.

« Bar ouvert ! Avec Louis, pis moi, pis Marcel, tu peux prendre pour du cash que le bar était ouvert ! » – Brian Mulroney

À la sortie de ce marathon, l'entente était conclue. Le foie et les muscles de Brian Mulroney avaient grandement besoin d'une remise en forme. C'est ainsi qu'il décida qu'à l'été, il allait s'inscrire de nouveau au club de tennis qu'il avait fréquenté avec son ami Bernard Roy en début de carrière. Le lundi 10 juillet au matin, Brian Mulroney se trouve à la terrasse du club pour lire le *New York Times*. Soyons indulgent. La lecture n'est pas le seul sport qu'il y pratique. Il aime aussi reluquer les jeunes femmes près de la piscine. Et ce matin-là, il a une apparition tout en rouge et en jambes. C'est Mila.

« Et là elle est passée en bikini. Alors j'ai demandé au directeur du club : "C'est qui ça ?" Il dit : "C'est la fille du docteur Pivnicki." J'ai dit : "Il faudrait que tu me la présentes." Il dit : "Tu ne peux pas attendre à après-demain ?" J'ai dit : "Pourquoi ?" Il dit : "Après-demain c'est sa fête." "Pis après ?" "Ben après-demain elle aura 19 ans." » – Brian Mulroney

Le directeur du club souffrait soit d'un excès de prudence, soit d'une méconnaissance de la loi québécoise, car un an plus tôt, en 1971, l'âge légal de la majorité avait été abaissé de 21 à 18 ans. Mulroney ne risquait donc pas d'être suspecté de détournement de mineure. Tout de même, la différence d'âge entre lui et Mila – 14 ans – demeurait importante.

Brian Mulroney interpréta d'ailleurs la remarque du directeur comme un signe de désapprobation – dont il ne tint absolument pas compte.

« Ben j'ai dit : "Non, je n'attendrai pas." Alors je me suis fait présenter par un tiers. » – Brian Mulroney

Une averse fut ensuite le prétexte de la raccompagner du club de tennis jusque chez ses parents. C'était le coup de foudre. Tout se passa à la vitesse de l'éclair.

« C'était au mois de juillet, on s'est fiancés au mois de novembre puis on s'est mariés au mois de mai. » – Brian Mulroney

Mila Pivnicki est alors étudiante en génie à l'Université Sir George Williams, aujourd'hui l'Université Concordia, à Montréal. Née à Sarajevo de parents serbes orthodoxes, elle est arrivée au Canada à l'âge de cinq ans. Les circonstances de l'« évasion » de ses parents des griffes du régime communiste de la Yougoslavie sont dignes d'un film d'espionnage. Son père, médecin psychiatre, obtient en 1956 l'autorisation temporaire de venir étudier à l'Hôpital Royal-Victoria affilié à l'Université McGill de Montréal. Mila a alors trois ans et sa mère est enceinte, mais le gouvernement refuse de les laisser accompagner le jeune docteur. C'est pratique courante : ne jamais attribuer plus d'un visa par famille. Voilà le moyen le plus sûr d'éviter les défections à l'Ouest en cette période de guerre froide. En 1958, alors que le deuxième enfant est âgé d'un an, la mère de Mila profite de contacts familiaux pour obtenir une autorisation de voyage pour elle et ses deux enfants à destination de New York.

« Ma mère, mon frère et moi, on est sortis, on a quitté le pays avec rien. On a laissé l'appartement comme il était, comme si on était toujours là. Pas d'assiettes, pas de vêtements, rien. On a [tout] laissé. On est arrivés à New York, puis après ça à Montréal. » – Mila Mulroney

D'un père serbe orthodoxe ayant fui le communisme, d'une mère catholique dévote, habitant Westmount, le plus riche quartier de Montréal, Mila grandit dans un milieu plutôt conservateur. Au moment de sa rencontre avec Brian Mulroney, elle travaille d'ailleurs comme bénévole au quartier général du candidat progressiste-conservateur dans le comté de Saint-Antoine–Westmount en vue des élections générales qui s'annoncent pour l'automne. Il s'agit de Michael Meighen, le confrère de classe de Brian Mulroney. Mila y agit souvent comme réceptionniste.

« *Je ne savais pas que [Brian] faisait partie du Parti conservateur. C'était seulement quand je répondais au téléphone, j'ai dit : "Je connais cette voix-là !"* May I speak to Michael ? *(prononcé d'une voix de baryton)* » – Mila Mulroney

Michael Meighen ignorait ce qui se tramait entre les deux, mais il a été témoin des conséquences :

« *Elle est venue travailler aux quartiers généraux, puis à un moment donné elle a disparu ! Je me suis posé la question : mais où donc est Mila ? Évidemment elle avait d'autres chats à fouetter. Elle avait rencontré Brian au Club de tennis Mount Royal, et comme on dit en anglais,* the rest is history. »

Dans l'histoire politique canadienne, cette année-là est aussi marquante en ce que l'élection fédérale montre de manière éclatante les conséquences de l'incapacité du Parti conservateur à s'implanter de manière minimale au Québec. Le 30 octobre, Pierre Elliott Trudeau est reporté au pouvoir avec 109 députés, à peine deux de plus que les conservateurs. Les Québécois ont élu à eux seuls plus de la moitié de la députation libérale, soit 56 députés. Les conservateurs ont deux maigres sièges au Québec. Ils paient chèrement leur refus de s'ouvrir aux valeurs et aux aspirations des francophones, voire leur entêtement à s'y montrer réfractaires. Ces résultats confirment Brian Mulroney dans sa croyance qu'il pourrait être une solution au problème. Il s'en confie à Mila très tôt dans leur relation.

« *Il me parlait de ses convictions. Une fois il m'a dit : "Je pense que je veux être premier ministre du Canada." J'ai dit : "Ah !* Great idea ! *Quelle bonne idée !" Mais c'était des mots.* » – Mila Mulroney

Si Mila Mulroney avoue qu'elle n'a pas pris au sérieux les ambitions politiques de son futur mari, tous leurs amis estiment qu'elle a été essentielle à leurs réalisations. Grand admirateur de John F. Kennedy, Brian Mulroney venait sans doute de trouver sa Jackie : une femme à la beauté élégante et raffinée. Mais Mila s'est aussi révélée être une véritable bête politique dotée d'une volonté à toute épreuve.

« *Elle a toujours été positive : si tu veux le faire, on va le faire et bien le faire. On va réussir. Elle était de l'équipe. Très positive. Et une fois que la décision est prise, on y va, là.* » – Jean Bazin

« *Je suis convaincu que Brian n'aurait jamais eu le succès qu'il a eu sans le partenariat qu'il a formé avec Mila. Je ne sais pas si d'autres l'ont remarqué, mais quand Mila entre dans une salle où est Brian, il s'adoucit tout de suite. Il devient plus ouvert, plus calme, plus doux. Il demande toujours où est Mila, que ce soit dans une réception ou en campagne, il a besoin de Mila à ses côtés et il a énormément de respect pour son jugement.* » – Michael Meighen

Toutefois, avant de devenir la partenaire politique de Brian Mulroney, Mila dut apprendre à devenir sa partenaire de vie, ce qui n'était pas simple. Le vieux garçon de 33 ans avait ses habitudes, ses multiples amis et ses défauts tout aussi nombreux. « Sans elle, nous confiait-il à l'automne 2012 d'un air grave, je ne serais plus là aujourd'hui. »

Ses amis sont du même avis :

« *Mila, c'est la meilleure chose qui est arrivée à Brian, certainement.* » – Peter White

Chapitre 13

La commission Cliche

L e 20 mars 1974, Brian Mulroney et son épouse Mila, enceinte de six mois, célèbrent le 35ᵉ anniversaire de naissance du futur père. Ils ne se doutent pas que le lendemain, un incident va survenir à plus de 1 000 kilomètres de distance et changer le cours de leur existence. Sur l'heure du midi, Yvon Duhamel, un organisateur syndical de la FTQ, prend place sur un bulldozer et entreprend le saccage du plus important chantier de construction en Amérique du Nord, soit le barrage hydroélectrique LG-2 à la Baie-James. Pendant trois heures, il renverse roulottes, dortoirs, génératrices et citernes d'essence, provoquant un incendie. Les dommages matériels s'élèvent à plus de 30 millions de dollars. Cet acte de destruction qui paralyse le chantier pendant deux mois est la conséquence des querelles intersyndicales opposant la FTQ et la CSN pour la suprématie du placement des travailleurs de la construction, et ultimement pour le contrôle des chantiers, lieux de tous les trafics illicites : prêts usuraires, vente de drogues, racket de protection, infiltration du crime organisé.

À peine quelques jours plus tard, Jean Cournoyer, ministre du Travail dans le Cabinet Bourassa, appelle Brian Mulroney pour lui demander de siéger à titre de représentant du patronat à une commission d'enquête publique « sur l'exercice de la liberté syndicale dans l'industrie de la construction » dont la présidence est confiée au juge Robert Cliche.

Le coloré Beauceron n'est pas un inconnu pour Brian Mulroney. Il a été l'un de ses professeurs de droit préférés à l'Université Laval :

« Un homme flamboyant, sympathique, drôle, un des grands talents que j'ai connus dans ma vie. Lui aussi a eu une influence importante sur moi. »

On raconte même que Brian Mulroney, tout conservateur qu'il fût, mena une campagne secrète pour l'élection de Robert Cliche comme candidat du NPD dans la circonscription de Duvernay aux élections fédérales de 1968. Sans doute y avait-il tout à la fois dans cet appui un élément de loyauté personnelle envers l'homme et une part de calcul politique consistant à bloquer l'élection du libéral Eric Kierans qui l'emporta néanmoins. Cette élection du 25 juin 1968 marqua l'apogée de la trudeaumanie, ce qui n'empêcha pas Robert Cliche de mener une lutte très compétitive. Il arriva bon deuxième avec 44 % des votes exprimés, une performance de loin supérieure à la moyenne de 7,5 % obtenue par les candidats néodémocrates au Québec. Le Parti progressiste-conservateur de Robert Stanfield avait dû se contenter des miettes : un maigre 4 % du vote québécois.

Bien que « socialiste », Robert Cliche avait une grande affection pour Brian Mulroney. Son recrutement comme représentant du patronat était judicieux, Mulroney connaissant bien l'univers des relations de travail sans être directement impliqué dans celui de la construction. C'est pour la même raison qu'on choisit Guy Chevrette à titre de commissaire représentant le milieu syndical. Venant de la CEQ, la Centrale de l'enseignement du Québec, il offrait une garantie d'objectivité dans cette bataille opposant la CSN et la FTQ sur les chantiers de construction.

Brian Mulroney accepta cette mission qui avait un double avantage, personnel et professionnel. D'abord, les travaux de la commission allaient l'immobiliser pendant un an à Montréal au moment où il deviendrait père[15]. Et puis les audiences sur cette affaire le propulseraient sur la place publique. Il serait tous les jours dans les journaux, tous les soirs à la télévision.

Le défilé quotidien des témoins – au nombre de 279, entendus sur une période de huit mois –, parmi lesquels on retrouvait pêle-mêle des personnages mafieux, des fonctionnaires corrompus, des ministres

---

15. Caroline, la seule fille du couple Mulroney, naît le 11 juin 1974, alors que s'amorcent les audiences de la commission.

impuissants, des contremaîtres incompétents et des fiers-à-bras fiers de l'être, était suivi comme un téléroman.

« *Robert Cliche était non seulement un grand juriste mais un grand showman : lui il connaissait le tabac ! Et puis on avait de la matière, on avait du stock, parce qu'en 1970, avec les événements d'Octobre, la Sûreté du Québec a commencé à mettre [sur écoute] bien du monde. Et en faisant ça, on a eu des conversations téléphoniques intéressantes.* » – Brian Mulroney

C'était la belle époque d'avant la Charte canadienne des droits, lorsque les policiers n'avaient aucune autorisation à demander avant de placer des microphones dans les plantes vertes de ceux que l'on soupçonnait de menacer l'ordre public et qu'ils pouvaient facilement intercepter leurs conversations téléphoniques. Lorsque la commission entreprit ses travaux, la SQ lui ouvra ses « archives » : une salle entière remplie d'enregistrements qui firent les délices des téléspectateurs tout au long des audiences. Il était en effet fréquent qu'un témoin, après avoir nié certains gestes ou propos, se voie immédiatement contredit par… lui-même lorsque l'on faisait jouer les bandes magnétiques compromettantes.

« *Ça a eu un impact énorme sur le Québec. C'était énorme mais bénéfique parce que ça sensibilisait la population à ces réalités épouvantables qui se passaient tous les jours sur les chantiers de construction.* » – Brian Mulroney

Brian Mulroney a souhaité être appuyé dans ces travaux par un grand ami qu'il avait peu vu depuis la fin de l'université : Lucien Bouchard. Il dut insister pour que l'on accepte de nommer à titre de procureur-adjoint cet obscur avocat du Lac-Saint-Jean qui avait publiquement appuyé le Parti québécois lors des élections de 1970. Et il n'eut pas à le regretter, Bouchard s'illustrant à de nombreuses reprises par la vivacité de son intellect et sa combativité.

L'entreprise n'était pas sans risque. Lutter contre la corruption et le crime organisé, cela plaît aux foules, mais les milieux criminels ont tendance à moins apprécier. Cliche, Mulroney et Chevrette reçurent des menaces de mort.

« Je sais que Brian a dû, à un moment donné, demander de l'aide et moi aussi. Ma maison a été gardée et la sienne également. »
– Guy Chevrette

Fait exceptionnel, la commission remit son rapport dans les délais prescrits. On lui avait donné un an pour faire enquête. Le rapport fut déposé après 364 jours. Il proposait la mise en tutelle de plusieurs syndicats affiliés à la FTQ-Construction et des mesures visant à mettre de l'ordre dans le placement syndical sur les chantiers.

Quelques mois avant la conclusion de l'enquête, les trois commissaires, Cliche, Mulroney et Chevrette, accordent une longue entrevue au journaliste et animateur Pierre Nadeau, pour l'émission d'affaires publiques *Format 60*[16]. Il s'agit d'une pièce d'anthologie à plus d'un titre. D'abord parce qu'on imagine mal aujourd'hui que des commissaires prennent un risque pareil à quelques mois du dépôt de leurs conclusions. Ensuite et surtout parce que l'entrevue est instructive pour ce qu'elle révèle de la personnalité de Brian Mulroney. Clairement, elle est pour lui l'occasion de parfaire son image publique. Ainsi, en début d'émission, Robert Cliche explique de la manière colorée qui le caractérisait que les trois hommes ont été étonnés par l'étendue de la tâche qui leur était confiée :

« On ne connaissait pas l'ampleur du travail au départ ; on était trois Tintins qui s'embarquaient dans une opération… »

Mulroney l'interrompt : « Parlez pour vous-mêmes ! »

Il ne veut pas passer pour un naïf, ni pour une victime. Brian Mulroney est un battant. Toujours prêt à relever un défi. Cigarette fumante au bout des doigts, il se permet aussi de corriger l'animateur qui laisse entendre que toute l'opération fait le jeu du patronat. Il s'autorise même à le tutoyer :

« Pierre, […] je pense que si tu posais la question à certains patrons qui ont passé devant nous, au nombre de 37 d'ailleurs, ils te diraient : "On est bien surpris de Mulroney, on l'aime pas bien bien. Il était censé être notre homme." »

---

16.   Diffusée le 3 décembre 1974 sur les ondes de la télévision de la Société Radio-Canada.

Mulroney n'est la marionnette de personne, et il veut que ça se sache. Au point où ses interventions pendant l'entrevue laissent un étrange arrière-goût, un malaise. Car dès qu'il a fini de parler, son regard se tourne vers la caméra, cherchant vainement dans la lentille un signe d'approbation, d'encouragement. Comme s'il voulait mesurer l'effet de ses propos, être rassuré. Mulroney est un homme chaud, il brûle d'ambition ; la télévision est un médium froid, elle n'a pas d'émotions. Les deux ne font pas bon ménage. Brian Mulroney ne parviendra jamais à en maîtriser les codes. Il l'aurait tant voulu, lui qui s'apprêtait, il en était convaincu, à se lancer en politique.

« Ses ambitions, il ne se gênait même pas pour les dire : "Je serai premier ministre du Canada." Il l'a dit pas seulement à moi, il l'a dit devant moi, il l'a dit à d'autres devant moi. C'était clair qu'il voulait aller là. Les gens me rapportaient que même à l'université, son désir était d'en arriver là. Et d'ailleurs monsieur Cliche disait : "Ça va être beau, ça. Brian, premier ministre du Canada et Lucien, premier ministre du Québec." Monsieur Cliche faisait sa farce régulièrement et, dans les faits, c'est arrivé ! » – Guy Chevrette

Chapitre 14

Une première course

B rian Mulroney raconte dans ses mémoires que c'est son ami Michel Cogger qui l'a convaincu de se lancer dans la course à la direction du Parti progressiste-conservateur en 1975. La suggestion lui aurait été faite au cours de l'été à l'occasion d'une visite de Brian et Mila Mulroney à la ferme de Cogger, dans les Cantons-de-l'Est. Lors d'une promenade des deux hommes sur sa propriété, Cogger lui aurait décrit le candidat idéal : jeune, séduisant, d'avant-garde, parfaitement bilingue et comprenant d'instinct le Québec. Mulroney affirme qu'il croyait que son ami Cogger lui parlait alors de leur ancien collègue de l'Université Laval, Michael Meighen. Lorsque Michel Cogger lui a répliqué qu'en fait, celui dont il venait de dresser le portrait-robot était nul autre que Brian Mulroney, cette révélation l'aurait totalement pris de court : « J'étais sous le choc[17]. »

Or, il semble – à la réflexion – que cela ne se soit pas vraiment passé ainsi.

Selon Cogger, peu après la fin des travaux de la commission Cliche, Brian Mulroney lui a confié la mission de faire le tour du pays, pendant quelques mois, pour mesurer l'appui à une éventuelle candidature de sa part. Personne ne doutait que la course à la succession de Robert Stanfield serait bientôt lancée. Après trois défaites électorales contre Pierre Elliott Trudeau[18], Stanfield, parfois surnommé « le plus grand premier ministre que le Canada n'a jamais eu », devait laisser sa place

---

17. Brian Mulroney. *Op. cit.*, p. 197.

18. 1968, 1972 et 1974.

à un autre. Ce n'était plus qu'une question de mois. Mulroney s'en était assuré personnellement auprès de Stanfield lui-même.

Lorsque Cogger reçoit Mulroney à sa ferme, à l'été 1975, c'est donc pour lui faire un rapport de la tournée de consultations menée auprès des membres du parti à propos de sa candidature. « Ce serait mentir de vous dire qu'il y avait […] une forte demande populaire », résume Cogger dans un grand éclat de rire. En fait, dit-il, « la réception était pour le moins tiède. Quelquefois un peu enthousiaste. Je ne pense pas vraiment négative. »

Mulroney s'attendait à de meilleures nouvelles. Il doit se rendre à l'évidence : il est moins connu et reconnu qu'il ne le croyait. Dans les circonstances, cela vaut-il la peine de tenter le coup ?

« J'ai dit : "Brian, je ne sais pas comment ça va finir, je pense être en mesure de te promettre une chose : on n'aura pas l'air fous. […] Je ne te dis pas qu'on va gagner. Je te dis simplement : on va être un joueur sérieux." » – Michel Cogger

Évidemment, la décision de se lancer dans une telle aventure ne se prend pas seul. Elle engage le couple, la famille. Mais Mila mesure encore mal les véritables intentions de son mari et surtout leurs conséquences.

« C'était des idées, que des idées. On était jeunes. Moi je n'avais que 22 ans et j'étais à l'école. Pour moi ce n'était que des mots. » – Mila Mulroney

Pas pour Brian Mulroney. Sans même attendre de développer un programme ou à tout le moins de définir un certain nombre d'idées qu'il voudrait mettre de l'avant dans la course, il entreprend une tournée nationale dans l'intention avouée de mousser sa candidature. Et il le fait en utilisant sa seule carte de visite : le rapport de la commission sur l'industrie de la construction.

« Alors je me suis servi du rapport Cliche pour faire des discours à travers le pays, pour voir quelle sorte de réaction ça pourrait provoquer. La réaction était très bonne, très intéressante, alors ça m'a permis de me lancer dans la course à la chefferie en 1975. » – Brian Mulroney

À la mi-novembre 1975, il annonce officiellement sa candidature. Ce ne sont pas les prétendants qui manquent. Il y en a 11[19] ! Brian Mulroney est le seul du nombre à ne pas siéger à la Chambre des communes. Les deux députés conservateurs élus au Québec sont dans la course : le sympathique et coloré Heward Grafftey, qui ne représente pas une grande menace, et Claude Wagner, le lieutenant québécois de Robert Stanfield. Il est le principal obstacle aux ambitions de Mulroney. Plus connu et expérimenté que lui, il fut ministre de la Justice et Solliciteur général du Québec dans le Cabinet de Jean Lesage. Après avoir échoué dans sa tentative de devenir chef du Parti libéral du Québec en 1970, il retrouva le poste de juge qu'il avait quitté en 1964 pour se lancer en politique. Mais il renonça de nouveau à la sécurité financière qu'offre la magistrature pour se mettre au service de ses concitoyens lors des élections fédérales de 1972 sous la bannière conservatrice dans la circonscription de Saint-Hyacinthe. C'est un sacrifice qui l'honore et qui pourrait lui attirer beaucoup de délégués conservateurs québécois, justement ceux sur qui Mulroney compte pour constituer la base de ses appuis.

Car le Québec est l'élément central de la campagne de Brian Mulroney, le cœur de son engagement : il veut et il promet la réconciliation des Québécois avec le Parti progressiste-conservateur. Peter White y voit l'écho des projets échafaudés par de jeunes étudiants refaisant le monde dans des bars du Vieux-Québec, 15 ans plus tôt :

« Nous on s'est décidés, peut-être dans la première année à la Faculté de droit, qu'on nommerait un chef à ce parti-là qui serait québécois et qu'on balaierait le Québec et qu'en conséquence on gagnerait les élections au Canada. »

Les circonstances de la vie professionnelle ont fait en sorte qu'en 1975, Peter White n'habite plus le Québec. Résidant maintenant en Ontario, il doit se contenter de jouer un rôle mineur dans la campagne de Brian Mulroney.

---

19. Joe Clark, John Fraser, James Gillies, Heward Grafftey, Paul Hellyer, John Horner, Flora MacDonald, Brian Mulroney, Patrick Nowlan, Sinclair Stevens et Claude Wagner.

« Brian et Michel Cogger avaient décidé que ce serait une campagne tout à fait québécoise. Alors tous les dirigeants de la campagne étaient des Québécois. » – Peter White

C'est Jean Bazin qui a la responsabilité de préparer le programme de son ami Mulroney. Mais auréolé de son image de pourfendeur des escrocs en tous genres, surtout dans les syndicats, Mulroney n'a pas vraiment besoin d'une liste d'engagements. Le programme, c'est beaucoup Mulroney lui-même ; son style et son assurance. « Je peux vous dire ceci Madame, déclare Brian Mulroney dans une entrevue à l'animatrice Denise Bombardier sur les ondes de Radio-Canada, le Parti progressiste-conservateur s'apprête à poser un geste historique. Il s'apprête à se donner pour la première fois depuis 116 ans un chef québécois pure laine. »

Tout à coup, le sympathique *outsider* se prend au sérieux. C'est une attitude qui a des conséquences.

« Brian s'est comporté comme gagnant, comme vainqueur, comme front-runner *dès le début et ça a offusqué beaucoup de monde. L'argent coulait à flots, c'était une campagne vraiment de luxe. »* – Peter White

Les plus proches conseillers de Brian Mulroney reconnaissent que la stratégie n'était pas la bonne. D'abord, il a mené sa campagne comme une star, se déplaçant en jet privé, toujours présent dans les médias. Selon Jean Bazin, c'est Mulroney qui le voulait ainsi, c'était plus fort que lui :

« Il avait une certaine fascination pour les médias, beaucoup plus que les gens de son entourage. C'est quelque chose qui l'a toujours intéressé, fasciné. »

Pierre Claude Nolin, qui sera plusieurs années plus tard organisateur en chef de Brian Mulroney au Québec, travaillait pour l'équipe de Joe Clark pendant la course de 1976. Mulroney, dit-il, faisait fausse route en gaspillant son énergie à prononcer de grands discours et à se précipiter devant les caméras de télévision. Une course à la direction d'un parti n'est pas une élection générale.

« Il était dans une campagne électorale pour convaincre une majorité de Canadiens alors que l'objectif c'est de convaincre 3 000 délégués. » – Pierre Claude Nolin

Brian Mulroney et son équipe ont tellement négligé cet aspect crucial que le candidat n'arrive même pas à se faire élire délégué dans sa propre circonscription. Wagner a vraiment une longueur d'avance sur le terrain.

Lorsque le congrès à la direction du parti s'ouvre, en février 1976, l'équipe de Mulroney commet une seconde erreur par l'extravagance des moyens qu'elle utilise pour attirer les délégués qu'elle avait pourtant négligés pendant la course. « On avait décidé de leur en mettre plein la vue, explique Michel Cogger, et puis on en a peut-être trop mis plein la vue ! » L'alcool coule à flots dans les suites d'hôtel mises à la disposition des délégués. On organise pour eux des spectacles, on distribue des cadeaux-souvenirs à tout vent. Dans un parti « conservateur » souvent imprégné des valeurs puritaines associées au protestantisme, la campagne de l'équipe Mulroney projette une image de richesse excessive et insolente. Elle fait « nouveau riche ».

« Non, ça ne cliquait pas du tout. Il aurait mieux valu y aller plus mollo », reconnaît Michel Cogger.

Certains lui reprochent d'être le candidat du grand capital, plus spécifiquement de Paul Desmarais, qui lui aurait fait un don de 10 000 dollars. C'est une critique qui offusque l'entourage de Brian Mulroney, surtout lorsqu'elle provient de l'autre candidat québécois, Claude Wagner. Car l'homme n'est pas blanc comme neige. Il y a un énorme squelette dans son placard. Le temps est venu que ça se sache. Brian Mulroney soutient qu'il n'en est pas le responsable. Pour sa part, son organisateur Michel Cogger affirme : « Je n'étais pas contre la révélation », arborant le sourire satisfait du chat qui vient d'avaler le canari.

De quoi s'agissait-il ? L'histoire remonte à 1972. À l'approche des élections fédérales où Pierre Elliott Trudeau tentera d'obtenir un deuxième mandat, le Parti progressiste-conservateur se cherche un candidat de prestige au Québec. Il en a absolument besoin, sinon le terne Robert Stanfield n'a aucune chance d'y remporter un seul siège contre le tandem constitué par Pierre Elliott Trudeau et la magnifique Margaret Sinclair, 30 ans plus jeune que lui, qu'il a épousée un an plus tôt. C'est alors que dans les coulisses conservatrices, certains hommes influents réussissent à convaincre des donateurs anonymes de créer un fonds secret qui permettra d'attirer Claude Wagner. Pour renoncer à la sécurité financière de son poste de juge, on lui offre une somme colossale pour l'époque : 300 000 dollars[20].

« Il n'y a rien de mal là-dedans », estime Brian Mulroney, qui admet avoir été l'un des participants à l'opération de recrutement. Wagner avait une famille et des obligations. Le fonds secret allait le mettre à l'abri du besoin en cas de défaite. C'était le prix à payer pour qu'il accepte de tout risquer. « J'ai travaillé pour le mettre en place, dit Brian Mulroney, mais pas pour l'utiliser contre monsieur Wagner ultimement. »

C'est Peter White qui va s'en charger. Il connaît les dessous de l'affaire mieux que quiconque :

« *C'est moi-même qui suis allé chercher l'argent dans un bureau à Toronto. J'ai envoyé ma future épouse chercher l'argent dans un sac. On l'a livré chez Wagner.* »

Trois cent mille dollars, cash. En effet, on ne parle pas ici d'enveloppe brune. Il faut un *sac*. Puis, peu après, sans que l'on sache trop comment, la rumeur de cette discrète transaction s'est mise à circuler. Des journalistes en ont eu vent, mais Wagner a tout nié publiquement. Peter White lui a alors écrit pour se dissocier de son geste qui, lui a-t-il dit, risquait de venir le hanter plus tard : « Vous ne pouvez pas faire une carrière publique si vous faites des mensonges comme ça qui sont très faciles à contredire », résume White.

« *Les mensonges nuisent toujours plus que la mauvaise conduite. Quand on pense aux hommes politiques, quand ils posent un geste déplorable, s'ils l'avouent tout de suite, assez souvent, ils réussissent à s'en tirer. Mais s'ils le désavouent et qu'on réussit par la suite à découvrir la réalité, c'est la fin.* » – Michael Meighen

Si l'affaire n'est pas révélée à l'occasion de la course à la direction et que Wagner est élu, la vérité risque de sortir plus tard, en pleine campagne électorale, créant un dommage irréparable non seulement au chef, mais au parti. Il vaut donc mieux crever l'abcès maintenant. Pour le bien du parti. Et aussi, bien sûr, dans l'espoir que la révélation conduira plusieurs délégués du camp Wagner, en tête dans la course, à lui faire

---

20. Ce montant, ajusté en fonction de l'Indice des prix à la consommation, représente plus de 1,6 million de dollars, en date de 2014.

faux bond et à passer dans l'équipe de Brian Mulroney, en seconde place.

Peter White est donc allé voir une vieille connaissance, le journaliste Robert McKenzie, partenaire, avec Brian Mulroney, de plusieurs soirées bien arrosées dans les bars du Vieux-Québec, au début des années 60. « Ça venait de Peter, ah oui ! », confirme l'ancien journaliste du *Toronto Star*, qui se rappelle qu'à la suite de la publication de son article révélant l'existence du fonds secret, certains se sont fait un devoir d'estampiller le chiffre « 300 000 $ » sur les affiches de Claude Wagner dans les couloirs du congrès. Brillant journaliste politique, McKenzie comprend très bien la manœuvre des organisateurs de Mulroney à laquelle il a prêté sa plume.

« Quand ils ont vu qu'il ne gagnait pas, il y a des gens autour de lui qui ont décidé que s'il ne gagnait pas, il fallait arrêter Claude Wagner. » – Robert McKenzie

Et, du point de vue de McKenzie, pourquoi s'en priver ? La nouvelle explosive est d'un intérêt public indéniable à l'ouverture du congrès à la direction du principal parti d'opposition. De plus, Peter White a accepté d'être cité dans l'article. Toutes les règles de l'art ont été respectées. N'empêche, la décision de publier cette nouvelle fait porter sur Robert McKenzie une immense responsabilité aux yeux de l'histoire car, croit-il encore, n'eût été la révélation exposant la duperie de Claude Wagner, c'est lui et non Brian Mulroney qui serait devenu le premier chef québécois élu à la tête du Parti progressiste-conservateur : « Ah, je suis persuadé que ça a été décisif », dit McKenzie. Si cette affaire est déterminante dans la défaite de Wagner, un autre coup bas survenu au congrès sera crucial, celui-là dans la défaite de Mulroney.

Le parti a décidé d'ouvrir ses délibérations par un hommage à son vieux chef, John Diefenbaker. À 80 ans, il est toujours aussi malcommode. Après les éloges d'usage formulés à son endroit, Diefenbaker s'approche du microphone pour son discours de remerciement et il ne peut résister à la tentation d'en profiter pour mettre en garde les délégués contre le risque de choisir un nouveau chef qui serait sans expérience parlementaire.

« Il me visait par le discours. [...] J'étais le seul là-dedans qui n'était pas député ! » – Brian Mulroney

« *On a pris ça personnel. On a compris que c'était typiquement monsieur Diefenbaker qui nous remettait la monnaie pour 1966, 10 ans plus tard.* » – Jean Bazin

Au côté de son mari, Mila Mulroney éclate en sanglots. « On savait tout de suite. […] C'est fini. »

« *Ça a permis aux autres candidats de se rallier contre moi. C'était la justification dont on avait besoin pour se dire : "On se demandait pourquoi on devrait voter contre monsieur Mulroney et là on le sait."* » – Brian Mulroney

Lorsqu'il prend à son tour la parole devant les 3 000 délégués, Brian Mulroney a toute une pente à remonter. Or son discours s'avère pompeux et il manque franchement de respect envers les précédents chefs du parti. Qu'on en juge par cet extrait :

« *Trop d'hommes fatigués ont tenu les rênes du pouvoir au cours des dernières années. Les nouveaux problèmes qui ont surgi exigent des hommes nouveaux, d'une totale intégrité, capables de dialogue et d'autorité. Il faudra de la force, bien sûr, mais aussi de la compassion ; de l'idéal, mais aussi du réalisme. Le défi est exaltant, je suis prêt à le relever.* »

Brian Mulroney écrira par la suite qu'il s'agissait d'un discours « lamentable ». N'empêche, au premier tour de scrutin, il arrive en deuxième place avec 15 % des voix ; Claude Wagner en a récolté 22 %. Joe Clark est troisième, avec près de 12 % des délégués. Ce sont donc deux Québécois qui mènent le vote. Le troisième candidat québécois, Heward Grafftey, arrivé dernier, doit se retirer de la course, imité par deux autres concurrents, soit James Gillies et Sinclair Stevens. Tous les trois décident d'appuyer Joe Clark. Sinclair Stevens aux côtés de Joe Clark ? On croit rêver !

« *Il n'y avait rien qui laissait prévoir une alliance de la sorte. Joe représentait probablement l'élément le plus à gauche et puis Sinc Stevens l'élément le plus à droite. […] Personne au monde, je pense, ne l'avait vu venir. Peut-être même pas Joe.* » – Michel Cogger

Au second tour de scrutin, Brian Mulroney arrive en troisième place. Avec 18 % des voix, il n'a gagné que trois points depuis le tour précédent alors que Joe Clark a doublé ses appuis, à 23 %. Wagner se trouve toujours en avance, avec 28 % des délégués, mais clairement, les circonstances sont favorables à Joe Clark. Cela deviendra encore plus évident au troisième tour, après le retrait simultané des cinq candidats les plus faibles qui s'étaient partagé un total de 30 % des voix. Au terme de ce troisième vote, Joe Clark monte de 18 points ; Wagner en rajoute 14. Brian Mulroney, lui, n'a attiré aucun de ces votes. Au contraire, il recule de deux points. C'est la fin pour lui. Il doit se retirer. La bataille ultime opposera Wagner et Clark, un combat dans lequel Brian Mulroney refuse de prendre position. Il libère ses partisans, leur demandant de voter selon leur conscience.

Au quatrième tour de scrutin, c'est finalement Joe Clark qui l'emporte avec à peine plus de 51 % des voix. Puisqu'il ne devance Claude Wagner que par 65 voix, l'affaire du fonds secret pourrait bien avoir fait la différence. Il se pourrait aussi, croit aujourd'hui Brian Mulroney, que la révélation de cette histoire, clairement associée à son équipe, se soit retournée contre lui. Le parti pouvait-il accorder sa confiance à un homme prêt à commettre un geste pareil pour arriver à ses fins ? Chose certaine, dans le camp Mulroney, la victoire de Clark cause la consternation.

« *On avait le sentiment de se l'être fait voler par des manœuvres aussi illogiques qu'inexplicables.* » – Michel Cogger

Pour Brian Mulroney, il s'agit d'un camouflet. Il y avait tellement cru. Il s'y préparait depuis si longtemps. Il y avait mis tant d'efforts et d'argent. Comment expliquer qu'on lui préfère ce jeune Albertain intelligent mais maladroit, sans charisme, qui donne toujours l'impression d'être à côté de ses souliers ? Cette question le gruge. Elle a un effet corrosif. D'autant qu'il n'a pas l'habitude du goût amer des échecs personnels.

« *C'est sa première défaite. Jusque-là dans sa vie il ne s'était jamais porté candidat sans être certain d'avance de pouvoir gagner.* » – Peter White

« *Alors je me suis retiré dans mes terres, à Montréal, et j'ai essayé de refaire ma vie.* » – Brian Mulroney

Chapitre 15

Un échec coûteux

« *Je me retrouvais, le lendemain, cassé comme un clou, avec des dettes. Il a fallu que je paie ça. J'avais une jeune famille, Ben venait de naître.* » – Brian Mulroney

Deux semaines après son échec à prendre la tête du Parti progressiste-conservateur, Brian Mulroney devient père d'un deuxième enfant, un garçon qu'il prénomme Ben, comme son père décédé 11 ans plus tôt. Le contexte n'est pas idéal pour accroître ses responsabilités financières car la course à la direction lui a coûté très cher. Certains avancent la somme de 500 000 dollars, ce qui représenterait trois fois le budget du vainqueur, Joe Clark. Des articles de journaux mentionnent même que l'équipe Mulroney aurait remboursé les frais encourus au cours du congrès par un plus grand nombre de délégués que ceux qui ont finalement voté pour lui. En somme, il serait un cocu. Et pas du genre cocu content !

D'autant que, malgré les dons importants qu'il a obtenus de la part de riches contributeurs, Mulroney a dépensé de l'argent qu'il n'avait pas. Il a vécu à crédit. L'heure des comptes est maintenant arrivée et elle est particulièrement cruelle. Ses dettes de campagne avoisineraient les 200 000 dollars.

Heureusement, le parti a réalisé des surplus lors du congrès, des surplus qu'il propose de redistribuer aux candidats. La somme en jeu est loin d'être suffisante pour éponger le déficit de la campagne de Brian Mulroney, mais le remboursement de 30 000 dollars serait tout de même un bon début. Il y a toutefois une condition : les candidats doivent dévoiler la liste de leurs donateurs de 200 dollars ou plus comme ils s'étaient engagés à le faire en début de course. Tous n'ont cependant pas la même interprétation de cette entente. Brian Mulroney veut bien révéler l'identité de ceux qui ont financé sa campagne, en autant que l'information ne soit accessible qu'à la direction du parti, car il craint que la publication des noms des avocats, ingénieurs, comptables et autres gens d'affaires l'ayant appuyé ne leur nuise professionnellement. Le gouvernement fédéral est un gros donneur d'ouvrage et on raconte que les libéraux, au pouvoir à Ottawa, ne sont pas très enclins à accorder des contrats à leurs adversaires politiques. « Je pense qu'il y avait une certaine vérité là-dedans », admet Michael Meighen, alors président national du parti et co-président du congrès, « mais, quand même, le règlement s'appliquait à tout le monde et je n'avais pas le choix de l'appliquer à Brian. » C'est peine perdue, Mulroney préfère s'endetter que de trahir la confiance de ses partisans.

« Il a toujours refusé [la divulgation des noms de ses donateurs] et donc moi j'ai dû prendre la décision de lui refuser le subside qu'on avait voté à chaque candidat. Je pense que pour un an ou deux, Brian ne voulait pas me parler trop trop. » – Michael Meighen

Écorché par la défaite qu'il vit comme une humiliation personnelle – après tout, aucun des 10 autres candidats ne s'est rallié à lui –, endetté au point de devoir vendre sa maison, Brian Mulroney se sent par-dessus le marché trahi par ses amis au moment où il en aurait le plus besoin. Soudain, son téléphone sonne moins souvent. Il broie du noir. Il boit beaucoup pour oublier. Mais il n'oublie pas. L'alcool ne fait qu'alimenter ses rancœurs.

« À l'époque, mon ami Brian aimait noyer ses échecs. Il buvait trop. Il a vécu cet échec-là de façon très dramatique », confie Yves Fortier. Plusieurs de ses proches estiment qu'il a fait une dépression.

« Je ne sais pas si c'est une dépression clinique mais il a commencé à beaucoup trop boire et il était très amer envers tous ceux qu'il voyait comme ses ennemis à l'époque. C'est peut-être une dépression, oui. » – Peter White

Si le principal intéressé admet avoir souvent dépassé la mesure, il refuse de voir dans son comportement de l'époque des signes de maladie mentale.

« Ça m'a pris du temps pour digérer tout ça et j'ai fait certaines erreurs importantes dans cette période de transition mais il n'y a jamais eu de dépression dans mes affaires. Non. » – Brian Mulroney

Quelle que soit la gravité de son état, il n'est tout de même pas démuni puisqu'on lui offre rapidement un emploi de rêve. À tout juste 37 ans, il devient président de l'Iron Ore, une entreprise d'extraction de minerai de fer qui compte près de 7 500 travailleurs sur la Côte-Nord du Québec et au Labrador. Depuis des années, l'Iron Ore n'a pas réalisé le moindre profit car elle est constamment perturbée par des conflits de travail. Ce n'est pas tant d'un administrateur qu'elle a besoin, mais d'une personne capable de ramener la paix avec les syndicats, de construire des ponts, de rétablir le dialogue. Fils de la Côte-Nord, spécialiste des relations de travail, Brian Mulroney est l'homme tout désigné. En plus, il a besoin d'un nouveau défi. Et surtout d'argent.

« J'ai accepté la présidence de l'Iron Ore parce que j'avais décidé de changer mon fusil d'épaule. J'avais fait 13 ans dans la pratique légale et, là, c'était une occasion pour moi de faire autre chose moyennant une excellente compensation et des possibilités économiques qui n'existent pas dans les boîtes d'avocats. » – Brian Mulroney

Chapitre 16

Richesse et misère

Le siège social de l'Iron Ore, à Montréal, est une structure minuscule. On y compte à peine une dizaine d'employés. L'entreprise est en fait un consortium gérant différentes mines de fer de la Côte-Nord dont le minerai alimente les aciéries du Mid-Ouest américain. Une partie du métal revient ensuite au Québec sous les écussons rutilants des voitures Buick, Chevrolet, Ford ou Chrysler assemblées à Détroit.

Les travailleurs dont Brian Mulroney a la responsabilité se trouvent donc à plus de 700 kilomètres de son bureau. Son mandat étant de se rapprocher des ouvriers, Mulroney demande et obtient qu'on lui attribue un avion d'affaires lui permettant d'être présent sur le terrain, d'y rencontrer régulièrement les mineurs et leurs représentants syndicaux. Ses nombreuses visites, son humour, son charme, tout cela contribue à décrisper les relations très tendues qui avaient valu à l'Iron Ore plus de 50 arrêts de travail au cours des 10 années précédentes. Soudainement, la paix revient. Les syndicats sont informés et consultés. Les pensions versées aux veuves des ouvriers sont doublées, des fêtes organisées pour les travailleurs et leur famille. La recette fait miracle. Un an après l'arrivée de Brian Mulroney à la tête de l'Iron Ore, l'entreprise commence à enregistrer des profits. Le jet d'affaires, la limousine, le chauffeur personnel, le prêt à taux préférentiel pour l'achat d'une maison à Westmount, tout cela coûte en définitive bien peu cher à l'entreprise puisque le rendement est au rendez-vous. Rapidement, Mulroney se retrouve sous l'aile bienveillante de Robert Anderson, le président et chef de la direction de Hanna Mining qui contrôle Iron Ore.

« Il s'est développé une complicité extraordinaire entre lui et Mulroney. Anderson le traitait littéralement comme son fils. » – Bernard Roy

Pendant que la situation de l'Iron Ore prend du mieux, un tremblement de terre politique survient au Québec. Le 15 novembre 1976, les Québécois élisent pour la première fois un gouvernement prônant l'indépendance de la province, sa séparation politique du reste du Canada. Cette élection cause un véritable choc dans la communauté anglophone québécoise, poussant plusieurs de ses membres à s'exiler vers Toronto. Pour Brian Mulroney, il n'en est pas question, pas plus qu'il n'envisage une autre sorte d'exil, celui-là à destination d'Ottawa. L'occasion s'est pourtant présentée sur un plateau d'argent lorsque le premier ministre Pierre Elliott Trudeau l'a appelé. « Il voulait m'offrir de rentrer au Conseil des ministres », relate Brian Mulroney. Pour ce faire, Jim Coutts, le chef de cabinet de Trudeau, propose de lui trouver un comté sûr au Québec. Devenir ministre : l'offre est intéressante. Mais en sautant la clôture ? Par loyauté pour son parti, affirme Brian Mulroney, il a décliné l'invitation. Il y a bien sûr davantage. Pourquoi abandonnerait-il la sécurité financière que lui procure son accession au monde des affaires alors qu'il commence à peine à y faire sa marque ? Et si contre toute logique il le faisait maintenant, pourquoi se lancer en politique en tant que transfuge ? Cela réduirait à néant ses chances d'accéder un jour au poste de premier ministre du Canada, une ambition qu'il refoule du mieux qu'il peut, quitte à se mentir à lui-même pour se convaincre qu'il y a bel et bien renoncé.

« Je ne pensais pas du tout à ce moment-là à l'avenir politique, pas du tout. Je pensais que j'allais terminer mes jours à l'Iron Ore ou dans une boîte semblable. » – Brian Mulroney

Sans doute Brian Mulroney apprécie-t-il le luxe que lui procure son appartenance au monde des affaires. D'ailleurs, en plus de l'Iron Ore, on le retrouve bientôt sur les conseils d'administration d'importantes entreprises telles que Provigo, la banque CIBC ou l'Hôtel Ritz-Carlton dont il est un client régulier du bar. Mais voilà : les conversations d'affaires finissent par l'ennuyer. Il ne s'y trouve pas dans son élément naturel.

« C'était un tremplin, l'Iron Ore. Pour lui, ce n'était pas son but ultime, c'est clair. » – Yves Fortier

Ce qui est si évident pour les autres, Brian Mulroney fait mine de ne pas le voir. Il s'y refuse. Il se ment à lui-même. Son épouse Mila est la première à ne plus le croire :

« Brian disait : "C'est fini la politique, maintenant je vais travailler pour l'Iron Ore, je vais faire des changements dans ma vie et peut-être que c'est mieux pour la famille." […] Mais je voyais tout de suite, et tous ses amis voyaient, que la politique c'est dans son sang […] parce que ça fait partie de qui il est. »

Brian Mulroney est la première victime de ses propres mensonges. C'est en vain qu'il cherche à anesthésier ses ambitions politiques dans le luxe, les voyages et surtout l'alcool.

À l'automne 1977, Pierre Marc Johnson, tout juste nommé ministre du Travail dans le gouvernement de René Lévesque, prend rendez-vous avec Brian Mulroney pour le consulter à propos des relations de travail en général et dans le domaine de la construction en particulier. Ayant siégé quelques années plus tôt à la commission Cliche, il a certainement des conseils à lui prodiguer. De plus, Brian Mulroney était proche de son père, l'ancien premier ministre décédé depuis bientôt 10 ans, ce qui crée un lien de confiance mutuelle allant au-delà des allégeances politiques respectives des deux hommes. Johnson se souvient qu'il n'a alors eu aucun doute sur le feu qui animait encore son interlocuteur :

« Je n'ai pas perçu que c'était un homme qui abandonnait la politique. Au contraire, et en dépit de cette période noire dont j'ai entendu parler, […] je pense qu'il n'a jamais abandonné, même dans cette pire période, l'idée qu'un jour il retournerait, non pas pour faire de la politique, mais pour être premier ministre du Canada. […] Pour moi Brian Mulroney est un homme dont la carrière politique est marquée par une passion presque obsédante d'en faire ! »

C'est aussi l'avis de Peter White, selon qui Brian Mulroney entretient avec la politique une relation obsessive semblable à celle de certains alpinistes avec le mont Everest, le sommet du monde.

« Ce n'est pas un économiste, ce n'est pas un grand juriste, ce n'est pas un grand homme international – il l'est devenu par la suite, mais il ne l'était pas à l'époque. Je crois qu'il voulait faire ça juste, comme

on dit en anglais, because it's there. *Il voulait savoir s'il pouvait se prouver qu'il était le meilleur politicien du Canada.* » – Peter White

À la mi-septembre 1978, après avoir appris le décès de Robert Cliche, pour qui il éprouvait une très grande affection, Brian Mulroney noie sa peine. Au-delà du raisonnable, ce qui devient une habitude.

« *Il buvait trop, il y avait de la tension à l'intérieur de sa famille. Mila s'était confiée à moi.* » – Yves Fortier

Brian Mulroney multiplie les esclandres publics, pendant lesquels il jette son fiel en direction du chef, Joe Clark, qui n'arrive pas à imposer sa marque malgré l'usure du gouvernement Trudeau. Comment peut-on être aussi maladroit et mollasson que ce jeune Albertain?

Mais aux élections fédérales du 22 mai 1979, Joe Clark lui donne tort en prenant le pouvoir. Bien sûr, il est élu à la tête d'un gouvernement minoritaire. Il ne lui manque que six sièges pour agir à sa guise. N'empêche, les conservateurs – qui n'avaient pas goûté au pouvoir depuis 16 ans – jubilent. Leur chef a tout l'avenir devant lui : assermenté le 4 juin, soit la veille de ses 40 ans, il est le plus jeune premier ministre de l'histoire canadienne.

« *Monsieur Mulroney et moi, on a 40 ans aussi à cette époque-là.* [...] *Dans le cours normal des choses, tu as un monsieur qui est devant toi, qui a ton âge, qui en a pour un bon 10 ans [comme chef]. Alors tu es aussi bien de faire autre chose avec ta vie, là !* » – Michel Cogger

Personne ne se doute alors que tout cela va changer, moins de six mois plus tard.

Chapitre 17

Un homme en attente

Lorsque Joe Clark prend les rênes du gouvernement à Ottawa, et malgré la faiblesse de sa députation québécoise, il n'a pas la magnanimité d'offrir à Brian Mulroney de se joindre à son équipe. Pierre Elliott Trudeau l'a pourtant fait alors qu'il disposait d'une majorité écrasante des sièges au Québec. De toute façon, il y a fort à parier que Brian Mulroney aurait refusé l'invitation de Clark. Pourquoi quitter une carrière très lucrative dans le secteur privé afin d'occuper un poste de second plan dans une équipe risquant d'être renversée à tout moment ?

Le simple fait d'être un progressiste-conservateur québécois connu et reconnu – une race dont il existe alors très peu de spécimens vivants – constitue en soi un atout pour Brian Mulroney. Il est du bon bord, de celui du gouvernement qui s'installe à Ottawa, et, donc, en demande. Il siège sur plusieurs conseils d'administration ; à l'approche d'un premier référendum sur l'indépendance du Québec, il est sollicité pour agir comme représentant de la communauté d'affaires anglophone à titre de vice-président du Conseil pour l'unité canadienne. Beaucoup d'hommes se seraient satisfaits d'avoir atteint un statut social aussi enviable. Lui-même tente de s'en convaincre :

« On avait trois enfants, une belle maison [...] à Westmount. J'étais chef de la direction de la compagnie Iron Ore. On avait tout ce qui va avec la job : l'avion, le chauffeur, tout le kit, on l'avait. Et puis on était jeunes et en santé. On faisait une belle vie familiale. Et donc je n'avais aucune espèce d'ambition ou d'espoir. Je n'avais aucune raison d'en avoir d'ailleurs. Monsieur Clark venait de gagner. »

Est-ce le désir de revanche, la passion du théâtre politique, l'ambition dévorante ou la conviction de pouvoir faire mieux que Joe Clark ? Chose certaine, le succès n'arrive pas à assouvir la soif qui tenaille toujours Brian Mulroney, pas plus que les verres qu'il continue à absorber sans retenue dans les salons du Ritz-Carlton à Montréal. Son ami Fernand Roberge, sans doute l'un des témoins privilégiés du comportement de Brian Mulroney puisqu'il dirige alors le prestigieux hôtel, le décrit comme un être insatisfait de son sort, inachevé, comme suspendu à son destin :

« *Il m'a toujours donné l'impression d'être un homme en attente. [...] Il m'a toujours donné l'impression que c'était inévitable qu'il revienne en politique. [...] C'est bizarre, mais j'en ai toujours été convaincu.* » – Fernand Roberge, ex-PDG de l'Hôtel Ritz-Carlton de Montréal

Sans doute ignorait-il que l'occasion allait se présenter si rapidement, mais le 13 décembre 1979, le gouvernement de Joe Clark est renversé aux Communes. Brian Mulroney jure qu'il a fait de son mieux pour empêcher que cela ne se produise en alertant le chef de cabinet du premier ministre de l'intention des créditistes[21] de voter contre le budget. L'un de ses amis, proche du député de Beauce et leader du Crédit social, Fabien Roy, avait suggéré à Brian Mulroney d'intercéder auprès du bureau du premier ministre pour qu'il accepte la demande des créditistes : avec leurs six députés, tous élus au Québec, ils détenaient la balance du pouvoir, mais sans que le parti ne soit officiellement reconnu en Chambre. Leur concéder cette reconnaissance, assortie d'un petit budget de recherche et du droit de poser quelques questions aux Communes, n'aurait eu aucune incidence politique ou financière significative. Mais, en homme de principes incapable de faire la distinction entre fermeté et rigidité, Joe Clark ne voulut rien entendre, malgré le

---

21. Créditistes : adeptes des théories du Crédit social, un parti créé en Alberta pendant la crise économique des années 1930 autour des enseignements de Clifford Hugh Douglas. Proche des valeurs conservatrices chrétiennes, le Crédit social sera porté au pouvoir en Alberta et en Colombie-Britannique et y règnera pendant plusieurs décennies. À partir de 1962, guidé par Réal Caouette, un orateur charismatique et populiste, le parti remporte 26 des 75 sièges québécois à la Chambre des communes. Le Crédit social demeurera le principal opposant des libéraux lors des élections fédérales au Québec jusqu'en 1980. Son vote menant au renversement du gouvernement de Joe Clark marque la dernière présence du parti au Parlement fédéral.

clair avertissement de Brian Mulroney à l'effet que cela pourrait provoquer le renversement du gouvernement.

En ce jour fatidique du 13 décembre, Brian Mulroney et son épouse se trouvent par hasard à Ottawa, lui pour une journée de rencontres d'affaires, alors que Mila en profite pour aller manger avec quelques connaissances dont Jane Crosbie, l'épouse du ministre des Finances, le bouillant Terre-Neuvien John Crosbie. En quittant Ottawa pour se rendre à Toronto où il doit assister le lendemain à la réunion d'un conseil d'administration, Brian Mulroney est informé par Mila que le gouvernement s'attend à ce que le budget soit défait le soir même. « J'ai dit : "Voyons donc ! C'est de la folie ça, ce n'est pas possible. Jamais un premier ministre ne va permettre ça. Il va ajourner la Chambre." » Or, aussitôt arrivé à son hôtel du centre-ville torontois, le Royal-York, Mulroney allume le poste de télévision et découvre que le gouvernement est tombé pendant la soirée. Il n'aura survécu que neuf mois moins un jour.

Dès le lendemain, Peter White arrive à joindre Brian Mulroney au téléphone : « Je l'ai appelé puis j'ai dit : "Brian, il faut que tu y ailles." Il dit : "Je le sais." »

Chapitre 18

Cesser de boire et tasser Clark

L e 18 février 1980, Joe Clark est battu pour une seconde fois. Il ne s'agit plus d'une défaite politicienne causée par le mécontentement de quelques députés en Chambre. Ce sont maintenant les électeurs canadiens qui le congédient en reportant les libéraux au pouvoir. Qui plus est, majoritaires. Et le comble, c'est qu'ils ont – encore ! – à leur tête Pierre Elliott Trudeau, miraculeusement ressuscité. Il avait pourtant démissionné de son poste de chef du PLC peu après la défaite électorale de l'année précédente, mais les libéraux ayant tardé à lancer la course pour lui trouver un successeur n'ont eu qu'à lui faire signe pour le convaincre de reprendre la direction du parti et de les mener une fois de plus à la victoire. Cette campagne improvisée, déclenchée quelques jours avant Noël, a pris la forme d'un référendum sur l'une des mesures les plus impopulaires du budget présenté par le ministre des Finances John Crosbie : une augmentation de la taxe sur l'essence de 18 cents le gallon impérial (4 cents le litre) destinée à réduire le déficit fédéral. Le résultat est particulièrement catastrophique au Québec, où les conservateurs ne réussissent à sauvegarder qu'un seul siège, celui de Roch Lasalle – et encore, par une marge de moins de 400 votes. Les 74 autres députés québécois sont tous libéraux, du jamais vu. À eux seuls, ils représentent plus de la moitié de la députation libérale de tout le Canada, qui est de 147.

Brian Mulroney se rappelle très bien de cette soirée du 18 février 1980, celle de la défaite de Joe Clark, et il se défend d'y avoir trouvé quelque raison de se réjouir.

« J'étais tellement découragé que je me suis couché, ce que je ne fais jamais à l'occasion des soirées électorales. J'ai trouvé ça décourageant. » – Brian Mulroney

Il n'est pas le seul. Dans les rangs conservateurs, plusieurs ragent de voir le pouvoir leur filer ainsi entre les doigts, eux qui avaient patienté tant d'années dans l'opposition. « Bêtement, stupidement, naïvement, on est en train de redonner le ballon à l'équipe adverse », dit Michel Cogger pour expliquer que « l'atmosphère n'était pas généreuse » à l'endroit du chef Joe Clark. Son ami Peter White est moins diplomate : « La première chose, pour être très franc, il fallait se débarrasser de Joe Clark. Ça c'est difficile. Ça nous a pris deux ans. »

Brian Mulroney n'est pas pressé. Il est lié par contrat à l'Iron Ore jusqu'à l'été 1981. Or le parti conservateur doit se réunir en congrès biennal quelques mois plus tôt, ce qui signifie que le chef, Joe Clark, devra se soumettre à un vote de confiance. Mulroney n'a pas intérêt à brusquer les choses et à provoquer une course à la direction du parti qui se déroulerait avant qu'il ne devienne agent libre. Cela ne l'empêche pas de se préparer et de consulter ses amis. Yves Fortier, tout libéral qu'il soit, faisait partie du cercle des intimes à qui Mulroney demanda conseil. La discussion, tenue au bar du Ritz-Carlton, était davantage personnelle que politique.

« Je lui ai suggéré qu'il devrait modérer sa consommation d'alcool, et il m'a regardé dans les yeux. Je me souviens, il m'a dit : "Tu penses que si je veux revenir, c'est ce que je devrais faire ?" Je lui ai dit : "C'est clair que oui, d'après moi, Brian." Je n'ai pas été le seul à lui dire ça. Il y a plusieurs de ses amis qui le lui ont dit. » – Yves Fortier

Il y a alors un certain temps que les proches de Brian Mulroney s'inquiètent de sa consommation excessive d'alcool, et pas uniquement pour des raisons liées à ses ambitions politiques. Il a fallu longtemps à Brian Mulroney avant d'arriver à parler de cette période avec sérénité, à mettre des mots sur sa dépendance à l'alcool : « Mon problème, c'est que je ne pouvais pas dire : "Je vais prendre UN verre de whisky." J'aimais le deuxième et parfois un troisième. Alors j'ai décidé de quitter avant que je ne pose des gestes qui, peut-être, auraient pu provoquer des conséquences pénibles pour mes enfants ou ma famille. »

Le référendum du 20 mai 1980 au Québec donna à Brian Mulroney une occasion de mesurer les risques de mélanger alcool et politique. Personnalité en vue de la politique et du milieu des affaires, Anglo-Québécois « de souche », il est recruté par Paul Tellier, un proche de Pierre Elliott Trudeau, afin de devenir vice-président du Conseil pour l'unité canadienne, un titre quasi honorifique qui l'autorise à faire quelques discours et à participer à des émissions de télévision. La plus mémorable est sans doute la soirée du vote elle-même alors qu'il se retrouve aux côtés de son ami Louis Laberge, le président de la FTQ, sur le plateau du réseau anglophone CTV. Les deux hommes ont l'habitude de se donner un peu de « courage » sous forme liquide, particulièrement en fin de journée. Ce soir-là, à en juger par leurs propos, ils n'avaient pas fait exception. Mulroney ouvre les hostilités en accusant Laberge de mépriser les non-francophones. Laberge le traite de menteur. Le débat dégénère, Brian Mulroney qualifiant le syndicaliste de « bouffon » (prononcé à la française) et proposant de régler leur différend par une bataille entre hommes dans le caniveau[22]. L'échange n'a sans doute pas contribué à rehausser beaucoup la compréhension des enjeux du référendum, mais elle a certainement permis à l'auditoire du reste du Canada de découvrir les qualités combatives de Brian Mulroney.

Le mois suivant, Brian Mulroney allait prendre sa dernière cuite. Elle se produisit fin juin 1980 à Bucarest. Il s'y était rendu en tant que patron de l'Iron Ore pour rencontrer le dictateur roumain Nicolae Ceauşescu, à qui il souhaitait vendre une partie du minerai produit sur la Côte-Nord québécoise. Lors de leur tête-à-tête, celui que la propagande communiste qualifiait de « génie des Carpates » montre de l'intérêt pour les ambitions politiques de son invité. Prenant en exemple Richard Nixon, battu par John F. Kennedy en 1960, puis élu président américain huit ans plus tard, Ceauşescu encourage Brian Mulroney à persévérer dans sa quête du pouvoir. Il se peut que la comparaison avec Nixon, poussé à une humiliante démission dans la foulée du scandale du Watergate, six ans plus tôt, ait été difficile à avaler sans l'aide d'une forte quantité de cognac dès son retour à l'hôtel ! Qu'importe. Jamais plus, depuis, Brian Mulroney n'a bu un verre d'alcool.

---

22. Voici les propos exacts de Brian Mulroney : « *If he wants to play the "bouffon", if he wants to get me down in the ditch with him, I'll put on my rubber boots and I'll do it.* »

Brian Mulroney explique qu'à son retour de Bucarest, une sévère infection le cloua au lit pendant plus d'une semaine. Ne se sentant pas bien, il aurait simplement évité de consommer de l'alcool au cours de cette période, puis il aurait persévéré comme pour se prouver qu'il en était capable. Il fallut, dit-il, quelques semaines à son épouse pour remarquer que quelque chose avait changé dans son comportement, au moment où il refusa le verre de whisky qu'elle lui proposait. Ses amis qui s'inquiétaient pour sa santé – certains évoquaient une possible dépression prolongée – constatèrent alors une véritable transformation physique et psychologique chez Brian Mulroney.

« Il a arrêté du jour au lendemain de consommer de l'alcool et il a sauvé, d'abord, son mariage. Il a sauvé son avenir politique. Et si on parle de dépression, je pense qu'on doit reconnaître qu'il a recommencé à être bien dans sa peau quand il a arrêté de boire. »
– Yves Fortier

D'autres amis avec qui il avait partagé sa propension pour les cocktails, particulièrement les martinis du Ritz ou du Beaver Club, ne reconnaissaient plus leur compagnon. Brian les rassurait par une boutade révélatrice de ses abus passés :

« Je leur disais : inquiétez-vous pas. Avec ce qui s'est passé avant, j'ai quand même une bonne moyenne [de taux d'alcool dans le sang]. Trente-deux ans après, j'ai conservé une bonne moyenne. »

Sans doute la décision de cesser de boire fut-elle à la fois inspirée par des considérations familiales et politiques. Pour Brian Mulroney, l'un n'allait pas sans l'autre, mais l'un devait précéder l'autre. Il lui fallait mettre de l'ordre dans sa vie personnelle et familiale avant – sinon afin – d'affronter les batailles politiques pour lesquelles l'appui entier de Mila serait essentiel. S'il n'avait aucune garantie de réussir son entrée en politique, il avait cependant la certitude qu'il s'agissait de la seule chose à faire pour lui et sa famille.

« La base de Brian, c'est sa vie familiale et je pense que s'il a fait des changements dans sa vie, c'est à cause de la famille. »
– Mila Mulroney

Dès lors, le couple devient une véritable équipe dédiée à la réalisation des ambitions politiques de Brian Mulroney. Elles crèvent les yeux.

Les affaires l'ennuient. La richesse n'arrive pas à le combler. La politique est son destin, son salut. Maintenant cicatrisées les plaies de sa défaite de 1976, il est prêt pour un deuxième round, fort de l'appui indéfectible de sa famille qui comprend à quel point cela lui est essentiel.

« J'ai insisté [pour dire] que s'il a toujours envie de le faire, on est avec lui. On va l'épauler, les enfants et moi. Toute la famille va être sur l'autobus. On va tous y aller. » – Mila Mulroney

La plus âgée de leurs trois enfants, Caroline, n'a alors que six ans. Aussi loin que ses souvenirs remontent, l'évidence s'impose.

« Il écoutait toujours la radio, il y avait toujours la télévision, des journaux partout. Il était toujours passionné par la politique. C'était une grande partie de sa vie. C'est une grande partie de notre vie en fait. » – Caroline Mulroney-Lapham

Aux premiers jours de l'automne 1980, à 41 ans, Brian Mulroney, l'homme nouveau, en processus de libération de ses démons intérieurs, sort de sa torpeur en présentant son premier discours majeur depuis sa défaite dans la course à la direction du parti, quatre ans plus tôt. Le cadre manque un peu d'envergure : il est l'orateur invité par l'Institut des comptables agréés du Québec, réunis à Montréal. Peu importe, c'est le geste qui compte. Il fallait briser la glace. Il n'y a d'ailleurs aucune ambiguïté sur la nature du geste, car l'allocution n'est pas celle d'un homme d'affaires, mais bien celle d'un homme politique en devenir. Brian Mulroney y analyse les raisons de la faiblesse continue du Parti progressiste-conservateur au Québec ; il présente un plan en sept points pour y remédier ; et il prévient le parti qu'il n'arrivera jamais à conquérir le pouvoir sans d'abord accorder une place importante aux Québécois. Cette prédiction va se révéler fausse une trentaine d'années plus tard avec la victoire majoritaire du gouvernement de Stephen Harper, mais pour l'instant elle sert bien les intérêts de Brian Mulroney. Dans quelques mois à peine, en février 1981, les délégués du Parti conservateur doivent se réunir. On viendra alors de souligner le premier anniversaire de leur défaite électorale. S'il est trop tôt pour renverser le chef, l'occasion sera belle pour le faire trébucher, pour miner son autorité.

Lors du Congrès biennal du PC, tous attendent donc avec impatience le résultat du vote sur le leadership de Joe Clark. À n'en pas douter, il s'agit d'une gifle, car à peine 66 % des délégués lui renouvellent leur appui. Cela est d'autant plus humiliant qu'il n'y a pas une fronde organisée. Désormais, Joe Clark est un chef en sursis. Il doit guider tout en gardant un œil sur le rétroviseur. Brian Mulroney n'est pas son seul adversaire potentiel, loin de là, mais il est redoutablement doué et le plus bilingue d'entre tous. Or personne ne doute plus, après les résultats de la dernière élection, que les conservateurs doivent ébranler la forteresse québécoise pour reprendre le pouvoir, ce qui donne plus de poids à la candidature possible de Brian Mulroney. Le prochain rendez-vous du parti aura lieu dans deux ans, début 1983. D'ici là, il est l'homme à surveiller, d'autant qu'en juin 1981, il devient officiellement agent libre, le contrat de cinq ans le liant à l'Iron Ore arrivant à son terme. Il a de bonnes raisons d'être fier de sa performance. Avant son arrivée à la tête de la compagnie, l'entreprise était déficitaire depuis plusieurs années et elle connaissait tous les ans de nombreux arrêts de travail. Sous la direction de Brian Mulroney, la paix revient. Et avec elle, les profits : 100 millions de dollars en 1981. On aurait pu se contenter de les redistribuer aux actionnaires qui les avaient attendus avec tellement de patience, mais Mulroney convainc l'entreprise d'en investir une partie dans la paix syndicale à venir en offrant une prime spéciale de 250 dollars à chaque employé à l'occasion des fêtes de Noël et en bonifiant de 100 dollars par mois la pension de retraite versée aux veuves des travailleurs. Il sait à quel point sa propre mère reçoit une maigre pitance depuis le décès de son père. Il a beau être riche, il se rappelle d'où il vient. Comme il sait où il s'en va.

Chapitre 19

Le grand bluff

À la fin de 1981, Brian Mulroney entreprend une série de rencontres confidentielles avec quelques intimes au Club Mont-Royal de Montréal. Une fois par mois, le groupe réunit d'anciens confrères de classe comme Peter White, Michel Cogger, Jean Bazin et Fred Doucet, en plus de quelques habitués des coulisses du Parti conservateur comme Guy Charbonneau, Charlie McMillan, Sam Wakim et Frank Moores, l'ancien premier ministre de Terre-Neuve. Il est un fidèle allié de Mulroney depuis qu'il l'a rescapé professionnellement après sa défaite électorale de 1979 en le recrutant au service de l'Iron Ore. La société minière exploite des mines de fer non seulement au Québec, mais aussi au Labrador. Moores y connaît beaucoup de gens et peut donc jouer de son influence.

Parfois, le groupe des intimes de Mulroney se rencontre aussi à Toronto. « On y parlait de choses et d'autres, de ce qu'on pouvait faire », affirme, sibyllin, Fred Doucet, celui de qui Brian Mulroney affirme qu'il aurait pu déplacer une montagne d'un pouce vers la droite ou vers la gauche s'il le lui avait demandé. Mulroney assiste évidemment à ces rencontres dont la régularité ne trompe personne sur leur finalité : préparer le terrain pour sa candidature à la succession de Joe Clark. Et s'il le faut, donner un coup de main à son départ !

Brian Mulroney soutient encore aujourd'hui qu'il n'en était pas l'instigateur, que c'est Guy Charbonneau qui en avait pris l'initiative, et que sa présence ne signifiait pas qu'il allait nécessairement se présenter : « Moi, j'étais hésitant. Tout le monde va vous dire ça. » Peut-être, mais ses proches entretiennent une incertitude très relative :

« Il n'y a aucun de nous qui doute que si la place s'ouvre, Brian va être facile à convaincre. Mais évidemment il va tous nous renier si on dit : "On veut nettoyer la place en ton nom." » – Michel Cogger

Il y a de quoi, car la prudence est de mise dans de telles opérations : aucun candidat ne souhaite jouer au Brutus et laisser ses empreintes sur le poignard qui aura assassiné le chef. Brian Mulroney a de la chance : d'autres aspirants se manifestent ici et là. À Toronto, Michael Wilson « consulte » des gens ; à Terre-Neuve, John Crosbie fait de même, et puisqu'il s'agit de John Crosbie, de manière plus voyante. Brian Mulroney est bien placé pour le savoir, car certains de ses plus proches alliés participent à ces consultations. Peter White, devenu un financier respecté et habitant désormais en Ontario, assiste aux rencontres de Michael Wilson avec des gens d'affaires. Frank Moores, toujours employé de Brian Mulroney à l'Iron Ore, gravite aussi dans l'entourage de John Crosbie. Clairement, Mulroney est bien résolu à ne pas répéter les erreurs commises lors de sa première course, en 1976, quand aucun des autres candidats ne s'était rallié à lui. Cette fois, il construit des ponts, et tant pis s'il n'y a pas encore de rivière !

Toute cette agitation rend Joe Clark nerveux. Déterminé à protéger ses arrières, il multiplie les actions défensives, commet des erreurs. Ainsi, au début de 1982, il décide d'imposer la présence de ses fidèles à la tête de l'Association conservatrice québécoise. « C'était comme s'il y avait une prise de contrôle hostile du PC au Québec. Voyons donc ! », s'insurge Brian Mulroney. Clark avait mal mesuré les conséquences de son geste. Plutôt que d'affirmer son autorité, il s'inflige une défaite supplémentaire en provoquant un sursaut de fierté parmi les militants québécois habilement « guidés » par l'entourage de Brian Mulroney, dont Pierre Claude Nolin : « C'est là qu'on s'est activés à prendre le contrôle du parti au Québec. » Lors du congrès de l'aile québécoise, les proches de Clark sont évincés au profit de gens officiellement neutres mais secrètement favorables à Brian Mulroney. Les dénégations de Mulroney qui dit n'y être pour rien ne trompent personne. Le geste n'est pas sans conséquences. Tous savent que l'association provinciale contrôle le choix de 38 délégués au congrès national qui aura lieu dans un an et qui pourrait être décisif quant à l'avenir du chef. Le président du parti, Peter Blaikie[23], un proche de Joe Clark, fulmine : « C'est la guerre. » Clark en rajoute en déclarant : « Le parti a la mémoire longue. »

Pierre Claude Nolin, dont les initiales « PC » trahissent les origines conservatrices familiales, avait été de l'équipe de Joe Clark pendant la course de 1976 et lors des élections de 1979. Il était maintenant convaincu qu'il fallait s'en débarrasser et c'est pourquoi il avait rejoint le camp de Brian Mulroney. Il faisait partie d'un groupe d'organisateurs électoraux québécois qui se réunissait hebdomadairement pour voir aux intérêts de Mulroney. On y retrouvait entre autres Rodrigue Pageau, Fernand Roberge et Jean-Yves Lortie, tous des collecteurs de fonds « professionnels ».

Au printemps 1982, les rencontres de stratégie des mois précédents ont permis de dégager suffisamment d'appuis et d'idées pour que Brian Mulroney se lance publiquement. Bien sûr, c'est toujours le président de l'Iron Ore qui parle, mais ce sont les membres du Parti progressiste-conservateur qui remplissent les salles. En avril et mai, il prononce une série de discours thématiques à travers le pays – Ottawa, Toronto, Vancouver, Fredericton –, qui seront plus tard réunis sous la forme d'un livre : *Where I Stand*[24], que l'on pourrait traduire par « Mes positions » ou « Ce en quoi je crois ». On lui avait reproché de manquer de contenu en 1976 : eh bien, en voilà ! Sur l'innovation et la recherche. Sur l'ouverture aux investissements étrangers. Sur le programme national de l'énergie. Sur la réduction de la taille de l'État. C'est une formule éprouvée, inspirée du modèle américain, dont l'objectif est on ne peut plus limpide et que, malgré ses dénégations d'usage, Brian Mulroney lui-même doit reconnaître : « Il n'y a pas de doute qu'à ce moment-là, comme on disait, *we kept the pot boiling*[25]. »

« *Il voulait montrer qu'il était prêt, qu'il était intéressé, et que si le parti n'était pas satisfait du leadership de Clark, il était très possiblement prêt à poser sa candidature.* » – Michael Meighen

23. Peter Blaikie est alors l'un des avocats les plus en vue au Canada. Il a cofondé en 1973 le cabinet montréalais Heenan Blaikie, qui s'est ensuite étendu à Toronto et Vancouver. Aux élections fédérales de 1979 et 1980, il avait tenté sans succès de se faire élire député progressiste-conservateur dans la circonscription montréalaise de Lachine.

24. Brian Mulroney. *Where I Stand*, Toronto, McClelland and Stewart, 1983.

25. Traduction : « Nous maintenions la pression. »

Et il fallait que ça se sache. Brian Mulroney prit lui-même le téléphone pour attirer l'attention de certains journalistes avec qui il avait développé une relation de confiance au fil des ans. Ils étaient nombreux. Parmi eux, Gilbert Lavoie, alors au quotidien *La Presse*, qu'il avait côtoyé pendant les audiences de la commission Cliche, huit ans plus tôt, et qui deviendra plus tard son secrétaire de presse.

« Lorsqu'il a commencé à grignoter le leadership de Joe Clark, il appelait les journalistes qu'il connaissait. Tout le monde savait ça. Il nous appelait, il nous donnait son impression. C'était toujours off the record, *ce qui fait que ça a renoué le contact avec lui. »* – Gilbert Lavoie

On imagine bien l'atmosphère que tout cela créait à Ottawa dans l'entourage de Joe Clark : une mentalité d'assiégé aussi paranoïaque que… bien fondée. « La gronde était maintenant démarrée, dans le groupe parlementaire en particulier. Puis on entendait parler de toutes sortes de complots, de conspirations contre Clark », se rappelle Brian Mulroney. Son employé et complice Frank Moores est au cœur de cette opération de sape de l'autorité de Joe Clark parmi le groupe parlementaire conservateur. À tout le moins, il en recueille les fruits déjà abondants. D'autant que le gouvernement Trudeau a, dès sa réélection, profité de la faiblesse de l'opposition pour adopter des politiques qui font rugir les militants conservateurs, particulièrement ceux de l'Ouest : la politique nationale de l'énergie, imposant un plafond au prix du pétrole de l'Alberta écoulé dans l'Est du pays, alors que le cours de l'or noir flambe sur les marchés internationaux, en constitue l'exemple le plus extrême. Vue de l'Alberta, cette mesure équivaut à un hold-up de plus de 100 milliards de dollars sur les ressources de la province. Pour ajouter l'insulte à l'injure, Ottawa augmente la taxe nationale sur l'essence – donc également en Alberta – d'un montant supérieur à celui proposé par le gouvernement Clark (14 cents le gallon). C'est pourtant cette hausse que les libéraux avaient jugée tellement inacceptable qu'elle les avait poussés à battre le budget en Chambre et donc à renverser le gouvernement conservateur.

Au Québec, le mouvement anti-Clark se manifeste aussi lors des assemblées de choix des délégués au congrès conservateur qui se tiendra fin janvier 1983 à Winnipeg. Les troupes de Clark, menées par Marcel Danis, y affrontent celles de Mulroney que dirige Rodrigue Pageau.

Bénéficiant de l'appui de l'appareil du parti, Clark réussit à décrocher un peu plus de la moitié des délégués québécois.

Mulroney a-t-il à ce moment-là jugé que sa performance n'était pas à la hauteur de ses attentes ? C'est peut-être ce qui expliquerait la scène étrange qui allait se produire le 6 décembre 1982, un peu plus d'un mois avant le Congrès biennal du PC. Dans un des salons du Ritz-Carlton de Montréal, le repaire préféré de Brian Mulroney, le voilà qui s'avance au côté de Joe Clark en direction d'une rangée de caméras de télévision pour annoncer qu'il accorde son appui entier à son chef, pour le bien du pays, devant l'urgence de défaire le gouvernement libéral : « La meilleure façon de l'accomplir, dit-il, c'est de confirmer le leadership de monsieur Clark et de s'attaquer à la tâche de former un gouvernement capable de redonner à ce pays toute sa grandeur originale. »

Comment expliquer un tel geste ?

Plusieurs hypothèses circulent. L'une concerne la situation financière de l'Iron Ore, durement touchée par la récession mondiale qui frappe à l'été 1982. Le prix du fer s'effondre, les marchés se tarissent, les aciéries américaines qui utilisent le minerai de la Côte-Nord du Québec fonctionnent à moins de la moitié de leur capacité. Fin octobre 1982, le conseil d'administration de l'Iron Ore en arrive à la conclusion qu'il faut fermer la mine de Schefferville. Mulroney doit en faire l'annonce « pénible » début novembre. Un an plus tôt, il croyait pouvoir compter sur sa réputation d'homme d'affaires ayant redressé le bilan d'une entreprise déficitaire pour proposer aux Canadiens de faire la même chose avec les finances du gouvernement fédéral ; la récession vient de réduire cet argument en lambeaux.

La seconde hypothèse découle aussi de la situation économique mondiale : la récession provoque un tel vent de mécontentement populaire envers le gouvernement Trudeau que les conservateurs de Joe Clark sont propulsés dans les sondages et se retrouvent avec près de 20 points d'avance sur les libéraux. La remontée se manifeste même au Québec, conséquence de l'opposition menée par Joe Clark au projet de rapatriement de la Constitution canadienne par le gouvernement Trudeau. Pour plusieurs Québécois, Pierre Elliott Trudeau avait trahi la promesse faite à la veille du référendum de 1980 lorsqu'il avait affirmé qu'un Non à l'indépendance ne devrait pas être interprété par le reste du Canada « comme un signal que tout va bien ». Au contraire, un Non lui donnerait le mandat d'apporter des « changements » à la Constitution. « Nous mettons nos sièges en jeu pour avoir du changement ! », avait-il lancé, parlant au nom des 74 députés libéraux québécois. Personne n'avait pris la peine de vérifier quels changements il avait en tête, ni même s'il avait consulté sa députation québécoise avant de mettre leurs 74 têtes sur le billot. Il s'avère que non. Monsieur Trudeau s'était engagé en leur nom sans même les en informer préalablement, ce qui accrédite un peu plus la cruelle expression populaire dont les députés libéraux fédéraux étaient alors affublés au Québec : « les 74 nouilles ». Plongés dans l'eau bouillante de la fin de l'épisode référendaire, aucun d'entre eux n'a ensuite retrouvé assez de fermeté pour s'objecter à une entente conclue en pleine nuit avec neuf provinces – à l'exclusion du Québec, dont la délégation dormait à son hôtel et que personne n'avait cru bon d'alerter[26]. Il avait fallu un certain courage politique à Joe Clark pour s'y objecter, car cela le plaçait objectivement dans le même camp que le gouvernement indépendantiste de René Lévesque, une situation inconfortable que les libéraux exploitaient sans retenue dans le reste du Canada.

Contexte économique et contexte politique faisant corps, Brian Mulroney, de retour de vacances en Europe avec son ami Paul Desmarais, aurait donc décidé de mettre les freins. La veille de sa déclaration conjointe avec Joe Clark, il avait convoqué à sa résidence personnelle de Westmount toute l'équipe qui travaillait pour lui depuis plus d'un an, soit plus d'une trentaine de personnes. « Je leur ai dit : "J'ai réfléchi à tout ça, j'en ai parlé à Mila, on n'a pas l'intention d'y aller." »

Plusieurs des invités à la rencontre confirment ces propos aussi étonnants que tardifs : « Il nous invite chez lui pour nous dire qu'il ne

---

26.   Les libéraux fédéraux ont toujours soutenu que René Lévesque avait été l'artisan de son propre malheur plutôt que la victime d'une « nuit des longs couteaux ». Selon eux, son tort a été de se montrer ouvert à une proposition lancée quelques heures plus tôt par Pierre Elliott Trudeau à l'endroit de ses homologues des provinces : dénouer l'impasse dans laquelle se trouvaient les négociations constitutionnelles en soumettant le projet de rapatriement à un référendum. Les deux Québécois se provoquaient en duel fratricide. Lévesque aurait son match revanche après la défaite référendaire de 1980. Sauf qu'en acceptant de relever le défi que lui lançait Trudeau, Lévesque rompait l'alliance conclue avec une majorité de provinces pour s'opposer au plan fédéral. S'estimant lâchées par Québec, ces provinces perdirent tout scrupule à s'entendre entre elles alors que la délégation québécoise dormait.

veut pas se présenter, se rappelle Pierre Claude Nolin. Alors on est un peu déçus, très déçus, et certains d'entre nous, dont Rodrigue Pageau, moi et d'autres, on décide malgré tout de continuer. »

Selon Brian Mulroney, c'est Rodrigue Pageau qui prit la tête de ceux qui refusaient de se laisser démonter par le retrait de leur candidat : « Il dit : "Clark a perdu, c'est un perdant ça, il ne peut pas gagner." Il dit : "Moi, j'étais son organisateur au Québec il y a un an et j'ai perdu toute confiance en lui. […] Je quitte votre maison et je vais organiser d'autres amis qui vont vouloir aller à Winnipeg pour le débarquer." »

Avec le recul, des intimes de Brian Mulroney se sentent plus libres de raconter ce qui se serait selon eux réellement produit, au risque de contredire la version officielle que Mulroney se doit de maintenir.

Selon Peter White, la conférence de presse du Ritz n'était qu'une mise en scène. Brian Mulroney ne croyait pas un mot de ce qu'il avait déclaré à propos de Clark et, de toute façon, cela n'avait rien changé au plan de match de son organisation en vue du renversement du chef : « C'était vraiment du *window dressing*[27]. On a continué nous autres à travailler en profondeur derrière la scène. »

Michel Cogger, qui dit ne pas avoir été consulté sur l'opération qu'il a trouvée « un peu étrange », a une explication convaincante pour la justifier. Selon lui, le camp de Joe Clark avait lancé le gant à Brian Mulroney, considéré à juste titre comme la menace la plus sérieuse à son leadership, le sommant d'afficher ses intentions publiquement. « Qu'est-ce que tu peux faire ? demande Cogger. Tu peux pas dire non. […] C'est comme dire : "Je vais mettre ton nom sur le couteau que j'aurai dans le dos." Voyons donc ! Alors tu te prêtes au jeu. »

Et c'est un petit jeu qui se joue à deux, comme Joe Clark va bientôt l'apprendre à ses dépens.

---

27. Traduction : mascarade.

Chapitre 20

C'est la guerre

Il faut vraiment être masochiste pour tenir un congrès à Winnipeg en janvier. C'est pourtant l'endroit et le moment choisis par le Parti progressiste-conservateur pour son dernier congrès biennal avant les prochaines élections fédérales attendues l'année suivante, en 1984. La principale menace au chef Joe Clark – Brian Mulroney – ayant fait marche arrière le mois précédent, plusieurs délégués conservateurs ont choisi de ne pas s'infliger cette épreuve, de rester à la maison ou, mieux, d'aller goûter à la chaleur du Sud afin de casser l'hiver en deux. Joe Clark semble voguer vers une reconduction de son mandat comme chef du parti. Il n'y a plus de suspense. Il a annoncé qu'il s'attend à un appui plus élevé que les 66 % obtenus deux ans plus tôt. La barre qu'il s'est fixée – 70 % – représente une cible modeste dans les circonstances. La confiance de Joe Clark risque de lui jouer un mauvais tour.

À l'ouverture du congrès, Brian Mulroney montre toujours patte blanche. Aux journalistes qui l'interrogent à propos de ses intentions de vote sur la reconduction du mandat du chef, il affirme : « Monsieur Clark ». À défaut de les convaincre, cela semble les satisfaire.

Mais les caméras de télévision ne le lâchent pas d'une semelle et sont témoins d'une scène qui laisse planer un doute sérieux sur cette affirmation. À la table d'inscription du congrès, un large contingent de délégués provenant du Québec n'arrive pas à obtenir ses accréditations. Certaines formalités n'auraient pas été respectées à la lettre. La colère gronde, la tactique est trop évidente. « Je suis pour la révision [du leadership de Joe Clark], tonne un de ces délégués ; ils trouvent toutes sortes de niaiseries pour ne pas nous inscrire. »

Brian Mulroney vient alors s'interposer personnellement et récla-mer qu'on accorde leur accréditation à ces délégués dûment élus: « Si les bureaucrates du parti pensent qu'ils peuvent piler sur les pieds des délégués, ils connaissent mal le Parti conservateur et ils me connaissent mal aussi », lance Mulroney. Son empressement à résoudre cet imbro-glio, alors qu'il n'occupe aucune fonction officielle dans le parti, cache mal ce qui se prépare en coulisse. Son vieux compère, Michel Cogger, a moins de retenue: « C'est pas compliqué cette affaire-là, dit-il. Il y avait le camp de monsieur Clark et puis le camp de monsieur Mulroney. Et les deux camps, à ma connaissance, avaient mis des ressources à la disposition des délégués. » Des ressources pour financer leur voyage vers Winnipeg, leurs frais de logement et, dit-on, de « rafraîchissement ». Frank Moores aurait amassé à lui seul 250 000 dollars pour cette opé-ration. Dans ses mémoires, Brian Mulroney persiste à dire qu'il n'y est pour rien. Selon ses dires, John Crosbie, David Crombie et Michael Wilson se préparaient en coulisse; la Big Blue Machine ontarienne tra-vaillait à propulser malgré lui le premier ministre Bill Davis sur la scène fédérale; en somme, plusieurs autres acteurs complotaient en secret pour renverser Clark, « mais pas moi[28] ».

Dans son discours d'ouverture du congrès, Joe Clark tente d'affi-cher optimisme et fermeté, deux qualités qu'il n'a pas habituellement en abondance. « Si nous avons l'intelligence et la sagesse de continuer à travailler ensemble », proclame-t-il devant les délégués, martelant chaque mot d'un mouvement énergique du bras, le poing fermé, en signe d'autorité, mais avec une absence de naturel qui trahit son objec-tif, « rien, absolument rien ne pourra nous arrêter ».

---

28.   Dans une entrevue au journaliste Alain Gravel, animateur de l'émission Enquête à la télé-vision de Radio-Canada et diffusée en juin 2014, Jean-Yves Lortie dit avoir dépensé près de 500,000 $ à l'occasion du congrès de Winnipeg. Cette somme aurait servi à noliser un avion pour 225 délégués québécois, payer leur hôtel, leurs repas et une indemnité quotidienne de 150 dollars pour leurs dépenses personnelles. Ces délégués, assure-t-il, ont voté contre Joe Clark.

Il ajoute que cette somme – en argent liquide! – avait été recueillie par des collecteurs de fonds du parti favorables à Brian Mulroney principalement auprès d'entreprises, ce qui était légal à l'époque à condition que les dons soient déclarés. Cela n'aurait été le cas que pour une partie des dons. Dans l'entrevue qu'il nous a accordée sur le sujet, Brian Mulroney affirmait que ce scénario tenait du « folklore ».

L'annonce du résultat du vote jette un froid dans l'assemblée. Personne ne sait trop quoi en penser. Deux ans plus tôt, Joe Clark avait obtenu l'appui de 66,4 % des délégués. Il avait déclaré que, cette fois, il en espérait au moins 70 %. Le décompte lui en accorde 66,9 %. C'est mieux que la fois précédente, mais de si peu ! Il s'agit certes d'une déception pour le chef, une de plus, qu'il aurait pu encaisser, comme les précédentes. L'approche des élections et la nécessaire remise en marche de la machine partisane auraient tôt fait de diriger les regards dans d'autres directions. Après de longues minutes d'hésitation, Clark s'avance au podium pour lire une déclaration rédigée à la dernière minute, si l'on en juge par la mauvaise qualité de son principal extrait en langue française : « Ce n'était pas un mandat assez clair pour permettre une forte unité nécessaire pour notre parti. »

Son épouse, Maureen McTeer, les yeux rougis, se tient derrière lui alors qu'il annonce qu'il va demander au nouvel exécutif national du parti « qu'on convoque un congrès à la chefferie sitôt que possible ». À ce moment, Brian Mulroney et son épouse Mila se trouvent dans leur chambre d'hôtel, occupés à faire leurs valises en préparation d'un voyage d'une dizaine de jours en Floride. « On regarde ça à la télévision : Joe Clark vient d'annoncer sa démission. Hein ? J'étais complètement renversé », dit-il. Et ce n'est qu'un début. Non seulement Joe Clark démissionne, il annonce qu'il sera candidat à sa propre succession ! En un mot, c'est la guerre. Il défie ses adversaires de se montrer à visage découvert. Finies les intrigues, on va crever l'abcès une bonne fois pour toutes.

Joe Clark est l'une des rares personnes approchées dans le cadre de cette biographie de Brian Mulroney qui ait refusé d'y participer, ce qui témoigne sans doute de la rancœur qui l'anime toujours à la suite de cet épisode. Nous le mentionnons ici pour justifier notre incertitude sur les motifs réels de sa décision de lancer alors une course à la direction du parti. Une des hypothèses veut qu'il y ait été forcé en apprenant l'existence d'un complot pour le démettre de son poste de chef du parti, ce qui l'aurait obligé à quitter dans la honte la plus totale Stornoway, la résidence mise à la disposition du chef de l'opposition officielle à Ottawa. Peter White parle de ce « plan de match » visant à « le forcer à quitter Stornoway [...] pour des raisons semi-légales » sans en préciser la nature exacte. Ce que l'on sait, c'est que Frank Moores avait obtenu des engagements signés par plus de la moitié des députés conservateurs fédéraux,

exprimant leur volonté de changer de chef. Dans l'éventualité où Joe
Clark se serait accroché à son poste, auraient-ils pu quitter le Parti
conservateur à la Chambre des communes et demander à siéger comme
conservateurs indépendants ? Si oui, ce groupe aurait alors constitué
de facto l'opposition officielle, disposant d'une vingtaine de députés de
plus que le NPD. En se donnant un chef intérimaire, la nouvelle formation aurait pu réclamer *sa* place à Stornoway. Joe Clark connaissait-il
ce plan avant de faire son discours ? Nous l'ignorons.

Chose certaine, Joe Clark ayant démissionné, la course étant lancée,
c'est l'heure de vérité pour Brian Mulroney. Et elle arrive à un bien
mauvais moment. Dans deux semaines, à titre de président de l'Iron
Ore, il doit comparaître devant une commission parlementaire spéciale
de l'Assemblée nationale du Québec à Schefferville pour justifier la
fermeture de la mine et par conséquent de la ville, en grande partie
propriété de l'entreprise. Ses deux semaines en Floride doivent être
consacrées à la préparation de cette présentation qui s'annonce cruciale,
car tous les médias nationaux vont sans doute s'y intéresser, ne serait-ce
que pour y mesurer sa performance. Il y a beaucoup plus que l'avenir
des travailleurs de Schefferville dans la balance. Son avenir politique s'y
trouve aussi : « Si je me cassais la gueule à Schefferville, c'était la fin.
Pourquoi lancer une campagne pour te faire tirer quelques heures
après ? »

Chapitre 21

La familiale rouillée

L e 10 février 1983, Brian Mulroney se présente dans le gymnase de Schefferville où sont réunis quelques centaines de personnes, simples citoyens, travailleurs de l'Iron Ore, élus municipaux et députés provinciaux. Son complice de la commission Cliche, Guy Chevrette, maintenant ministre dans le Cabinet de René Lévesque, fait partie de la commission parlementaire qui se penche sur la décision de la compagnie Iron Ore de mettre la clé dans la mine et dans la ville de Schefferville. « C'était le gros spectacle, à la Brian, comme il était capable de le faire », se rappelle-t-il.

Face à une foule inquiète et plutôt hostile, le président de l'entreprise explique le contexte économique difficile à la manière d'un professeur, longue baguette de bois à la main, devant de grandes affiches quantifiant l'imparable réalité : le minerai de fer ne se vend plus, celui du Brésil est moins cher et de meilleure qualité, on ne peut pas demander aux valeureux employés de travailler à rabais. Même cela ne suffirait pas. Les lois du marché et des mathématiques concordent : la mine n'est plus dans la course. Et Schefferville sans mine n'a plus sa raison d'être. « Je pense que Brian a démontré qu'une entreprise, quand elle n'est pas viable, il faut poser des gestes », dit Guy Chevrette, dont le passé syndical n'a pas anesthésié le réalisme économique.

Surtout, Brian Mulroney annonce que l'Iron Ore ne va pas abandonner ses employés à leur sort : ceux qui veulent racheter la maison qu'ils occupent n'auront qu'à payer le montant symbolique d'un dollar. Pour ceux qui souhaitent partir, l'entreprise va rembourser les frais de déménagement, mettre sur pied un programme d'aide à la relocalisation.

En tout, les indemnités s'élèvent à 10 millions de dollars. À la fin de sa présentation, Brian Mulroney est applaudi. Les médias ne rapportent aucune fausse note. Au contraire, Mulroney reçoit des éloges pour son comportement responsable, humain et exemplaire.

Un mois plus tard, après une série de frénétiques consultations avec ses partisans et collecteurs de fonds qui lui signalent l'existence d'un engouement certain pour sa candidature, Brian Mulroney fait la grande demande à son épouse Mila sur la banquette d'un de leurs restaurants préférés à Montréal. Ce n'est pas une grande surprise pour elle, mais plus qu'une formalité. Il a besoin de son appui total pour y arriver. Elle connaît les risques d'un échec puisque le dernier a failli détruire leur couple. Mais elle sait aussi que la politique est l'air qu'il respire, que sans cet oxygène, il sera asphyxié. « J'avais pas le droit de lui empêcher », explique-t-elle simplement dans le français maladroit qui est le sien, sa troisième langue. On sent dans ces mots plus de compréhension que de résignation. Elle est de son bord ; ils formeront une équipe ; il pourra compter sur elle et elle ne se privera pas pour lui dire ce qu'elle pense.

L'équipe qui travaillait depuis une bonne année à mousser la candidature de Brian Mulroney n'avait pas attendu la décision de Mila pour se mettre à l'œuvre. Car la course à la direction avait démarré en trombe. « Il fallait tenir l'intérêt sans avoir de candidat. On était convaincus qu'il viendrait, mais chaque chose devait venir en temps et lieu », dit Pierre Claude Nolin, qui allait prendre la direction des opérations sur le terrain au Québec. En effet, le choix du moment n'est pas anodin. Un candidat ayant une forte notoriété a toujours avantage à se faire désirer, à entretenir le suspense. Les médias ne le laisseront pas tomber dans l'oubli. Par contre, s'il se déclare trop rapidement, Brian Mulroney court le risque d'être accusé d'opportunisme, de confirmer la thèse voulant qu'il soit le principal architecte du complot pour renverser Joe Clark. La précipitation pourrait le desservir, d'autant qu'il doit régler plusieurs choses avant de se porter candidat. Il lui faut couper les liens avec le monde des affaires, démissionner de l'Iron Ore et d'une foule de conseils d'administration dont il tire des revenus considérables. Mulroney est très à l'aise, riche même, mais il ne dispose pas d'une fortune personnelle lui permettant de vivre sans travailler. Pas avec le rythme de vie auquel il a habitué sa famille.

Le 9 mars 1983, à la demande de Brian Mulroney, son ami hôtelier Fernand Roberge organise dans la grande salle du Reine Elizabeth de Montréal une soirée réunissant « les amis de Brian Mulroney ». L'idée est d'alimenter le suspense, de monter la pression d'un cran, de faire une démonstration de force, principalement à l'endroit de l'équipe Clark. On a pris soin de sous-estimer le nombre de convives attendus : 1 500. Le chiffre était tout de même significatif. En fait, il y en a eu le double. Brian Mulroney savait remplir les salles. Son discours, ne pouvant être celui d'un véritable candidat, regorgeait d'humour et de généralités et se terminait par une exclamation bien sentie : « À très, très bientôt ! » En effet, moins de deux semaines plus tard, le 21 mars, au lendemain de son 44e anniversaire de naissance, Brian Mulroney annonce officiellement sa candidature à la direction du Parti progressiste-conservateur. Il est le septième à entrer dans la course, et encore une fois le seul qui ne soit pas député ; un *outsider*, riche homme d'affaires en quête de pouvoir, disent ses adversaires. Brian Mulroney comprend le message, le même qui lui avait coûté la victoire sept ans plus tôt : il doit faire preuve de modestie. D'où son insistance à évoquer ses origines, celles du « petit gars de Baie-Comeau » ; surtout, il annonce qu'en cas d'échec à devenir chef du parti, il sera candidat aux prochaines élections. Il est prêt à servir le parti ; aux membres de décider à quel titre il le fera.

« Modestie et frugalité, sinon en réalité, du moins en apparence. Interdiction d'utiliser des jets privés. La campagne aura pour mascotte une "voiture familiale rouillée". S'il le faut, on achètera de la rouille ! » – Tel aurait pu être le mémo de l'organisation Mulroney à son candidat.

Les contacts tissés par Brian Mulroney dans le monde des affaires font en sorte que sa campagne dispose rapidement de moyens considérables. Secrètement, il a accès à un bureau privé dans l'hôtel le plus chic de Montréal, le Ritz-Carlton, gracieuseté de son ami Fernand Roberge. La secrétaire personnelle de Mulroney, Ginette Pilote, y coordonne l'agenda du candidat. À Ottawa, les bureaux de l'organisation nationale sont plus agités : ils occupent trois étages d'un édifice de la rue Laurier, une information que l'on se garde bien d'ébruiter. Le fidèle Michel Cogger y officie en tant que conseiller principal de Brian Mulroney. Alors qu'en 1976, Mulroney multipliait les apparitions dans les médias, cette fois, il les fuit. Sa campagne se déroule sur le terrain, dans les associations de circonscriptions à travers le pays, l'idée étant de gagner l'appui du parti délégué par délégué. « C'est la principale leçon que j'avais apprise à la suite de ma défaite en 76 », dit-il, d'autant que cela met à contribution l'une de ses plus grandes forces : son aisance naturelle, sa capacité de charmer lors de rencontres individuelles, une qualité qui semble disparaître lorsqu'il se trouve devant une caméra de télévision. C'est alors que les organisateurs de Mulroney découvrent chez son épouse Mila la même énergie contagieuse. Certains parlent de « magie ».

« Là, vous aviez une équipe indestructible. Elle et lui dans une salle où il y avait des délégués, c'était la recette parfaite pour gagner le cœur de ces délégués. » – Pierre Claude Nolin

Encore fallait-il les élire, ces délégués, et le train démarre à toute vitesse, car Joe Clark a décidé de prendre ses adversaires de court. Disposant des ressources de l'appareil du parti et d'un trésor de guerre avoisinant les deux millions de dollars, il lance les hostilités au pas de course. Dans la semaine qui suit l'annonce officielle de la candidature des trois derniers candidats, dont Brian Mulroney, pas moins d'une quarantaine d'assemblées de sélection des délégués sont prévues uniquement au Québec. Certaines donnent lieu à des scènes tout à fait folkloriques. « On avait des bagarres incroyables au Québec, pires que n'importe où ailleurs au pays », se rappelle Peter White. La plus célèbre se produit le 27 mars lors du choix des délégués de Sainte-Marie–Saint-Jacques, la circonscription qui recouvre le secteur est du centre-ville de Montréal, là où se concentre une grande partie de la misère humaine de la métropole. Le reportage de Jason Moscovitz, de la CBC, immortalise la scène en montrant quelques dizaines de pauvres bougres recrutés à la dernière minute dans un refuge pour sans-abris, la Mission Old Brewery, descendant d'un autobus tels des touristes occidentaux déversés dans un marché public de Saigon. Sauf qu'ici, ils n'avaient pas affaire à des vendeurs de poissons plus ou moins frais. Ils venaient participer au choix de celui qui aspirait à devenir un jour le premier ministre d'un pays du G7 ! En échange de quelques bières et tranches de pizza, ces nouveaux convertis à la cause du Parti progressiste-conservateur du Canada allaient accorder leur vote à un certain Brian Mulroney dont ils n'avaient probablement jamais entendu parler de leur vie.

« *Faire venir des robineux, payés pour voter pour une liste de candidats qu'ils ne connaissent pas : l'image que ça renvoyait, ce n'était pas particulièrement brillant ! Je ne me souviens pas si on avait admis publiquement qu'il y avait eu bavure de notre part, mais on n'avait qu'à surveiller les images à la télé et c'était facile de conclure : c'était une fumisterie, t'sé.* » – Bernard Roy

L'affaire a fait grand bruit à travers le pays, plusieurs y voyant la confirmation de ce qu'ils soupçonnaient déjà à propos de Mulroney. Michel Cogger relativise la gravité de l'opération : « Ce n'est peut-être pas glorieux, mais ce n'est pas scandaleux. On n'a pas fait voter des cimetières, là », dit-il en évoquant les pires pratiques électorales attribuées à l'Union nationale de Maurice Duplessis, quand de nombreux résidents permanents des cimetières de la province non seulement se retrouvaient sur les listes électorales – une erreur est si vite arrivée – mais parvenaient, Dieu sait comment, à exercer leur droit de vote !

De bataille en bataille, les camps de Joe Clark et de Brian Mulroney se sont divisé à peu près également le nombre de délégués au Québec. Résolu à ne pas se faire faire le coup de 1976 qui l'avait privé de la possibilité de voter pour lui-même lors du congrès – n'ayant pas réussi à se faire élire délégué dans sa propre circonscription remportée par les partisans de Claude Wagner –, Brian Mulroney choisit cette fois d'être l'un des 38 délégués désignés par l'exécutif de l'aile québécoise du parti dont il avait pris le contrôle un an plus tôt au grand dam de Joe Clark. Brian et Mila Mulroney font donc partie des 38 délégués, tous fidèles à sa cause, sélectionnés le 22 avril, au terme d'un vote très serré. Une semaine plus tard, les troupes de Joe Clark convoquent une autre réunion à la va-vite pour réviser le résultat du premier vote et élire une nouvelle liste de délégués majoritairement favorables à leur candidat. Un comité de l'exécutif national du parti devra trancher le litige, fin mai, à seulement deux semaines du congrès, se prononçant de justesse – par un vote de 5 contre 4, en faveur de Mulroney. Cet épisode montre bien à quel point la course était une guerre de tranchées, hargneuse et sans pitié de part et d'autre.

Partout où il passe, Brian Mulroney cherche à s'adresser directement aux délégués conservateurs sans distinction du camp auquel ils appartiennent. Il sait que lorsque aura lieu le congrès, ils devront faire

des choix à chacun des tours de scrutin. Une poignée de main, un sourire, une blague peuvent faire la différence. Une idée aussi ; et Brian
Mulroney ne rate pas une occasion de tourner le fer dans la plaie lors
de chacune de ses présentations, rappelant l'humiliante défaite de Joe
Clark, en 1980. Jusque dans les régions rurales de l'Alberta, il insiste
sur la nécessité mathématique de conquérir des sièges au Québec et
plus généralement parmi la population canadienne-française. Plus d'une
centaine de circonscriptions à travers le pays comptent plus de 10 % de
francophones, explique-t-il. Seules deux d'entre elles ont élu un député
conservateur aux élections de 1980. C'est donc le tiers des sièges de la
Chambre des communes qui échappent d'emblée au parti, lui rendant
presque impossible la tâche de former un gouvernement majoritaire.
Bien sûr, dit-il, l'Ouest se sent aliéné, avec raison. Mais le remède à cette
aliénation ne passe pas par le repli sur soi, l'exclusion de l'élément francophone ; au contraire, il exige un rapprochement. À défaut d'un élan
du cœur, pourquoi pas une alliance stratégique ?

Brian Mulroney consacre l'essentiel de ses énergies à faire campagne
à l'extérieur du Québec, une entreprise systématique qui l'amène à se
rendre dans 268 des 282 circonscriptions que compte alors le Canada.
En tout, il passe à peine une semaine sur le territoire québécois où il a
peu de chances de faire des gains, les délégués étant soit de son camp,
soit de celui de Joe Clark, les deux équipes qui, il le souhaite, s'affron-
teront en duel lors du dernier tour de scrutin. Lui, il cherche surtout à
faire des gains chez les délégués des autres camps, comme les Wilson,
Crombie, Crosbie ou Pocklington.

John Crosbie représente la principale menace. Homme brillant et
coloré, parlementaire aux répliques redoutables, Crosbie a été ministre
des Finances dans le bref gouvernement de Joe Clark. Il a annoncé sa
candidature sur le tard, la même journée que Brian Mulroney, en se
prononçant tout de go en faveur d'un accord de libre-échange avec les
États-Unis afin de dynamiser l'économie canadienne. Tous les autres
candidats sont appelés à réagir à cette idée extrêmement audacieuse, à
laquelle le Parti conservateur s'est historiquement opposé[29]. Brian

---

29. Le gouvernement libéral de Wilfrid Laurier a été défait le 21 septembre 1911 au terme d'une
élection portant sur son projet de négocier une entente de libre-échange avec les États-Unis
auquel s'opposait le Parti conservateur de Robert Borden, qui obtient un mandat majoritaire.

Mulroney la rejette d'emblée, reprenant à son compte l'image populaire voulant qu'un tel mariage économique ferait du Canada l'équivalent de la souris partageant le lit avec un éléphant. Plus spécifiquement, il dit douter de la possibilité que le Congrès américain accepte la mise en place d'un mécanisme d'arbitrage réellement neutre pour résoudre les conflits commerciaux entre les deux pays. Sans ce tribunal, ce serait la loi du plus fort qui prévaudrait chaque fois, donc celle des États-Unis. Cette position était parfaitement raisonnable et sensée, mais « pas tout à fait honnête », reconnaît Brian Mulroney dans ses mémoires. Il s'agissait, admet-il avec un léger embarras, d'une opposition tactique et politicienne :

> *« Je n'étais pas contre le libre-échange, j'étais contre un engagement en faveur du libre-échange durant une course au leadership. Les courses au leadership, j'en avais perdu une avant, puis je n'étais pas pour perdre la deuxième. [...] J'étais moins courageux que John Crosbie l'a été. Crosbie a été parfaitement honnête quand il a dit : "Je suis pour le libre-échange." Il a perdu ! »*

Plusieurs facteurs autres que le courage expliquent la mauvaise fortune de John Crosbie, à commencer par son unilinguisme et son manque de jugement politique. Faisant campagne au Québec fin mai, trois semaines avant le congrès, au moment où les sondages témoignent d'une montée de ses appuis, il est appelé par des journalistes à commenter le handicap que représente son incapacité à comprendre et à parler la langue française. « Je ne parle pas non plus le chinois », se contente-t-il de dire. Une chose est certaine : il ne pratique pas la langue de bois. Cette remarque insensible rappelle à plusieurs son rôle dans la défaite du gouvernement de Joe Clark en décembre 1979 ; c'est son budget, sans nuances, déconnecté des réalités politiques, qui a causé la perte du pouvoir. Il est un *loose canon*[30] sympathique, mais un *loose canon* néanmoins.

Tout au long de la campagne, Brian Mulroney s'en est tenu au scénario de départ, à tel point qu'en se présentant à Ottawa pour le début du congrès, dans la deuxième semaine de juin, il arrive au volant d'une Chevette louée, probablement la voiture la moins chère alors sur le

---

30. *Loose canon* : Littéralement, un canon sans attache. Se dit d'une personne au jugement erratique dont les coups d'éclat peuvent se retourner contre son propre camp.

marché, Mila assise sur l'étroite banquette arrière. Au moins, le plan original de la « familiale rouillée » prévoyait laisser un peu d'espace pour transporter les bagages abondants de l'épouse du candidat. Impossible dans une Chevette! C'est donc Fernand Roberge qui suivait derrière dans sa luxueuse berline personnelle chargée à ras bord des valises de Mila. Brian Mulroney en rit encore : « Ah oui! On ne voulait pas prendre de chance. On était d'une modicité épouvantable. »

Le vendredi soir, 10 juin 1983, le sort a voulu que Brian Mulroney soit le premier des neuf candidats à prendre la parole. Ce n'est pas la position la plus enviable, car elle rend difficile la tâche de laisser une impression durable sur les délégués. Tellement d'autres paroles seront prononcées par la suite, d'autres promesses seront faites. Alors que le pays souffre d'une grave récession, il parle d'espoir de relance économique, mais aussi de compassion. Lui que Joe Clark a tenté de dépeindre comme un partisan de la droite économique, il se montre sensible aux conséquences sociales de la crise. Son coup de maître, le plus audacieux, celui qui laissera le souvenir le plus marquant, consiste à prendre les délégués de front, à secouer sans ménagement les démons du parti : « Tout le monde au pays dit que nous sommes une bande de perdants. Pourquoi?[31] » Il fallait de la témérité pour dire les choses aussi crûment. Mais au fond d'eux-mêmes, les membres du parti savent qu'il dit vrai. John A. Macdonald, rappelle-t-il, a créé la grande alliance entre l'Est et l'Ouest du pays : voilà comment les conservateurs réussiront à reprendre le pouvoir. Cela passe nécessairement par la reconquête du Québec, martèle-t-il, une reconquête dont il se présente comme le meilleur garant.

Le lendemain, on passe au vote. Tel que prévu, Joe Clark arrive en tête au premier tour, avec 1 091 voix, suivi par Brian Mulroney, à qui 874 délégués accordent leur confiance. John Crosbie n'est pas loin derrière, à 639. Chacun des autres candidats dispose de moins de 200 votes. Le camp de Mulroney rayonne d'espoir. « Les ponts avec les autres organisations, cette fois-là, étaient de véritables ponts, explique Jean Bazin. On savait sur qui on pouvait compter. » On y retrouve en premier lieu les deux candidats de la droite économique, Michael Wilson et Peter Pocklington, qui disposent respectivement de 144 et 102 délé-

---

31.   *« Everyone in the country says that we are a bunch of loosers. Why is it? »*

gués. Dans les minutes suivant l'annonce des résultats du premier tour de scrutin, ils quittent leur siège du Centre des congrès d'Ottawa, descendent sur le plancher de l'amphithéâtre surchauffé, entourés de dizaines de caméras de télévision qui traquent leur passage à un autre camp. Devant la section réservée aux partisans de Brian Mulroney, ils passent tout droit! Ils se dirigent vers l'estrade de Joe Clark! Mila éclate en sanglots. C'est 1976, en pire.

Soudain, ils réalisent leur erreur et font demi-tour. Aveuglés par les projecteurs des caméras, entourés d'affiches qui leur obstruaient la vue, ils avaient simplement raté leur virage. C'est bel et bien au camp Mulroney qu'ils se rallient. Et avec eux, une partie de leurs partisans, comme en font foi les résultats du deuxième tour lorsque Mulroney passe le cap psychologique des 1 000 votes. À 1 021, il est au coude-à-coude avec Joe Clark qui, insulte suprême, n'a même pas réussi à égaler son score du premier tour: ses 1 085 voix représentent un recul de 6 votes. Recul minime, mais recul tout de même. John Crosbie, toujours en troisième place avec 781 délégués, affiche une remontée de près de 150 voix. Il a du «momentum», contrairement à Clark, à qui il fait parvenir un message lui proposant une alliance pour bloquer Mulroney, une alliance en vertu de laquelle Clark se désisterait en sa faveur. Une rumeur persistante veut que Clark lui aurait répondu par la bouche de son canon, soit celle de son épouse, Maureen McTeer, dont le tempérament bouillant bien connu milite en faveur de la véracité de la citation – moins offensante dans sa traduction française: «Va te faire foutre.»

Au troisième tour, peu de nouveaux votes sont en jeu, soit les 67 de l'ancien maire de Toronto, David Crombie, qui se reportent vers John Crosbie, ce qui lui en donne maintenant 858. Clark a encore perdu du terrain: 1 058 délégués lui sont demeurés fidèles, une perte de 27. Mulroney en a pris 15. C'est peu mais, avec 1 036, il chauffe le meneur. Troisième et dernier, Crosbie doit se retirer. Les paroles amicales de Maureen McTeer à son endroit n'ont rien fait pour l'inciter à appuyer Clark. Il n'aime pas beaucoup Mulroney non plus. Il décide alors de ne pas choisir, de libérer ses délégués sans mot d'ordre. Au quatrième tour, on va donc assister au duel Clark-Mulroney tant attendu. Cette fois, c'est Joe Clark qui se retrouve dans la situation de faiblesse qu'avait connue Mulroney en 1976: aucun des autres candidats ne s'est rallié à lui. C'est un message aux délégués. Si le chef du parti, en place depuis sept ans, ne parvient pas à se trouver un seul allié, quels lendemains cela annonce-t-il ? Si ses appuis s'effritent depuis le premier tour, comment une victoire à l'arraché parviendrait-elle à effacer cet affront et à solidifier son leadership ? C'est sans doute Michel Cogger qui résume le mieux le dilemme qui se pose alors aux congressistes :

« *Au dernier scrutin, on se retrouve : Brian Mulroney et Joe Clark. Oui, mais on vient de s'arracher le cœur et de passer je ne sais pas combien de temps et de dépenser combien d'argent, d'énergie et d'efforts… pour faire quoi ? Pour réélire le même gars ?* »

La majorité décide que non : 54 % des délégués se prononcent pour Brian Mulroney. À peine 250 voix séparent les deux adversaires. Si la majorité n'est pas éclatante, le moment est historique. Pour la première fois, le Parti progressiste-conservateur se donne un chef québécois, un homme qui ne s'est même jamais porté candidat dans la moindre élection municipale, provinciale ou fédérale. Sa promesse, sa mission : mener le parti au pouvoir dans la prochaine année, lui redonner sa gloire passée. S'adressant aux délégués lors de son discours de victoire, il s'attarde à rendre hommage à Joe Clark, lui promettant une place et un rôle de premier plan dans l'avenir. Mulroney a été mauvais perdant en 1976. Cette fois, il sera un bon gagnant.

Chapitre 22

Entrer aux Communes

L e lendemain de sa victoire, Brian Mulroney s'attelle à la tâche de recoller les pots cassés. Il rencontre dans sa suite du château Laurier tous les candidats défaits, à l'exception de Joe Clark. Aucun d'eux ne s'est rallié à l'ancien chef pendant le congrès, ce qui facilite les rapprochements. Mulroney parle aussi au téléphone avec plusieurs députés, cherchant surtout à établir le contact avec ceux qui ne l'avaient pas appuyé. Il ne faut pas attendre avant de tendre la main : si la vengeance est un plat qui se mange froid, la réconciliation a meilleur goût à chaud. Et elle requiert du doigté. Ainsi, Brian Mulroney se déplace pour rencontrer en soirée Joe Clark à Stornoway, la résidence du chef de l'opposition, « par respect pour lui et pour la fonction qu'il occupait », précise-t-il. Les deux hommes parlent de la nécessaire transition : « Ça a été difficile pour lui et pour son épouse, et puis je comprenais ça parce que j'avais été dans une situation semblable quelques années auparavant. » Mulroney lui confie qu'il a l'intention de se faire élire rapidement, au cours de l'été si possible, afin d'occuper le siège de chef de l'opposition dès la rentrée parlementaire, en septembre.

Le lendemain, les deux hommes participent à une conférence de presse conjointe et assistent à une réunion spéciale du caucus, tous les députés se trouvant à Ottawa. L'un de ces députés le fait peut-être pour la dernière fois, car il faudra bien qu'un élu accepte de démissionner pour permettre au nouveau chef de tenter de se faire élire à la faveur d'une élection complémentaire. Cinq députés se portent volontaires et Brian Mulroney choisit le comté de Nova-Centre, en Nouvelle-Écosse, occupé jusque-là par Elmer MacKay. C'est la circonscription voisine de l'Université Saint-Francis-Xavier que Mulroney a fréquentée et où il a joint les rangs conservateurs trois décennies plus tôt.

Le premier ministre Pierre Elliott Trudeau – qui aurait pu attendre plusieurs mois avant de déclencher une élection complémentaire – a la magnanimité de procéder rapidement : le vote aura lieu le 29 août. Trudeau ne fait pas pour autant de cadeau au nouveau chef conservateur : plus d'une dizaine de ministres libéraux – dont Jean Chrétien – se rendent dans la circonscription pour faire campagne contre Brian Mulroney, dérogeant ainsi à la règle non écrite mais néanmoins généralement respectée selon laquelle les principaux partis politiques ne consacrent pas d'efforts particuliers à précipiter la défaite électorale des chefs de partis adverses. Sept ans plus tard, lorsque Jean Chrétien aura à son tour besoin de se faire élire aux Communes après être devenu chef du PLC, Brian Mulroney aura plus de classe, ne lui opposant aucun candidat conservateur dans la circonscription de Beauséjour, au Nouveau-Brunswick.

Mulroney a confié la supervision discrète de sa campagne dans Nova-Centre à son vieil ami Fred Doucet, très au fait des pratiques et coutumes politiques de la Nouvelle-Écosse dont il est originaire et qu'il habite toujours. Si cette élection est cruciale pour Brian Mulroney – une défaite serait extrêmement humiliante –, ce n'est pas une raison pour ne pas s'amuser. Femme, enfants et chien de la famille Mulroney emménagent donc avec lui tout l'été dans un chalet en bois rond situé à Pictou, face à la mer. La première expérience de Brian Mulroney à titre de candidat prend des allures de vacances familiales. Fêtes de villages, foires agricoles, marchés publics, toutes les occasions sont bonnes pour rencontrer les électeurs, leur serrer la main, dans une atmosphère décontractée dont il raffole. La présence à ses côtés de Mila et de leurs trois jeunes enfants contribue à humaniser son image de chef d'entreprise.

Brian Mulroney le sentait dans l'accueil chaleureux que lui avaient réservé les électeurs ; le soir du 29 août, il en a la confirmation. Ils l'ont adopté. La victoire est sans équivoque, sa majorité atteignant les 11 000 votes. Une marée vient de frapper en Atlantique. Ses partisans entonnent le *When Irish Eyes Are Smiling*, l'hymne officieux célébrant les origines irlandaises du nouveau député local.

Deux jours plus tard, il était déjà à Ottawa, planifiant dès l'aube la rentrée parlementaire avec son équipe. Il s'était levé tôt, car son épouse Mila devait partir à 6 h 30 en direction de Montréal où elle allait superviser le déménagement de la famille vers la capitale fédérale. « C'est à ce moment-là que tout a changé », se rappelle leur fille Caroline, l'aînée de la famille, alors âgée de neuf ans. « Moi, je n'avais pas compris qu'on allait déménager à Ottawa, dit-elle. Je me suis emballé un petit lunch pour aller à Ottawa, puis je pensais que j'allais revenir. J'aimais beaucoup ma vie à Montréal. » En fait, elle ne reviendra jamais y habiter. Pour l'heure, le temps presse de s'installer dans la capitale car la rentrée scolaire, au Lycée Claudel d'Ottawa, se fait dans quelques jours. Une nouvelle vie commence pour toute la famille. Aucun de ses membres ne mesure encore quel en sera le prix.

Le 6 septembre, Brian Mulroney est assermenté comme député, moins d'une semaine avant la reprise des travaux parlementaires. La veille de sa « rentrée », nerveux à l'idée de plonger dans l'arène politique de la Chambre des communes, sans doute anxieux d'affronter le premier ministre Pierre Elliott Trudeau dont l'expérience politique et le raffinement intellectuel étaient manifestement supérieurs, il tente de réduire les attentes. Il en fait même un peu trop : « Je ne suis pas un homme miracle, dit-il, je suis un gars de la Côte-Nord avec une expérience comme chauffeur de camion et comme manœuvre. »

Le 12 septembre 1983, le voilà donc arrivé là où il a toujours voulu briller. Il se présente sur le plancher de la Chambre des communes au bras du vétéran député conservateur Erik Nielsen, qui avait agi comme chef intérimaire du parti pendant la course à la direction. Il est conduit jusqu'au siège de la présidente de la Chambre, Jeanne Sauvé, qui l'accueille en lui lançant un amical et tout de même prudent : « Bonne chance, mais pas trop ! » La méfiance est en effet de mise : un sondage vient de paraître, qui accorde au Parti conservateur une avance de près de 25 points sur les libéraux à travers le pays.

Lors de l'arrivée aux Communes d'un nouveau chef de parti, il est de bon ton de mettre la partisanerie de côté et de se montrer courtois, ne serait-ce que pour la journée. C'est ainsi que le premier ministre Pierre Elliott Trudeau et le chef du NPD, Ed Broadbent, saluent tour à tour la présence de Brian Mulroney, Trudeau lui rappelant qu'il avait devant lui « une tâche historique à la tête d'un parti qui a joué un très grand rôle dans l'histoire de ce pays ». Il conclut par une formule indirecte marquant une certaine distance : « Nous lui souhaitons beaucoup de bonnes choses. » Bien qu'à l'opposé des conservateurs sur le spectre politique, Ed Broadbent y met davantage de chaleur, s'adressant directement à Brian Mulroney – jusqu'à le tutoyer en français : « Dans la langue de Baie-Comeau, je veux te dire, encore une fois, bonne chance. »

Brian Mulroney n'allait pas rater une telle occasion de faire montre de son charme irlandais, savant mélange d'émotion et d'humour. Quelques minutes plus tôt, jouant au jaloux, Pierre Elliott Trudeau avait raillé les médias d'information qui, à ses yeux, faisaient preuve d'une trop grande partialité en faveur du nouveau chef conservateur ; il avait même évoqué un complot de la presse. Mulroney allait lui rendre la monnaie de sa pièce en rappelant un souvenir de sa campagne dans Nova-Centre, lorsque des citoyens s'en étaient pris à « un millionnaire de Montréal, un Québécois qui vivait à Ottawa dans une maison énorme aux crochets de sa Majesté ». Au moment où tous se demandent comment il peut ainsi parler de lui-même, Mulroney livre sa chute : « Premier ministre, je vous ai défendu vigoureusement ! », déclenchant un éclat de rire général. « Je crois que tout le monde, dans tous les partis, était impressionné par ce commencement du nouveau chef à la Chambre des communes », se remémore Ed Broadbent.

Brian Mulroney savoure ces moments où sa propension à l'auto-dérision lui sert de ressort comique contre ses adversaires, même si cela lui joue parfois de mauvais tours. Il y avait de quoi rire et célébrer en cette journée marquant son entrée au Parlement. Le lendemain, ce serait une tout autre histoire.

Chapitre 23

Une année dans l'opposition

L e mardi 13 septembre 1983, Brian Mulroney entreprend sa deuxième journée à la Chambre des communes sans se douter de ce qui l'attend. Les libéraux présentent une résolution en appui aux efforts du gouvernement néodémocrate du Manitoba qui tente alors de corriger un tort historique à l'endroit de la minorité francophone de la province en améliorant considérablement les services bilingues qui lui sont destinés. Bien que généreuse en apparence, la mesure cache des intentions moins nobles : la province fait l'objet d'une poursuite qui sera bientôt entendue en Cour suprême du Canada. Si les Franco-Manitobains obtiennent gain de cause – c'est ce qui se produira d'ailleurs l'année suivante –, cela signifiera rien de moins que l'invalidation de toutes les lois adoptées par la législature du Manitoba depuis près d'un siècle du fait qu'elles l'ont été uniquement en anglais. Les Franco-Manitobains arguent en effet que le statut originel bilingue de la province, entrée dans la Confédération canadienne en 1870, n'a pas été révoqué dans les formes lorsque, 20 ans plus tard, l'Assemblée législative manitobaine a décrété que l'anglais serait désormais la seule langue officielle des lois.

Qu'importent les fondements juridico-politiques de l'affaire, le principal parti d'opposition à la législature du Manitoba, le Parti conservateur, s'objecte vigoureusement à cet accommodement. Nulle part ailleurs au Canada le sentiment anti-francophone n'est-il aussi profondément enraciné qu'au Manitoba. Il se mélange au racisme larvé qui règne à l'encontre des autochtones de la province, plusieurs étant issus de la « rencontre » entre les premiers Blancs – d'origine française – qui ont « découvert » l'Ouest du pays et les communautés « indiennes » qui peuplaient la région depuis des millénaires. Les Métis issus de ce croisement en vinrent à se considérer comme un « peuple » qui, à la fin du 19ᵉ siècle, sous la direction de Louis Riel, s'opposa à l'expansion territoriale du Canada et organisa la « rébellion du Nord-Ouest » en 1884. L'année suivante, à Régina, Riel fut jugé pour trahison et pendu, le premier ministre John A. Macdonald ayant refusé de commuer sa peine comme le réclamait une bonne partie de l'opinion publique francophone. Depuis, le Parti conservateur du Canada avait du sang canadien-français sur les mains. Un siècle plus tard, il en conservait encore la marque ; la désaffection générale des électeurs francophones à son égard en était la preuve irréfutable. Le Parti conservateur du Manitoba, lui, avait toujours gardé la même attitude de mépris envers les revendications des francophones. Écrasés par les armes, engloutis sous les vagues de l'immigration anglaise, puis assimilés par l'interdiction de l'enseignement de leur langue dans les écoles de la province, en 1916, ils n'étaient plus une force redoutable ; la Cour suprême du Canada ne pourrait pas sérieusement leur donner raison, alors pourquoi céder devant leur chantage tout juste avant la victoire décisive ?

Le problème de Brian Mulroney réside alors avec son caucus, particulièrement les députés issus du Manitoba, dont plusieurs partagent l'avis de l'aile provinciale du parti. Au-delà du fond, il y a aussi la forme : il s'agit d'un débat entre Manitobains, disent ces députés ; respectons le partage des pouvoirs prévu dans le pacte fédératif. Et puis il y a peut-être surtout les considérations politiques : si, à la Chambre des communes, les députés conservateurs appuient la résolution libérale endossant la politique du gouvernement néodémocrate du Manitoba envers les francophones, ils se trouveront à dénoncer publiquement le Parti conservateur manitobain mené par Sterling Lyon, soit leur propre base électorale. Si, par ailleurs, le Parti conservateur, maintenant dirigé par le Québécois Brian Mulroney, s'objecte à l'adoption de la motion d'appui, cela se retournera contre lui lors de la prochaine joute électorale, particulièrement au Québec. C'est évidemment le dilemme que cherchent à exploiter les libéraux, un « piège à ours, dit Jean Bazin, qui avait tout le potentiel de faire éclater le parti ».

Brian Mulroney n'a pas l'intention de s'y laisser prendre et il tente de parvenir à un accord avec Pierre Elliott Trudeau, qu'il rencontre à son bureau en compagnie du chef du NPD, Ed Broadbent. Il est alors étonné par un élément du décor : il n'y a que deux photographies dans la pièce. L'une montre les trois fils Trudeau. L'autre est celle de Wilfrid Laurier, le premier Canadien français à accéder au siège de premier ministre du Canada, en 1896, un poste qu'il occupa pendant 15 ans. Son règne avait justement été marqué par la crise linguistique au Manitoba, particulièrement en matière d'enseignement. De compromis en compromissions – écoles du soir pour les cours en français, enseignement en français réservé aux cours de religion et limité à 30 minutes après la fin des classes régulières –, on pavait la voie à l'interdiction pure et simple de l'usage du français qui allait suivre en 1916. Mulroney fit remarquer à Pierre Elliott Trudeau l'ironie de la situation : Laurier, son ancêtre politique libéral, n'avait rien fait pour renverser l'abolition du français comme langue officielle de la législature et des tribunaux du Manitoba ; il s'était contenté de pactiser avec les bigots pendant qu'ils poursuivaient leur politique d'assimilation, alors qu'il disposait pourtant de tous les pouvoirs reliés à la fonction de premier ministre pour intervenir. Voilà qu'un siècle plus tard, on essaie de le forcer, lui, nouveau chef d'un parti d'opposition, tout juste arrivé en poste, à ramasser les pots cassés en appuyant une motion de principe n'ayant aucun impact sur la réalité des choses.

Lors de cette rencontre, puis en Chambre, Brian Mulroney demande le retrait de la résolution, ce à quoi Pierre Elliott Trudeau se montre ouvert, mais à une condition : « Ce serait qu'il convainque monsieur Lyon et ceux qui s'opposent à cette mesure de voir un peu plus large. » « Ma position sur le bilinguisme est claire comme de l'eau de roche », lui réplique Mulroney lors d'un échange au Parlement, le 14 septembre. « C'est ma position depuis l'âge de deux ans ! » Il n'a pas de leçon à recevoir. Il faut cependant admettre qu'il en a à donner… à ses députés.

« J'ai rencontré mon caucus et je leur ai dit : "Écoutez, je ne suis pas venu ici pour être chef de l'opposition. Je suis venu ici pour être premier ministre. Cette motion des libéraux n'a rien à voir avec les francophones du Manitoba. Si monsieur Trudeau avait voulu protéger les francophones du Manitoba, il l'aurait fait pendant les discussions constitutionnelles qu'on vient de terminer. Il ne l'a pas fait." »
– Brian Mulroney

Le seul objectif de la résolution, leur dit-il, est de diviser le Parti conservateur, ce qu'il n'a pas l'intention de laisser se produire. Le mot d'ordre qu'il leur adresse est formel : «fermer leur gueule». Ceux qui exprimeront publiquement leur dissidence seront expulsés. Puisque les libéraux refusent de retirer la motion, elle sera mise aux voix, et il leur en annonce à l'avance le résultat : «On va la soutenir de façon unanime et je vous garantis que lorsque je me lèverai en Chambre pour annoncer ça, monsieur Trudeau et ses collègues auront une crise cardiaque.»

Le débat sur la motion s'ouvre quelques semaines plus tard, le 6 octobre, par un discours du premier ministre Trudeau sur les origines vertueuses du Canada, «ce magnifique pays bâti sur la notion d'échange, de connivence des cultures, sur la notion de droits des minorités». C'est émouvant, à défaut d'être fidèle à la réalité des francophones, particulièrement ceux de l'Ouest. Le chef néodémocrate Ed Broadbent – dont l'ouverture à la cause des francophones ne s'est jamais démentie malgré le peu de reconnaissance qu'il en a retiré dans les urnes – était évidemment en faveur de la motion d'appui au gouvernement néodémocrate du Manitoba. S'adressant avec conviction à ses compatriotes de langue anglaise, il lança cet appel rappelant par sa formulation les souhaits exprimés au lendemain des plus grandes tragédies de l'Histoire : «*Never again should any Canadian have to say : "*Je suis étranger dans mon propre pays.*"*»

Tous les regards sont maintenant tournés vers le nouveau chef conservateur. En se levant pour présenter le discours qu'il a lui-même rédigé, Brian Mulroney sait qu'il ne s'adresse pas seulement aux députés de la Chambre. Son auditoire est plus vaste : tous les Canadiens et, au-delà, le jugement de l'Histoire. Or, lui, bien que d'origine anglophone, avait conservé des livres d'histoire un souvenir du Canada moins idéalisé que celui de Pierre Elliott Trudeau :

«*Quand j'étais jeune à Baie-Comeau, nous apprenions à l'école locale l'histoire attristante de nos frères francophones hors Québec. Même très jeunes, nous savions qu'une injustice avait été commise au Manitoba.*» – Brian Mulroney

Le temps est venu de réparer les injustices passées, plaide-t-il avec émotion : «J'annonce aujourd'hui, au nom de mes collègues du Parti progressiste-conservateur, notre appui unanime à la résolution qui est devant cette Chambre. »

Il fallut toutefois donner un coup de main à cette belle unanimité : on fit savoir aux plus réfractaires qu'on apprécierait qu'ils se portent malades au moment du vote. Et pour éviter tout incident malheureux, les trois partis acceptèrent de procéder à un vote à voix haute plutôt que l'habituel vote nominal où chaque député doit se lever pour enregistrer sa position. Savourant leur apparente unité jusqu'à la lie, les trois chefs de parti, Trudeau, Mulroney et Broadbent, se rencontrèrent au centre de la Chambre des communes pour échanger des poignées de main.

Mais le cérémonial ne trompe personne. C'est bien Brian Mulroney qui sort grandi de cet épisode. Pierre Elliott Trudeau s'attendait à le voir trébucher ; il obtient le résultat inverse, commente Fred Doucet, alors chef de cabinet de Mulroney : « Monsieur Trudeau n'avait pas réalisé que ça donnerait à monsieur Mulroney une bonne chance de s'affirmer comme chef au sein de son caucus. Il ne pouvait pas y avoir une dizaine de meneurs, il y avait juste un chef et c'était lui. » Désormais, dans son parti, on respecterait les francophones en général et le Québec en particulier.

Les libéraux allaient payer cher leur petit jeu. En fait, dès le mois suivant – lorsque, par un procédé législatif inhabituel (un projet de loi d'abord présenté au Sénat plutôt qu'à la Chambre des communes), ils tentent de bloquer une transaction financière impliquant la Caisse de dépôt et placement du Québec. Ce fleuron de la Révolution tranquille veut alors se porter acquéreur d'un important bloc d'actions du Canadien Pacifique, ce qui soulève l'inquiétude des milieux d'affaires de Toronto qui réclament une intervention fédérale. Ce sera le projet de loi S31, qui établit un plafond de 10 % à la part qu'une entité provinciale peut posséder dans une entreprise de transport ou de pipelines inscrite en Bourse. Sous son apparente règle d'application générale, le projet de loi cache mal son jeu : le capital anglais de Bay Street se méfie du capital français des Québécois. L'argent qui n'avait pas d'odeur a soudainement une langue.

Il est assez ironique que cette mesure soit défendue par le gouvernement de Pierre Elliott Trudeau, presque 20 ans après son entrée en politique active. En 1965, avec ses amis Gérard Pelletier et Jean Marchand, il était l'une des « trois colombes » québécoises recrutées par le chef libéral fédéral Lester B. Pearson ; trois partenaires qui allaient incarner à Ottawa la puissance du « French power ». Dix-huit ans plus tard, une fois gravis les plus hauts échelons du pouvoir, Pierre Elliott Trudeau – premier ministre – et Jean Marchand – président du Sénat – participaient, avec le projet de loi S31, à une tentative d'émasculation du « French power » financier émergent. Ce sont trois conservateurs qui mènent la charge contre le projet de loi : Brian Mulroney, secondé par Roch Lasalle – le seul député conservateur du Québec – et par l'Albertain Joe Clark, se lève quotidiennement en Chambre pour bombarder le gouvernement Trudeau de questions, en français. Ils obtiennent ainsi une couverture assidue dans les téléjournaux au Québec les montrant comme les défenseurs des intérêts québécois. Embarrassés, plusieurs députés libéraux du Québec se retrouvent une fois de plus piégés dans un rôle de potiches. Le projet de loi s'embrouille ensuite dans les méandres des comités sénatoriaux – le Comité des Affaires juridiques et constitutionnelles soulève des doutes quant à la constitutionnalité de certains aspects du S31 –, si bien qu'il finit par mourir dans les oubliettes de la Chambre haute. L'affaire laisse tout de même une impression durable au Québec : le Parti conservateur a changé depuis l'arrivée de Brian Mulroney à sa tête. Il a affronté ses vieux démons pour se porter à la défense des francophones du Manitoba. Il est monté au front pour protéger les intérêts québécois malgré les piques des libéraux qui l'accusaient de faire le jeu des « séparatistes » de René Lévesque.

Brian Mulroney aura bientôt sa revanche sur ces sarcasmes lors d'une soirée mondaine organisée le 31 décembre par son ami Paul Desmarais pour l'inauguration de son palace floridien dont on vient d'achever la construction. L'événement témoigne de la puissance des relations politiques du magnat financier : il réunit, entre autres, pour célébrer le Nouvel An, rien de moins que le premier ministre du Canada, Pierre Elliott Trudeau, le chef de l'opposition officielle, Brian Mulroney, et Bill Davis, le premier ministre de l'Ontario. Sur le coup de minuit, Mulroney se dirige vers Trudeau pour lui offrir ses meilleurs vœux : « Je lui ai dit que j'étais convaincu qu'il allait passer des années très heureuses dans la vie privée. »

Moins de deux mois plus tard, Pierre Elliott Trudeau enfile son long manteau d'hiver pour sa désormais célèbre « marche dans la neige », au terme de laquelle il annonce sa retraite politique. « Je le devançais par 20 ou 25 points dans les sondages, rappelle Brian Mulroney. Il a démissionné parce qu'il était cuit. C'était le temps de partir. »

C'est aussi ce que devait se dire John Turner, l'ancien ministre des Finances de Pierre Elliott Trudeau, qui met à peine deux semaines avant de se lancer dans la course à la direction du Parti libéral. Ayant quitté la vie politique neuf ans plus tôt pour faire fortune comme avocat d'affaires à Bay Street, Turner annonce sa candidature le 16 mars lors d'une conférence de presse mémorable. Appelé à commenter la crise linguistique qui faisait toujours rage au Manitoba, il refuse de se prononcer, prétextant qu'il s'agit d'une question provinciale. « Ah, moi, j'ai foncé dans le tas tout de suite », se félicite Brian Mulroney, dans un étrange mélange de malice et d'empathie. « Pauvre John. Il était rouillé pas mal. Il n'avait pas été sur la glace de la ligue nationale pendant plusieurs années. »

Mulroney voit alors une occasion de couper l'herbe sous le pied des libéraux et se rend en personne au Manitoba pour y défendre sa position relativement aux droits des francophones, une opération qui comporte tout de même un risque politique considérable. Sa visite à Winnipeg, le 29 mars 1983, est précédée de dizaines de menaces de mort à son endroit, ce qui lui vaut la présence d'une escorte policière renforcée. « Il y avait 2 000 personnes dans la salle, hostiles, se rappelle-t-il. Ça criait : *"Mulroney is a frog." "Go home to Kwebec."* Ça a été une assemblée houleuse, extrêmement difficile. »

Pendant son discours, des invectives fusent de la salle. L'une d'elles, « *frog lover* », traduit sans doute le plus crûment la nature profondément raciste des sentiments qui s'exposent alors publiquement. Elle rappelle en effet l'expression « *nigger lover* » utilisée par les suprématistes blancs du sud des États-Unis pour décrire d'autres Blancs, ceux qui appuyaient la cause de l'émancipation des Noirs, en particulier lors des marches pour le respect de leurs droits civiques, au début des années 60. « *Nigger lover* », c'est une manière de dire « traître à ta race » ; « *frog lover* », c'est « traître à ton peuple, à ta langue ». Malgré les insultes,

Mulroney tient bon ; il parle de la noblesse du pacte canadien, de la nécessité de corriger les accrocs au contrat initial.

« *Cet événement a été perçu dans le reste du Canada, pas comme une question linguistique, mais comme une question de leadership. Les gens se disaient : "Si monsieur Mulroney est allé défendre les intérêts des francophones contre son propre parti au Manitoba, il va défendre mes droits." C'est devenu une question de leadership qui nous a avantagés dans l'élection subséquente.* » – Brian Mulroney

Visiblement, le chef conservateur a du cran. Même ses adversaires doivent le reconnaître. « Franchement, je crois que monsieur Trudeau était surpris, commente Ed Broadbent. Il a félicité monsieur Mulroney pour son travail, et moi aussi. »

Chapitre 24

Les montagnes russes

L'opinion publique est souvent capricieuse. Sitôt annoncé le départ de Pierre Elliott Trudeau, les fortunes du Parti libéral se mettent à remonter dans les sondages et celles de Brian Mulroney à redescendre de manière correspondante. Ce sont les hauts et les bas de la politique, de véritables montagnes russes. Mulroney devra s'y faire, lui qui connaîtra ensuite les plus hauts sommets et les bas-fonds les plus abyssaux.

Pour le moment, il choisit de profiter de l'ombre médiatique créée par la course à la direction du PLC pour parcourir le pays, particulièrement dans les coins les plus reculés, ceux où il n'aura pas le temps de se rendre pendant la campagne électorale attendue dans quelques mois. Cette opération discrète le mène dans plus d'une cinquantaine de villes et villages où il tente de reproduire, en compagnie de son épouse Mila, la formule qui l'a si bien servi pendant la course à la direction de son parti, un an plus tôt : ils se partagent l'assistance, multiplient les poignées de main, les regards attentionnés, les remarques amicales. Ces deux artistes de la politique rodent leur spectacle en région avant la grande première.

Sans grande surprise, les délégués au congrès libéral réunis le 16 juin 1984 à Ottawa choisissent de confier la direction de leur parti à John Turner. L'affaire est rapidement conclue en deux tours de scrutin. Il y avait bien sept candidats, mais en réalité John Turner avait un seul véritable adversaire, Jean Chrétien. Chrétien aurait été un concurrent redoutable pour Mulroney : le « p'tit gars de Shawinigan » contre le « p'tit gars de Baie-Comeau ». Il y aurait eu des étincelles !

Le choix de John Turner en amène plusieurs à se demander s'il y en aura – des étincelles –, car on déplore le manque de diversité que cela propose aux électeurs. Deux avocats d'affaires, un libéral aux tendances conservatrices et un conservateur aux accents libéraux. Tous les deux catholiques. Brian Mulroney a beau insister sur les différences de leurs origines – disant que lui vient de la rue Champlain et Turner de Bay Street[32] –, cela ne trompe personne. C'est bonnet blanc, blanc bonnet. Et à ce compte-là, John Turner est le bonnet le plus nouveau, ayant tout juste bénéficié de la couverture médiatique reliée à la course à la direction de son parti. Bientôt, il sera premier ministre et pourra profiter de la lune de miel généralement associée à une nouvelle administration.

Brian Mulroney doit rapidement revenir dans l'actualité, reprendre l'initiative, et il choisit de le faire par un voyage à Washington dont le point d'orgue est une rencontre en tête à tête avec le président Ronald Reagan.

Lorsque Brian Mulroney a pris la direction du Parti progressiste-conservateur, un an plus tôt, un vent de droite soufflait sur la planète, particulièrement dans le monde anglo-saxon. Les glorieuses années 60 qui avaient vu un accroissement considérable de la production et de la consommation – résultat d'un élargissement de la classe moyenne – semblaient avoir atteint un point de rupture à la suite de la crise énergétique survenue au milieu des années 70. Les économies les plus industrieuses, celles de l'Angleterre et des États-Unis en particulier, qui carburaient à l'abondance d'un pétrole bon marché, n'arrivaient plus à reprendre leur souffle. L'arrivée au pouvoir de Margaret Thatcher en 1979 allait donner le ton : compressions, privatisations, déréglementations, tout pour «libérer» les forces économiques du marché. L'année suivante, les Américains élisaient à la présidence Ronald Reagan, un anticommuniste doctrinaire prêchant une politique de réduction des

---

32.   En fait, John Turner est né à Richmond, en Grande-Bretagne. À la mort de son père, alors qu'il n'a que trois ans, sa mère d'origine canadienne revient au pays. Athlète de niveau olympique, étudiant brillant (boursier Rhodes), il fréquente les universités UBC de Colombie-Britannique, Oxford et Paris. Après ses études, il travaille d'abord comme avocat à Montréal avant d'entreprendre une carrière politique de 13 ans à Ottawa, occupant les postes de ministre de la Justice et ministre des Finances dans le gouvernement Trudeau. Ce n'est qu'ensuite, lorsqu'il quitte la vie politique pour la première fois en 1975, qu'il se rend travailler à Toronto.

impôts des plus fortunés censée relancer l'investissement et la consommation : il en resterait bien des miettes pour les classes laborieuses[33]. Le balancier politique mondial était en marche : à droite toute !

Brian Mulroney n'est pas de la même eau politique que Reagan ou Thatcher. La « Dame de fer » eut l'occasion de le constater personnellement – et de s'en désoler publiquement ! – lors d'un voyage au Canada à la fin septembre 1983, soit quelques mois après que les électeurs britanniques lui eurent confié un second mandat. Sa visite d'État en sol canadien la conduisit à Ottawa où elle prit la parole devant les deux Chambres réunies, parlant avec insistance de la menace soviétique. Ce fut aussi l'occasion d'une rencontre privée avec Mulroney. « Je me souviens qu'elle m'a dit qu'elle l'avait trouvé charismatique et charmant », confie sir Charles Powell, qui était le conseiller en affaires internationales de la première ministre. « Elle avait l'impression qu'il manquait encore d'expérience, et c'était le cas en effet », poursuit-il. Mais ce qu'elle déplore davantage, c'est le manque de convictions nettement conservatrices du chef « progressiste-conservateur » canadien :

« *Elle a fait cette remarque un peu cruelle, disant qu'il mettait trop l'accent sur le "progressiste" et pas assez sur le "conservateur".* »
– sir Charles Powell

Toujours aussi généreuse de ses commentaires, madame Thatcher profita plus tard d'un dîner d'État que lui offrait le premier ministre Trudeau pour déclarer qu'elle et lui différaient d'opinion occasionnellement, « mais uniquement lorsque vous, premier ministre, avez tort ».

La visite initiée par Brian Mulroney à la Maison-Blanche, en ce 21 juin 1984, revêt une tout autre importance. Mulroney a déjà eu l'occasion de dénoncer l'antiaméricanisme du gouvernement Trudeau s'étant manifesté entre autres choses par la mise en place d'un système de « tamisage » des investissements étrangers destiné à bloquer les prises de contrôle d'entreprises canadiennes par des sociétés – surtout – américaines. Il souhaite un changement d'attitude et de ton, et il veut que ça se sache.

---

33. Cette philosophie prit le nom de « *trickle-down economics* » – littéralement, « l'économie du ruissellement », selon laquelle le bien-être des riches profite ultimement aux plus pauvres.

Reagan n'ignore pas que le Canada sera bientôt précipité dans une campagne électorale, ni qu'un chef d'État devrait éviter de s'immiscer dans le processus démocratique de son voisin. C'est pourtant ce qu'il fait, d'un ton blagueur, devant les caméras de télévision assemblées à l'extérieur de la Maison-Blanche, près de la porte d'entrée du bureau ovale, lorsque Brian Mulroney lance : « Ce continent a besoin d'un autre Irlandais. » « Je suis d'accord », réplique Reagan, avant de poser un bras amical sur l'épaule de Mulroney pour le conduire à l'intérieur, où les deux hommes s'entretiennent pendant près de 45 minutes. Bien qu'encore uniquement chef de l'opposition, Brian Mulroney profite de l'occasion pour présenter quelques dossiers litigieux exigeant, selon lui, une attention immédiate du président américain, donc celui des pluies acides qui grugent les forêts et les lacs du nord-est du continent, surtout au Québec, résultat de la pollution industrielle dans le bassin des Grands Lacs. « Il savait que ce serait très, très difficile », se rappelle Fred Doucet, qui avait coordonné cette visite à Washington. « Il voulait dire à monsieur Reagan : "Soyez certain qu'au moment où je deviendrai premier ministre, ça va être ma priorité. Je veux régler ce problème-là et je ne peux pas le régler tout seul. Il faut que vous participiez [à la solution] parce que 50 % du problème vient de chez vous." »

Brian Mulroney ne pouvait se douter que cette question allait demeurer une pomme de discorde entre les deux hommes jusqu'à la fin du second mandat du président Reagan. Pour Mulroney, elle sera presque une obsession.

Mais en ce début d'été 1984, il a d'autres inquiétudes – plus pressantes. Un sondage Gallup montre que les Canadiens réagissent très favorablement à l'arrivée de leur nouveau premier ministre, John Turner. Les libéraux ont plus de 10 points d'avance sur les conservateurs, ce qui leur permettrait d'obtenir encore un gouvernement majoritaire. La tentation est trop forte : moins d'un mois après son élection à la tête du Parti libéral, John Turner déclenche des élections pour le 4 septembre. En conférence de presse, il justifie sa décision précipitée : « J'ai le sentiment que le peuple canadien veut pouvoir se prononcer. C'est le temps de rafraîchir l'air. » Il ne croyait pas si bien dire !

Chapitre 25

Putain de campagne

D ans le système parlementaire canadien de l'époque, le choix de la date d'une élection relevait entièrement de la prérogative du premier ministre, la seule contrainte étant de ne pas dépasser la limite de cinq ans entre chaque scrutin fixée par la Constitution. Puisqu'il s'agit d'une décision politique, la tentation est forte de prendre ses adversaires au dépourvu. Mais, là, il faut bien l'admettre, John Turner y est allé un peu fort : déclencher une campagne électorale en juillet, alors que les citoyens ont la tête aux vacances et que les travailleurs d'élections ont très souvent les pieds ailleurs que dans leur circonscription. Dans les milieux ruraux de l'Ouest, déjà peu enclins à voter libéral, on y voit une preuve supplémentaire de l'insensibilité du parti au pouvoir envers les agriculteurs car, le 4 septembre, plusieurs seront occupés jour et nuit aux travaux de récolte dans les champs.

Brian Mulroney, lui, ne boude pas son plaisir d'en découdre enfin avec les libéraux. Dans sa réaction au déclenchement de la campagne, il s'en félicite, y allant de remarques qui se veulent philosophiques et dont le contenu rappelle le discours tenu aux élections québécoises de 1960 par les libéraux de Jean Lesage : « Ce qui est le plus noble dans une démocratie, dit-il, c'est l'alternance, le changement, le citoyen moyen qui change de temps à autre son gouvernement pour assainir les mœurs de la collectivité. » Il ne se doute pas à quel point le thème de l'assainissement des « mœurs » politiques dominera la campagne, et pas toujours à son avantage.

Dans l'immédiat, Brian Mulroney a d'importantes décisions à prendre, car mettre en branle une campagne électorale à la mi-juillet n'est pas de tout repos. C'est particulièrement le cas au Québec où le Parti conservateur n'a qu'un seul député, ce qui signifie qu'il faut trouver 74 nouveaux candidats. Quelques-uns sont déjà identifiés, mais on est loin du compte et le temps presse. Marcel Masse, un ancien ministre de l'Union nationale – cela remonte donc à près de 15 ans plus tôt –, témoigne du caractère précipité de l'opération. Alors qu'il se trouve en voyage de pêche en Colombie-Britannique, un simple coup de téléphone le recrute pour être candidat dans Frontenac.

« Bof, j'ai dit, pourquoi pas ? De toute façon, je regardais les chiffres et je n'avais aucune chance d'être élu. Le seul conservateur jamais élu dans cette circonscription – qui s'appelait Mégantic au début – l'avait été en 1893, lors de la dernière élection de John A. Macdonald ! Depuis ce temps-là, il n'y avait eu que des libéraux et des créditistes. » – Marcel Masse

Si l'on a trouvé de cette manière improvisée l'un des seuls « candidats vedettes » conservateurs au Québec, on peut imaginer comment les autres furent choisis. Brian Mulroney avait confié cette tâche à son fidèle ami Fernand Roberge, qui dit avoir eu bien du mal à remplir toutes les cases vides « parce que personne ne voulait se présenter ». Au terme de la sélection, poursuit-il, « on a eu des bons candidats, on a eu des candidats pas mal moins bons, et on a eu des candidats bidon ! ».

Il faut aussi choisir la circonscription où Brian Mulroney tentera de se faire élire. Son équipe québécoise insiste : premier Québécois élu à la tête du Parti progressiste-conservateur[34], c'est dans cette province qu'il doit se présenter. Simple question de crédibilité. Il a tellement répété qu'en le choisissant, lui, les conservateurs auraient enfin la chance de conquérir des sièges québécois qu'il se doit de prouver qu'il y croit lui-même en ouvrant la marche. Son entourage est cependant hésitant quant au choix de la circonscription. Brome-Missisquoi a un passé conservateur récent ; Westmount, l'une des circonscriptions les plus riches au Canada et celle où il habitait avant de se rendre à Ottawa, est

---

34. Brian Mulroney et son équipe insistent beaucoup sur cette « première ». La vérité n'est pas aussi simple. L'avocat et homme d'affaires anglo-québécois J. J. Abbott, lui aussi d'origine irlandaise, nommé au Sénat par le premier ministre John A. Macdonald en 1887, lui succède brièvement à la tête du Parti libéral-conservateur de l'époque, faisant de lui le troisième premier ministre de l'histoire canadienne, de juin 1891 à novembre 1892. Techniquement, il ne s'agissait donc pas du « Parti progressiste-conservateur ».

considérée « prenable ». « Le fils de Baie-Comeau, issu de Baie-Comeau, qui va se présenter dans Westmount ou dans Brome-Missisquoi ? Ça ne marche pas », estime Bernard Roy, qui se rend personnellement à Sept-Îles et à Baie-Comeau afin de vérifier comment la candidature de Brian Mulroney serait accueillie par les électeurs dans le comté de son enfance. Les rencontres individuelles et les groupes témoins lui offrent un portrait contrasté : « On a vite senti que si Mulroney se présentait, l'appui dans Baie-Comeau lui était acquis largement. À Sept-Îles, il y avait un point d'interrogation. » La question ne sera tranchée qu'au deuxième jour de la campagne, quand Mulroney reçoit en soirée à sa résidence d'Ottawa son état-major québécois : Bernard Roy, Jean Bazin, Rodrigue Pageau et Roger Nantel. Le risque est énorme : un sondage maison le montre 10 points derrière le député libéral de Manicouagan, André Maltais. C'est finalement l'intervention de Jean Bazin, alors vice-président de la campagne électorale nationale, qui met fin au débat. Reprenant à son compte l'expression d'un politicien américain – « *When in doubt, just go home*[35] » –, il lui lança : « Écoute, tu t'en vas à Baie-Comeau ! »

Avant d'en faire l'annonce, Brian Mulroney se doit d'en informer les électeurs de Nova-Centre qui l'ont élu presque un an plus tôt. Il entame donc sa campagne, le 13 juillet, à New Glasgow, en Nouvelle-Écosse, en parlant de sa décision avec appréhension : « Quitter un comté aussi extraordinaire, avec une majorité aussi écrasante, pour aller au Québec : pour un conservateur, on ne se contera pas de peurs, ce n'est pas toujours facile ! » Le lendemain, il se rend sur la Côte-Nord pour annoncer sa candidature dans Manicouagan, une immense circonscription qui comprend Baie-Comeau, Sept-Îles et… Schefferville, la communauté dont Brian Mulroney a annoncé la fermeture l'année précédente. À Baie-Comeau, il reçoit un accueil triomphal, digne du fils de l'endroit. Ce début de campagne lui donne des ailes. Or Mulroney doit se méfier de ces moments d'extase où ses instincts le servent mal, l'amenant parfois à en faire trop. Cela n'allait pas tarder.

Maintenant officiellement candidat, Brian Mulroney saute dans son avion de campagne, suivi de ses proches conseillers et de quelques dizaines de journalistes qui les épieront jusqu'au jour de l'élection.

---

35. Traduction : « Lorsque tu as des doutes, retourne donc chez toi. »

L'appareil – un Boeing 727 loué à la dernière minute pendant qu'on en aménage un autre du même modèle qui deviendra l'avion officiel de la campagne – décolle de la piste en direction de Montréal. Nous sommes samedi. Mine de rien, presque une semaine de campagne s'est déjà écoulée. Brian Mulroney décide alors de se rendre dans la section arrière de l'appareil pour échanger quelques mots avec les représentants des médias. L'atmosphère est détendue, les caméras sont au repos, les carnets de notes rangés au fond des poches et personne ne peut se plaindre du manque d'alcool à bord. C'est la maison qui offre ! « À ce moment-là, j'étais quand même assez crédule pour croire que certains de ces journalistes-là étaient vraiment mes amis », confie Brian Mulroney, encore étonné par son insouciance de l'époque. Comme s'il se trouvait avec une bande de camarades – presque tous les correspondants parlementaires sont des hommes, à l'époque –, il ne peut résister à la tentation de faire le pitre… avec un succès étonnant ! Tous rient de bon cœur à ses blagues sur les nombreuses nominations annoncées par John Turner dans les jours qui ont précédé le déclenchement des élections : qui au Sénat, qui dans un poste d'ambassadeur, députés et ministres libéraux sortants ne sont pas laissés dans la misère. Brian Mulroney trouve à en rire en invoquant en particulier le cas de Bryce Mackasey, l'ancien ministre des Postes, tout juste nommé ambassadeur au Portugal. « *There is no whore like an old whore*[36] », lance-t-il sur un ton blagueur et tout de même compatissant puisqu'il dit comprendre pourquoi Mackasey a accepté cette affectation de rêve : « Si j'avais été à la place de Bryce, j'aurais été le premier à me précipiter dans l'auge, comme tous les autres l'ont fait. » L'affaire aurait pu en rester là, si cela n'avait été du contexte.

La veille, dans un discours aux accents populistes, Brian Mulroney s'en était pris avec vigueur aux nominations partisanes tout juste annoncées par John Turner : « Chaque matin, en vous rendant à votre travail, avait-il dit à l'attention d'une foule de sympathisants de Sept-Îles, chaque matin, rappelez-vous que chaque dollar que vous payez (en impôts) d'ici la fin de vos jours sera affecté à payer la retraite dorée des libéraux. Ça dort bien, une pension de 75 000 dollars. »

Ainsi donc, alors que Brian Mulroney dénonce les nominations partisanes dans ses discours, il en blague en privé, disant même qu'à

---

36.   Traduction libre : « Il n'y a pas plus salope qu'une vieille putain. »

la place des principaux intéressés, il les aurait aussi acceptées. Pour le journaliste Neil Macdonald du *Ottawa Citizen*, ce double langage mérite d'être connu des électeurs. La règle non écrite du « *off the record*[37] » ne tient plus : « Il ne devrait pas dire une chose aux journalistes et une autre au public parce que nous, les journalistes, nous sommes le public », se justifie alors Macdonald dans la controverse qui suit la parution de son article, en première page du *Ottawa Citizen*, relatant les propos de Brian Mulroney à bord de l'avion de campagne. « Moi, j'avais l'air d'un vrai cave », commente Mulroney d'un air dépité. « T'as l'air d'un hypocrite. »

Sur le coup, Brian Mulroney préfère traiter l'affaire comme une faute professionnelle, la trahison d'un journaliste à qui, d'ailleurs, il n'adressera plus jamais la parole, refusant encore, plusieurs années plus tard, de répondre à ses questions lors de ses points de presse improvisés. Pendant deux jours, il fait mine d'ignorer la controverse qui jette pourtant une ombre sur la sincérité de son indignation face au « patronage » libéral. Mais la pression est trop forte, celle des médias qui réclament sa réaction et celle de l'organisation conservatrice nationale, à Toronto, qui exige qu'on trouve une manière de sortir de ce guêpier. Le 18 juillet, en conférence de presse, Brian Mulroney s'excuse d'avoir « badiné » sur la question du favoritisme et il assure les Canadiens que ses propos ne reflètent pas sa position sur cet enjeu important. Auparavant, il avait appelé personnellement Bryce Mackasey pour s'excuser de l'avoir ridiculisé avec si peu de délicatesse. Pourtant, sur le fond, Brian Mulroney estime toujours que ses propos avaient un autre sens : « Il y avait même une sorte d'affection là-dedans pour Mackasey, une compréhension de la nature humaine, t'sé. » Peut-être, mais la vulgarité de l'expression utilisée pour exprimer cette affection a eu l'effet contraire, les humiliant l'un et l'autre. D'ailleurs, plus jamais par la suite au cours de la campagne Mulroney ne reparlera de Bryce Mackasey. N'empêche, l'affaire n'allait pas en rester là. Elle sera même un élément central des débats opposant les chefs des trois principales formations politiques la semaine suivante.

---

37. *Off the record* : Règle voulant que certains propos ne soient pas destinés à être rapportés par les médias. Elle est parfois explicite, la source d'un journaliste l'exigeant comme condition pour lui parler. Elle est parfois implicite, selon le contexte. Brian Mulroney prétend que son échange informel avec les journalistes à bord de l'avion tombait dans cette catégorie.

Le premier débat est celui en langue française, la langue seconde des trois chefs, ce qui limite la fluidité des échanges. Brian Mulroney y est le plus à l'aise des trois et il a obtenu l'aide de son ami Lucien Bouchard pour la rédaction de ses remarques d'introduction et de conclusion. C'est alors qu'apparaît pour la première fois – sans qu'on y porte trop attention – une expression lourde de sens : Mulroney invoque l'importance d'obtenir la signature du Québec à la Constitution canadienne de 1982 « dans l'honneur et l'enthousiasme ». Plus personne ne s'en rappelle, tellement le débat en langue anglaise, le lendemain, s'est imprégné dans la mémoire collective.

Les trois adversaires jouent cette fois à armes égales, dans leur langue maternelle, quand, 20 minutes avant la fin des échanges, John Turner choisit de revenir sur l'embarrassante déclaration de Brian Mulroney, lui reprochant une attitude sur la question du patronage inspirée de l'époque de l'Union nationale. Turner vient d'ouvrir une brèche qui causera sa perte. Mulroney s'y engouffre avec aplomb, rappelant qu'il s'est excusé publiquement, lui, d'avoir simplement fait des blagues sur le favoritisme. Turner, dit-il, devrait s'excuser de l'avoir pratiqué. Le chef libéral commet alors l'irréparable en tentant de justifier la vingtaine de nominations partisanes signées de sa main mais qui, en fait, avaient été décidées par Pierre Elliott Trudeau : soit Trudeau procédait à ces nominations avant de céder son poste de premier ministre à Turner, lui imposant le départ soudain d'une foule de députés et ministres, soit Turner acceptait de les faire lui-même juste avant de se lancer en élections. C'est l'option qu'il a choisie, mais qui n'en était pas vraiment une, confesse-t-il en réponse au défi que lui lance Brian Mulroney : « *I had no option* » – « Je n'avais pas le choix », dit Turner en haussant les épaules, le regard hagard, comme celui d'un chevreuil paralysé sur la route par la luminosité des phares d'une voiture roulant vers lui à toute vitesse. La réplique de Brian Mulroney aura le poids d'un camion de 10 roues. « *You had an option, sir* » – « Vous aviez le choix, monsieur. Vous auriez pu dire : "Je ne vais pas le faire car ce n'est pas bien pour le Canada. Je ne vais pas demander aux Canadiens d'en payer le prix." Vous aviez la possibilité de dire non, monsieur. Mais vous avez choisi de dire oui aux vieilles façons de faire du Parti libéral. C'est un aveu d'échec, la confession d'un manque de leadership. Vous aviez le choix, monsieur. Vous auriez pu faire mieux. » Projeté dans les airs par l'impact,

John Turner n'eut qu'une seule réplique, un seul réflexe : « *I had no option* », dit-il avant de retomber au sol. Boum !

« *C'est la seule fois dans tous les débats télévisés, dans tous les pays, que la victoire est tellement claire. Dans l'espace de quelques secondes !* » – Peter White

À bord de la voiture qui les ramène à la maison, Brian Mulroney – encore secoué comme on peut l'être après avoir frappé un animal sur la route – interroge Mila : « J'ai dit à ma femme : "Qu'est-ce qui s'est passé ?" » Son épouse est aussi sous le choc, se rappelle-t-elle : « J'ai dit : "Je ne sais pas, mais je pense que tout a changé." On savait que quelque chose s'était produit, mais on ne savait pas quoi. »

Le lendemain, Brian Mulroney se trouve dans le comté de Sherbrooke où se présente un jeune avocat du nom de Jean Charest. Il n'était pas le choix de l'organisation Mulroney car il avait appuyé Joe Clark pendant la course à la direction du parti. La machine conservatrice avait tenté de présenter un autre candidat, mais l'esprit combatif de Charest avait prévalu. En ce 26 juillet 1984, tous les candidats conservateurs du Québec sont donc réunis à Sherbrooke où commence pour Brian Mulroney une longue journée de campagne. En coulisse, il est accueilli par son ami Bernard Roy : « On était tous les deux dans une pièce et je l'avais étreint en disant : "Je suis fier de toi." Vraiment, là, il y avait beaucoup d'émotion derrière tout ça, un sentiment qui était partagé par beaucoup de monde, je pense. »

Dans la grande salle, devant les caméras de télévision, ses candidats lui réservent un accueil enthousiaste. On n'en attendait pas moins de leur part, que Brian Mulroney ait gagné ou non le débat. C'était même la raison de leur présence. Puis la journée se poursuit de ville en ville jusqu'à Hamilton, en Ontario, où il arrive à son hôtel, épuisé, à une heure du matin. Malgré l'heure tardive, plusieurs milliers de partisans l'attendent devant l'établissement. « On voyait qu'il y avait un tremblement de terre qui avait eu lieu », commente Brian Mulroney. Il n'allait pas tarder à en prendre la mesure car Allan Gregg, le maître des sondages du Parti conservateur, l'attend à sa chambre avec les résultats compilés pendant la journée. « Gregg est debout, il sort ses papiers et il me dit : "Chef, vous êtes responsable du mouvement le plus important de toute l'histoire des sondages d'opinion. Vous êtes passé de 14 points de retard à 20 points d'avance." C'était une révolution totale. »

À partir de ce moment-là, sur le terrain, « tout change », selon l'expression de Jean Charest : « Dans les 24 heures, 48 heures qui suivent, on le sent immédiatement. [...] Un coup fatal a été porté. » Brian Mulroney n'a plus qu'à entretenir le souvenir de son échange avec Turner, ce à quoi il s'emploie « sans vergogne » pendant tout le reste de la campagne : « C'est pas de ma faute, le diable m'a forcé à le faire ! », lance-t-il dans ses discours d'un bout à l'autre du pays, les bras en l'air, offrant du chef libéral une imitation grotesque qui provoque à tout coup l'hilarité générale. « Alors ça criait dans la salle : "Parlez-nous du démon !" »

Chapitre 26

Le discours de Sept-Îles

D ans chacun de ses discours de campagne, Brian Mulroney aime rappeler ses origines modestes, à Baie-Comeau. Elles lui servent de point d'appui pour lancer une tirade patriotique où le Canada devient un «pays de petites villes et de grands rêves». La formule est élégante, mais au Québec elle se bute à un sentiment d'aliénation bien ancré chez de nombreux électeurs et qu'a ravivé le rapatriement de la Constitution canadienne, deux ans plus tôt. Comme plusieurs fédéralistes canadiens, Brian Mulroney entretient un certain sentiment de culpabilité – non pas individuel, mais collectif – à la suite de l'adoption de la nouvelle Constitution de 1982, bien qu'à l'époque il y ait souscrit comme à un mal nécessaire. Pour lui, il se peut fort bien que le gouvernement indépendantiste de René Lévesque n'ait pas véritablement souhaité en arriver à une entente avec les autres provinces – anglophones – pour signer un nouveau pacte fédératif, quel qu'il soit. Fallait-il pour autant, lors des négociations constitutionnelles tenues à Ottawa en 1981, ficeler un accord en pleine nuit avec les autres provinces et en faire la surprise à René Lévesque au petit-déjeuner? «Il restait ce gros problème du Québec, tout seul ce matin-là, explique Brian Mulroney. Monsieur Lévesque, tout seul, exclu. Tout le monde fêtait au champagne, sauf pour le Québec.» Bien sûr, la Cour suprême du Canada avait donné le feu vert au rapatriement au Canada de la Constitution – jusqu'alors un document britannique – sans l'assentiment unanime des provinces. Elle le fut donc – rapatriée au pays, modifiée par l'addition d'une Charte des droits et d'une formule d'amendement qui allait lui garantir une longévité de «1 000 ans», dixit Pierre Elliott Trudeau – contre l'avis du

Québec, la seule province majoritairement francophone, et, à ce titre, représentante d'un des peuples fondateurs du pays. Cela inspira des mots très durs à René Lévesque : « Cette horreur de Constitution, fabriquée sans nous, contre nous et dans notre dos, c'est le pays des autres. » Beaucoup de Québécois, et pas seulement des indépendantistes, estimaient qu'un tort immense venait d'être fait, une promesse trahie.

Deux ans après cet épisode, Brian Mulroney ne voulait pas refaire l'histoire ; il voulait en écrire une nouvelle page, celle de la réconciliation nationale. Une page au bas de laquelle se retrouverait cette fois la signature du Québec. C'est le message qu'il va livrer aux Québécois à un mois du scrutin, chez lui, dans son comté, lors d'un discours à Sept-Îles auquel ont contribué plusieurs collaborateurs, principalement ses amis Lucien Bouchard – à tendance nationaliste – et Jean Bazin – le fédéraliste.

Le discours de Sept-Îles, présenté le 6 août, passera à l'histoire pour cette promesse : « Nous allons, espérons-le, et de bonne foi, convaincre l'Assemblée nationale du Québec de donner son assentiment à la nou-velle Constitution canadienne avec honneur et enthousiasme », repre-nant la formule pourtant passée presque inaperçue lors du premier débat télévisé.

« *Monsieur Mulroney vient, un peu comme un preux chevalier, s'offrir pour défendre les intérêts des Québécois. Et ça marche ! C'est la réconciliation nationale.* » – Pierre Claude Nolin

Dans la portion de son discours destinée au public de langue anglaise du reste du Canada, Brian Mulroney se campe en bon père de famille, résolu à ramener l'harmonie après une dispute qui a laissé une place vide autour de la table à dîner. « Il y a un enfant de la famille qui n'est pas là, résume Jean Bazin. Nous, on veut le ramener. Et donc c'est béné-fique pour le pays. »

On doit admettre qu'il n'est pas facile de critiquer un appel à la réconciliation. C'est pourtant le tour de force que réussit à accomplir John Turner lorsque, réagissant au discours de Mulroney, il l'accuse de courtiser les « séparatistes ». À preuve, dit-il, trois des candidats conser-vateurs au Québec le sont. Loin de s'en défendre, Brian Mulroney s'en amuse : « Seulement trois ? » Selon Benoît Bouchard, candidat dans le comté de Roberval où il avait milité pour le Oui au référendum de 1980,

Turner était en effet loin du compte : « On était quelques dizaines à être dans la même situation [d'avoir voté Oui]. Mulroney a pris une grosse chance, là. »

Pour Brian Mulroney, le discours de Sept-Îles représente bien plus qu'une simple promesse électorale. Il va au cœur de son engagement politique, de son identité d'Anglo-Québécois catholique ayant grandi en français à Baie-Comeau, cherchant à réconcilier sa double appartenance. Cela, il en est convaincu, commence par tendre la main aux nationalistes québécois, même à ceux qui ont voté Oui quatre ans plus tôt. D'autant que plusieurs ne l'ont pas fait nécessairement pour obtenir l'indépendance du Québec, la question référendaire portant plutôt sur un mandat de négocier une nouvelle relation avec le Canada. En somme, rappelle Jean Bazin, Mulroney voulait créer une coalition arc-en-ciel :

« *S'il y a seulement des électeurs conservateurs qui votent conservateur, on sait ce que cela va donner : ça va donner deux députés ! Nos collègues du reste du pays comprennent cela. Pour avoir plusieurs députés, ça prend des votes conservateurs, ça prend des votes souverainistes, ça prend des votes libéraux. C'est l'arc-en-ciel. C'est comme ça qu'on va passer à travers.* »

Incidemment, ce flirt avec les souverainistes québécois ne fait pas que des heureux... chez les souverainistes eux-mêmes. Il survient au moment où le gouvernement de René Lévesque s'interroge sur son orientation fondamentale. « Cela tombe en plein milieu d'un débat extrêmement dur à l'intérieur du Conseil des ministres », se rappelle Jacques Parizeau, alors ministre des Finances dans le Cabinet de René Lévesque – un débat « aigu au point où Lévesque impose un moratoire à ses ministres : on va tous se taire. » Plusieurs organisateurs du PQ en concluent que le dicton « Qui ne dit mot consent » s'applique donc à la campagne fédérale. Selon Pierre Marc Johnson, lui aussi ministre dans le Cabinet Lévesque, la « complicité entre une partie des forces péquistes et des forces conservatrices sur le terrain » répondait à un élan naturel des deux groupes : « Les gens veulent battre les rouges ! » Plus encore, même des libéraux du Québec offrent un coup de main, avec la bénédiction de leur chef Robert Bourassa. Lui et Mulroney se connaissent bien. Ils ont fraternisé à plusieurs reprises depuis 1976, lorsque tous les deux ont connu une dure défaite leur imposant un exil politique prolongé. « Ils se voyaient fréquemment, se rappelle Jean-Claude Rivest, un intime de Bourassa, parce que tous les deux avaient la même passion, la même vision du Québec. Ils étaient très, très proches l'un de l'autre. »

Dans la chaleur du mois d'août 1984, le vent s'est mis à tourner et nulle part ailleurs autant qu'au Québec. Brian Mulroney y attire les foules et il étonne tout le monde, lui le premier, en réunissant plusieurs dizaines de milliers de personnes, un midi, au pied de la Place-Ville-Marie, là où il a débuté sa carrière d'avocat. « Il faisait beau, c'était un des sentiments les plus magnifiques au monde pour un politicien, se rappelle-t-il avec nostalgie. Vous êtes en campagne électorale et vous savez que vous êtes en train de gagner. Ça m'est arrivé cet été-là et je m'en souviens comme si c'était hier. »

Pris d'un élan d'optimisme, ses organisateurs québécois se mettent à chiffrer leurs attentes. « Le rêve impossible peut se réaliser au Québec », affirme Bernard Roy dans une entrevue télévisée, où il s'aventure à prédire « des victoires dans sûrement 25 ou 30 comtés au Québec ».

À quelques jours du scrutin, alors qu'il est convaincu d'être porté au pouvoir, Brian Mulroney appelle Robert Bourassa, chef de l'opposition au Québec où des élections ne sauraient tarder. Il lui promet qu'il fera tout pour concrétiser les engagements contenus dans son discours de Sept-Îles.

« Et là monsieur Mulroney avait dit quelque chose d'absolument important. Il avait dit : "Mais, cependant, on ne fera rien si on n'a pas la garantie de succès parce que, avait-il ajouté, s'il fallait que ça ne marche pas – c'était tout à fait prémonitoire ! – ça serait vraiment catastrophique." » – Jean-Claude Rivest

Chapitre 27

Une trop grosse victoire

Le 4 septembre 1984, Brian Mulroney se rend à l'école Sainte-Marie de Baie-Comeau, l'école primaire qu'il a fréquentée enfant, afin de déposer dans l'urne son bulletin de vote devant une meute de photographes. Pour la première fois de sa vie, il a l'occasion de voter pour sa propre élection comme député et, du même coup, espère-t-il, accéder au poste de premier ministre. Le sondeur du parti, Allan Gregg, lui en a donné l'assurance tout en lui disant, se rappelle Mila Mulroney, qu'il avait peine à croire lui-même à ses propres projections : « Il disait : "Vous pouvez gagner entre 200 et 214 sièges." » Dans l'histoire relativement récente des maisons de sondage, pareil événement ne s'était jamais produit. Dans toute l'histoire politique canadienne non plus.

C'est donc sans surprise que Brian Mulroney assiste en soirée – dans une suite du Manoir de Baie-Comeau – à la confirmation de son élection en tant que 18e premier ministre du Canada à la tête d'un gouvernement majoritaire. L'étonnement vient plutôt de la réaction que cela provoque chez lui. Il s'attendait à ce que sa victoire le fasse sauter de joie. C'est tout le contraire qui se produit : « Nous étions à ce moment-là à peu près à 1 000 pieds (300 mètres) de la petite maison où mon père est décédé et j'avais un sentiment énorme de tristesse pour lui parce qu'il n'était pas là pour le voir. » Son père avait quitté ce monde, 20 ans plus tôt, ne sachant trop si son fils aîné allait parvenir à réussir ses examens d'entrée au Barreau. Mulroney se sentait encore coupable de lui avoir causé cette inquiétude dans les derniers moments de sa vie. Il aurait tellement aimé qu'il soit fier de lui. Il l'aurait certainement été, ce soir. Mais il n'était pas là, et cette absence ne faisait qu'assombrir un moment par ailleurs heureux et grisant.

Son parti obtient l'appui de 50 % des électeurs à l'échelle nationale comme au Québec. Cela lui accorde une majorité de députés dans chacune des provinces. Au total, 211 – un record. Brian Mulroney s'était engagé à conquérir la forteresse libérale au Québec et il tient parole en y rapportant 58 sièges. Dans Frontenac, où il était convaincu en début de campagne de n'avoir aucune chance d'être élu, Marcel Masse l'emporte avec 71 % des voix exprimées. Il n'y a pas une seule boîte de scrutin dans tout le comté où il n'obtient pas la majorité des votes.

Lorsque, vers une heure du matin, Brian Mulroney monte finalement sur la scène pour son discours de victoire, ses partisans ne le laissent pas parler. L'ovation dure sept longues minutes. Baie-Comeau acclame l'un des siens, le premier fils d'ouvrier de l'histoire canadienne à devenir premier ministre. La foule aime les triomphes, que l'équipe locale écrase l'adversaire : elle se réjouit de son humiliation. La foule est bête. Dans l'entourage de Brian Mulroney, c'est plutôt la consternation : « 211, c'est trop », déplore Peter White. Le Parti libéral qui forme l'opposition officielle ne dispose que de 40 sièges aux Communes, à peine 10 de plus que le NPD. « L'opposition est perdue, on n'a pas d'opposition », dit Mila Mulroney. C'est alors, se souvient-elle, que son mari a anticipé son pire cauchemar : « Il a réalisé que les journalistes allaient être notre opposition. »

Chapitre 28

Enfin premier ministre

L e 17 septembre 1984, à 45 ans, Brian Mulroney devient officiellement le 18ᵉ premier ministre de l'histoire canadienne. La cérémonie d'assermentation prend une tournure émouvante lorsque sa mère le serre dans ses bras, en larmes : « On a réussi, Brian. On a vraiment réussi. » Ses proches savent à quel point il s'agit effectivement de la réussite du rêve de toute une vie. Le vieux complice de ses années à l'Université Laval, Peter White, y voit aussi la concrétisation d'un projet commun échafaudé lors de leurs innombrables sorties dans les bars de Québec quand, à 20 ans, ils refaisaient le monde tous les soirs.

« On a décidé, peut-être dans la première année à la Faculté de droit, qu'on nommerait un chef à ce parti-là qui serait québécois et qu'on balaierait le Québec, et qu'en conséquence on gagnerait les élections au Canada. C'est exactement ce qui est arrivé. » – Peter White

Maintenant qu'il y est, Brian Mulroney confie à ses proches conseillers la tâche de s'assurer que la présence québécoise se fasse sentir partout dans son gouvernement. Dès le lendemain de l'élection, le 5 septembre, Bernard Roy et Pierre Claude Nolin se retrouvent dans un local loué au centre-ville d'Ottawa : une table, quelques chaises et un tableau, voilà tout le décor de cette scène où les deux principaux organisateurs de la campagne conservatrice au Québec dressent une liste des futurs ministres et de leur personnel politique. La commande du « boss » est limpide : « Je veux des francophones dans chaque cabinet. » « Et il y en a eu ! », ajoute Nolin, lui-même désigné comme chef de cabinet du ministre des Travaux publics, Roch Lasalle. Peter White et Jean Bazin sont aussi sollicités pour organiser la transition et confirment l'obsession de Brian Mulroney quant à la présence de francophones dans toute la machine. Mulroney n'utiliserait peut-être pas une formule aussi tranchée, mais celle de Pierre Claude Nolin évoque une prise de contrôle : « Le pari que nous faisions, dit-il, c'était que le Québec – quoiqu'en disent les gens des autres provinces – mène la politique canadienne. »

Quelques jours plus tard, Brian Mulroney invite Bernard Roy à l'accompagner dans un déplacement à Québec pour passer en revue tous les aspirants ministres, un à un, dans une suite de l'Hôtel Le Concorde. Roy sait bien ce que son ami Brian a derrière la tête. Il souhaite en faire son chef de cabinet, son bras droit à Ottawa, mais Roy ne veut rien entendre : « Qu'est-ce que ça mange en hiver un premier secrétaire et chef de cabinet du premier ministre ? Je n'avais aucune connaissance de l'appareil gouvernemental, de la fonction publique, sauf ce que je lisais dans les journaux », explique Bernard Roy, qui recommande d'autres noms que le sien. Mais Mulroney a une vraie tête d'Irlandais : « À toutes les objections que je lui faisais valoir, il répondait : "Non, non, j'ai besoin de quelqu'un que je connais, qui n'a pas d'ambition politique, qui va être loyal, fidèle." Son baratin était déjà tout préparé. »

Peu de gens connaissent Brian Mulroney autant que Bernard Roy. Ils ont étudié ensemble à Laval, partagé pendant deux ans un appartement à Montréal tout en allant visiter leurs « blondes » toutes les fins de semaine à Québec. Roy a même été garçon d'honneur au mariage de Brian et Mila. Roy le connaît bien, mais il ne s'attendait pas à ce coup bas. Une fois terminée la parade des candidats québécois considérés « ministrables », Brian Mulroney propose à son ami de le raccompagner à Montréal dans l'avion gouvernemental mis à sa disposition. En route vers l'aéroport, la limousine fait un arrêt dans un lieu familier : devant la maison où habite la mère de Bernard Roy. « Simple visite de courtoisie », lui dit Mulroney, qui souhaite saluer la vieille dame âgée de 85 ans. Elle s'appelle Irène, comme sa mère, et elle est, de surcroît, une autre tête d'Irlandaise, résultat du croisement, très fréquent au Québec, entre catholiques originaires de France et d'Irlande. Brian Mulroney lui confie – entre Irlandais – son dilemme : il veut faire de Bernard l'homme le plus puissant à Ottawa après lui, avec lui. Ils formeraient l'équipe parfaite puisque leur confiance mutuelle est absolue. Mais Bernard refuse le poste, il préfère reprendre sa routine d'avocat, déplore Mulroney en haussant les épaules. Roy va en manger toute une de la part de sa mère! La semaine suivante, il devient chef de cabinet du premier ministre. Mulroney va bientôt goûter lui aussi aux colères d'Irène Roy.

Pour le moment, il doit rapidement montrer qu'il a compris le message des électeurs : les Canadiens qui l'ont porté au pouvoir avec une telle majorité ont exprimé un désir de renouveau, ils ont confié aux conservateurs le mandat de remettre de l'ordre dans la gestion des finances publiques – de «faire le ménage» – et de relancer l'économie.

Le jour de son assermentation comme premier ministre, Brian Mulroney part d'un bien mauvais pied en présentant son Cabinet composé de 40 ministres. 40! La dette nationale a dépassé le cap des 200 milliards de dollars, aime-t-il répéter ; le seul poids des intérêts sur cette dette gruge 20 milliards de dollars par année dans le budget de l'État, soit plus du tiers des revenus ; et lui qui se veut un bon gestionnaire nomme un «conseil d'administration» hypertrophié de 40 ministres, chacun doté de sa limousine, de son Cabinet, de son appareil bureaucratique. Bienvenue l'austérité!

Forcément, ce Cabinet fédéral ne brille pas par son expérience. À l'exception de George Hees, ministre des Transports puis du Commerce sous John Diefenbaker, les rares spécimens qui ont déjà été ministres sont des revenants du bref gouvernement de Joe Clark. L'ancien premier ministre obtient, à sa demande, le prestigieux poste de ministre des Affaires extérieures. Cela aura l'avantage de le tenir loin d'Ottawa. Dans la députation québécoise, c'est presque le désert. Le député de Joliette, Roch Lasalle, est le seul à posséder un passé ministériel à Ottawa ; Marcel Masse, lui, a été ministre 15 ans plus tôt, mais à Québec. Or, se souvient-il, «le train, il part vite!». Et dans plusieurs cas, il part de très, très loin. Peter White raconte avec un mélange d'amusement et d'indignation qu'au lendemain de son élection, un des élus conservateurs québécois a sauté dans sa voiture, tout fébrile à l'idée d'entreprendre sa nouvelle carrière de député, et qu'il s'est rendu à la colline Parlementaire… de Québec! «Nous, les 58 qui arrivons à Ottawa, la très grande majorité ne parle pas anglais, se rappelle Benoît Bouchard. Ce parti-là n'a pas connu de présence francophone depuis Diefenbaker, à l'élection de 1958. Ça fait donc 36 ans ou presque qu'il n'y a pas de francophones dans le parti.»

Plusieurs députés ayant des années d'expérience grincent des dents devant la place importante faite à ces nouvelles recrues québécoises. L'Alberta, en particulier, trouve la pilule difficile à avaler. La province n'a élu que des députés conservateurs : en tout, 21. Or, elle obtient seulement trois sièges ministériels tandis que le Québec en a huit, sans compter celui du premier ministre.

« Il y a là-dedans des gens de grand talent, mais il y a déjà trois ministres de l'Alberta au Conseil des ministres et il n'y en aura pas plus. Puis là, ils voient passer devant eux des néophytes élus au Québec qui accèdent aux responsabilités. Sur le plan humain, ça crée une dynamique qui n'est pas facile. » – Jean Charest

La greffe n'est pas plus évidente avec la fonction publique, cette bête énorme que les conservateurs associent instinctivement au régime libéral. En campagne électorale, jamais à court d'expressions imagées qui dérident les foules, Brian Mulroney avait déclaré que les mandarins de l'État pouvaient s'attendre à recevoir « leur 4 %[38] et des souliers de course ».

« Le message qu'il voulait envoyer c'est qu'on allait faire un ménage à l'intérieur de la fonction publique, que les gens – hauts fonctionnaires surtout – qui avaient été identifiés au gouvernement libéral n'avaient qu'à bien se tenir. » – Bernard Roy

Dès le lendemain de l'élection, les rumeurs se mettent à circuler sur l'existence d'une liste noire contenant les noms de 400 hauts fonctionnaires ciblés par les conservateurs. Mulroney nie en avoir pris connaissance, mais il confirme son intention de s'entourer d'une équipe dont il ne doutera pas de l'allégeance. « Il y aura des changements dans un avenir très rapproché, c'est une question de semaines », déclare-t-il publiquement le 2 octobre. Pour ceux qui n'auraient pas compris le message, il précise sa pensée : « Je ne trouverais pas anormal que certains membres de la haute fonction publique décident de changer de carrière. »

Pendant des mois, il règne donc une atmosphère de guerre froide entre le gouvernement et l'appareil de l'État. On la retrouve jusqu'à l'intérieur du bureau du premier ministre, comme en témoigne Robert

---

38. Expression populaire qui signifie : congédier.

Fowler, qui s'y trouvait en tant que responsable du dossier «Affaires étrangères et Défense». C'est lui qui avait organisé la «tournée d'adieu» de Pierre Elliott Trudeau, un voyage autour du monde visant à témoigner une dernière fois de la stature internationale de l'homme. Il garde encore le souvenir douloureux de la première rencontre entre le personnel du Bureau du Conseil privé (le ministère du premier ministre) et les conseillers de Brian Mulroney tout juste débarqués à Ottawa en septembre 1984 : «Ils nous annonçaient à tous : "Votre job, là, vous du Conseil privé, c'est de vous assurer que les blocs-notes soient bien alignés avec les crayons. Voilà, c'est ça, pas plus."» Ce fut, dit-il, l'une des périodes les plus difficiles de sa vie professionnelle.

« Chaque jour, j'envoyais un mémo au premier ministre sur tout ce qui se passait à l'étranger, tout ce qui touchait à l'aide au développement, la défense, la sécurité, les affaires internationales, avec mes recommandations. Puis j'espérais une réponse. Rien. Absolument rien. Rien pendant des mois. C'était très difficile. Il y avait des conseillers du nouveau gouvernement qui suggéraient que je devrais peut-être simplement partir tranquillement, mais dans mon cœur j'étais fonctionnaire, j'étais là pour servir le gouvernement, n'importe quel gouvernement. Alors c'était très, très dur. » – Robert Fowler

Un nom qui se trouvait sur la liste noire de plusieurs, confirme Bernard Roy, est celui de Paul Tellier, et pour deux bonnes raisons. Après avoir été associé de près à la démarche constitutionnelle de Pierre Elliott Trudeau, il est devenu sous-ministre de l'Énergie. Or le ministère est dans la mire des conservateurs de l'Alberta car ils sont furieux contre le Programme énergétique national – adopté sous les libéraux –, qui a coûté 100 milliards de dollars à l'économie de leur province. Non satisfaits de la défaite libérale, ces députés veulent voir une tête rouler. Ce sera celle d'Ed Clark, considéré comme l'auteur du programme énergétique – il ira faire fortune à Bay Street après son congédiement de la fonction publique. Brian Mulroney estime que ce renvoi était une erreur de sa part, qu'il n'aurait pas dû plier devant la pression du caucus albertain : «J'étais jeune et je manquais d'expérience, je l'ai laissé passer. »

Ce cas est cependant une exception, car Brian Mulroney ordonne bientôt de mettre fin à la chasse aux sorcières, malgré l'avis de certains de ses conseillers, dont Peter White : «Quand le pays vote pour un changement avec une telle majorité, estime-t-il, il faut apporter ce changement dans la fonction publique aussi, pas seulement au niveau politique. »

C'est ce qui se produit aux États-Unis lorsqu'un nouveau président arrive au pouvoir à Washington. On parle d'ailleurs d'une nouvelle « administration », une expression qui décrit à quel point le changement de régime va au-delà du renouvellement des postes électifs. Au Canada, où le modèle britannique prévaut, la fonction publique est constituée de professionnels que l'on présume être sans allégeance politique. Brian Mulroney s'y est finalement rallié, allant jusqu'à désigner Paul Tellier au poste de secrétaire du Cabinet et greffier du Conseil privé. Cela fait de lui le patron de toute la fonction publique fédérale et lui donne accès aux réunions du Conseil des ministres. Pendant sept ans, il sera le bras gauche de Brian Mulroney.

« Quand il m'a offert la job, j'ai dit : "Premier ministre, la question n'est pas de savoir si je peux vivre avec vous. Êtes-vous capable de vivre avec moi ? Je vais vous donner l'heure juste et ça ne fera pas toujours votre affaire." » – Paul Tellier

Chapitre 29

La priorité américaine

L e lendemain de son assermentation, Brian Mulroney convoque le fonctionnaire du ministère des Affaires extérieures responsable du dossier des relations avec les États-Unis. Derek Burney se souvient de la froideur de la rencontre, Mulroney prenant tout juste le temps de lui ordonner d'organiser une visite à la Maison-Blanche « d'ici deux semaines ». L'établissement de meilleures relations avec le voisin américain est pour lui prioritaire. L'économie canadienne se porte mal. Le pays compte plus d'un million et demi de chômeurs. Son principal client, celui qui à lui seul dépasse tous les autres réunis, est les États-Unis. Il n'y a pas deux autres pays au monde dont la relation commerciale est plus importante. Le géant américain est donc le meilleur allié du Canada, qu'on le veuille ou non !

« Le Canada n'est pas un pays neutre », affirme Brian Mulroney à son « ami » Ronald Reagan, l'assurant qu'il va toujours lui accorder « le bénéfice du doute » et qu'il mettra fin aux politiques protectionnistes érigées sous le gouvernement Trudeau pour restreindre les investissements américains au Canada. En contrepartie, il espère des progrès dans plusieurs dossiers litigieux, par exemple celui des pluies acides. Il est évidemment trop tôt pour conclure quelque entente que ce soit, mais une mesure adoptée lors de la rencontre aura des effets insoupçonnés : les deux hommes conviennent de tenir un « sommet » annuel. Le premier aura lieu dans six mois, à Québec, à l'occasion de la Saint-Patrick, la fête des Irlandais.

D'ici là, Brian Mulroney multiplie les signes d'ouverture envers les Américains. Il met fin au Programme énergétique national, qui voulait isoler le Canada du marché mondial du pétrole. Il se rend prononcer un discours majeur devant l'Economic Club de New York, le 10 décembre 1984, dans lequel il proclame que le Canada « *is open for business again* », que le pays redevient un partenaire d'affaires, qu'il croit de nouveau au libre marché. Au grand désespoir de Mulroney, ses interventions en sol américain trouvent peu de résonance dans les médias au sud de la frontière.

« *Il revient à Ottawa et il dit à son entourage : "Ça n'a pas de bon sens, on ne pourra jamais faire comprendre aux Américains qu'on change les choses si personne ne parle de nous quand on va livrer des discours."* » – Marc Lortie

C'est alors qu'il décide de faire appel à Marc Lortie, un fonctionnaire de carrière aux Affaires étrangères qui avait servi pendant quatre ans à l'ambassade du Canada à Washington à titre de responsable des relations avec la presse américaine. Il connaît bien les correspondants à la Maison-Blanche, il a des liens avec les représentants des grands quotidiens. Mulroney, affirme Lortie, « connaissait surtout les journalistes de la télévision américaine, mais pour faire passer son message aux États-Unis, il faut travailler avec la presse écrite. » On lui confie le mandat de faire du Sommet de Québec un grand succès médiatique. Ça doit être *big*.

Chapitre 30

Un ambassadeur peu diplomate

Au Canada, tous n'ont pas apprécié la précipitation de Brian Mulroney à se rendre à Washington. Particulièrement au Canada anglais, où l'amour de son pays semble avoir une relation proportionnelle à la méfiance que l'on ressent envers le voisin américain, les protestations ne tardent pas à se manifester. Dans les jours qui suivent la visite du premier ministre à Washington, le magazine *Maclean's* publie une dénonciation enflammée de l'ancien chef du NPD de l'Ontario, Stephen Lewis, qui déplore l'aplaventrisme du nouveau premier ministre face aux intérêts américains. Jamais Lewis n'aurait pu prédire ce qui allait se produire ensuite. D'autant que les deux hommes, Mulroney et Lewis, ne se connaissent pas, ne se sont jamais rencontrés.

C'est donc avec étonnement que Stephen Lewis reçoit un coup de téléphone personnel du premier ministre peu de temps après la parution de son article. Il redoute un affrontement, mais c'est tout le contraire qui se produit. Mulroney l'appelle pour lui offrir un emploi. Et pas n'importe lequel : ambassadeur du Canada aux Nations Unies ! « Je voulais signaler un changement d'attitude et un changement de politique partout, explique Brian Mulroney, et puis je voulais un champion ! » Lewis se souvient encore du ton cordial mais tout de même tendu de la conversation : « Il m'a dit : "Stephen, je ne veux pas que vous démissionniez à la première occasion, dès que l'on acceptera de tester au Canada des missiles de croisière américains." Je lui ai répondu : "Monsieur le premier ministre, je ne veux pas que vous me congédiiez à la première occasion où je vous critiquerai publiquement." » Cette « entente cordiale » n'allait pas tarder à être mise à l'épreuve.

En annonçant la nomination surprise de Lewis, le 1er novembre 1984, Brian Mulroney s'était réjoui de ses qualités exceptionnelles d'orateur : « L'ambassadeur, dit-il, aura l'occasion au cours des prochains jours de prononcer des discours importants. » L'une des premières invitations qui lui est faite provient de l'Association américaine pour les Nations Unies, un groupe de défense et de promotion du rôle de l'ONU. Les Nations Unies vivent alors une période difficile – une autre ! – à cause de l'attitude belliqueuse d'une partie de la droite américaine envers l'institution. La charge est menée par un groupe de pression conservateur appelé « Heritage Foundation ». Chez les républicains, il est de bon ton de parler des Nations Unies comme d'une immense bureaucratie coûteuse et inefficace, une perte de temps et d'argent. Le gouvernement américain, le plus important bailleur de fonds de l'organisation installée à New York depuis sa création au lendemain de la Seconde Guerre mondiale, lui coupe d'ailleurs les vivres en ne payant sa part qu'au compte-gouttes. Le discours de Stephen Lewis veut rappeler l'importance que le Canada accorde à l'ONU. Chose certaine, il ne passe pas inaperçu : « J'ai dû vivre un épisode de libération socialiste en le préparant, dit-il, encore étonné par sa propre témérité. J'ai qualifié la position du Heritage Foundation de "crypto-fasciste" et utilisé d'autres adjectifs plutôt inamicaux. Cela a provoqué une crise terrible. Le Heritage Foundation a exigé mon congédiement. » Plusieurs diplomates canadiens réclament aussi le renvoi de cet ambassadeur si peu… diplomate. Puis un haut gradé de l'administration Reagan appelle le premier ministre Mulroney pour protester. Comment peut-il permettre, lui qui se dit l'ami du président, qu'un représentant du Canada tienne de tels propos envers l'un des lobbys les plus favorables aux républicains ?

« Je lui ai dit : "Mêlez-vous de vos affaires. Quand il parle, il parle pour moi. Des fois il va commettre des impairs, comme moi, mais, grosso modo, c'est le gouvernement canadien qui parle." » – Brian Mulroney

En public, Brian Mulroney défend Lewis avec la même conviction. Interrogé par les médias sur l'étonnante sortie de son ambassadeur à l'ONU, il déclare : « Lorsque Stephen Lewis parle, il parle au nom du Canada. » À New York, Stephen Lewis n'en revient pas. « J'étais absolument ébahi par cet appui. C'était renversant ! »

Les deux hommes développeront ensuite une relation dont Stephen Lewis se dit le premier étonné, considérant qu'il n'a jamais renoncé à ses convictions socialistes. Ils échangeront sur la doctrine du père Coady qui a marqué la conception du monde de Brian Mulroney alors qu'il fréquentait l'Université Saint-Francis-Xavier en Nouvelle-Écosse. On disait de Joe Clark qu'il était un « pink Tory », un conservateur progressiste, mais en travaillant avec les deux – Joe Clark, son ministre des Affaires extérieures, et Brian Mulroney –, Stephen Lewis réalisera qu'il est beaucoup plus proche du premier ministre. La bataille contre la politique d'apartheid en Afrique du Sud va bientôt souder leur complicité.

Chapitre 31

Le beau risque

L a désignation de Stephen Lewis à l'ONU sert bien les intérêts de Brian Mulroney au moment où il procède à une série de nominations marquées par la partisanerie. L'appareil fédéral, avec sa multitude de sociétés de la Couronne, d'agences et d'organismes administratifs divers, regorge de postes auxquels tout gouvernement peut nommer des gens à sa guise. Ils ont souvent en commun d'appartenir à la même famille politique que le gouvernement en place. Plusieurs le déplorent, certains l'excusent, mais personne ne s'en étonne plus vraiment. L'ampleur de la victoire électorale des conservateurs justifiait sans doute que leur orientation politique se reflète dans ces nominations, tout comme les libéraux ne s'en étaient pas privés auparavant. Mais la soudaineté des changements et certains choix surprenants – comme la nomination de Rinaldo, le coiffeur de Mila Mulroney, à la Banque fédérale de développement – ont discrédité l'opération, laissant une impression d'autant plus négative que la campagne électorale avait été dominée par la question du « patronage libéral » et la promesse de réformer le système. Les médias ont comptabilisé plus de 1 300 nominations politiques pendant la première année du gouvernement Mulroney. Ce n'est pas dire qu'elles étaient toutes inappropriées, ni toutes conservatrices d'ailleurs. Chose certaine, le cas de Stephen Lewis a servi d'alibi pour faire avaler un grand nombre de nominations d'amis du Parti conservateur qui allaient suivre.

Au Québec, les conservateurs de longue date sont moins nombreux que dans le reste du pays, conséquence de la faiblesse historique du parti auprès des francophones. « Je dis souvent à la blague, raconte

Pierre Claude Nolin, qu'on était 3 000 conservateurs au Québec. Et dans certains cas on était comptés deux fois. » Les nominations provenant du Québec auront donc des origines politiques plus diversifiées, pigeant allègrement dans les rangs du Parti libéral provincial ou du Parti québécois. « On peut maintenir la guerre froide de monsieur Trudeau ou on peut envoyer des signaux d'ouverture », plaide Brian Mulroney pour justifier le recrutement de plusieurs nationalistes québécois dans des postes fédéraux. Ainsi, son grand ami Lucien Bouchard est nommé ambassadeur à Paris où il contribuera à un réchauffement des relations sans précédent entre le Canada et la France. Suivront plusieurs anciens ministres du Parti québécois comme Yves Duhaime, Clément Richard et même Louise Beaudoin, la passionaria de l'indépendance, recrutée à Téléfilm Canada. Jean-Roch Boivin, l'ancien chef de cabinet de René Lévesque, sera embauché à VIA Rail, tout comme l'ancien ministre péquiste Denis de Belleval. Le sénateur Arthur Tremblay, élevé au titre de conseiller constitutionnel de Brian Mulroney, ne fait pas partie de la « famille péquiste », mais il y trouve néanmoins un accueil enthousiaste. « Pour nous tous qui avons été au centre de la Révolution tranquille dans les années 60, soutient Jacques Parizeau – l'un des plus farouches partisans de l'indépendance du Québec –, pour nous, Arthur, c'est le roi Arthur. C'est *the best and the brightest.* »

Brian Mulroney avait promis la réconciliation nationale ; il la pratique dès le début avec le gouvernement dûment élu par les Québécois, celui de René Lévesque. Il est pour lui une idole de jeunesse, d'abord comme journaliste à la télévision de Radio-Canada, puis en tant que ministre brillant et passionné dans le gouvernement de Jean Lesage. « Je le connaissais bien et j'avais énormément de respect pour lui comme démocrate, dit Mulroney. C'était un gars tout à fait honorable, René Lévesque. Je l'aimais bien. » Après l'ère Trudeau marquée par les affrontements avec les souverainistes, les signaux d'ouverture envoyés par Brian Mulroney font leur effet. Même Jacques Parizeau doit en convenir.

« Manifestement, l'homme est de bonne foi. Il ne s'agit pas d'une manœuvre de politique politicienne. On n'a pas de doute là-dessus. Moi, j'en ai jamais eu quant à la bonne foi de Mulroney. Il veut vraiment la réconciliation. » – Jacques Parizeau

Cette nouvelle attitude à Ottawa survient au moment où, à Québec, Pierre Marc Johnson, ministre de la Justice et des Affaires intergouvernementales, travaille à la rédaction de la nouvelle position constitutionnelle du gouvernement québécois. Prenant acte du rejet de l'option de l'indépendance au référendum de 1980 tout en dénonçant le « coup de force » du rapatriement de la Constitution en 1982, la proposition préconise une forme de fédéralisme asymétrique permettant au Québec d'assumer certaines responsabilités additionnelles – autres que celles des provinces « anglophones » – du fait de son caractère unique, différent, distinct. Johnson estime que René Lévesque est alors « vraiment déterminé, à ce moment-là, à entamer un dialogue sérieux avec Brian Mulroney sur cette question. » Ce dialogue, dit-il, a même débuté entre les deux hommes, qui auraient évoqué l'idée d'une reconnaissance constitutionnelle du Québec en tant que « société distincte », une clause qui se retrouvera plus tard au cœur de l'accord du lac Meech. C'est ce qui fait dire à Pierre Marc Johnson que « Meech a un ancêtre, et cet ancêtre-là, c'est ce dialogue entre René Lévesque et Brian Mulroney, j'en suis convaincu ».

Chose certaine, René Lévesque tombe sous le charme, ce qui l'amène à déclarer publiquement, à peine trois semaines après l'élection du gouvernement Mulroney, que la reprise de pourparlers constitutionnels avec le Canada représente sans doute un risque pour le Québec, « mais un beau risque ». Au Parti québécois, au Conseil des ministres, dans la députation péquiste, c'est la guerre. « Je dois vous dire qu'on en a mangé des superbes, pour ne pas dire des maudites », se souvient Guy Chevrette, alors l'un des ministres du Cabinet Lévesque favorables au « beau risque ». Dans les 48 heures suivant la déclaration de René Lévesque, six de ses ministres démissionnent, dont des poids lourds : Camille Laurin, le père de la loi 101, la Charte de la langue française, et Jacques Parizeau, son ministre des Finances. « C'est sur le "beau risque" la grande scission », dit-il. Malgré les dommages que cela a causés au Parti québécois, Guy Chevrette estime toujours que la stratégie était la bonne.

« Monsieur Lévesque nous disait : "Si monsieur Mulroney veut vraiment qu'on entre [comme signataires de la Constitution canadienne], si le Québec va chercher des pouvoirs additionnels, tant mieux ! Qu'est-ce qu'on a à perdre ? On a perdu le référendum, là. Qu'est-ce qu'on a à perdre à laisser une chance à ce gars-là ? S'ils ne nous donnent rien,

on va prouver que ce n'est pas réformable, et s'ils nous donnent quelque chose, eh bien le Québec va être gagnant."» – Guy Chevrette

La guerre fratricide provoquée par ce débat finit par avoir raison de René Lévesque le 20 juin 1985. Contesté, épuisé, usé psychologiquement au point où ses proches doivent le faire hospitaliser de force, il démissionne de son poste de chef du PQ, le parti qu'il avait fondé et mené à deux victoires consécutives. Son successeur sera un autre partisan du «beau risque» – en fait, l'un de ses principaux artisans: Pierre Marc Johnson. Fils de Daniel Johnson – ancien premier ministre de l'Union nationale que Brian Mulroney considère comme l'un de ses grands modèles en politique –, Pierre Marc Johnson entretient avec Mulroney des relations cordiales qui ne tardent pas à se manifester par la conclusion d'une entente déterminante pour l'avenir de la Francophonie mondiale en ce qu'elle débloquera l'épineux problème de la place du Québec à la table de ce Commonwealth francophone. Pour Pierre Marc Johnson, il s'agit d'un résultat concret du «beau risque». Sans doute aussi pour les Québécois, qui en tireront bientôt une conclusion qui contribuera à la défaite du gouvernement péquiste lors des élections de décembre 1985: Ottawa ne cessant de manifester sa bonne foi, comment pourraient-ils faire autrement que d'élire un gouvernement disposé à coopérer avec lui sans arrière-pensée, un gouvernement fédéraliste?

C'est ainsi qu'en quelques mois à peine, la main tendue de Brian Mulroney aura plus d'effet dans la défaite du mouvement souverainiste québécois que plusieurs années de la politique du poing fermé de Pierre Elliott Trudeau. Le plan concocté dans le plus grand secret par Brian Mulroney depuis son élection visant à concrétiser sa promesse de réconciliation nationale est en marche. Dans l'immédiat, un autre énorme chantier l'attend: la réconciliation commerciale avec les États-Unis.

Chapitre 32

When Irish Eyes

L e 17 mars 1985, le président américain Ronald Reagan arrive à Québec pour le premier des sommets annuels convenus avec Brian Mulroney au début de l'automne précédent. Le choix de la ville de Québec n'est pas un hasard. Mulroney a tenu à y organiser l'événement tant pour la beauté télégénique de l'endroit que pour des raisons affectives. C'est un peu comme recevoir le président chez lui, dans son salon, dans son histoire personnelle. Enfant, Québec était pour lui LA grande ville, la seule qu'il connaisse, celle vers où il s'embarquait avec toute la famille pendant les vacances d'été – quand Baie-Comeau était enfin reliée au reste du monde par une route carrossable – pour aller visiter la parenté dispersée dans les villages anglophones environnants. Plus tard, c'est là où il a fait ses études de droit et rencontré son premier grand amour : « J'adorais la ville de Québec, alors je me suis dit : "Quel endroit merveilleux, enchanteur, pour un événement comme ça." Reagan l'a adoré ! »

Les organisateurs du sommet avaient reçu l'ordre de faire les choses en grand, de l'« orchestrer », selon l'expression de Marc Lortie, de manière à en maximiser les répercussions aux États-Unis. Il s'agit vraiment d'un « sommet », chacun des deux dirigeants s'étant entouré de la plupart des membres de son Cabinet, ce qui permet d'aborder d'un seul coup tous les principaux dossiers bilatéraux.

Dans la voiture qui les conduit de l'aéroport vers le château Frontenac où se tiendra la rencontre, Mulroney et Reagan ont un premier moment seuls. Enfin, presque, car le président américain est toujours accompagné d'un militaire qui porte une mallette contenant le mécanisme de déclenchement des missiles nucléaires en cas d'attaque étrangère sur-prise. Brian Mulroney profite de cette présence pour lui parler du nou-veau dirigeant soviétique Mikhaïl Gorbatchev, avec qui il a passé deux heures à discuter quelques jours auparavant lorsqu'il s'est rendu à Moscou pour assister aux funérailles de Konstantin Tchernenko, le précédent secrétaire général du Parti communiste. Autant Tchernenko était un orthodoxe, partisan du communisme version pure et dure, autant Gorbatchev est un progressiste favorable au rapprochement avec l'Ouest, assure Mulroney : « Et j'ai conclu en disant : "Vous n'aurez jamais à utiliser cette mallette contre lui." »

Les deux hommes partagent ensuite un autre bref moment en tête à tête dans les minutes précédant le début de la première rencontre de leurs deux équipes. C'est l'instant choisi par Brian Mulroney pour lan-cer une idée qu'il ne souhaite pas ébruiter et qui a le potentiel de trans-former l'économie continentale : « Je lui ai dit : "Ron, je veux un traité de libre-échange global avec les États-Unis." Il me dit : "Ça fait partie de ma vision pour mon propre pays et je vais travailler intimement avec vous là-dedans." »

Sauf que le projet est ultra-secret. L'ordre est formel : ne jamais utiliser l'expression « libre-échange » en public, ni même dans aucun document interne, se rappelle Derek Burney, alors responsable aux Affaires étrangères du bureau des relations avec les États-Unis.

« En tant que fonctionnaires, je vous assure que nous étions très prudents dans nos propos. En fait, je me souviens qu'on nous avait ordonné de ne jamais utiliser le mot "libre-échange" dans nos com-munications avec le gouvernement. Il y avait une réaction tellement allergique à ce terme. C'est pourquoi, lors du Sommet de Québec, la formule employée parlait de "tous les moyens possibles pour améliorer les relations commerciales avec les États-Unis". » – Derek Burney

En somme, les Canadiens ne doivent pas savoir. Pas tout de suite. « C'était trop tôt, se justifie Brian Mulroney, il fallait penser à préparer le terrain un peu. C'était quand même un geste osé. » En effet, le geste est osé car Mulroney s'est prononcé contre le libre-échange avec les États-Unis lors de la course à la direction de son parti, à peine deux ans plus tôt, une idée alors préconisée par le candidat John Crosbie, qui avait été le ministre des Finances dans le gouvernement de Joe Clark.

Bien que l'expression «libre-échange» n'ait pas été prononcée, le Sommet de Québec marque encore dans l'esprit de beaucoup de Canadiens le début de cette aventure continentale à cause d'une image gravée dans la mémoire collective, une séquence déjà passée à l'histoire comme le symbole du rapprochement de deux hommes, de deux pays et de deux économies. Cette scène s'est produite en soirée, au Grand Théâtre de Québec, après un souper «intime» réunissant Ronald Reagan et son épouse Nancy, Brian Mulroney et Mila, René Lévesque et Corrine, et deux barrons de la presse québécoise amis de Mulroney, Paul Desmarais et Pierre Péladeau. Lors du spectacle qui a suivi, la chanteuse d'opéra Maureen Forrester – elle aussi d'origine irlandaise, décidément! – entame la chanson *When Irish Eyes Are Smiling*, l'hymne national non officiel des Irlandais, entraînant les couples Mulroney et Reagan avec elle sur scène pour en fredonner quelques paroles. Brian Mulroney, toujours aussi sans retenue lorsqu'il s'agit de «pousser la chansonnette», ne se fait pas prier pour lancer quelques (fausses) notes: «C'est une déformation professionnelle, qu'est-ce que tu veux! J'entends de la musique irlandaise et je ne peux pas m'empêcher.»

Tous ne partagent pas son amusement et plusieurs reprochent à Brian Mulroney d'avoir ici franchi la ligne rouge qui sépare le bon voisinage du copinage. Les milieux nationalistes canadiens de gauche sont particulièrement critiques. Ils voient dans cette scène un symbole d'asservissement d'autant plus inacceptable que le président américain, Ronald Reagan, représente la droite radicale qu'ils détestent. «Nous, en tout cas, les Canadiens, on trouvait ça dur», commente Sheila Copps, alors députée libérale à Ottawa, dans une formulation maladroite laissant bien deviner l'état d'esprit d'une certaine gauche nationaliste ontarienne qui se considère, *elle*, fiduciaire des véritables valeurs canadiennes.

«Les pauvres petits Canadiens anglais de Toronto, réplique Brian Mulroney avec ironie. Offusqués parce que deux Irlandais, à Québec, pour la fête de la Saint-Patrick, le 17 mars, chantent avec les invités quelques mots de *When Irish Eyes Are Smiling*. Quelle insulte au pays! C'est des crackpots, ça. C'était un GRAND succès! Ça prend des médiocrités totales, quelques professeurs de l'Université de Toronto, le *Toronto Star* et des caves comme ça pour penser que c'était autre chose qu'un grand succès. Ça démontre l'intensité de la haine antiaméricaine qui existe dans certaines régions du Canada.»

Chose certaine, se rappelle Marc Lortie, alors responsable de l'aspect médiatique de l'événement, « la presse anglophone, chez nous, a vu dans ce sommet irlandais un élément de présidentialisation du premier ministre du Canada. On faisait des gorges chaudes sur le podium de monsieur Mulroney pour savoir si l'idée d'avoir un podium, c'était comme Ronald Reagan qui avait son propre podium ».

Brian Mulroney se souvient avec un mélange d'amusement et d'agacement de cette « controverse » autour du lutrin qu'il utilisait lors de ses allocutions ou conférences de presse. D'abord, parce qu'il s'agit pour lui d'un outil essentiel car il souffre d'un problème d'équilibre causé par un désordre de l'oreille interne. Ensuite, parce que ce n'était pas *son* lutrin. « Je l'ai eu de Pierre Elliott Trudeau. C'était le sien. Pour te montrer comment ils sont caves. J'ai pris la voiture de Trudeau, j'ai pris le lutrin de Trudeau, j'ai pris la maison de Trudeau. Je n'ai pas pris ses culottes parce qu'elles étaient trop petites ! »

Brian Mulroney considère que l'antiaméricanisme de la presse anglo-canadienne l'a empêchée d'apprécier à sa juste valeur l'autre côté de la médaille, par exemple sa décision, prise quelques mois avant le Sommet de Québec, de refuser de se joindre au bouclier de l'espace préconisé par l'administration Reagan. Aussi appelé « Star War », le projet visait à placer en orbite autour de la Terre une série de satellites armés de missiles antimissiles capables d'intercepter et de détruire en vol une salve nucléaire soviétique. Une fois réalisé, ce plan aurait mis fin à « l'équilibre de la terreur » entre les deux superpuissances qui, malgré son appellation menaçante, avait bien servi l'humanité : la « garantie de destruction mutuelle » était le meilleur garant de la paix. Le bouclier de l'espace, loin de protéger le monde, l'aurait plongé dans une nouvelle période d'instabilité.

Un autre geste qui n'a pas obtenu l'attention qu'il aurait méritée aux yeux de Brian Mulroney concerne le dossier des pluies acides. Dans sa première rencontre avec Ronald Reagan, alors qu'il n'était encore que chef de l'opposition, il lui avait promis d'en faire une obsession ; il tient parole ! Dans les jours précédant le Sommet de Québec, Ottawa annonce qu'il va consacrer 300 millions de dollars à la réduction des émissions polluantes des principales fonderies situées au Manitoba, en Ontario et au Québec. La moitié du problème des pluies acides qui tombent sur l'Est du pays provient des rejets canadiens, l'autre moitié émane des États-Unis. Le Canada s'attaque donc d'abord à sa part du problème pour montrer sa bonne foi. Reste à convaincre les Américains. Et on part de loin, Ronald Reagan ayant confié à Mulroney qu'il a lu dans le *Reader's Digest* que les pluies acides sont causées… par les arbres! Conscient qu'il ne fera pas changer d'idée le président américain en l'espace de quelques heures, Brian Mulroney parvient tout de même à faire avancer le débat en obtenant que l'on confie le dossier à deux émissaires spéciaux, l'un canadien, l'ancien premier ministre de l'Ontario Bill Davis, et, du côté américain, Andrew Lewis, l'ancien secrétaire aux Transports de Ronald Reagan. À défaut d'une entente, on a un processus, la balle est en mouvement et Brian Mulroney ne la laissera jamais s'arrêter, malgré toute l'attention qui se portera bientôt sur le dossier du libre-échange.

Le projet de libre-échange est officiellement lancé sur la place publique le 5 septembre 1985, lors du dépôt du rapport de la commission MacDonald portant sur l'avenir économique du Canada. Mise sur pied en 1982 par le gouvernement Trudeau et présidée par un ancien ministre des Finances libéral, Donald MacDonald, la commission peut difficilement être accusée d'être de mèche avec les conservateurs de Brian Mulroney. Pourtant, elle propose que le Canada tente de négocier une entente de libre-échange avec les États-Unis. L'aventure est sans doute risquée, reconnaît MacDonald. Il invite toutefois les Canadiens à faire «un acte de foi» dans sa conclusion heureuse. Brian Mulroney affirme qu'il était secrètement ravi de cette recommandation: «J'étais incertain quant à sa réussite, mais certain que j'allais essayer.» Pourtant, le lendemain de la publication du rapport, le premier ministre réagit avec circonspection: «Il n'est pas question de libre-échange, dit-il. Ce que nous voulons, c'est un arrangement commercial de nature à accroître la création d'emploi ici au Canada et au Québec, c'est tout.»

Avant de faire volte-face, explique-t-il, il devait d'abord convaincre son caucus, ce qui n'a pas été facile, car cela allait à l'encontre de la position historique défendue par le Parti conservateur depuis l'époque de John A. Macdonald. Le libre-échange avec les États-Unis a d'ailleurs déjà fait l'objet d'une campagne électorale quasi référendaire, en 1911. Les conservateurs, farouches opposants à cette politique de rapprochement avec la «république» américaine, avaient ainsi ravi le pouvoir aux libéraux et mis fin à 15 ans de règne de sir Wilfrid Laurier, le premier francophone à diriger le Canada. Près de 75 ans plus tard, le changement de cap des conservateurs ne se fait pas sans heurts.

« Il y a eu des débats à l'intérieur du caucus qui ont été assez mouvementés. Mulroney a dû faire preuve de beaucoup de leadership pour convaincre les plus récalcitrants. » – Bernard Roy

Le 26 septembre 1985, trois semaines après le dépôt du rapport MacDonald, Brian Mulroney en fait l'annonce au Parlement : « J'ai parlé aujourd'hui au président des États-Unis pour lui exprimer l'intérêt du Canada de tenter de conclure un nouvel accord commercial entre nos deux pays. » Dès ce moment, le chef libéral John Turner manifeste une réticence qui ne fera que s'amplifier par la suite. Selon lui, « il est prématuré d'entamer des négociations bilatérales formelles » car, dit-il, elles pourraient menacer la souveraineté canadienne : « Il faut libéraliser le commerce avec les États-Unis, mais pas d'une façon aveugle ! »

John Turner n'avait pas vraiment le choix de se montrer circonspect. Un an après sa défaite électorale cuisante, sa base électorale se concentre en Ontario, où le nouveau premier ministre libéral, David Peterson, arrivé au pouvoir en juin 1985, est déjà en croisade contre l'idée même de lancer des négociations. Deux semaines *avant* le dépôt des conclusions de la commission MacDonald, il déclare la guerre au projet lors d'un discours devant l'Empire Club de Toronto.

« Une entente de libre-échange avec les États-Unis, ce n'est pas un risque calculé mais un pari extrêmement risqué. Nous ne sommes pas prêts à troquer l'âme du Canada. Nous ne sommes pas disposés à devenir un partenaire mineur dans la grande entreprise nord-américaine. Nous refusons de mettre l'avenir du Canada sur la table de négociation. » – David Peterson

Les prochaines élections fédérales sont encore loin, dans trois ans. En politique, c'est l'équivalent de plusieurs éternités. Pourtant, Brian Mulroney anticipe déjà les conséquences politiques de sa décision. « Je pensais, dit-il, que si nous pouvions nous entendre avec les Américains, qu'effectivement ce serait l'enjeu des prochaines élections. Mais on était loin d'être certains qu'on pouvait le faire. »

Chapitre 33

Charlie Brown et couverture

S itôt assermenté comme premier ministre, Brian Mulroney s'est plongé dans la lecture des cahiers d'information préparés par la haute fonction publique, détaillant la situation réelle des finances du pays. Il y a de quoi regretter d'avoir gagné les élections ! La dette fédérale dépasse les 200 milliards de dollars et elle continue de s'accumuler à une vitesse folle. L'exposé économique déposé le 8 novembre 1984 par le nouveau ministre des Finances, Michael Wilson, établit le déficit de l'année en cours à 38,5 milliards de dollars, soit près de 9 % du produit intérieur brut (PIB). En somme, Ottawa emprunte pour payer l'épicerie, ce qui est clairement insoutenable. Il n'y a pas 36 solutions : on peut réduire les dépenses ou augmenter les revenus. Dans le cas présent, considérant l'ampleur de la tâche, ce sera l'un et l'autre.

« *Sur la question des finances publiques, tout change. Dorénavant, on va vivre dans un pays qui va se préoccuper de la question du déficit et de la dette et du rôle de l'État.* » – Jean Charest

Le premier budget conservateur, déposé le 23 mai 1985, annonce en effet des réductions de dépenses de deux milliards de dollars et une hausse des impôts des particuliers gagnant plus de 30 000 dollars par année. Il envoie cependant des signaux contradictoires quant à l'importance de partager équitablement le fardeau de la lutte au déficit. D'une main, il accorde un immense cadeau aux plus fortunés sous la forme d'une exonération fiscale sur les premiers 500 000 dollars de gain en capital, une mesure qui coûtera des milliards de dollars au Trésor fédéral. D'autre part, il renonce à respecter son engagement électoral d'indexer les pensions de vieillesse au coût de la vie, une augmentation modeste de quelques dollars par mois, mais qui compte pour les plus démunis. Brian Mulroney avait pourtant été on ne peut plus clair dans un discours livré à Sherbrooke le 26 juillet, le lendemain de sa victoire décisive contre John Turner au débat télévisé : « Le gouvernement conservateur, avait-il affirmé, a l'intention de rétablir la pleine indexation au coût de la vie des pensions de vieillesse, à compter du 1er janvier 1985 », une précision qui rajoutait de la crédibilité quant à la fermeté de l'« intention ».

Sept mois après l'élection, le budget Wilson donne l'impression de voler les pauvres pour distribuer aux riches tout en prêchant les vertus de l'austérité pour tous afin de justifier le renoncement aux promesses électorales. C'est du gâteau pour l'opposition libérale, car cela renforce les pires préjugés envers les conservateurs, qu'elle présente comme étant à la solde des plus fortunés. Dans les jours qui suivent, plusieurs manifestations s'organisent sur la colline du Parlement et l'une d'elles passera à l'histoire.

Le 19 juin 1985, un petit groupe de personnes âgées armées d'affiches sommairement dessinées à la main est assemblé devant la porte ouest de l'édifice du Parlement, par où le premier ministre entre tous les jours pour se rendre à son bureau, deux étages plus haut. Ils sont moins d'une dizaine. « Alors j'ai dit à la GRC : "Je vais aller les saluer" », se rappelle Brian Mulroney. C'est à ce moment qu'une dame âgée l'apostrophe sur le ton d'une mère qui gronde son petit : « Où sont vos promesses ? Je vous croyais plus honnête que ça, monsieur Mulroney », lui lance Solange Denis, tandis qu'une caméra de télévision croque la scène d'autant plus cocasse que la dame semble mesurer 50 centimètres de moins que le premier ministre. Cela ne l'intimide pas puisqu'elle lui fait la leçon, cette fois en le tutoyant : « Tu nous as menti. On a voté pour toi, pis bye bye Charlie Brown ! »

On apprendra plus tard que Solange Denis n'avait pas voté pour Brian Mulroney, puisqu'elle était une militante libérale de longue date, mais cela n'a pas d'importance. Le bref échange diffusé aux nouvelles nationales des réseaux français et anglais de Radio-Canada fait bien plus mal que toutes les exclamations outrées des partis d'opposition en Chambre. Brian Mulroney en conserve d'ailleurs une rancune persistante envers la CBC – il les collectionne avidement –, qu'il accuse dans ses mémoires d'avoir « transmis le message qu'elle voulait faire passer ».

Dix jours plus tard, il fait marche arrière en annonçant l'indexation des pensions de vieillesse : « Nous n'avons pas caché notre erreur et j'en prends la responsabilité, dit-il en conférence de presse. On a écouté la population et on a posé un geste qui devait être posé. »

« Ce n'était pas un dogmatique et on l'a vu justement dans cet épisode », commente Benoît Bouchard, qui se rappelle le discours que Brian Mulroney a tenu à son caucus pour justifier ce recul, expliquant qu'il ne pouvait pas permettre que le parti soit identifié à un groupe de droite, insensible et indifférent au sort des plus démunis. « Ça l'a amené à remettre en cause ce genre de décision-là. Oui, on doit réduire les dépenses, mais est-ce qu'on doit aller jusque-là ? »

Étrangement, près de 30 ans plus tard, Brian Mulroney continue à réfuter cette interprétation des événements : « Ça m'a laissé complètement indifférent ce qu'elle [Solange Denis] a dit. Ce n'est pas ça du tout. » Il soutient que la décision de modifier le budget est plutôt la conséquence d'un communiqué de presse du Conseil canadien des chefs d'entreprise – principal lobby des plus grandes entreprises canadiennes – demandant au gouvernement de réviser sa position : « J'ai dit à Michael Wilson : "Notre dernier allié vient de nous abandonner. On ne peut plus mener cette lutte-là." Madame Solange Denis n'avait rien à faire dans ma décision. »

Sauf qu'évidemment, le désaveu du Conseil des chefs d'entreprise était la conséquence de l'émoi public provoqué par l'affrontement avec Solange Denis. La vieille dame était devenue un symbole, celui du combat de David contre Goliath. Les patrons des entreprises multimilliardaires canadiennes craignaient que cela ne contamine irrémédiablement la réputation d'un gouvernement enfin à leur goût, d'où leur appel à lever le pied. Et puis même les patrons ont une vieille mère ! Tout comme d'ailleurs les chefs de cabinet de premier ministre, ce que Brian Mulroney allait découvrir à ses dépens.

Au moment où Michael Wilson présente son premier budget, le couple Mulroney attend un quatrième enfant dans un peu plus de trois mois. La mère de Bernard Roy, toujours reconnaissante de l'honneur que Brian Mulroney a fait à son fils de le choisir comme chef de cabinet, a entrepris depuis quelque temps de tricoter une couverture pour le baptême du bébé. Mais en apprenant la décision du gouvernement de renoncer à indexer les pensions de vieillesse, son sang irlandais n'a fait qu'un tour.

« Elle était tellement furieuse qu'elle a décidé de tout défaire et elle m'a dit : "Tu diras à ton patron qu'il n'en aura pas de couverture tant et aussi longtemps qu'il ne reviendra pas sur sa position." Et quelques semaines après, le gouvernement a fait marche arrière. Ma mère a repris le travail et lors du baptême de Nicholas, je revois encore la photographie, sur les fonds baptismaux, la couverture que maman avait faite. » – Bernard Roy

Chapitre 34

La vie au 24 Sussex

Il y a des moments marquants dans la vie d'un enfant. Pour Caroline Mulroney, l'arrivée de la famille au 24 de la rue Sussex à Ottawa, la résidence du premier ministre, est l'un d'entre eux. Âgée de 10 ans, l'aînée de la famille croyait entreprendre une vie de princesse. « Pour moi, c'était un grand château. » Avec ses deux frères, Ben et Mark, elle parcourt la maison au pas de course. « On comptait les pièces. Il y en avait 52 ou 54. C'était immense ! Il y avait une piscine, un sauna et un petit tunnel entre la piscine et la maison où on pouvait courir. »

Mais la vie au 24 Sussex ne sera pas un conte de fées. « On avait une vie assez stricte », raconte Mila Mulroney, celle qui tenait le gouvernail familial d'une main de fer. Les enfants doivent respecter l'interdiction de regarder la télévision les jours de semaine pour se concentrer sur leurs leçons de musique et leurs devoirs abondants car tous fréquentent le Lycée Claudel. L'institution fait partie du réseau international des lycées français prodiguant dans toutes les grandes capitales de la planète le même enseignement rigoureux et exigeant qui fait la réputation du système d'éducation public en France. En dehors du territoire français, les lycées sont privés, financés par les utilisateurs qui doivent s'acquitter de frais d'inscription substantiels. Fréquentés principalement par les enfants de diplomates de toutes origines, ils offrent l'énorme avantage de proposer un programme d'enseignement uniforme. Les parents qui doivent régulièrement se déplacer d'un pays à l'autre savent que leurs enfants peuvent changer d'école sans devoir s'adapter à un nouveau régime pédagogique. Tous les enfants Mulroney vont fréquenter le lycée. « Ils n'avaient pas le choix », commente leur mère, car Brian

Mulroney était inflexible : « Mes enfants seront bilingues, c'est tout »,
avait-il décrété. Cette décision impose aussi un fardeau à Mila Mulroney,
qui a grandi en parlant le serbo-croate et l'anglais : « Comme mère,
c'était pas facile à les aider pour faire leurs devoirs, mais ça m'aidait
aussi de me forcer de parler en français », dit-elle, avec juste ce qu'il faut
d'erreurs de syntaxe pour le prouver.

La vie de la famille Mulroney au 24 Sussex allait faire couler beaucoup d'encre, et pas seulement à l'occasion de la naissance d'un quatrième enfant, Nicholas, le 4 septembre 1985, un an jour pour jour après
l'élection du gouvernement conservateur. Leur arrivée dans cette vieille
résidence coïncide avec la mise en place de la Loi sur l'accès à l'information adoptée en toute fin de mandat par le gouvernement libéral
précédent. Les dépenses à la résidence du premier ministre deviennent
vite le banc d'essai de cette loi pour certains journalistes à la recherche
de gros titres faciles qui ont l'art de faire sursauter Brian Mulroney.
C'est ainsi que les frais d'entretien des pelouses du 24 Sussex font régulièrement la manchette du *Toronto Star*, comme si on s'était attendu
à ce que le premier ministre passe lui-même la tondeuse pendant ses
temps libres. Le journaliste Gilbert Lavoie, qui avait couvert les dernières années du gouvernement Trudeau et qui deviendrait plus tard
le secrétaire de presse de Brian Mulroney, confirme que ces potins ren-
daient fou le premier ministre. « Brian Mulroney n'avait pas cette espèce
de suffisance qu'avait Trudeau, dit-il. Trudeau avait une personnalité
qui lui permettait de dire : "Écoutez, ça ne vous regarde pas." Tandis
que Mulroney ne disait pas : "Ça ne vous regarde pas." Il se sentait rede-
vable également de sa vie privée. »

Brian Mulroney croit faire taire les critiques en annonçant qu'il va
lui-même acquitter les factures d'épicerie du 24 Sussex, affirmant être
le premier premier ministre à payer de sa poche la nourriture de sa
famille. L'ameublement vieillot du 24 Sussex ne leur convient pas ? Brian
Mulroney fait un chèque de plus de 200 000 dollars pour le renouveler.
Il annonce le report des rénovations majeures à la résidence pourtant
recommandées par les inspecteurs du gouvernement. « L'air entrait de
partout. C'était une maison qui était en train de s'effondrer, se souvient
Bernard Roy. L'hiver, il fallait porter un manteau de fourrure parce
qu'on gelait. Les fenêtres devaient être remplacées, la toiture aussi, mais

il n'y avait pas un premier ministre qui osait faire des réparations parce qu'il savait fort bien que ce serait dans les journaux.»

Brian Mulroney ne réalise pas qu'en jouant la carte de l'économe, il ne fait qu'alimenter l'appétit d'une certaine presse à démontrer qu'il est tout le contraire. D'ailleurs, même parmi les amis les plus intimes du couple Mulroney, ceux qui lui trouvent surtout des qualités, aucun n'aurait l'idée de placer la retenue comme l'une d'elles. Certains s'aventurent à expliquer que Brian Mulroney n'a jamais eu autant de talent à gérer son budget que son épouse à le dépenser. Lui-même s'amuse parfois à en rire. Il aime par exemple raconter l'histoire de la fois où Mila s'est fait voler son sac à main avec toutes ses cartes de crédit. Lorsque son interlocuteur lui demande s'il a fait un rapport à la police, il réplique : «Surtout pas. Les voleurs dépensent beaucoup moins qu'elle!»

Pendant ses années au pouvoir, Brian Mulroney fera du 24 Sussex une véritable extension de son bureau, y travaillant le plus souvent possible. Adepte de la diplomatie personnelle, il y reçoit ses proches collaborateurs, y invite les premiers ministres des provinces et les chefs d'État étrangers. Les enfants de la famille sont une composante essentielle de cette proximité humaine qu'il veut établir avec ses invités. «Quand on rentrait à la maison, raconte sa fille Caroline, il voulait absolument, même si sa porte était fermée, qu'on frappe à la porte. Il était toujours très fier de nous présenter à ces personnes. De temps en temps, il me demandait de jouer un peu au piano ou de parler de ma journée.»

Lorsqu'il était président de l'Iron Ore, se souvient Caroline Mulroney, son père était souvent absent pour de longues périodes. Maintenant qu'il était premier ministre, elle le voyait presque tous les jours, et quand il se rendait à l'extérieur pour des événements politiques ou en voyage à l'étranger, il emmenait souvent femme et enfants avec lui. «Notre famille, c'était un groupe, dit Mila Mulroney. Les enfants font partie de tout ce qu'on faisait à la maison et, à cause de ça, je pense que c'était une très bonne vie pour la famille.»

Cette médaille a aussi un revers. Il est impossible d'isoler les enfants de la critique, d'autant que chaque matin le télécopieur livre à la maison les articles de journaux provenant de tous les principaux quotidiens du pays. Caroline en prend connaissance avant de partir pour l'école. «Ça nous affectait, ça nous faisait beaucoup de peine, se souvient-elle.

Les critiques de mon père, finalement j'ai appris que ça faisait partie du métier, que ça faisait partie du poste. Bien qu'il y ait eu des moments plus difficiles que d'autres, il fallait que je l'accepte. C'était les critiques de ma mère qui me dérangeaient le plus. »

Or ces critiques n'ont pas tardé, plusieurs reprochant à Mila Mulroney d'être trop flamboyante, trop présente. Lorsqu'on apprend qu'elle occupe un bureau près de celui de son mari, dans l'édifice Langevin, c'est le tollé, malgré les explications voulant qu'il soit de la taille d'une armoire à balai et qu'il lui serve à effectuer un vrai travail. Elle tient en effet à s'occuper personnellement de la correspondance qui lui est destinée et à coordonner les œuvres caritatives auxquelles elle est associée. « Toutes les autres femmes de premier ministre avaient quelqu'un du bureau du premier ministre qui signait leurs lettres à leur place, mais moi j'avais dit : "Je veux lire ces lettres que les citoyens m'envoient" », dit-elle. Cette proximité physique avec son mari permet aussi à Mila Mulroney de participer à certaines réunions de travail auxquelles n'ont généralement pas accès les conjoints, une présence qui crée de l'inconfort, car Mila n'est pas du genre à s'effacer. « Elle avait des opinions très fermes sur les gens avec qui transigeait son mari », dit Gilbert Lavoie, qui se souvient l'avoir vue « à plusieurs reprises furieuse de voir qu'il faisait confiance à telle ou telle personne. Et là-dessus elle ne faisait pas de cadeau. »

Au fil des ans, Mila Mulroney eut l'occasion d'exercer son instinct protecteur sur quantité de gens, car le 24 Sussex était le théâtre tous les mercredis matins d'un étrange cérémonial. Cela débutait très tôt, avec la régularité d'une horloge, lorsque quatre ou cinq députés conservateurs d'arrière banc sonnaient à la porte pour venir prendre le petit-déjeuner en compagnie du premier ministre. « Pour moi, ma semaine ne commençait pas le dimanche ou le lundi, elle commençait le mercredi », explique Brian Mulroney pour illustrer à quel point il puisait dans ces rencontres l'élément essentiel de son succès politique. « Un premier ministre, dit-il, ne gouverne pas sans l'appui de ses troupes. Et les troupes, tu ne peux pas les fouetter. Il faut les encourager, les inspirer, les guider. » Il fallait d'abord les écouter. Tous les mercredis matins, par petits groupes, dans l'intimité de sa maison où il les reçoit comme des membres de la famille ; puis tous ensemble, pendant trois heures, lors de la réunion du caucus. « Pour moi, dit Mulroney, le caucus était l'élément le plus important dans le système parlementaire britannique. »

Les ministres sont avisés qu'ils doivent être présents, eux aussi, pour entendre les commentaires et récriminations des députés et pour leur rendre des comptes. « Si un député se plaignait d'un fonctionnaire ou d'un ministre, je rentrais ensuite dans mon cabinet et je disais à mon chef de cabinet ou Paul Tellier (le greffier du Conseil privé, grand patron de la fonction publique) : "Appelle donc tout de suite, il faut que ça change, je veux une correction et puis je veux que le député soit avisé cet après-midi." »

Peu de premiers ministres peuvent se vanter d'avoir autant cajolé leurs troupes. Pour Brian Mulroney, ce n'était qu'un début. La journée du mercredi venait à peine de commencer. Il allait ensuite passer l'heure du midi à manger en compagnie d'un autre petit groupe de députés, tout juste avant de se rendre en Chambre pour la période des questions, après laquelle il recevrait dans son bureau d'autres députés, souvent accompagnés d'électeurs venus leur rendre visite à Ottawa. C'était l'occasion de prendre quelques photographies, d'échanger commentaires, poignées de main et autographes. Puis, le mercredi soir, en rentrant au 24 Sussex, fort de toutes les informations amassées pendant la journée, Brian Mulroney s'installait au téléphone pour la soirée : « Monsieur Untel avait perdu sa femme, le fils de l'autre était malade, il y avait un mariage du cousin de matante. J'appelais tout le monde. La loyauté, ça se mérite au jour le jour. »

Cette loyauté lui sera acquise tout au long de ses deux mandats. En plus de ce contact direct et régulier avec ses députés, Brian Mulroney demande à chacun d'entre eux de lui écrire une fois par année une lettre personnelle et confidentielle pour lui faire part de ses remarques, préoccupations et suggestions.

« Il aimait sincèrement son caucus et son caucus le lui rendait très bien », commente Jean Charest, selon qui Brian Mulroney livrait chaque semaine à ses députés une « performance de légende », même dans les pires tempêtes.

« *Sa mission, c'était de nous montrer l'horizon même si on ne le voyait pas. Certains jours, on était incapables de le voir, mais il nous le décrivait très bien : la terre promise, c'est là où on va et on va y arriver. Et là-dessus il était imbattable. Imbattable.* » – Jean Charest

Les occasions d'en faire la preuve ne manqueront pas…

Chapitre 35

La bataille contre l'apartheid

C'est sans doute dans la lutte contre l'apartheid que le militantisme progressiste de Brian Mulroney s'est exprimé avec le plus de vigueur. Régime de ségrégation raciale, l'apartheid – alors en place en Afrique du Sud – refuse de céder aux pressions internationales initiées 25 ans plus tôt par un autre premier ministre canadien conservateur, John Diefenbaker, qui avait proposé l'exclusion du pays des rangs du Commonwealth. L'organisation, l'un des rares forums de dialogue Nord-Sud, regroupe une quarantaine de pays ayant en commun leurs liens historiques avec la Couronne britannique – essentiellement d'anciennes colonies, surtout africaines. Le Commonwealth tient tous les deux ans un sommet de ses chefs de gouvernement, et la rencontre de septembre 1985, à Nassau aux Bahamas, marque l'entrée de Brian Mulroney dans le groupe. Elle ne passe pas inaperçue.

Devant tous les chefs de gouvernement, il plaide avec vigueur en faveur d'un front commun pour forcer la main au régime sud-africain, réclamer la reconnaissance de l'African National Congress (ANC), le parti de Nelson Mandela, et exiger sa libération de prison. Devant tant d'insistance, Margaret Thatcher – qui, à titre de première ministre britannique, occupe *de facto* une place prépondérante dans ces réunions – convoque Mulroney à une rencontre restreinte à laquelle assistent aussi les premiers ministres de l'Inde, de l'Australie et de la Zambie. La réunion, dans une résidence privée de Nassau, va s'étirer pendant trois heures – trois heures pénibles que, 30 ans plus tard, Mulroney résume en des termes sévères : « Du sabotage, je dis bien sabotage. » « Madame Thatcher était complètement opposée à tout ce qu'on voulait faire, aux sanctions qu'on voulait imposer », se rappelle Mulroney. Il tente alors de lui faire accepter à tout le moins la création d'un groupe de travail chargé d'entamer des discussions avec le gouvernement de Pretoria. Mulroney aurait souhaité que Pierre Elliott Trudeau soit l'un des membres de ce groupe sélect. Il l'appelle donc de Nassau pour lui proposer ce rôle d'émissaire : « Il a décliné l'offre en disant : "Je viens de quitter la politique et je n'ai pas grand intérêt. Merci beaucoup, mais je ne veux pas m'impliquer." » Brian Mulroney propose ensuite la candidature de Robert Fowler, son conseiller en affaires internationales maintenant revenu dans ses bonnes grâces àprès des mois difficiles en début de mandat. Fowler a l'Afrique dans le sang depuis son premier voyage sur le continent à l'âge de 19 ans. À Nassau, se souvient-il, l'intransigeance de madame Thatcher était inébranlable : « Elle avait envoyé toutes sortes de signaux avant la rencontre indiquant qu'elle ne bougerait pas. Sa position était ferme, elle était prise. *The "Iron Lady"* était là ! »

Par-dessus tout, Margaret Thatcher déteste qu'on lui fasse la leçon : les sanctions économiques que préconise Brian Mulroney – il a annoncé quelques jours plus tôt un embargo sur les liaisons aériennes directes entre l'Afrique du Sud et le Canada, ce qui a un impact plus symbolique que réel –, si elles étaient adoptées par tous les autres pays, auraient pour effet, selon Thatcher, de pénaliser ceux qu'elles prétendent aider. « Elle croyait que les sanctions étaient presque immorales, rappelle sir Charles Powell, le conseiller en affaires internationales de Thatcher, car les gens qui allaient le plus souffrir des sanctions étaient les Noirs sud-africains eux-mêmes. »

En fait, une des expressions favorites de madame Thatcher à l'époque se résumait ainsi : « Je ne vais pas mettre au chômage des travailleurs britanniques pour mettre au chômage des travailleurs noirs sud-africains. » Robert Fowler estime qu'il s'agissait d'un habile sophisme destiné à défendre le statu quo. « C'était une position absolument inacceptable du point de vue de Mulroney, dit-il. Il fallait démontrer un processus inexorable vers un changement de régime et ça, c'était pour lui l'essentiel[39]. »

---

39. L'expression exacte utilisée par Robert Fowler : « Et ça, c'était pour lui son *bottom line.* »

S'il le faut, Brian Mulroney est prêt à forcer le jeu. Le 40ᵉ anniversaire de l'Organisation des Nations Unies, le mois suivant, lui offre une plateforme mondiale pour le faire. Tour à tour, les dirigeants de la planète sont appelés à y prononcer un discours de circonstance. Au mieux, il s'agit généralement d'un chapelet de platitudes vertueuses ; au pire, d'un exutoire de frustrations montrant les limites de l'institution qui a mal vieilli. Pendant que Brian Mulroney attend son tour pour parler, il se produit une chose exceptionnelle : il demande à son ambassadeur à l'ONU, le bouillant Stephen Lewis, de le rejoindre en coulisse pour sonder son avis sur le texte qu'il s'apprête à lire. « Le ministère des Affaires étrangères ne voulait pas que le premier ministre parle de boycott économique [contre l'Afrique du Sud], il ne voulait pas qu'il aille aussi loin. En fait, ils avaient enlevé cette portion de son discours, se souvient Lewis. Il regardait ses notes et il m'a demandé : "Stephen, qu'est-ce que tu en penses ?" Je lui ai répondu : "Il faudrait en parler, monsieur le premier ministre. Ce serait la chose la plus importante que vous puissiez dire à l'Assemblée générale." Il m'a répondu : "Je le crois aussi." »

Trente ans après le fait, Brian Mulroney justifie son geste de défi à l'encontre de son ministère : « C'est moi qui ai été élu premier ministre, pas eux autres. Moi, je jugeais que c'était moralement inacceptable pour le Canada de se rendre aux Nations Unies fêter les 40 ans d'existence de l'organisation tout en laissant Nelson Mandela en prison sans aucune raison. »

Son discours passera à l'histoire. Jamais auparavant un dirigeant blanc n'avait prononcé de telles paroles à l'ONU : « Le Canada est prêt, s'il ne se produit pas de changements fondamentaux en Afrique du Sud, à envisager des sanctions totales contre ce pays et son régime de répression. Plus encore, s'il ne survient aucun progrès dans le démantèlement de l'apartheid, nous n'aurons peut-être pas d'autre solution que de rompre complètement nos relations avec l'Afrique du Sud. »

La réaction qui a suivi reste encore pour Stephen Lewis l'un des moments les plus marquants de sa carrière. Lorsqu'il l'évoque, il a des sanglots dans la voix : « C'était la première fois que je voyais l'Assemblée générale de l'ONU en entier éclater en un tonnerre d'applaudissements. Je n'avais jamais vu cela, c'était renversant. » Tandis que Brian Mulroney regagne son siège sur le parterre de l'Assemblée, on fait la file pour le rencontrer : « Il y avait une nuée de délégués qui voulaient lui serrer la main, le féliciter, le remercier. C'était un moment très émouvant », dit Lewis, pour qui la lutte contre l'apartheid est sans doute l'une des grandes batailles du 20ᵉ siècle. « Qu'un pays riche du Commonwealth adopte une telle position, c'était très émouvant pour les pays pauvres. Oh mon Dieu, un Occidental blanc reconnaît enfin la réalité ! Il n'y a pas beaucoup de leaders qui sont prêts à se battre simultanément contre Reagan et Thatcher. »

La solidarité entre les deux grandes puissances anglo-saxonnes s'exprime en effet aussi sur la question de l'apartheid. Non que les deux pays appuient la ségrégation raciale imposée à 25 millions de Noirs sud-africains. La raison en est plutôt que les deux pays ne sont pas disposés à faire subir les conséquences économiques de leur opposition à ce régime à leurs entreprises qui font affaire dans ce pays. Les banques anglaises et américaines y ont investi des fortunes, principalement dans le secteur minier, l'Afrique du Sud regorgeant d'or et de diamants. Brian Mulroney est convaincu que ces intérêts financiers – qu'il évalue à entre 30 et 40 milliards de dollars rien que pour la Grande-Bretagne – pèsent lourd sur le parti de Margaret Thatcher : « C'est évident que madame Thatcher défendait les intérêts britanniques et les intérêts du caucus réactionnaire à Londres », lance-t-il dans un langage qui en dit long sur la profondeur du fossé qui les séparait.

Chose plus embêtante, Margaret Thatcher avait mis Ronald Reagan de son côté en le convainquant que Nelson Mandela était un communiste, un argument auquel il se montrait toujours sensible. Lorsque Reagan tenta de le servir à son tour à Brian Mulroney, il sursauta : « Mandela n'est pas plus communiste que toi ou moi », lui lance Mulroney.

« Reagan me dit : "Madame Thatcher vient de me parler." Justement, j'ai eu cet échange-là avec madame Thatcher qui me dit : "Brian, tu ne réalises pas que Nelson Mandela est un communiste." J'ai dit : "Ah, peut-être, Margaret, mais tu saurais ça comment ? Il est en prison depuis 25 ans, est-ce que tu lui as parlé ?" Elle me dit : "Non." Ben j'ai dit : "Comment est-ce que tu le sais alors ?" » – Brian Mulroney

Brian Mulroney profite de l'occasion pour servir à son ami Ronald Reagan une autre mise en garde faisant appel à sa fibre anticommuniste.

Si l'Occident tout entier se désintéresse du sort misérable des Noirs sud-africains – ces «enfants de Dieu», comme il commence à les qualifier –, peut-être alors vont-ils conclure que le communisme est leur meilleur allié.

Dans les deux années qui vont suivre, la bataille de Brian Mulroney contre l'apartheid conduira à des confrontations franchement hostiles avec Margaret Thatcher. Elles connaissent leur apogée en octobre 1987, lorsque le Canada est l'hôte du Sommet du Commonwealth, à Vancouver. Thatcher s'y présente accompagnée d'une humeur massacrante, dénonçant l'hypocrisie du Canada, qualifiant les sanctions économiques de sottises. L'ambassadeur Stephen Lewis assiste à la scène:

« J'étais assis derrière lui lorsqu'il a lancé contre Margaret Thatcher une attaque comme elle n'en avait jamais reçue dans sa vie politique. C'était quelque chose! Renversant. Il lui a dit: "Vous êtes insupportable, vous êtes en train de détruire le Commonwealth avec votre position immorale sur l'Afrique du Sud." Les leaders africains avaient la bouche grande ouverte, ils n'avaient jamais entendu un Blanc parler de cette façon à Margaret Thatcher. Je ne l'oublierai jamais, c'était un moment réjouissant. Et franchement, ça a été l'un des points tournants dans la lutte contre l'apartheid. » – Stephen Lewis

Pourquoi Brian Mulroney a-t-il senti le besoin de lancer cette bataille qui l'opposerait à ses deux principaux alliés politiques et économiques que sont les États-Unis et la Grande-Bretagne, dirigés de surcroît par deux leaders de sa famille idéologique conservatrice? La question le pousse à une étrange introspection.

« On est tous des êtres compliqués avec des opinions différentes sur différents sujets. Nous sommes tous des prisonniers de notre héritage. Moi, je suis un gars de Baie-Comeau. J'ai été élevé dans la simplicité. La tolérance, c'est là où je l'ai connue la première fois. C'est là où j'ai vu ce qui se passait avec les anglophones, les francophones, les catholiques, les protestants. Tout le monde s'entendait à merveille, à merveille! Pour moi, l'idée de tolérer quelque chose qui était inacceptable, c'était inacceptable. » – Brian Mulroney

Chapitre 36

Un échange, comme au hockey

L'élection à Québec du gouvernement libéral de Robert Bourassa, en décembre 1985, ouvre de nouvelles perspectives pour la réalisation de la promesse de «réconciliation nationale» de Brian Mulroney. Malgré le «beau risque» de René Lévesque, un an plus tôt, Mulroney ne se faisait pas d'illusions sur la possibilité d'en arriver à une entente constitutionnelle formelle avec un gouvernement du Parti québécois. En effet, peu de temps après l'arrivée au pouvoir des conservateurs à Ottawa, le chef de cabinet de René Lévesque, Louis Bernard, était venu rencontrer son vis-à-vis fédéral, Bernard Roy, pour lui remettre un cahier détaillant les revendications constitutionnelles du Québec. La liste des pouvoirs dont Québec réclamait le transfert «n'en laissait pas beaucoup à Ottawa», commente Roy. L'élection de décembre 1985 vient donc changer la donne: après une décennie de confrontations, les Québécois renouvellent leur désir d'en arriver à une entente raisonnable visant à se réconcilier avec le reste du Canada. Ils l'avaient dit à l'automne 1984 en élisant Brian Mulroney. Ils le répètent un an plus tard en portant Robert Bourassa au pouvoir. Peu de gens savent à quel point cela fait partie d'un scénario échafaudé par Brian Mulroney et son entourage.

Le premier acte survient quelques semaines après l'élection du 4 septembre 1984, lors du lancement à Ottawa du livre d'un obscur professeur de droit de l'Université Laval, Gil Rémillard. Comme son titre l'indique, *Le Fédéralisme canadien, tome II*[40] est la suite d'un premier

---

40.   Gil Rémillard. *Le Fédéralisme canadien, tome II*, Montréal, Québec Amérique, 1984.

livre publié l'annéc précédente, sous le titre tout aussi irrésistiblement évocateur pour un ouvrage de près de 800 pages : *Le Fédéralisme canadien, tome I*[41]. Rémillard a étudié la philosophie, les sciences politiques et le droit à l'Université d'Ottawa avant d'obtenir un doctorat en droit constitutionnel à l'Université de Nice, en France. Depuis 1972, il enseigne le droit public à Québec où il est un proche du grand politologue Léon Dion. On le dit également en bons termes avec Pierre Elliott Trudeau. Il s'agit clairement d'un fédéraliste, mais du genre qui prêche le fédéralisme de coopération plutôt que celui de l'affrontement et de l'empiètement. Bien qu'il reconnaisse les mérites de la décision politique qui a conduit au rapatriement de la Constitution en 1982, il considère que le travail n'est pas achevé tant que le Québec n'y a pas adhéré. À ses yeux, deux ans plus tard, cela est désormais possible : « Brian Mulroney arrive comme premier ministre du Canada, il a fait son discours de Sept-Îles, il est ouvert à un fédéralisme coopératif, et il est ouvert à ce que le Québec ait sa place comme une société distincte dans l'ensemble du Canada. Alors, voilà, c'était l'occasion rêvée qu'on attendait pour compléter le rapatriement de la Constitution de 1982. »

Conseiller constitutionnel de Brian Mulroney depuis qu'il a pris la tête du Parti conservateur et contributeur discret au discours de Sept-Îles, le sénateur Arthur Tremblay – « le roi Arthur », selon Jacques Parizeau – aime bien la vision du jeune universitaire. Au point de convaincre Brian Mulroney et son ministre de la Justice, John Crosbie, d'assister en personne au lancement du livre de Rémillard. Mulroney y prononce même un petit discours pour féliciter son auteur.

« Et ça a commencé comme ça. Je suis devenu conseiller en matière constitutionnelle ; et pour le premier ministre Brian Mulroney, et pour le ministre de la Justice, monsieur Crosbie. » – Gil Rémillard

Pendant plusieurs mois, Gil Rémillard jongle donc avec certaines options visant à concrétiser la « réconciliation nationale » de Brian Mulroney. À ses yeux, elles impliquent une « ronde Québec » consacrée à l'adoption de mesures permettant à la province de souscrire à la Constitution « dans l'honneur et l'enthousiasme ». Il faut donc déterminer quelles seront les conditions minimales de cette adhésion – suffisantes aux yeux des Québécois, mais pas trop ambitieuses, de manière

---

41.   Gil Rémillard. *Le Fédéralisme canadien, tome I*, Montréal, Québec Amérique, 1983.

à obtenir l'assentiment du reste du Canada. « On prend ça par quel bout ? Voilà la question qui se posait. Alors c'est comme ça qu'on a suggéré qu'il fallait procéder avec cinq questions majeures qui se posaient en fonction de l'identité sociale et politique des Québécois », relate Gil Rémillard. Pendant presque un an, il travaille – pour Ottawa – à définir ces conditions. Puis, à l'automne 1985, il reçoit un appel de Léon Dion qui l'invite à passer chez lui, tôt le samedi 19 octobre. La discussion est brève, comme c'est le cas lorsque la finalité d'une rencontre est déterminée à l'avance. Écrire des livres, c'est bien, lui dit Léon Dion qui en a commis plusieurs lui-même. Être conseiller, ce n'est pas mal. Mais il y a mieux : « Il est temps que tu passes à l'action. » « Au fait, lui annonce Dion, mon voisin d'en face t'attend pour t'en parler. » Il s'agit de Gérard D. Lévesque, l'un des piliers de l'équipe de Robert Bourassa. Encore une fois, la conversation est assez expéditive, Gérard D. Lévesque n'y allant pas par quatre chemins : « Il me dit : "Le comté de Jean-Talon est libre parce que Jean-Claude Rivest ne se représente pas, il a décidé de demeurer avec monsieur Bourassa comme conseiller. Le comté est libre et on voudrait que ce soit vous qui vous présentiez." » Tout le monde est alors convaincu que des élections seront déclenchées incessamment puisque le dernier scrutin s'est tenu quatre ans et demi plus tôt[42]. Étonné par la proposition, Gil Rémillard demande un temps de réflexion, sans se douter de l'engrenage dans lequel il a mis le doigt. « Très bien pour la réflexion, lui dit Lévesque, Robert Bourassa vous attend chez lui, à sa résidence d'Outremont, demain ! » Le dimanche 20 octobre, Rémillard se présente donc chez Bourassa, qui tente de le convaincre : « Vous êtes le candidat dont on a besoin. » Mais Rémillard proteste, craignant un conflit d'intérêts. « J'ai dit : "Je suis actuellement conseiller auprès de Mulroney." Il dit : "J'ai parlé à Brian et on s'est entendus. D'ailleurs, Brian va vous en parler." »

Trois jours plus tard, le mercredi 23 octobre, Gil Rémillard se trouve à New York, au siège de l'ONU, où Brian Mulroney s'apprête à prononcer son premier discours dans lequel il évoque des sanctions économiques totales contre l'Afrique du Sud et la rupture des relations diplomatiques à moins de progrès notables dans le démantèlement de

---

42. L'élection du 13 avril 1981 avait reporté au pouvoir le gouvernement péquiste mené par René Lévesque.

la politique d'apartheid. Rémillard avait participé à la rédaction du texte et on l'avait donc invité à être présent. C'est en tout cas la raison qu'on lui a donnée pour expliquer sa présence. Après le discours, Brian Mulroney le prend à part : « Il me dit : "Gil, Robert et moi on s'est parlé, et maintenant tes fonctions vont être autres." Comme au hockey, je venais d'être échangé ! » Et le premier ministre d'ajouter : « Je suis persuadé qu'on peut faire des choses très intéressantes pour le Québec. »

Ce même jour, le 23 octobre 1985, des élections générales sont déclenchées au Québec en vue d'un scrutin le 2 décembre. En annonçant deux jours plus tard sa candidature dans le comté de Jean-Talon lors d'une conférence de presse avec Robert Bourassa à ses côtés, Gil Rémillard déclare être convaincu qu'il pourra contribuer à amener le Québec à conclure une entente constitutionnelle avec le reste du pays. Cette question allait d'ailleurs dominer la campagne électorale, au cours de laquelle Robert Bourassa évoque « cinq conditions » auxquelles le Québec serait prêt à signer la Constitution canadienne. « Ces cinq conditions, moi j'en parlais dans mon livre », explique Rémillard ; elles ont ensuite été élaborées dans les officines fédérales lors de son passage à Ottawa avant de devenir les demandes du Québec qui conduiront à l'accord du lac Meech au printemps 1987 : « Je pense que vous avez raison de dire ça », commente Bernard Roy.

La réalisation de ce plan exigeait donc que les libéraux de Robert Bourassa gagnent les élections. Le soir du 2 décembre, leur victoire est éclatante. Avec 56 % des voix, ils obtiennent 99 sièges sur les 122 que compte alors l'Assemblée nationale. C'est plus du double qu'à l'élection précédente. Seule ombre au tableau, Robert Bourassa est battu dans son comté de Bertrand, ce qui l'oblige à se présenter dans une circonscription plus sûre, Saint-Laurent, où il est finalement élu député le 20 janvier 1986. On peut maintenant passer aux choses sérieuses.

Dans la grande partie d'échecs de la réconciliation nationale, Brian Mulroney avance ses pièces méthodiquement et avec discrétion. Les bons joueurs se retrouvent aux endroits stratégiques. Il contrôle le jeu. Si seulement il pouvait en dire autant de son propre Cabinet !

Chapitre 37

Scandales

Un an après son arrivée au pouvoir, une pluie de scandales s'abat sur le gouvernement Mulroney. Jusque-là, malgré son inexpérience, l'équipe ministérielle conservatrice s'était relativement bien tirée d'affaire, exception faite du ministre de la Défense nationale, Bob Coates. Il avait commis l'imprudence de se rendre dans un bar de danseuses nues lors d'un voyage officiel en Allemagne en janvier 1985. L'affaire révélée par l'*Ottawa Citizen* ne constitue pas une faute capitale. N'empêche, elle est embarrassante et révélatrice d'une erreur de jugement de la part d'un ministre détenteur de secrets stratégiques. La guerre froide n'est alors pas encore terminée. Sa fréquentation d'endroits douteux pourrait exposer le ministre au chantage. Le 12 février, Brian Mulroney demande sa démission. Dans ses mémoires, il parle de cet épisode comme de l'«une de [ses] premières erreurs graves comme premier ministre». On en comprend qu'à la réflexion, il estime que le manque de jugement du ministre ne justifiait pas son exclusion du Cabinet.

Quelques autres controverses alimentent les critiques, comme la régularité avec laquelle le gouvernement procède à la nomination de bons et loyaux conservateurs à différents postes de l'appareil fédéral. Brian Mulroney est aussi accusé de favoritisme au bénéfice de sa circonscription de Manicouagan lorsqu'il annonce, en juin 1985, la construction d'une prison à sécurité maximale à Port-Cartier, une petite ville de la Côte-Nord. On apprendra plus tard qu'un représentant du bureau du premier ministre siégeait sur le comité chargé de choisir l'emplacement de la prison d'une capacité de 240 détenus et que la décision de construire l'établissement dans un lieu aussi éloigné avait gonflé les coûts de construction de plusieurs dizaines de millions de dollars.

C'est à l'automne 1985 que les choses se corsent vraiment lorsque la CBC révèle que le ministre des Pêches, John Fraser, est intervenu personnellement pour renverser la décision d'inspecteurs qui avaient jugé impropre à la consommation humaine un lot de thon en conserve produit par une usine du Nouveau-Brunswick. L'opposition exige la démission du ministre, l'accusant d'avoir ordonné la mise en marché de « thon avarié » et mis en danger la santé des Canadiens. Fraser proteste : le thon avait échoué à l'inspection pour des motifs liés à sa texture et à son apparence, mais il ne représentait aucun risque alimentaire ; l'usine StarKist qui le produisait risquait de fermer si la décision d'interdire la vente du produit était maintenue. Rien n'y fait : jour après jour, les libéraux martèlent le gouvernement de questions plus malveillantes les unes que les autres, reconnaît Sheila Copps, alors députée libérale tout juste élue dans Hamilton-Est. « John Fraser, dit-elle, était un super bon gars, [et plusieurs députés libéraux plus expérimentés que moi] étaient extrêmement nerveux parce qu'ils trouvaient que nous étions trop durs envers lui, ils voulaient nous calmer. Mais moi je ne le connaissais pas, j'avais un travail à faire. Le travail, c'est de s'opposer et nous l'avons fait avec la vigueur de la jeunesse. » Le résultat leur donne raison quand, le 23 septembre, Brian Mulroney convoque le ministre Fraser à sa résidence pour demander sa démission. Mécontent qu'on lui montre la porte sur une question qu'il considère mineure – on parle ici de l'appréciation de la qualité esthétique d'un aliment en conserve –, Fraser laisse entendre qu'il avait avisé le bureau du premier ministre avant de renverser la décision des inspecteurs. Plusieurs sources anonymes font porter le blâme à Bernard Roy, le chef de cabinet de Brian Mulroney. Le sang d'Irlandais de Mulroney ne fait qu'un tour, comme cela lui arrive souvent quand il s'estime attaqué par les WASP[43]. Lors d'un caucus orageux, le 2 octobre, convaincu que les rumeurs proviennent de dirigeants de la Big Blue Machine[44] ontarienne mécontents

---

43. WASP : *White Anglo-Saxon Protestants* – protestants blancs anglo-saxons. L'expression a souvent une connotation négative, certains prêtant aux WASP une attitude condescendante – pour ne pas dire coloniale – envers les autres groupes n'ayant pas le privilège d'avoir du sang anglais dans les veines.

44. Big Blue Machine : Surnom désignant l'organisation politique qui a permis de faire élire une succession ininterrompue de premiers ministres conservateurs à la tête du gouvernement de l'Ontario de 1943 jusqu'à 1985.

de la présence trop voyante de Québécois francophones dans son entourage, Brian Mulroney dénonce devant tous ses députés ces «lobbyistes et parasites de Toronto». L'allusion aux lobbyistes s'explique par la décision du premier ministre – annoncée en septembre 1985 – d'imposer des contrôles à ceux qui pratiquent ce métier consistant à tenter d'influencer les décisions politiques et gouvernementales. Désormais, les lobbyistes devront s'inscrire à un registre et dévoiler quels intérêts ils représentent. Pour beaucoup d'«organisateurs politiques» professionnels comme les membres de la Big Blue Machine, habitués à monnayer chèrement leurs contacts auprès des gouvernements après les élections, ce geste est un affront.

Brian Mulroney est d'autant plus mécontent qu'à la fin septembre, il a dû accepter la démission d'un autre membre du Cabinet lorsqu'on a appris que Marcel Masse, son ministre des Communications, faisait l'objet d'une enquête de la GRC. Ses dépenses électorales de la campagne de 1984 auraient excédé la limite autorisée. Masse plaide qu'il n'avait aucune connaissance d'une infraction à la loi et qu'il n'a autorisé personne à dépasser le plafond des dépenses, mais il doit tout de même quitter son poste pendant la tenue de l'enquête. Finalement blanchi deux mois plus tard, il vient à peine de réintégrer le Cabinet qu'une autre ministre du Québec, Suzanne Blais-Grenier, ministre d'État aux Transports, se fait montrer la porte à la suite de révélations sur ses dépenses excessives lors de voyages à l'étranger. «Mulroney, contrairement à ce qu'on voit aujourd'hui, obligeait les ministres à assumer leurs responsabilités», estime Benoît Bouchard. Plusieurs membres de l'entourage du premier ministre trouvent cependant qu'il a établi une barre éthique trop élevée et que de simples remontrances auraient pu suffire. «Beaucoup de ces démissions-là, c'était l'inexpérience, le manque de jugement», estime Paul Tellier. En agissant de la sorte, Mulroney établit un précédent avec lequel il devra vivre. «Quand vous en perdez un ou deux, dit Bernard Roy, ça devient plus difficile pour les autres. La chasse est ouverte.»

Et le gibier sera très abondant à partir du printemps 1986.

Chapitre 38

La Francophonie

« L a Francophonie sort d'un trop long sommeil », lance le président français François Mitterrand lors de la cérémonie d'ouverture du premier Sommet de la Francophonie, le 17 février 1986, dans le somptueux décor du château de Versailles, symbole de la grandeur de la civilisation française. Les retards évoqués par François Mitterrand sont ceux provoqués depuis plus de 10 ans par la bataille Québec-Ottawa à propos de la place du Québec à la table de ce Commonwealth francophone. « Pour les non-initiés, commente Abdou Diouf, alors président du Sénégal, c'était incompréhensible, c'était frustrant. » Son prédécesseur, Léopold Senghor, réclamait la tenue de ces sommets depuis de nombreuses années, y voyant un forum d'échanges Nord-Sud susceptible de rééquilibrer les relations forcément inégalitaires qu'entretenait la France dans ses échanges bilatéraux avec chacune de ses anciennes colonies. De guerre lasse devant les querelles sur la présence – ou non, ou à quel titre – du Québec, Senghor avait quitté le pouvoir sans voir l'aboutissement de son projet : « Il m'a dit : "Tu sais, Abdou, puisque les grands Blancs n'arrivent pas à s'entendre entre eux, je baisse les bras." »

Et puis voilà que le 7 novembre 1985, Brian Mulroney conclut une entente avec le premier ministre du Québec Pierre Marc Johnson, un compromis « à la canadienne ». Le Québec aura une place à la table en tant que « gouvernement participant », tout comme le Nouveau-Brunswick, la province comptant la plus importante proportion de francophones après le Québec. Mais la délégation canadienne sera menée par le premier ministre fédéral, le seul habilité à se prononcer sur les questions de politique internationale. Les premiers ministres du Québec et du Nouveau-Brunswick pourront parler de coopération dans les domaines de leur compétence – essentiellement la culture et l'éducation – et ils devront obtenir l'assentiment préalable d'Ottawa pour traiter de questions économiques. Pierre Marc Johnson affirme qu'il a dû batailler fort pour faire accepter ce compromis « raisonnable » à sa propre équipe.

« Personnellement, je n'ai pas eu beaucoup de difficulté avec Brian Mulroney là-dessus. J'avais un peu plus de difficulté avec certains de mes fonctionnaires à qui j'ai été obligé d'expliquer les affaires de base de la démocratie : quand on tient un référendum, il faut tenir compte du résultat. » – Pierre Marc Johnson

Après le Non à la souveraineté, cinq ans plus tôt, Québec ne pouvait plus réclamer la place d'un État souverain à la table de la Francophonie, concède Pierre Marc Johnson : « On va jouer le jeu, on ne sera pas un empêcheur de tourner en rond dans quelque chose qui est de bonne foi. »

François Mitterrand avait d'ailleurs laissé entendre qu'à défaut d'un accord, il allait convoquer le premier Sommet dans les prochains mois, avec ou sans le Québec. La situation aurait été embarrassante autant pour Québec que pour Ottawa, où le gouvernement Mulroney prêchait la réconciliation nationale et s'apprêtait à reconnaître le caractère distinct du Québec. Brian Mulroney y avait donc vu l'occasion de montrer qu'il ne souffrait pas de la rigidité politique de son prédécesseur Pierre Elliott Trudeau qui s'obstinait à bloquer les interventions québécoises sur la scène internationale.

Sitôt l'accord conclu, Mitterrand avait appelé le président Diouf au Sénégal : « Je me souviens de la voix vibrante du président Mitterrand me disant : "Président Diouf, bonne nouvelle ! Le Canada fédéral et le Québec viennent de signer une entente, nous allons enfin pouvoir tenir notre premier Sommet de la Francophonie à Versailles." »

Nous y voilà donc enfin, le 17 février 1986 : « C'est un grand jour pour le Québec », proclame, rayonnant, Brian Mulroney à l'ouverture du Sommet. Ça l'est aussi pour le Canada, une occasion de tourner la page sur 20 ans de tensions avec la France depuis leur apogée du « Vive le Québec libre ! » lancé par le président Charles de Gaulle du haut du balcon de l'hôtel de ville de Montréal en 1967. « Tout a changé, affirme Brian Mulroney, ça a transformé les relations de la France avec le Canada. Le président Mitterrand voyait que nous étions de bonne foi. »

Mulroney a en effet tenu parole. Lors d'une visite à Ottawa du premier ministre français Laurent Fabius, en novembre 1984, il lui avait promis de travailler à un règlement de ce vieux contentieux. À preuve, il avait alors présenté un discours qui allait modifier la doctrine officielle du Canada sur les relations entre le Québec et la France. Finis les complexes, Ottawa accueille désormais favorablement les contacts directs et privilégiés France-Québec dans la mesure où l'on respecte les compétences des ordres de gouvernement. « C'est la première fois où le gouvernement du Canada applaudit à l'existence de relations directes et privilégiées » entre les gouvernements québécois et français, déclare avec enthousiasme Marc Lortie, qui sera plus tard ambassadeur du Canada à Paris. « Ça enlève la tension dans la relation, ça donne une nouvelle erre d'aller », qui se manifeste ensuite dans les liens personnels que nouent Brian Mulroney et François Mitterrand. À leur première rencontre, au Sommet économique de Bonn à l'été 1985, Mulroney raconte à Mitterrand son enfance d'anglophone baigné dans la culture française, son admiration pour Simone Signoret, son actrice préférée, et Yves Montand, son chanteur favori. Le président français est sous le charme et le restera jusqu'à sa mort, bien après que l'un et l'autre auront quitté la vie politique.

Le premier Sommet de la Francophonie s'annonce d'autant plus réussi du point de vue d'Ottawa que le Québec y est représenté par Robert Bourassa, élu à peine deux mois plus tôt ; un fédéraliste et, de surcroît, un ami personnel de Brian Mulroney. Le premier ministre canadien n'a donc aucune raison de se douter de ce qui se produira le lendemain des cérémonies d'ouverture, alors que les chefs d'État et de gouvernement se déplacent à Paris pour entreprendre leurs discussions au Centre des conférences Kléber. Robert Bourassa demande la parole et, à l'étonnement général, il propose rien de moins que l'établissement d'un « plan Marshall » alimentaire pour nourrir les populations affamées des pays du Sud en leur envoyant les surplus agricoles du Nord. L'idée est fort généreuse, mais il n'avait pas consulté ses partenaires canadiens avant de la lancer. Or la proposition relève très clairement des compétences fédérales. Marc Lortie faisait partie de la délégation canadienne :

« Brian Mulroney se sent donc trahi par son ami Robert Bourassa sur la scène internationale, voire même ridiculisé. Il est furieux, il a l'impression de s'être fait faire une jambette qu'il ne méritait pas. »

Mulroney se voit forcé de tenir une conférence de presse pour rabrouer publiquement le premier ministre Bourassa et rétablir son autorité bafouée de manière si cavalière : « Le gouvernement du Canada parle pour tous les Canadiens, lance-t-il d'un ton sec. On ne peut pas partager cette responsabilité avec un gouvernement… provincial. » L'intonation appuyée sur le mot « provincial » signale la profondeur de son irritation, qui est d'autant plus grande qu'avant la conclusion de cette journée, Québec lui a fait une seconde jambette. Soucieuse d'occuper une place plus grande que celle que lui cédait l'entente avec Ottawa, la délégation québécoise a travaillé en coulisse pour convaincre les Français de désigner Robert Bourassa à titre de « rapporteur officiel du Sommet », une fonction qui lui accordera une grande visibilité lors de la clôture de la rencontre. Brian Mulroney est informé de la décision par Mitterrand lui-même, la délégation québécoise n'ayant pas pris le temps d'en aviser Ottawa.

Le lendemain matin, au dernier jour du Sommet, Robert Bourassa entre dans la salle de conférence et, au moment où il passe devant le premier ministre canadien pour se rendre à son siège, raconte Gil Rémillard dans un livre à paraître[45], « Brian Mulroney se retourne pour ne pas nous saluer. » Bourassa a des remords : « Peut-être y sommes-nous allés un peu fort hier. »

Les deux hommes vont s'expliquer, Robert Bourassa reconnaissant avoir dépassé la mesure, une erreur qu'il met sur le dos de son entourage et d'un concours de circonstances dans le feu de l'action. Mulroney accepte de passer l'éponge. La veille, se rappelle Marc Lortie, Mulroney avait affirmé qu'« il ne [voulait] plus rien savoir » de l'idée de tenir le prochain Sommet de la Francophonie à Québec, un projet que la délégation québécoise s'activait à promouvoir en coulisse. Après une nuit de sommeil, il y trouve maintenant du mérite : la tenue du deuxième Sommet de la Francophonie dans la ville de Québec permettra de faire comprendre à l'opinion publique canadienne à quel point l'acceptation

---

45.   Le livre est intitulé *Le Fédéralisme canadien, tome III : les tentatives de réforme*. Ça ne s'invente pas !

de la spécificité québécoise ouvre de nouvelles perspectives au pays tout entier sur la scène internationale. Le Canada y occupe en effet une place unique en tant que seul pays membre des trois grands forums internationaux que sont le G7, le Commonwealth et la Francophonie. Mulroney ravale donc son orgueil, se souvient Jean-Claude Rivest : « Il a fait des efforts immenses pour que le deuxième Sommet ait lieu à Québec. C'est monsieur Mulroney, avec les bons contacts qu'il avait avec François Mitterrand, qui a permis ça. Et *là*, le Québec est dans l'espace francophone. »

C'est ainsi qu'à la clôture du premier Sommet, après que le président François Mitterrand ait annoncé que le prochain rendez-vous de la Francophonie aurait lieu à Québec, à l'automne 1987, Brian Mulroney se dirigea vers Robert Bourassa et, beau joueur, lui dit (selon ce qu'en rapporte Gil Rémillard) : « Félicitations, Robert. Ta société distincte, tu viens de lui faire faire un bon bout de chemin. »

Chapitre 39

La réconciliation en sous-marin

S ans surprise, au lendemain des élections québécoises de décembre 1985, Gil Rémillard est nommé ministre des Affaires intergouvernementales canadiennes. C'est un poste qu'il occupera sans interruption jusqu'à sa démission comme député, huit ans plus tard, quelques mois après la fin du règne conservateur à Ottawa. Il sera donc l'interlocuteur principal du gouvernement Mulroney à Québec sur les questions constitutionnelles… après avoir été l'un des architectes de la stratégie fédérale !

Le fruit est mûr, estime alors Brian Mulroney : « J'ai dit à monsieur Bourassa : "Il va falloir que vous nous fassiez un bilan, que vous nous donniez une indication des paramètres de vos intérêts." Alors à un moment donné, il a déployé Gil Rémillard à un colloque quelconque dans le nord de Montréal. Rémillard a parlé des conditions que le Québec exigerait avant de pouvoir signer la Constitution et ça a commencé comme ça. »

Le vendredi 9 mai 1986, Gil Rémillard « dévoile » en effet les « cinq conditions minimales du Québec ». L'exercice a valeur de symbole : il place le gouvernement du Québec dans le rôle de celui qui pose ses exigences au reste du pays. Il s'agit, on l'aura compris, d'exigences qui ont pour effet, selon Jean-Claude Rivest, de « réduire considérablement les demandes traditionnelles [du Québec] à l'essentiel ». Les voici : reconnaissance que le Québec est une société distincte ; droit de veto du Québec sur tout changement constitutionnel pouvant toucher à ses compétences ; garantie quant à la présence de trois juges provenant du Québec à la Cour suprême du Canada ; droit de retrait avec pleine compensation financière lorsque le Québec refuserait de participer à un programme national mis sur pied par Ottawa dans un champ de compétence provinciale ; et finalement, reconnaissance du pouvoir du Québec de contrôler l'immigration sur son territoire, ce qui était déjà le cas en vertu d'une entente administrative nommée «Cullen-Couture», du nom des ministres qui l'avaient négociée huit ans plus tôt.

Dire que le premier ministre Brian Mulroney a bien accueilli ces cinq «conditions» relève de l'évidence. Robert Bourassa compte sur lui pour les «vendre» au reste du pays. «Il était un négociateur-né, dit Jean-Claude Rivest, et on était sûrs qu'avec Brian Mulroney, il n'y aurait pas de dogme, pas l'esthétisme constitutionnel de monsieur Trudeau.»

Le 30 juin 1986, un mois après la présentation des «conditions du Québec», Mulroney nomme Lowell Murray à titre de ministre des Relations fédérales-provinciales. Homme raffiné, parfaitement bilingue, vieux compagnon de classe de Brian Mulroney – c'est lui qui l'a recruté dans le Parti conservateur au milieu des années 50 lorsqu'ils fréquentaient l'Université Saint-Francis-Xavier –, Murray possède une grande qualité : la discrétion. Elle sera d'autant plus facile à pratiquer que le nouveau ministre, siégeant au Sénat, échappe au feu partisan de la période des questions à la Chambre des communes. «Je voulais dépolitiser le dossier», explique Brian Mulroney, qui confie immédiatement à Lowell Murray une «mission exploratoire» auprès des provinces anglophones. La commande est formelle. Il doit se tenir «sous le radar» de l'opinion publique et des médias. «Je ne voulais pas créer d'attentes et je ne voulais pas effrayer les adversaires possibles», dit Mulroney.

L'opération séduction est menée conjointement avec Québec, dans le plus grand secret. «Avec nos cinq conditions, on ne voyait que les plus hauts hauts fonctionnaires de chacune des provinces pour que ça ne s'ébruite pas», raconte Jean-Claude Rivest. Même les ministres sont tenus dans le noir. Si les «textes» sont discutés en toute confidence, Brian Mulroney ne cache pas son grand jeu pour autant. Une semaine après la nomination de Murray, à l'occasion d'une réunion du Cabinet fédéral à Saskatoon, il annonce l'intention formelle d'Ottawa de rouvrir la Constitution pour permettre de réintégrer le Québec. Dans une lettre qu'il envoie aux premiers ministres des provinces, les enjoignant de manifester une volonté semblable, il les met cependant en garde contre les graves conséquences d'un échec. Si les provinces embarquent, elles doivent le faire avec la détermination d'arriver à un accord visant à régler uniquement la question québécoise. Ensuite, d'autres sujets pourront être abordés, mais ensuite seulement. La réponse des provinces ne tarde pas à venir : réunis à Edmonton à l'invitation du premier ministre conservateur albertain Don Getty, les premiers ministres provinciaux conviennent, le 13 août 1986, de lancer une « ronde Québec » ayant pour point de départ les cinq conditions présentées par Gil Rémillard.

« Et quand monsieur Mulroney a convoqué la conférence du lac Meech, nous avions tous – autant au niveau des fonctionnaires que des premiers ministres – la conviction qu'il y aurait un accord. » – Jean-Claude Rivest

Chapitre 40

Rat Pack et médias

L'année 1986 marque le véritable début d'un long chemin de croix pour le gouvernement Mulroney, durement malmené par la force combinée de l'opposition et des médias sur des questions d'ordre éthique. L'un des épisodes les plus dommageables débute par une révélation du *Globe and Mail* concernant Sinclair Stevens, le ministre de l'Expansion industrielle régionale, soupçonné de s'être placé en conflit d'intérêts. En tant que ministre, il avait confié ses avoirs personnels à une fiducie sans droit de regard, comme l'exigeaient les règles alors en vigueur, mais son épouse Noreen semblait avoir des yeux pour deux! Elle venait d'obtenir pour l'une des entreprises familiales un prêt tout aussi suspect que substantiel – plus de deux millions et demi de dollars – d'un important manufacturier de pièces automobiles, la société Magna, qui était un bénéficiaire des largesses subventionnaires du ministère dirigé par Sinclair Stevens. En moins de deux semaines, Stevens était poussé à la démission et une commission d'enquête était créée pour aller au fond de l'affaire. Présidée par le juge William Parker, la commission tient des audiences publiques qui se transforment en supplice de la goutte d'eau. Pendant des mois, près d'une centaine de témoins défilent devant le juge Parker et les caméras de télévision, racontant dans le menu détail les efforts du couple Stevens pour mener de front les activités ministérielles et les affaires privées. Le tourment s'étire pendant plus d'un an, jusqu'en décembre 1987, quand le juge dépose enfin son rapport. Il blâme sévèrement l'ancien ministre, à qui il reproche d'avoir violé à 14 reprises les règles sur les conflits d'intérêts, des règles qu'il propose d'ailleurs de renforcer pour qu'elles s'appliquent aussi aux conjoints des ministres[46].

Sinclair Stevens vient à peine de démissionner du Cabinet qu'un autre conservateur se retrouve plongé dans un scandale. Le député de Gamelin, l'homme d'affaires Michel Gravel, fait l'objet de 50 accusations de trafic d'influence. Il est soupçonné d'avoir accepté des pots-de-vin, ce qu'il va éventuellement reconnaître tout en expliquant qu'il les a remis au ministre des Approvisionnements et Services, Roch Lasalle. Cette « justification » ne sera pas retenue par le juge qui, en février 1989, le condamnera à un an de prison.

Toutes ces révélations, accusations et insinuations – fondées ou pas – alimentent les partis d'opposition qui en font leurs choux gras lors des périodes de questions, transformant le plancher de la Chambre des communes en quasi-tribunal. Un groupe de jeunes députés libéraux particulièrement vigoureux se démarque dans cette chasse aux scandales, au point de se mériter le quolibet de « Rat Pack », le club des rats : « C'est pour dire qu'on ronge le gouvernement et j'en suis fier », lance alors Don Boudria, l'un des membres du club, qui compte aussi dans ses rangs Sheila Copps, Jean Lapierre, Brian Tobin et John Nunziata. « Dès qu'un ministre était en difficulté, on travaillait ensemble pour lui serrer la vis », raconte Sheila Copps, qui deviendra plus tard la première femme de l'histoire canadienne à occuper le poste de vice-première ministre. La bouillante députée de Hamilton-Est reconnaît que l'opération est souvent disgracieuse, comme lorsqu'elle a sauté par-dessus des rangées de chaises pour pourchasser Sinclair Stevens dans les corridors du parlement à la suite de sa comparution devant un comité de la Chambre. Mais, se justifie-t-elle, le Parti libéral était alors réduit à seulement 40 députés et en proie à des querelles internes ; il fallait prouver qu'il n'était pas mort, quitte à aller parfois trop loin. « Ça a assuré la survie du parti », dit-elle. L'un des éléments les plus inavouables de cette stratégie consiste à envoyer Sheila Copps au front contre le premier ministre Mulroney pour profiter de sa vulnérabilité devant une

---

46. Près de 20 ans plus tard, en décembre 2004, un juge de la Cour fédérale a annulé tous les blâmes à l'encontre de Sinclair Stevens en statuant que la définition donnée par la commission Parker à la notion de conflit d'intérêts excédait celle des lignes directrices alors en vigueur.

femme combative. « C'est le côté féminin qui agaçait monsieur Mulroney. Une femme agressive est considérée comme une "bitch". Moi, j'étais particulièrement capable de rendre le premier ministre fou. »

De son siège de chef du deuxième parti d'opposition, le néodémocrate Ed Broadbent se désole des excès de ce théâtre partisan indigne de l'idée qu'il se fait du rôle d'un parlementaire. « C'est à cette période-là que nous avons commencé la détérioration de la vie politique à la Chambre des communes », déplore-t-il avec d'autant plus de regret que la stratégie libérale fonctionne. Plus ils montent le volume, plus les libéraux s'assurent une place dans les reportages télévisés du soir et en première page des journaux. L'espace réservé à ces scandales vient faire contrepoids à l'insolente majorité des conservateurs, obtenue – leur rappelle-t-on avec insistance – en bonne partie grâce à leur promesse de mettre fin au favoritisme de l'ère libérale et de ramener l'intégrité au gouvernement.

Fin juin 1986, après l'ajournement d'été des travaux de la Chambre, Brian Mulroney espère secouer le mauvais sort en remaniant son Cabinet pour y faire entrer huit nouveaux ministres dont Jean Charest et Bernard Valcourt. Mais ce vent frais s'avèrera insuffisant pour dissiper les odeurs de scandale qui emportent bientôt deux autres ministres. D'abord, le secrétaire d'État aux Transports, André Bissonnette, est forcé de démissionner en janvier 1987 à la suite de révélations sur son implication dans une affaire de fraude liée à l'achat d'un terrain dans sa circonscription par la compagnie aérospatiale Oerlikon[47] ; puis, le mois suivant, c'est au tour du ministre Roch Lasalle d'être mis à la porte lorsqu'on apprend qu'il aurait participé à des rencontres avec des gens d'affaires où le prix d'entrée de 5 000 dollars se justifiait par la possibilité d'y discuter de l'obtention de contrats gouvernementaux. Malgré les réfutations du député de Joliette, Brian Mulroney obtient son départ. Le greffier du Conseil privé, Paul Tellier, se présente au 24 Sussex en compagnie du chef de cabinet, Bernard Roy, porteur de la lettre de démission de Roch Lasalle. « En montant l'escalier, je dis à Bernard : "C'est la

---

47.   André Bissonnette et son directeur de campagne, Normand Ouellette, seront par la suite accusés de fraude, d'abus de confiance et de conspiration criminelle. Bissonnette est acquitté par la cour mais il abandonne la politique. Ouellette est reconnu coupable et condamné à une amende de 100 000 dollars, en plus de devoir rembourser la somme d'un million de dollars à la compagnie Oerlikon.

sixième démission dans laquelle je suis impliqué." Il s'est tourné et m'a dit : "Je te bats, moi ça fait sept!" »

Si les deux hommes trouvent le moyen d'en rire, ce n'est pas le cas de Brian Mulroney, qui considère avoir été traité injustement pour s'être montré parfois trop exigeant envers ses ministres. « Est-ce que j'ai bien agi ? La réponse, c'est non. Je pensais bien faire [en les mettant à la porte] car c'était conforme à la tradition britannique [de la responsabilité ministérielle], mais c'était joué sans arrêt dans les journaux comme une série de scandales alors qu'il n'était pas question de ça. »

Brian Mulroney estime que toutes ces affaires ont contribué à salir son image personnelle alors qu'elles auraient dû avoir l'effet contraire, soit montrer à quel point il tenait la bride serrée à ses ministres, prêt à les démettre à la moindre incartade. Il faut cependant reconnaître que leur départ était généralement précédé par plusieurs journées, sinon plusieurs semaines de hauts cris provenant des bancs de l'opposition, auxquels le premier ministre répondait en se portant à la défense de ses ministres jusqu'à ce que la pression devienne trop forte. Son premier réflexe était de défendre les joueurs de son équipe. Paul Tellier estime néanmoins que la plupart des démissions portaient sur des « peccadilles » ; Bernard Roy, lui, croit que « plusieurs de ses ministres ont été victimes de ses standards élevés ». Et pourtant, sans doute à cause de l'accumulation des « affaires », Brian Mulroney est présenté dans plusieurs médias comme s'il était le capitaine d'un bateau de pirates.

Au début de l'année 1987, il s'emporte régulièrement devant son caucus et en public contre les « tissus de mensonges » de l'opposition et les « attaques malicieuses » des médias, qu'il range désormais dans le camp des adversaires. Il s'enflamme d'autant plus lorsque les critiques commencent à cibler ses plus proches conseillers, notamment son ami Bernard Roy, qui s'estime « victime d'une entreprise de salissage et de démolition ». L'atmosphère devient toxique en Chambre, irrespirable dans le bureau du premier ministre et franchement hostile dans l'opinion publique, comme en font foi les résultats des sondages montrant une chute marquée de la popularité des conservateurs. Un virage draconien s'impose, un grand ménage. C'est alors que Brian Mulroney demande à Derek Burney, le fonctionnaire de carrière responsable des relations avec les États-Unis, de devenir son chef de cabinet. C'est un choix très inhabituel pour un poste ayant une telle importance politique.

« *Quand monsieur Mulroney m'a appelé pour m'offrir le poste, je lui ai instinctivement répondu : "Je suis désolé, mais je ne suis pas un stratège politique, j'ai servi des gouvernements de différentes familles politiques." Il m'a répliqué : "Je ne cherche pas un stratège politique car c'est moi qui suis le stratège politique. Je veux juste quelqu'un pour mettre de l'ordre dans mon foutu bureau ! Je veux me concentrer sur les questions importantes. Je ne veux plus jamais m'occuper de thon avarié !* » – Derek Burney

Un à un, les vieux amis de Brian Mulroney, ceux qui l'ont aidé à prendre le pouvoir, cèdent leur place à des professionnels de l'administration. Après le départ de Bernard Roy, un autre ami de longue date, Fred Doucet, quitte son poste de conseiller spécial.

« Si on avait à refaire le tout, et moi je m'inclus dans le groupe, peut-être que Brian aurait pu aller chercher [dès le départ] des gens qui ne faisaient pas partie de son groupe d'intimes », reconnaît Fred Doucet en des termes inhabituellement peu diplomatiques : « Un peu moins de *Yes men* et de *Yes women* l'aurait bien servi. »

Un autre fonctionnaire de carrière aux Affaires étrangères, Marc Lortie, est recruté pour gérer les relations difficiles de Brian Mulroney avec les médias après le départ de l'improbable secrétaire de presse Michel Gratton. Bourru sympathique, habitué du bar du Press Club comme de tous les autres bars de la région de la Capitale-Nationale, reconnaissable à sa tête hirsute aux cheveux longs et à la barbe mal entretenue, Gratton était quotidiennement aux côtés de Brian Mulroney depuis le jour du déclenchement des élections, à l'été 1984[48]. On pouvait difficilement imaginer couple plus mal assorti. Marc Lortie, toujours tiré à quatre épingles et s'exprimant avec finesse et modération, personnifie le changement draconien que réclame le Parti conservateur : « Tous ses amis politiques lui disent : "Il faut que tu fasses quelque chose, Brian, il faut que tu changes à la fois ton entourage, voire peut-être

---

48.   Après son départ du poste de secrétaire de presse, en mars 1987, Michel Gratton publie la même année un livre racontant son expérience : « *So, What Are The Boys Saying?" An inside look at Brian Mulroney in power* (McGraw-Hill Ryerson). Dans la copie dédicacée à l'auteur, il a écrit : « Guy, tu pratiques le plus beau métier du monde. Ne l'oublie jamais. »

même ton style, mais il faut changer quelque chose parce que là on chute, on chute, on chute et il faut arrêter l'hémorragie." »

Symbole pathétique de l'acharnement d'une certaine presse, le « Gucci-gate » (le « scandale des Guccis ») éclate au moment où Marc Lortie arrive dans ses nouvelles fonctions. On venait alors de compléter au 24 Sussex des rénovations dont le coût – 450 000 dollars – avait été assumé aux deux tiers par le Parti conservateur, de manière à réduire leur impact sur les contribuables. Néanmoins, plusieurs éléments des travaux, jugés trop ostentatoires, avaient fait les manchettes, en particulier l'aménagement de la penderie du couple Mulroney. Du côté de monsieur, elle pouvait contenir jusqu'à 84 paires de chaussures. Or les chaussures préférées de Brian Mulroney sont de marque italienne, des Guccis. « Les souliers ont été la pointe de l'iceberg », juge Marc Lortie, l'élément visible d'une « campagne pour montrer que c'était un premier ministre qui avait trop d'éclat, qui manquait de modestie. On vient de trouver l'exemple par excellence : il a rénové le 24 Sussex, on a fait des garde-robes pour ses souliers et ses souliers sont des Guccis. » Cette attention portée aux chaussures de Brian Mulroney rappelle subtilement un événement qui s'est produit l'année précédente aux Philippines, où le président Ferdinand Marcos a été renversé par une révolution populaire. Dans sa résidence officielle, on a découvert 3 000 paires de chaussures appartenant à son épouse, Imelda, un record homologué dans le Livre Guinness et qui est devenu le symbole de la dépravation du régime Marcos. C'est ainsi que les chaussures italiennes de Brian Mulroney font de lui un parvenu, alors que la voiture sport décapotable du millionnaire Pierre Elliott Trudeau en faisait un irrésistible Don Juan. Il faut dire que personne n'aurait eu l'idée de présenter Pierre Elliott Trudeau comme un être dépensier, du moins en ce qui concernait son argent personnel. Il avait plutôt la réputation d'être un pingre.

Pour Brian Mulroney, qui est un accro des médias et très sensible à la critique, ce traitement équivaut à jeter du sel sur une plaie ouverte. D'autant plus que l'affaire survient à un très mauvais moment, alors qu'il doit accorder toute son attention à un dossier qu'il tient absolument à mener à terme, celui de la réconciliation nationale. Le « Guccigate » éclate précisément au moment où il s'apprête à recevoir les premiers ministres provinciaux dans un chalet de la Gatineau, celui du lac Meech.

Chapitre 41

Meech

L e 30 avril 1987, les premiers ministres des 10 provinces canadiennes se réunissent à la maison Wilson, une solide résidence
de pierres située en bordure du lac Meech, dans le parc de la
Gatineau. Le site se trouve en sol québécois, à peine à 30 minutes
d'Ottawa, sur un terrain appartenant au gouvernement fédéral. La
résidence d'été des premiers ministres canadiens est aussi à proximité,
au lac Harrington voisin, un endroit que la famille Mulroney préfère
de beaucoup à l'austère 24 Sussex.

Après plusieurs mois de consultations secrètes avec les premiers
ministres et leurs hauts fonctionnaires, le ministre Lowell Murray a
informé Brian Mulroney au début du mois d'avril que le fruit est mûr
pour cette rencontre. Par prudence, on a choisi de ne pas lui donner
un caractère trop formel. « Si ça tournait moins positivement qu'on
pouvait le prévoir, alors l'impact serait moins important que si la rencontre avait eu lieu dans la grande salle des conférences d'Ottawa »,
explique Gil Rémillard.

Il y a en effet des raisons d'être inquiet depuis « l'erreur mémorable[49] » commise par le gouvernement Mulroney quelques mois plus
tôt, lors de l'octroi du contrat d'entretien des chasseurs F-18 à la compagnie Bombardier. Le contrat était aussi convoité par une entreprise
de Winnipeg, la société Bristol Aerospace, filiale d'une multinationale
américaine. De son côté, Bombardier, entreprise basée au Québec, venait

---

49. « Erreur mémorable » est l'expression utilisée par Brian Mulroney lui-même dans ses mémoires pour décrire cet épisode.

tout juste de se lancer dans le domaine de l'aviation en se portant acquéreur de Canadair, l'une des premières sociétés de la Couronne privati-
sées par le gouvernement Mulroney. En accordant le contrat à Bombardier,
fin octobre 1986, Ottawa a expliqué que la compagnie de Montréal avait
remporté l'appel d'offre sur son concurrent. Or quelques mois plus tard,
on apprend que c'est Bristol qui était arrivé en première place. La décision de lui préférer Bombardier n'avait rien à voir avec le prix ou les
qualifications techniques des deux soumissionnaires, mais tout à voir
avec la volonté du gouvernement Mulroney de favoriser un transfert
de technologie vers Bombardier, ce qui lui servirait plus tard dans la
conception d'appareils civils et permettrait donc de relancer l'économie
de la région de Montréal. Cela s'inscrivait dans l'ambition de Brian
Mulroney de faire en sorte que le Québec soit à l'aérospatial ce que
l'Ontario est à l'automobile, dit son ancien attaché de presse, Marc
Lortie.

« *Il se dit : "On forme des jeunes ingénieurs, on a les HEC, l'Université Laval. Où est-ce qu'ils vont aller nos ingénieurs, qu'est-ce qu'ils
vont faire ? Alors on va développer du génie aéronautique." Voyez ses
décisions. C'est non seulement le F-18, c'est également l'agence spa-
tiale, c'est comment renforcer le pôle aéronautique pour l'avenir des
jeunes générations.* » – Marc Lortie

Dans l'Ouest canadien et particulièrement au Manitoba, cette décision est interprétée comme une trahison, son annonce comme un men-
songe. De surcroît, il s'en est trouvé, au Québec, pour fanfaronner après
la « victoire » de Bombardier sur son concurrent.

« *Je pense que sur le plan des communications, il y a des gens qui
ont été malhabiles, qui ont fait une erreur en voulant en tirer un profit politique alors qu'il aurait été plus sage de présenter ça pour ce que
c'est : une bonne décision pour une industrie qui est devenue importante au Québec.* » – Jean Charest

L'annonce est d'autant plus maladroite qu'Ottawa s'apprête au
même moment à accorder un contrat d'entretien pour un autre type
d'avions militaires, les CF-5, qui représente de plus grandes retombées
en termes d'emplois bien qu'il soit technologiquement moins avancé
que celui des F-18. Quand il sera finalement octroyé à Bristol, en janvier
1987, il passera pour un prix de consolation. On a beau expliquer que

Bristol n'est pas un constructeur d'avions et qu'en conséquence le transfert technologique du contrat des F-18 vers Bombardier aura de plus grands bénéfices à long terme sur l'économie canadienne, le mal est fait, exacerbé par le chauvinisme des médias régionaux. Et il se répand jusque dans les rangs conservateurs, raconte Jean Charest: «Il y a eu des tensions dans le caucus. Entre le Manitoba et le Québec, il y avait une fracture. Ça a été un moment très marquant. La décision d'accorder le contrat à Bombardier est le certificat de naissance du Reform Party.»

Brian Mulroney regrette encore cette erreur. «Ce que j'aurais dû faire, c'est accorder les deux contrats le même jour, un contrat à Bombardier et l'autre à Bristol qui aurait créé plus d'emplois.» Cela aurait évité bien des problèmes avec le Manitoba, où plusieurs trouvent déjà, depuis la sortie de Brian Mulroney en faveur des services en français dans la province, que le premier ministre est trop enclin à choyer sa base électorale québécoise. «C'était perçu comme un rejet par moi, Québécois, premier ministre québécois, d'une compagnie de Winnipeg en faveur d'une compagnie québécoise alors que la compagnie à Winnipeg avait le meilleur dossier.»

L'affaire menace d'assombrir la journée pourtant ensoleillée de ce 30 avril 1987, alors que les premiers ministres convergent en direction du lac Meech. Dans la grande salle de réunion qui occupe tout le deuxième étage de la maison Wilson, ils abordent une à une les cinq demandes du Québec pendant que leurs ministres attendent en bas. Gil Rémillard est nerveux: «On sait que ça discute très, très fort. Et c'est là qu'est arrivé le téléphone.» Au bout du fil, le ministre des Finances, Gérard D. Lévesque, veut parler à Robert Bourassa. Impossible, lui répond Rémillard, car la réunion entre dans une étape cruciale, celle où l'on va débattre de la notion de «société distincte» qui en fait tiquer plusieurs. Mais Lévesque insiste: «Il faut que je lui parle parce que je vais démissionner.» Il vient en effet d'apprendre qu'une chaîne de télévision s'apprête à dévoiler à son bulletin de fin de soirée les grandes lignes du budget qu'il ne doit présenter que la semaine suivante. Il y a eu une fuite. En tant que ministre, il en prend la responsabilité et il veut donc offrir sa démission. L'affaire est en effet assez grave pour justifier que l'on fasse descendre le premier ministre Bourassa. «Il m'avait dit en sortant: "Brian, je te laisse le problème de la société distincte"», se rappelle Mulroney, qui avait cru en une blague. Mais l'absence de Bourassa se prolonge. Pourtant, il ne lui faut que quelques minutes au téléphone pour régler le problème de son ministre des Finances, à qui il propose une autre solution que la démission : convoquer l'Assemblée nationale d'urgence le soir même, à 20 heures, pour faire lecture du budget avant les bulletins de nouvelles. En somme, scooper le scoop. L'affaire conclue, on se serait attendu à ce que Robert Bourassa se précipite au deuxième étage, mais il étonne son ministre Gil Rémillard : « Il me dit : "Écoute, on va demeurer comme ça, à l'écart, pendant un petit bout de temps." Il dit : "J'aime mieux qu'ils continuent à discuter sans moi, peut-être qu'ils vont être plus à l'aise pour aborder des sujets plus sensibles." »

C'est ainsi que Robert Bourassa s'est sciemment défilé de la négociation qui se poursuivait à l'intérieur sur la clause visant à reconnaître que le Québec forme une société distincte au Canada. Brian Mulroney était le seul Québécois à la table pour la défendre.

« J'ai dit : "Écoutez, est-ce qu'il y a quelqu'un ici qui ne croit pas qu'une société francophone, au Québec, de presque huit millions de personnes constitue une société distincte ?" Tout le monde a dit : "Tout le monde sait ça." Alors j'ai dit : "Si on le sait, pourquoi est-ce qu'on ne le dirait pas ?" » – Brian Mulroney

Le premier ministre de l'Ontario, David Peterson, se souvient-il, était le plus enthousiaste du groupe : « *Let's do it !* » Lorsque Robert Bourassa revient finalement à sa place, l'affaire est déjà réglée. Les premiers ministres se lèvent et lui offrent une ovation. Ce n'est pas tant sa contribution au débat qu'ils applaudissent que, à travers lui, le retour du Québec dans la grande famille canadienne. Plusieurs ont les larmes aux yeux car c'est à regret qu'ils avaient participé en 1981 à « la nuit des longs couteaux » qui avait consacré l'exclusion du Québec de l'entente sur le rapatriement de la Constitution. Ceux qui éprouvaient des remords viennent de s'amender. À 22 heures, à la fois épuisé et rayonnant, Brian Mulroney annonce aux médias la bonne nouvelle : « Nous en sommes arrivés à une entente de principe entérinée par tous les premiers ministres. Même s'il reste à formaliser cette entente, elle constitue, de l'avis des premiers ministres, une réalisation historique. » En effet, jamais auparavant Ottawa n'était parvenu à obtenir l'unanimité des provinces sur un changement constitutionnel. On était passé tout près en juin 1971, à Victoria, lorsque après quatre jours de négociations à huis clos Pierre Elliott Trudeau avait soumis une proposition de formule d'amendement devant permettre le rapatriement de la Constitution au Canada. Il accordait aux premiers ministres provinciaux 11 jours pour l'accepter, pas un de plus. Une semaine plus tard, le 23 juin, veille de la fête de la Saint-Jean, Robert Bourassa, tout jeune premier ministre élu pour la première fois l'année précédente, annonçait son refus, à moins que l'on accorde au Québec des pouvoirs accrus en matière de santé et de main-d'œuvre. C'était l'impasse. Pierre Elliott Trudeau la dénouerait 10 ans plus tard en rapatriant la Constitution sans l'accord du Québec. C'est cette anomalie – l'absence de consentement de la seule province canadienne à majorité francophone, pourtant l'un des peuples fondateurs du pays – que viennent de corriger les premiers ministres au lac Meech. Dans sa limousine qui le ramène au 24 Sussex, Brian Mulroney se trouve seul avec son vieil ami et complice Bernard Roy. Il savoure son succès. « Ce soir-là, c'était l'euphorie », se rappelle Roy. Brian Mulroney venait de s'inscrire à jamais dans les livres d'histoire, de refonder le Canada, de réconcilier ses deux principales composantes, celles-là même qui forgent depuis l'enfance sa propre identité.

Son ami Paul Desmarais l'attend au 24 Sussex pour célébrer l'événement au champagne. À Québec, Jacques Parizeau est loin d'avoir le goût de fêter : « Les premiers ministres des provinces et monsieur Mulroney, ils acceptent, ils signent ! Là, je ne vous cacherai pas que j'ai eu peur. » Le « beau risque » contre lequel il s'est battu vient de livrer ses fruits. Ils ne sont pas assez abondants à son goût, ils n'ont pas la maturité dont il rêve pour son peuple, mais il sait qu'ils vont suffire à calmer l'appétit de bien des Québécois fatigués des éternelles chicanes avec le reste du pays. Robert Bourassa, lui, claironne sa victoire : « C'est un pas de géant sur le plan des gains qui ont été faits. On s'est entendus sur les cinq points à notre satisfaction. Il y a là une consécration du caractère distinct du Québec. »

Brian Mulroney a tenu parole. Il avait promis l'honneur et l'enthousiasme ; ils sont au rendez-vous lorsque le lendemain, 1er mai, les premiers ministres se retrouvent au Centre des conférences d'Ottawa pour parapher leur entente, puis lorsque Brian Mulroney en informe officiellement le Parlement, plus tard en journée, sous les applaudissements de tous les partis politiques. Après l'ovation, John Turner et Ed Broadbent se rendent au centre de la Chambre des communes serrer la main du premier ministre qu'ils félicitent chaleureusement. Broadbent parle d'un « nouveau début » pour le Canada. Pour Brian Mulroney, il s'agit d'un des moments les plus précieux de sa vie politique ; au milieu du chaos, un rare instant de grâce. « Comme François Mitterrand disait toujours, "il faut avoir la notion de l'État", et ces deux messieurs-là l'avaient », dit Brian Mulroney.

La journée se termine lorsque le premier ministre canadien réquisitionne les ondes pour une adresse au pays : « Ce soir, dit-il d'un ton solennel, le Canada forme à nouveau un tout. La grande famille canadienne est de nouveau réunie et la nation est réconciliée. » Rien ne laisse alors entrevoir les cinq années de calvaire qui vont suivre.

Brian Mulroney a pourtant quelques doutes lorsque, dans les jours suivants, il appelle personnellement l'ancien premier ministre Pierre Elliott Trudeau. L'accord de Meech, lui dit-il, est un document de base qui doit encore être formalisé lors d'une rencontre des premiers ministres au début du mois de juin. D'ici là, Mulroney aimerait que Trudeau en prenne connaissance et lui fasse parvenir ses commentaires ou suggestions. Deux hauts fonctionnaires du ministère des Relations fédérales-provinciales sont d'ailleurs disposés à lui rendre visite pour lui expliquer l'accord et répondre à ses questions. Il s'agit de Norman Spector, le seul témoin présent à la table des négociations du lac Meech qui ne soit pas premier ministre, et André Burelle, que Trudeau connaît très bien : il était son principal rédacteur de discours. « J'ai dit : "Appelez-moi après votre rendez-vous avec eux et on pourra se parler de vos objections, de vos commentaires." Il me dit : "Sans faute, je vous appelle sans faute." Il n'a jamais appelé. » La réplique de Trudeau n'en sera que plus saisissante. Le 27 mai, dans une lettre ouverte publiée simultanément par les quotidiens *La Presse* et *Toronto Star*, il qualifie l'accord du lac Meech de « gâchis total » qui rendra le gouvernement fédéral « impotent ». Le Canada, prédit l'ancien premier ministre, « sera éventuellement gouverné par des eunuques ». Pour le moment, ce n'est guère mieux car, dit-il, Brian Mulroney est un « pleutre » (une poule mouillée). Quant aux premiers ministres provinciaux, il les tient coupables de « complicité » dans cette démarche qui constitue à ses yeux un encouragement direct à la souveraineté-association. La veille de cette sortie virulente, Brian Mulroney avait croisé Pierre Elliott Trudeau lors d'un événement mondain qui se tenait à Toronto pour marquer le 50e anniversaire de l'ordination du cardinal Emmett Carter. Trudeau ne lui avait pas soufflé mot de ce qui se tramait – sans doute un oubli de la part de celui qui allait traiter l'autre de pleutre, le lendemain.

« C'était un geste irresponsable, pour moi, un moment horrible, dit le chef néodémocrate de l'époque, Ed Broadbent, parce que j'ai très bien compris comment sa position serait populaire dans le reste du Canada. » Dans les rangs libéraux où Pierre Elliott Trudeau a atteint un statut d'icône, sa sortie déclenche une profonde remise en question. « Ça a mis une pression énorme sur David Peterson, dit Brian Mulroney. Ce n'était plus le même gars parce qu'il subissait des pressions de sa base. »

Lorsque les premiers ministres reviennent à Ottawa, le 2 juin, pour finaliser l'entente, l'enthousiasme du mois précédent n'est plus au rendez-vous. Gil Rémillard, qui était allé en personne défendre l'accord de Meech auprès de Pierre Elliott Trudeau, constate que l'ancien premier ministre a vraiment semé le doute sur les conséquences de la clause de société distincte. « Alors qu'on pensait que ce serait notre allié le plus solide, tout à coup on s'aperçoit que le premier ministre de l'Ontario veut avoir des précisions. » David Peterson craint que le Québec ne se serve de cette clause pour brimer les droits de sa minorité anglophone ; il souhaite qu'on amende l'accord pour préciser que la Charte canadienne des droits et libertés aura préséance sur la clause de société distincte, mais Robert Bourassa refuse. Brian Mulroney – pourtant un Anglo-Québécois – appuie Bourassa car à ses yeux, c'est une chose évidente. À minuit, après une quinzaine d'heures de débat dans la salle de conférence du troisième étage de l'édifice Langevin, le quartier général du premier ministre, Mulroney avise son entourage qu'on se dirige vers un échec.

Seul un coup de maître peut permettre de convaincre Peterson, qui a emmené avec lui à Ottawa un bataillon de conseillers qui semblent avoir bu les paroles de Pierre Elliott Trudeau. C'est alors que Brian Mulroney fait entrer dans la salle un homme bien connu dans le cercle des mandarins fédéraux : Roger Tassé, l'ancien sous-ministre de la Justice du gouvernement de Pierre Elliott Trudeau.

« *Tassé a dit : "C'est moi qui ai écrit la Charte comme sous-ministre de la Justice de Jean Chrétien. C'est pas Pierre Elliott Trudeau qui l'a écrite, c'est pas Jean Chrétien qui l'a écrite, c'est moi qui l'ai fait, et je peux vous garantir qu'il n'y a rien dans Meech qui aurait pour effet de diluer une disposition importante de la Charte."* » – Brian Mulroney

C'est ce qu'on appelle utiliser un argument d'autorité. Certains ont encore des doutes ? Mulroney fait entrer Frank Iacobucci, le sous-ministre de la Justice en exercice et futur juge de la Cour suprême du Canada. Puis Howard Pawley a « commencé à branler dans le manche », selon l'expression de Brian Mulroney. Le premier ministre du Manitoba est préoccupé par la clause limitant le pouvoir de dépenser du gouvernement fédéral dans des domaines de juridiction provinciale. C'est alors que Mulroney convainc le chef du NPD fédéral, Ed Broadbent, d'intervenir auprès de Pawley. « Broadbent l'a appelé pour le rappeler à l'ordre et lui parler de ses obligations nationales. »

Voilà la force et le talent de Brian Mulroney, estime Jean-Claude Rivest, le conseiller de Robert Bourassa : aller puiser à l'extérieur de sa propre famille politique pour arriver à ses fins. « Monsieur Mulroney a mis son réseau, non seulement de son parti mais des autres partis, au service du projet qu'il avait et qui était l'accord du lac Meech. Monsieur Bourassa et la délégation du Québec, nous n'avions pas le commencement de l'ombre de ce réseau-là. »

Au moment où les premières lueurs du jour commencent à éclaircir le ciel d'Ottawa, en ce matin du 3 juin, au terme d'une vingtaine d'heures d'échanges parfois houleux, Brian Mulroney convoque un dernier témoin dans la salle : l'Histoire. Chacun des premiers ministres s'est exprimé à satiété. C'est maintenant au tour de l'Histoire de se prononcer. C'est elle qui aura le dernier mot sur ce que feront les premiers ministres maintenant que Brian Mulroney demande le vote. Comme il se doit, il commence par Robert Bourassa, puisque l'exercice vise à réconcilier le Québec avec le reste du pays. Puis Mulroney invite les autres premiers ministres à se prononcer, un à un, en terminant par David Peterson. Tous les autres ont acquiescé. Veut-il passer à l'Histoire pour être celui qui a dit non au retour du Québec ?

Sur le coup de six heures, Brian Mulroney annonce aux journalistes qui ont passé la nuit à faire le pied de grue sur le trottoir devant l'édifice

Langevin que tous les premiers ministres se sont entendus sur le texte
de ce qu'on appellera désormais « l'accord du lac Meech ». Après quelques
trop courtes heures de sommeil, ils se retrouvent tous au Centre des
conférences d'Ottawa – dans la même salle où l'on avait convenu du
rapatriement de la Constitution sans l'accord du Québec – pour parapher
l'entente de 7 425 mots. Cette fois, elle est unanime.

« *La conclusion de l'accord du lac Meech était la réalisation de
son objectif ultime. Pour lui, la réconciliation du Québec avec le reste
du Canada, et du reste du Canada avec le Québec, c'était sa motivation fondamentale pour faire de la politique.* » – Marc Lortie

La réconciliation qu'il évoquait déjà à 19 ans dans son mémoire de
sciences politiques vient d'être accomplie, 28 ans plus tard, « de manière
définitive », lance Brian Mulroney. Il ne reste plus qu'une formalité :
faire ratifier l'accord par le Parlement fédéral et les législatures de chacune des 10 provinces. La délégation québécoise aurait voulu que les
premiers ministres s'engagent à le faire plus rapidement, dans un délai
maximum de six mois, mais la formule d'amendement adoptée lors du
rapatriement de la Constitution est claire : pour ce type de changement,
il faut l'unanimité des provinces et elles ont trois ans pour se prononcer. En politique, trois ans, c'est long.

Sans tarder, le 23 juin 1987, le Québec ouvre la marche en devenant
la première province à ratifier l'amendement constitutionnel. « Le message au reste du Canada est clair, affirme Robert Bourassa : on tient
parole. » C'est une manière de dire : « À vous d'en faire autant. » Par ce
vote à l'Assemblée nationale, Meech devient la réponse officielle à la
sempiternelle question : « *What does Quebec want ?* » Aux Québécois
qui trouvent son contenu trop modeste, Robert Bourassa demande
d'aller au-delà des mots. L'important est dans le geste. On ne pouvait
quand même pas s'attendre à ce que le reste du Canada accorde au
Québec davantage que ce qu'il avait lui-même demandé ! « Pour la première fois, nous sommes gagnants dans un débat constitutionnel. Toutes
les provinces acceptent toutes nos conditions. Qui peut dire mieux ? »
Évidemment, Robert Bourassa s'est bien gardé de dire que ces « conditions » avaient trouvé leur origine dans le bureau de Brian Mulroney
avant d'être dévoilées par Québec.

L'important, c'est que l'horloge de l'Histoire vient d'être mise en marche par Québec : les autres provinces ont trois ans, soit jusqu'au 23 juin 1990, pour livrer la marchandise. La Saskatchewan est la première province anglophone à ratifier l'amendement, en septembre. Puis, le mois suivant, le libéral Frank McKenna prend le pouvoir au Nouveau-Brunswick en renversant à plates coutures les conservateurs de Richard Hatfield : les libéraux obtiennent 100 % des sièges ! Or Frank McKenna croit que l'accord du lac Meech, on pourrait faire mieux. Et c'est parti…

Chapitre 42

Accord de libre-échange

L'accord du lac Meech n'est pas le seul que Brian Mulroney parviendra à obtenir à l'arraché en 1987. Tous ses talents de négociateur seront aussi mis à contribution pour parvenir à la conclusion d'une entente de libre-échange avec les États-Unis. Le moins que l'on puisse dire, c'est que ce n'était pas gagné d'avance. Sitôt les négociations officiellement amorcées, en mai 1986, les Américains multiplient les mesures protectionnistes, comme en imposant des tarifs punitifs sur les bardeaux de cèdre provenant du Canada. Brian Mulroney proteste directement auprès de Ronald Reagan et réplique par une série de tarifs douaniers à l'encontre de produits américains. À la table des négociations, l'atmosphère n'est pas plus coopérative.

« Je serai un peu grossier : les Américains voulaient nous scalper et ils avaient une liste des scalps qu'ils cherchaient à obtenir. Ce qu'ils attendaient de nous, c'est que nous répondions à la liste de ce qu'ils considéraient, eux, comme des irritants commerciaux. » – Derek Burney

Au Canada, ces disputes alimentent quotidiennement les partis d'opposition, libéraux et néodémocrates, qui rivalisent de vigueur dans leurs dénonciations d'un accord qui, bien qu'encore hypothétique, leur semble déjà inacceptable. Leurs propos trouvent un écho favorable chez une bonne partie de la population canadienne instinctivement méfiante de la trop grande force d'attraction de l'étoile américaine sur son petit satellite, le Canada. Tous les soirs, dans leur salon, les Canadiens se gavent de films et d'émissions de télévision en provenance des États-Unis ; ils connaissent l'ignorance abyssale d'une large proportion des citoyens américains en ce qui concerne le Canada, un pays qui, selon plusieurs d'entre eux, ne leur apporte que des tempêtes de neige ; ils redoutent la suffisance de la superpuissance militaire, culturelle et économique planétaire. Oui, les Américains sont nos meilleurs voisins, semblent se dire beaucoup de Canadiens, mais c'est le cas parce que ce sont nos seuls voisins. Dans ce contexte, l'existence d'une clôture est rassurante, les barrières commerciales sont un rempart fragile, mais tout de même un rempart contre la domination américaine. C'est un peu ce que semblait penser Brian Mulroney lui-même lorsque, se disant opposé à une entente de libre-échange avec les États-Unis, il l'avait décrite comme une aventure aussi risquée que celle d'une souris au lit avec un éléphant. Rien n'avait changé depuis dans la taille des deux bêtes, mais Brian Mulroney avait la certitude que pour prendre du poids, la souris avait besoin d'un accès garanti à un grand marché. De tous les pays du G7, le Canada est en effet celui disposant du plus petit marché domestique, soit moins de 30 millions d'habitants à l'époque. Le Canada était aussi celui pour qui les exportations représentaient le pourcentage le plus élevé de l'économie, mais avec, en fait, à peu près un seul client, les États-Unis, absorbant plus de 90 % du total. Cela plaçait le pays dans une position extrêmement vulnérable devant la montée du protectionnisme américain. Une entente de libre-échange mettant le Canada à l'abri des caprices du Congrès américain, garantissant aux entreprises canadiennes un accès aux 300 millions de consommateurs des États-Unis, permettrait à de grandes entreprises de s'implanter au Canada pour desservir tout le continent. D'autres pourraient innover, se spécialiser, investir pour augmenter leur productivité avec la certitude de ne pas être l'objet de barrières tarifaires défensives et discriminatoires.

Brian Mulroney confia la responsabilité de négocier cette entente à Simon Reisman, celui qui avait mené à bien, 20 ans plus tôt, la mise en place du Pacte de l'automobile entre le Canada et les États-Unis. Cet accord commercial assurant la libre circulation, sans tarifs douaniers, des pièces et des véhicules automobiles de part et d'autre de la frontière avait permis à l'Ontario de connaître une prospérité remarquable. La présence de Reisman comme négociateur en chef de l'accord de libre-échange permettait à Brian Mulroney de faire miroiter des avantages similaires dans tous les autres secteurs industriels. C'était d'ailleurs l'un des dilemmes du gouvernement Mulroney : prêcher aux Canadiens les avantages de l'ouverture tout en résistant au désir des Américains d'y arriver dans certains domaines, notamment la culture et l'agriculture.

En avril 1987, soit quelques jours avant la réunion des premiers ministres au lac Meech, Brian Mulroney doit recevoir le président Reagan à Ottawa pour leur troisième rencontre annuelle. Les affrontements commerciaux entre les deux pays se sont tellement envenimés au cours des mois précédents qu'en janvier, l'ambassadeur du Canada à Washington, Allan Gotlieb, a suggéré à Brian Mulroney d'annuler l'événement et, pour provoquer le maximum d'éclat, d'en faire l'annonce au Parlement canadien. Le premier ministre, bien qu'excédé – il écrit dans ses mémoires qu'au début de 1987, « [il en avait] ras le bol de l'administration Reagan » –, refuse d'aller aussi loin. « Sinon, dit-il, je perdais l'accès au président Reagan et à son autorité, mais je perdais également un ami. Parce que Reagan était de notre côté, il était de notre bord, et je savais que dans le "crunch", il allait être avec nous. »

Mulroney pose donc un geste exceptionnel en informant le vice-président George H. Bush que les relations canado-américaines sont « au bord de la rupture ». Bush est convoqué au 24 Sussex, où il se présente le 21 janvier en compagnie du secrétaire d'État américain Jim Baker, l'équivalent canadien du ministre des Affaires étrangères. Après le repas, il les invite dans son bureau. « J'ai dit : "Assoyez-vous, je vais vous servir un café et vous allez regarder quelque chose." » Mulroney avait fait réaliser un montage vidéo d'une quinzaine de minutes composé d'extraits de la période des questions à la Chambre des communes, montrant sans ménagement « les insultes et les injures que [lui] lançaient tous les jours John Turner, Lloyd Axworthy, le Rat Pack, [l]'accusant d'être un vendu aux Américains, un écœurant, quelqu'un qui veut devenir gouverneur d'un nouvel État américain. » « Je leur ai dit : "C'est ce que je subis ici tous les jours." Bush était horrifié. » Bush sait aussi lire les sondages. Ils placent les conservateurs en troisième position, derrière les libéraux et les néodémocrates. De retour à Washington, il montre l'enregistrement au président. « Alors Reagan a dit : "Vous voyez, Brian est presque tout seul là-bas. Les autres ne sont pas nos amis, il faut collaborer avec lui." » Dans un appel à Brian Mulroney quelques jours plus tard, il lui dit : « Brian, j'ai regardé l'enregistrement et j'ai compris le message. »

Curieuse ironie de la politique, c'est peut-être la virulence des critiques de l'opposition et leurs insinuations teintées d'antiaméricanisme qui ont permis de relancer la négociation sur l'Accord de libre-échange. Selon Derek Burney, cette scène fut un moment marquant : « Je crois que le président Reagan a alors réalisé à quel point il ne s'agissait pas d'une simple négociation commerciale, que ce qui était en jeu allait au cœur de la relation entre les deux pays et que si les Américains ne se ressaisissaient pas rapidement, ils allaient bientôt perdre une occasion importante. »

Lorsque Ronald Reagan se présente à Ottawa, le 6 avril, pour le 3e Sommet annuel canado-américain, il sait qu'il doit jeter du lest. Mulroney, lui, doit donner des preuves tangibles que sa stratégie américaine fonctionne. Il exige des progrès sur les pluies acides, un dossier où Washington traîne les pieds. « J'ai dit : "Ron, faut régler ça." » Il veut aussi résoudre le problème de la souveraineté canadienne sur le passage du Nord-Ouest dans l'Arctique, que les Américains considèrent comme des eaux internationales. « Je lui ai joué un mauvais tour », rigole Mulroney, qui parvient à convaincre Reagan en lui montrant un globe terrestre datant du 19e siècle – une antiquité que Paul Desmarais lui a offerte comme cadeau personnel – où le passage du Nord-Ouest ressemble à une simple rivière.

« Alors monsieur Mulroney pointe le passage du doigt et dit : "Ron, comment ta marine peut-elle prétendre qu'il s'agit de la haute mer ? Ça traverse le Canada, c'est gelé 80 % du temps, des gens y vivent. Comment pouvez-vous dire que ce sont des eaux internationales ?" Alors Reagan l'a regardé de près, intrigué, et il a dit : "Eh bien, Brian, ce n'est pas comme la carte qu'ils m'ont montrée à bord de Air Force One." » – Derek Burney*

En sortant du bureau de Brian Mulroney, Reagan demande s'il peut utiliser le salon pour s'entretenir en privé avec ses proches conseillers. « Et puis là, assis sur le sofa du 24 Sussex, il prend sa plume et il commence à amender son discours [qu'il devait livrer plus tard au Parlement] pour le rendre conforme à ce qu'il venait de me dire. Il a changé la politique américaine dans trois domaines cet après-midi-là », soit sur les pluies acides, la souveraineté arctique et les relations commerciales. En fait, relate Derek Burney, Ronald Reagan, fidèle à sa réputation de ne jamais trop se préoccuper des détails, avait oublié certains des éléments auxquels il avait consenti. Il a donc envoyé Frank Carlucci, son conseiller en sécurité nationale, s'enquérir auprès de Burney : « Quelle est précisément votre position sur le passage du Nord-Ouest ? » Burney réplique par une autre question : « Pourquoi vous me le demandez ? » Carlucci répond : « Parce qu'apparemment, c'est maintenant aussi notre position. » Burney en rit encore : « Vous auriez dû voir le visage des Américains. Ils étaient livides, blancs de rage. » Ce diplomate de carrière découvre ainsi qu'il y a des exceptions à la règle qu'il croyait immuable selon laquelle les pays n'ont pas d'amis mais uniquement des intérêts. La relation exceptionnelle que Brian Mulroney entretenait avec Ronald Reagan avait permis de défaire des embâcles que des années de pressions diplomatiques ne seraient pas arrivées à contourner. Dans le cas présent, Reagan acceptait de confier à deux envoyés spéciaux la responsabilité de négocier un traité pour résoudre le problème des pluies acides ; c'est Derek Burney qui serait l'envoyé canadien. Quant à la souveraineté canadienne en Arctique, les Américains la reconnaîtraient *de facto* en s'engageant à demander la permission du Canada avant d'emprunter le passage du Nord-Ouest, le Canada s'engageant en retour à toujours l'accepter.

Pour ce qui est des relations commerciales, la détente promise par Ronald Reagan avait ses limites, car à la différence d'un premier ministre canadien, un président américain – surtout impopulaire et en fin de mandat – dispose de leviers très limités pour influencer les décisions du Congrès. C'est par la peau des dents qu'il avait réussi à obtenir la permission de lancer les négociations de libre-échange avec le Canada l'année précédente, selon une procédure accélérée dite du « *fast track* ». Le vote du comité devant l'autoriser avait été de 10 contre 10, une égalité qui, n'étant pas un rejet, équivalait à une autorisation. Sans cette disposition, les clauses de l'Accord de libre-échange auraient dû être débattues et adoptées une à une par le Congrès. Aussi bien enterrer l'affaire. Selon la procédure accélérée, l'accord serait soumis au Congrès en bloc, à prendre ou à laisser. C'était la seule voie possible pour parvenir à ratifier un accord commercial complexe.

Encore fallait-il arriver à s'entendre à la table des négociations. Selon la procédure du *fast track*, les deux parties doivent soumettre le texte de l'accord au Congrès au plus tard à minuit, le 3 octobre 1987.

Or à un mois de l'échéance, les négociations sont au point mort. Elles buttent sur la demande insistante du Canada de mettre en place un mécanisme de règlement des différends. Sans lui, le Canada serait toujours dans la position de la souris au lit avec un éléphant. Dès qu'un conflit surgirait dans l'interprétation du traité, c'est la loi du plus fort qui s'appliquerait, et donc les États-Unis qui auraient gain de cause. Voilà pourquoi les deux parties devaient accepter de soumettre leurs conflits à venir à un organisme neutre et indépendant. Il aurait la responsabilité d'étudier chaque dossier au mérite et ses décisions seraient exécutoires. Pour les États-Unis, habitués à jouer les matamores, cela équivaut à déléguer une partie de leur souveraineté nationale en matière commerciale à un organisme binational. La pilule ne passe pas. En septembre 1987, Brian Mulroney se consacre presque exclusivement à ce dossier, multipliant les réunions ministérielles où les opinions sont très partagées. Même la ministre du Commerce international, Pat Carney, en arrive à souhaiter l'échec de l'aventure. D'un tempérament boudeur et capricieux, elle ne parvient pas à supporter la pression, de sorte qu'elle multiplie les déclarations étranges, dont celle voulant que l'entente serait « marginale sur le plan politique ». Certains commencent à regretter que le gouvernement ait aboli en début de mandat l'agence de tamisage des investissements étrangers, un irritant majeur pour les Américains. Elle aurait pu constituer une monnaie d'échange utile pour le Canada en fin de négociation.

À 10 jours de l'échéance pour en arriver à un accord, Brian Mulroney informe son Cabinet qu'on doit sérieusement envisager l'échec des pourparlers. La seule chance de l'éviter est de provoquer un coup de théâtre pour secouer l'inertie américaine. Ce jour-là, le 23 septembre, le négociateur canadien Simon Reisman quitte la table en annonçant qu'il a « suspendu les négociations ». À la Chambre des communes, Brian Mulroney paraît excédé : « L'entente doit être dans l'intérêt du Canada, sinon il n'y aura pas d'entente. » Mais les jours passent et le coup de tonnerre que l'on croyait avoir donné n'a pas d'écho. Les Américains en ont vu d'autres. Après une semaine, on croit qu'il n'est plus possible d'y arriver. Le 29 septembre, Brian Mulroney se met à parler de la négociation à l'imparfait : « Il s'agissait d'une tentative historique. Il fallait à mon sens essayer, mais seulement à condition que nous puissions obtenir quelque chose de valable, mais jusqu'à maintenant les Américains n'ont pas accepté nos conditions. S'ils persistent dans leur refus, ça s'annonce mal, mais il fallait tenter l'expérience.»

Le 1er octobre, Brian Mulroney fait une dernière approche en envoyant à Washington une petite délégation dirigée par Derek Burney. La ministre Pat Carney est aussi du groupe, pour la forme, et sa contribution passera à l'histoire pour ses lamentations à l'effet que les Américains ont tenté de l'affamer. Burney est porteur d'un message du premier ministre : « J'ai expliqué aux Américains que l'entente que nous voyions, nous ne la voulions pas, et que l'entente que nous voulions, nous ne la voyions pas.» C'est alors que le secrétaire d'État américain, Jim Baker, entre en jeu et prend les négociations en main. Il ne reste que deux jours avant l'échéance fixée par le *fast track*. Le Canada a finalement obtenu l'attention des Américains. Le président Reagan veut d'ailleurs en parler directement avec son ami Brian, mais Mulroney refuse de prendre l'appel : « J'ai dit à mon chef de cabinet d'aviser la Maison-Blanche que je ne suis pas disponible pour un appel du président. Je serai disposé à lui parler lorsqu'il y aura matière à discuter.» C'est le grand jeu, faire sentir à Reagan qu'au-delà des considérations commerciales, leur relation d'amitié et de confiance mutuelle est dans la balance. Et pourtant, à la table des négociations, les Américains maintiennent la ligne dure : pas question de céder la souveraineté du Congrès en acceptant la création d'un mécanisme d'arbitrage des conflits commerciaux.

Le samedi 3 octobre, il est 21 h 30 et Brian Mulroney est à son bureau de l'édifice Langevin. Il reste moins de trois heures avant que ne s'évapore son projet de libre-échange avec les États-Unis. Comment sera-t-il jugé par l'Histoire ? Qu'en penseront les électeurs canadiens qu'il doit normalement affronter l'année suivante ? Ceux qui s'opposent au libre-échange lui reprocheront d'avoir essayé. Ceux qui y sont favorables, d'avoir échoué. Que faire ? Appeler Ronald Reagan ? Mieux encore, il décide d'appeler son secrétaire d'État, Jim Baker, qui se trouve à la table et qui a l'autorité de parvenir à un règlement : « Jim, lui dit-il, dans peu de temps je vais appeler le président Reagan à Camp David et je vais lui poser la question suivante : "Ron, comment se fait-il que tu peux faire une entente [sur la réduction des armes nucléaires] avec ton pire ennemi, les Russes, et que tu ne peux pas conclure une entente commerciale de libre-échange avec ton meilleur ami, le Canada ?" » Vingt minutes plus tard, Jim Baker retourne à la table des négociations où se trouve la délégation canadienne et leur lance un document : « Le voilà votre foutu mécanisme de règlement. »

On y est arrivé de justesse. L'avis informant le Congrès de la conclusion de l'entente est enregistré une minute avant minuit, la limite ultime fixée par la procédure du *fast track*. Une heure plus tard, Brian Mulroney s'adresse aux médias : « Je suis heureux de vous informer que nous avons conclu une entente sur les éléments clés d'un accord de libre-échange avec les États-Unis. L'accord nous apparaît positif, bien équilibré et comporte des avantages pour toutes les régions du pays. »

Quelques mois plus tard, le 2 janvier 1988, l'entente est formellement paraphée par les deux hommes, Ronald Reagan en Californie et Brian Mulroney à Ottawa, qui s'engagent du même coup à la faire ratifier d'ici un an par leur Parlement. Mulroney se doute bien que d'ici là, il devra s'en remettre à l'électorat. Il n'a pas le mandat de conclure une entente de cette importance, qui risque de transformer la structure industrielle du Canada. En fait, lorsqu'ils l'ont porté au pouvoir, en 1984, les Canadiens avaient toutes les raisons de croire qu'il était opposé à cette idée puisqu'il l'avait combattue un an plus tôt. De surcroît, libéraux et néodémocrates s'opposent à l'accord qui, craignent-ils, va irrémédiablement compromettre la souveraineté canadienne et, à terme, son âme nationale.

Pour le moment, Brian Mulroney peut se réjouir d'avoir réalisé les deux plus grands objectifs qu'il s'était fixés en prenant le pouvoir : il a obtenu un accord constitutionnel unanime pour ramener le Québec à la table des provinces, et il vient de conclure un traité de libre-échange avec les États-Unis, assurant aux entreprises canadiennes un accès sans entrave à l'important marché américain. La conclusion de ce traité, il la doit au lien d'amitié qu'il a établi avec le président Reagan. « Si ce lien personnel n'avait pas existé, nous n'aurions jamais eu d'entente de libre-échange », estime Derek Burney, convaincu que la volonté de Reagan de faire plaisir à son ami Mulroney a été l'élément déterminant.

Chapitre 43

Drapeau en berne

L e 1er novembre 1987, quelques semaines après la conclusion de l'Accord de libre-échange canado-américain, l'ancien premier ministre du Québec, René Lévesque, meurt subitement d'une attaque cardiaque à sa résidence de l'Île-des-Sœurs. Bien que malade, atteint d'une grippe qui l'a cloué au lit pendant deux jours, Brian Mulroney insiste pour se rendre aux funérailles, car René Lévesque est pour lui une idole de jeunesse. Il l'a d'abord découvert comme journaliste, puis comme politicien où il s'est illustré par son audace à entreprendre des réformes ambitieuses. « Il a joué un rôle historique dans la Révolution tranquille. L'élection de 1962, c'était l'élection de René Lévesque », se rappelle Brian Mulroney qui, alors étudiant à l'Université Laval, avait vécu de près cette période effervescente dominée par le débat sur la nationalisation de l'hydroélectricité. Ce projet parrainé par René Lévesque avait été au cœur de l'élection quasi référendaire de 1962, tout comme l'entente de libre-échange de Mulroney dominerait bientôt la prochaine élection fédérale. Bien sûr, Brian Mulroney n'a jamais été dans la famille politique de René Lévesque, surtout pas lorsqu'il a emprunté la voie de l'indépendantisme. « Je n'étais pas d'accord avec sa politique souverainiste, mais il l'a fait de bonne foi. Il y croyait. Ce n'est pas illégitime d'y croire. » Par-dessus tout, ce qu'il admirait chez celui qu'il appelait par son prénom, « René », c'était sa droiture. « René Lévesque a été en tout temps et en toutes circonstances un grand démocrate. Il croyait profondément dans la démocratie et il agissait en tout temps en faveur de la position honorable de l'individu. Honnête et honorable. »

C'est pourquoi Brian Mulroney décide de déroger au protocole et d'ordonner qu'on mette en berne le drapeau canadien sur les édifices fédéraux au Québec et sur le parlement à Ottawa. La mesure serait exceptionnelle pour le décès de n'importe quel ancien premier ministre provincial. Elle est tout à fait inouïe lorsqu'il s'agit de celui qui fut le principal porte-étendard de l'indépendance du Québec, mais Brian Mulroney s'en balance : « Oui, j'ai été critiqué, mais je l'ai fait – comme on dit à Baie-Comeau – *anyway*. »

« *C'est un beau signal qu'il envoie à la société québécoise – et canadienne aussi – parce qu'il dit à tout le monde : "On peut ne pas être d'accord avec quelqu'un, mais on doit en même temps reconnaître à cet homme le mérite qui lui revient." Il y a un élément de réconciliation dans son geste.* » – Jean Charest

L'attaché de presse de Brian Mulroney, Marc Lortie, l'accompagnait aux funérailles. Selon lui, il s'agissait d'un geste à la fois courageux et téméraire. « C'est prendre le risque d'être mal compris, mais ça rentrait dans sa vision de l'unité nationale parce que dans son identité même, Brian Mulroney réunit le Canada anglais et le Canada français. Et il l'a exercé dans sa politique intérieure. Mais ça a choqué. » Par la suite, apprenant que Corinne Côté, la veuve de René Lévesque, se trouvait dans une situation économique difficile, il la nommera juge à une commission fédérale pour lui assurer un revenu décent. Ceux que cela rebute seraient encore plus scandalisés d'apprendre ce qu'il a proposé à Jacques Parizeau à la même époque : un siège au Sénat canadien. « Il s'était retiré de la politique et je pensais que le Sénat canadien et le Canada pouvaient bénéficier énormément de son grand talent d'économiste et d'homme politique sage », se justifie Brian Mulroney, qui a gardé cette proposition secrète pendant 25 ans.

Le principal intéressé, Jacques Parizeau, confirme cette offre surprise. Il croit se rappeler qu'elle lui a été faite en personne par Brian Mulroney dans une chambre d'hôtel du Sheraton de Laval en 1988, alors qu'il était de retour dans la vie civile en tant que professeur d'économie à HEC Montréal. C'est à ce titre que l'aile québécoise du Parti conservateur l'avait invité à faire une présentation sur les mérites de l'Accord de libre-échange devant ses députés réunis en caucus à Laval. « Et puis ensuite, il me fait monter à sa chambre et il m'offre un poste de sénateur! Alors je le remercie beaucoup. Ça n'ira pas plus loin», relate Parizeau dans un grand éclat de rire, comme pour illustrer le ridicule de la situation: sénateur au Sénat du Canada, lui! Bien sûr, Brian Mulroney lui a proposé de siéger comme sénateur indépendant. Il ne serait pas allé jusqu'à en vouloir dans le caucus conservateur. N'empêche, l'entrée du personnage dans la Chambre haute aurait donné un sens tout à fait inédit à son «indépendance».

Brian Mulroney conserve de l'épisode un souvenir différent. Il dit se rappeler très bien du contexte dans lequel il a présenté l'offre à Jacques Parizeau: par téléphone, un dimanche soir, à partir de son bureau du 24 Sussex, pas en personne à Laval. Et, soutient-il, si Jacques Parizeau a décliné la proposition, il n'a pas ri du tout. Mais il ne s'agit que de détails. L'essentiel est ailleurs. En 1988, Mulroney vient de conclure l'Accord de libre-échange contre lequel les libéraux livrent une bataille acharnée à la Chambre des communes et au Sénat. Il sait que cela sera au cœur de la campagne électorale qui s'annonce à l'automne. Pour en sortir gagnants, les conservateurs doivent absolument conserver leurs sièges au Québec, car ils s'attendent à en perdre plusieurs dans les Maritimes et surtout en Ontario, où le libre-échange est très contesté. En cooptant Jacques Parizeau, on ferait d'une pierre deux coups, car il deviendrait non seulement une caution en faveur de l'accord de libre-échange auprès des Québécois, mais il serait aussi, hors Québec, la preuve vivante de la réconciliation nationale accomplie un an plus tôt avec l'accord du lac Meech. Même lui – l'indépendantiste absolu – aurait cédé au charme. Sa nomination risquait sans doute de soulever critiques, railleries et indignations dans le reste du Canada, mais Brian Mulroney était prêt à les affronter. La prise en valait le coût politique. Il l'avait dans sa mire depuis longtemps. Deux ans plus tôt, il avait sérieusement songé à recruter Jacques Parizeau pour agir à titre de conégociateur du traité de libre-échange avec les États-Unis, une idée qui n'avait finalement pas été retenue.

Chapitre 44

Monsieur Net

Au début de l'année 1988, Brian Mulroney sait que son gouvernement devra se présenter devant la population canadienne à l'automne pour réclamer un nouveau mandat. Or la question lancinante de l'éthique de son gouvernement pose toujours problème et plombe le parti dans les sondages.

Alors qu'il se trouve à Bruxelles pour participer à un sommet de l'OTAN, début mars, Mulroney invite son ami Lucien Bouchard à lui rendre visite à sa chambre d'hôtel. Cela fait trois ans que Bouchard occupe le poste d'ambassadeur du Canada à Paris. Le travail combiné des deux hommes a considérablement réchauffé les relations avec la France. Alors que pendant les années Trudeau, plusieurs diplomates considéraient une nomination à l'ambassade canadienne de l'avenue Montaigne avec à peine plus d'enthousiasme que s'il s'était agi d'un poste à Bucarest – la fraîcheur des relations entre le Canada et la France rivalisant avec celle des hivers roumains –, tout a maintenant changé. Cela a commencé avec le déblocage du dossier de la Francophonie au début du mandat de Brian Mulroney, permettant de briser la glace ; le charme irlandais du premier ministre va ensuite la faire fondre. De sommets de la Francophonie en sommets du G7, sa relation avec le président Mitterrand devient de plus en plus étroite. Le socialiste hautain et le conservateur affable forment un étrange couple, soit, mais il fonctionne au point où les deux hommes en sont arrivés à se tutoyer. Or personne, pas même son épouse, ne tutoie Mitterrand. Lui s'adresse à Mulroney par son prénom qu'il prononce à la française, comme l'adjectif « brillant ». Pendant les réunions du G7 – qui l'ennuient à mourir –, François Mitterrand passe le temps en griffonnant des dessins dont il fait ensuite parfois cadeau à Mulroney. En retour, le premier ministre canadien lui sert souvent d'intermédiaire auprès de Margaret Thatcher et de Ronald Reagan, avec qui les relations de la France sont généralement tendues.

Signe concret du rapprochement entre les deux pays, en mai 1987, quelques mois avant le deuxième Sommet de la Francophonie à Québec, François Mitterrand a tenu à effectuer une visite « canadienne », qui le conduit de la Bourse de Toronto aux fermes des Prairies en passant par Ottawa où il prononce à la Chambre des communes un « Vive le Canada ! » bien senti. Depuis le général de Gaulle et son « Vive le Québec libre ! », 20 ans plus tôt, aucun président français n'avait effectué de visite officielle au Canada.

La relation d'amitié entre Brian Mulroney et François Mitterrand n'enlève rien au mérite de Lucien Bouchard, mais elle explique en partie pourquoi, sous son règne, la résidence officielle de l'ambassadeur canadien, rue du Faubourg-Saint-Honoré, est soudainement devenue l'endroit à fréquenter dans les cercles diplomatiques de la capitale française. La magnifique demeure reprend vie, au grand désespoir des tenants de l'indépendance du Québec, comme Jacques Parizeau, qui y voit « un concurrent de la Délégation du Québec à Paris. Et ça, je ne peux pas dire que ça fait notre affaire ! ». Lucien Bouchard s'acquitte tellement bien de sa tâche de représentant du Canada qu'il contribue à l'organisation de la toute première visite officielle à Paris d'un chef de l'État canadien, la gouverneure générale Jeanne Sauvé. Protocole oblige, lorsque sa voiture défile sur l'avenue des Champs-Élysées, une rangée de drapeaux canadiens rouge et blanc orne chaque côté de la plus célèbre avenue du monde. Du jamais vu.

Voilà donc qu'en ce début de mars 1988, dans sa chambre d'hôtel à Bruxelles, Brian Mulroney demande maintenant à son ami Lucien Bouchard de venir le seconder pour obtenir un deuxième mandat, passage obligé pour finaliser le travail, l'accord du lac Meech et celui du libre-échange. Il lui offre d'entrer directement au Cabinet, de se faire élire ensuite député, puis de mener la campagne électorale sur le front québécois pendant que lui se concentrera surtout à bagarrer dans le reste du pays. Lucien Bouchard est bien plus un nationaliste québécois qu'il n'est un conservateur canadien, mais Brian Mulroney dit « l'aimer comme un frère », et Bouchard lui confie qu'au cours des trois dernières années « il a appris à aimer le Canada ».

C'est ainsi que le 30 mars 1988, Lucien Bouchard est assermenté à titre de secrétaire d'État, ce qui fait de lui le ministre responsable des minorités linguistiques au Canada. Mais cela ne trompe personne. Son mandat premier est de redorer le blason éthique du gouvernement – lui, l'incorruptible intransigeant que plusieurs surnomment « Monsieur Net » et qui a la réputation de faire preuve d'une franchise sans concession lui permettant de dire au premier ministre ses quatre vérités. Un mois plus tôt, confronté à la démission d'un autre ministre québécois, Michel Côté, qui avait négligé de déclarer un prêt personnel de 250 000 dollars contracté auprès d'un homme d'affaires ayant des contrats du gouvernement fédéral, Brian Mulroney a tenté de redresser le gouvernail éthique en déposant un projet de loi établissant un code de conduite sur les conflits d'intérêts pour les élus et les responsables de charge publique. Selon Brian Mulroney, cela devait permettre de « dépolitiser un problème humain très grave ». Sauf qu'il faut plus qu'une loi pour faire oublier les dérives qui ont marqué son gouvernement et dont Lucien Bouchard pourrait bien être la première victime. Candidat conservateur dans la circonscription de Lac-Saint-Jean lors d'une élection complémentaire rapidement convoquée pour légitimer sa présence au Cabinet, Bouchard peine en effet à faire bouger l'aiguille de la faveur populaire. Au point où, à mi-course, il anticipe une défaite. Elle serait catastrophique pour Brian Mulroney, qui décide donc d'envoyer sur place ses troupes de choc : Bernard Roy, Pierre Claude Nolin et le redoutable Luc Lavoie, ancien journaliste du réseau TVA devenu l'homme à tout faire de Mulroney. Le premier ministre se rend lui-même à deux reprises dans le comté de Lac-Saint-Jean pour aider son candidat vedette, y compris le 11 juin, en compagnie de sa fille Caroline qui célèbre ce jour-là ses 14 ans. Le soir du 20 juin, lorsque Lucien Bouchard est déclaré élu avec 20 points d'avance sur son principal adversaire, le libéral Pierre Gimaïel, il déclare que cette victoire est la première étape d'« une élection générale où le Québec donnera un Oui massif à l'équipe de Brian Mulroney ».

S'il était peut-être jusque-là le ministre québécois le plus connu du gouvernement Mulroney, l'autre Bouchard, Benoît, député du comté voisin de Roberval, vient assurément de perdre sa place. L'arrivée triomphale de la nouvelle recrue ne laisse pas de doute quant au poids politique qu'il exercera, à la fois par son caractère et en raison de ses relations personnelles avec le premier ministre. « Quand Mulroney l'a reconduit dans la Chambre des communes, se souvient Benoît Bouchard, la fierté et le bonheur qu'il avait dans le visage étaient extraordinaires. »

Malgré la victoire de Lucien Bouchard, la position des conservateurs demeure précaire dans les sondages, ce qui ne leur laisse pas le choix. Le gouvernement doit mettre les bouchées doubles pour regagner l'estime des Canadiens. Le menu législatif est tel que la Chambre doit siéger tout l'été. Après avoir adopté l'amendement constitutionnel du lac Meech et l'Accord de libre-échange, les députés votent en faveur de la privatisation de Teleglobe Canada et du principal transporteur aérien au pays, Air Canada. Cette privatisation survient quelques semaines à peine après l'annonce par la société de la Couronne du plus important contrat d'acquisition d'appareils commerciaux de l'histoire canadienne : 34 avions Airbus A-320 d'une valeur de 1,8 milliard de dollars.

En rétrospective, il y a une grande ironie dans la séquence des événements : l'arrivée de Lucien « Monsieur Net » Bouchard, censée marquer une nouvelle ère de moralité publique, coïncide avec une décision, celle de l'achat des appareils A-320, qui sera plusieurs années plus tard au centre de « l'affaire Airbus », considérée par plusieurs comme le plus grand symbole du manque d'éthique de Brian Mulroney.

Chapitre 45

L'affaire Airbus

Pour le public canadien, ce qui deviendra « l'affaire Airbus » commence en 1995, soit près de deux ans après le départ de Brian Mulroney de la politique active. Son nom réfère néanmoins à la décision prise en 1988 par Air Canada – alors une société d'État – d'acheter 34 avions du consortium européen Airbus de préférence à ceux de la compagnie américaine Boeing. On parle ici d'un énorme contrat d'une valeur de 1,8 milliard de dollars, ce qui en faisait le plus important de toute l'histoire de l'aviation civile canadienne. L'« affaire Airbus » va empoisonner la vie de Brian Mulroney pendant une quinzaine d'années, ponctuée de révélations médiatiques, d'intrigues politiques et de batailles judiciaires. Ses multiples rebondissements, au Canada et à l'étranger, ont fait l'objet de plusieurs livres et enquêtes journalistiques, de procès et de commissions diverses qui ont jeté une ombre sur le comportement éthique de Brian Mulroney, sans jamais pour autant entraîner la moindre accusation criminelle contre lui.

L'origine des révélations remonte donc à mars 1995, lorsque l'émission d'enquête de la CBC, *The Fifth Estate*, diffuse un reportage révélant qu'Airbus a versé des commissions secrètes à l'homme d'affaires canado-allemand Karlheinz Schreiber et à Frank Moores – un ami de Brian Mulroney – à la suite de l'achat par Air Canada des 34 appareils A-320 en 1988. Pourquoi le deuxième constructeur d'avions au monde aurait-il payé des commissions « secrètes » de plusieurs millions de dollars à ces deux hommes ? Schreiber est un vendeur d'armes international et Moores un lobbyiste étroitement associé à l'accession de Brian Mulroney à la direction du Parti progressiste-conservateur. Qu'ont-ils fait pour mériter ces millions ? Et où est allé cet argent ? Y aurait-il eu des pots-de-vin ?

Ces soupçons sont renforcés par le fait que peu après son élection, soit en mars 1985, Brian Mulroney a nommé une flopée de conservateurs au conseil d'administration d'Air Canada, y compris Frank Moores, l'ancien premier ministre de Terre-Neuve et l'un des piliers de son organisation pour détrôner Joe Clark à la tête du Parti conservateur au début de la décennie. Moores a fondé une firme de lobbyistes à Ottawa, Government Consultants International, 10 jours seulement après la victoire électorale de Brian Mulroney. Elle fermera boutique à son départ de la vie politique. Lorsque, six mois après la nomination de Moores au conseil d'administration d'Air Canada, on apprend que l'un des clients de sa firme est la société Airbus, il n'a d'autre choix que de démissionner de son siège. Le CA de la société d'État n'en demeure pas moins dominé par des amis du parti dont les qualifications en matière d'aviation civile ne sont pas toujours évidentes. En plus de David Angus, le grand argentier de la caisse électorale conservatrice et l'un des plus illustres représentants de la Big Blue Machine, Brian Mulroney y a nommé une militante conservatrice de la région de Toronto, Gayle Christie, qui ne trouve pas mieux pour justifier qu'on l'ait choisie que de déclarer qu'elle a déjà pris l'avion et qu'elle sait aussi monter à bicyclette. Même le chef de cabinet de Brian Mulroney, Bernard Roy, ne l'a pas trouvée drôle : « Pour moi, c'est inacceptable. » Peter White, à qui l'on avait confié la responsabilité des nominations immédiatement après l'élection de 1984, estime aussi que l'opération se déroulait rondement jusqu'au moment où « Brian a personnellement décidé de faire des nominations au conseil d'Air Canada. Là, ça a mal tourné, on a perdu un peu le contrôle parce que c'était des nominations qui étaient tellement partisanes et quelques-unes n'étaient pas méritées ».

Cela signifie-t-il pour autant que la décision de privilégier l'Airbus au détriment de Boeing était le résultat de l'influence politique de Brian Mulroney ? Aurait-il forcé la main au conseil d'administration de la compagnie ? Celui qui présidait alors Air Canada, Pierre Jeanniot – nommé à ce poste en 1984 par le gouvernement libéral –, a toujours soutenu que ce n'était pas le cas. Les trois comités indépendants chargés d'évaluer les mérites techniques et financiers des appareils avaient recommandé l'achat de l'Airbus, et s'il avait senti la moindre interférence politique, dit-il, il aurait remis sa démission.

N'empêche, des rumeurs de pots-de-vin circulent, alimentées, croit-on, par le concurrent d'Airbus, la compagnie américaine Boeing, qui s'estime lésée dans l'octroi du contrat au consortium européen. D'autant plus qu'en 1988, le Canada et les États-Unis venaient tout juste de conclure un Accord de libre-échange. On se serait attendu à un rapprochement des deux pays en matière de commerce. Le contrat à Airbus est donc en quelque sorte une défaite – diplomatique pour les États-Unis et symbolique pour Boeing car, jusque-là, les grandes compagnies aériennes nord-américaines s'équipaient presque exclusivement de matériel nord-américain. Ce mur protectionniste *de facto* vient de se lézarder avec l'acquisition des Airbus, et de surcroît par la décision d'une société d'État, une émanation du gouvernement canadien.

Ainsi donc, en 1995, les révélations de la CBC et celles en provenance d'Allemagne où Schreiber est soupçonné d'évasion fiscale amènent la GRC à ouvrir une enquête et à demander l'aide du ministère canadien de la Justice pour obtenir des informations des autorités suisses. En septembre, le gouvernement canadien alors dirigé par les libéraux de Jean Chrétien expédie aux autorités helvétiques une demande confidentielle d'entraide faisant état des soupçons de la GRC à l'encontre de l'ancien premier ministre Brian Mulroney. Le document évoque la possibilité qu'il ait touché des pots-de-vin ayant transité par les comptes bancaires de Schreiber en Suisse. La lettre est confidentielle, mais quelques semaines plus tard, son existence est rendue publique dans les médias canadiens. Il s'agit d'une grosse nouvelle : un document officiel du gouvernement canadien associe le nom de Brian Mulroney à une affaire de corruption.

Ce jour-là, son vieil ami – et néanmoins libéral de toujours – Yves Fortier se trouvait en voyage d'affaires à New York. Son téléphone sonne : « C'était Brian qui était en pleurs. Il dit : "Je veux te voir, viens-t'en." » Yves Fortier se précipite à Montréal où, pour la première fois de sa vie, il a vu Mulroney les cheveux en bataille : « Il tenait la main de Mila et il répétait – des fois en français, des fois en anglais – : "Comment est-ce que je vais expliquer ça à nos enfants ? Comment est-ce que je vais expliquer ça à ma mère ?" J'ai vu un homme blessé. Il ne pouvait pas croire que ça lui arrivait. C'était une situation très émotive. »

Brian Mulroney décide de passer à l'attaque en poursuivant le gouvernement canadien pour atteinte à sa réputation. Elle vaut très cher : il réclame des dommages de 50 millions de dollars. Le procès n'aura jamais lieu. En janvier 1997, le gouvernement du Canada accepte de présenter des excuses officielles à Brian Mulroney et de lui verser 2,1 millions de dollars, soit le montant des frais d'avocats et de relations publiques que cette affaire lui a coûtés. Ottawa reconnaît donc qu'il n'a pas de preuve probante de collusion entre Schreiber et Mulroney. Ce constat est renforcé par le fait que lors des audiences préliminaires, en avril 1996, Brian Mulroney a déclaré sous serment qu'il n'a jamais eu de liens d'affaires avec Schreiber[50], qu'il ne l'a rencontré qu'une fois ou deux pour prendre un café après avoir quitté la politique. Sa poursuite contre le gouvernement portant sur « l'affaire Airbus », Brian Mulroney soutient qu'il était justifié de faire cette affirmation, bien qu'elle se révélera fausse dans un contexte plus large. Soit, Brian Mulroney n'a pas eu de liens d'affaires formels avec Schreiber pour l'achat des avions d'Airbus. Ça aurait été le bouquet ! Mais, admettra-t-il plusieurs années plus tard, il a bel et bien eu une relation d'affaires avec Schreiber à partir de 1993. Sa déclaration sous serment à l'effet contraire sera l'un des éléments déterminants dans la décision du gouvernement Chrétien d'ordonner la fin des procédures et de conclure une entente à l'amiable assortie d'un chèque de 2,1 millions de dollars.

S'il avait su que Brian Mulroney avait en fait obtenu des sommes importantes de Schreiber, versées en liquide et cachées jusque-là aux autorités fiscales, dira plus tard le ministre de la Justice Allan Rock, il est probable que les choses se seraient terminées différemment. Mulroney réplique qu'il n'a pas menti, qu'on a simplement négligé de lui poser directement la question sur l'existence d'un lien d'affaires avec Schreiber qui aurait pris naissance à la suite de sa carrière politique. Comme tous les Canadiens, dit-il, il n'a aucune obligation de révéler des faits sur lesquels il n'est pas interrogé. S'il a reçu quelques centaines de milliers de dollars de Schreiber à partir de la fin de l'été 1993, c'est, soutient-il, en échange de son expertise et de son travail pour un tout autre projet

---

50.   « *I never had any dealings with him.* »

dont l'homme d'affaires germano-canadien s'est fait le promoteur. On s'éloigne donc d'Airbus, mais le détour sera déterminant dans la suite des choses. Il impose un autre retour en arrière.

En 1985, Schreiber a fondé une entreprise du nom de « Bear Head Manufacturing Industries » en lien avec la firme allemande Thyssen, un important fabricant de matériel militaire. Son objectif est de mettre sur pied une usine d'assemblage de blindés légers en Nouvelle-Écosse. En 1988, soit quelques mois après la décision d'Air Canada concernant l'achat des appareils Airbus et en pleine campagne électorale fédérale, le projet Bear Head fait l'objet d'une entente de principe entre le gouvernement canadien et celui de la Nouvelle-Écosse, qui s'engagent à appuyer la concrétisation de cette usine devant créer 500 emplois. Pour Thyssen, il s'agit d'un progrès significatif. Au point où la firme allemande verse à Schreiber une commission de plus de six millions de dollars. Toutefois, à la suite de l'élection de 1988 remportée par les conservateurs, le projet s'enlise. Les circonstances ont changé. La chute du mur de Berlin en 1989, prélude à celle de l'Union soviétique, conduit à une réduction généralisée des dépenses militaires. On parle de récolter les « dividendes de la paix ». L'heure n'est pas au réarmement. De surcroît, le monde est frappé par une dure récession en 1990. Tout de même, Schreiber travaille fort à mousser son projet, parvenant à obtenir en 1990 et 1991 des rencontres avec Paul Tellier, le greffier du Conseil privé, puis avec Brian Mulroney, à sa résidence du 24 Sussex, pour en faire la promotion. Rien n'y fait. Dans son témoignage lors des audiences préliminaires de sa poursuite contre le gouvernement canadien, en 1996, Brian Mulroney déclare qu'il a annulé le projet Bear Head lorsqu'on lui a rapporté qu'il coûterait plus de 100 millions de dollars au Trésor fédéral. Les liens politiques de Schreiber lui avaient peut-être ouvert la porte, mais force est de constater qu'ils ne lui ont pas permis de partir avec le mobilier !

Les choses auraient pu en rester là si ce n'avait été de la décision des autorités allemandes, plusieurs années plus tard, de faire la lumière sur les affaires de Karlheinz Schreiber qu'elles soupçonnent d'évasion fiscale. L'homme a touché des commissions dans plusieurs transactions importantes : un million de dollars pour la vente de 12 hélicoptères de la firme Messerschmitt-Bölkow-Blohm à la Garde côtière canadienne en 1986 (au prix de 27 millions de dollars), entre 20 et 30 millions de dollars pour les avions Airbus à Air Canada en 1988, et plus de 20 millions de dollars lors de la vente de blindés à l'Arabie saoudite en 1991. Le fisc allemand lance un mandat d'arrêt contre Schreiber, qui est arrêté à Toronto en août 1999. Sa bataille pour échapper à l'extradition – et aux geôles allemandes où il se retrouvera ultimement – va durer 10 ans, pendant lesquels elle ne cessera d'éclabousser Brian Mulroney. En octobre 1999, l'émission *The Fifth Estate* de la CBC laisse entendre que Schreiber aurait ouvert un compte en Suisse au bénéfice de l'ancien premier ministre. Le nom du compte, « Britan », ne contient qu'une lettre de plus que « Brian ». Schreiber y aurait déposé 500 000 dollars avant d'y effectuer des retraits de sommes importantes pour les lui remettre en main propre. Luc Lavoie, secrétaire de presse de Brian Mulroney alors qu'il était premier ministre, recyclé ensuite dans les relations publiques et agissant comme son porte-parole, est cité dans le reportage, où il nie vigoureusement les allégations. Mulroney, dit-il, « n'a jamais reçu d'argent de personne[51] », une affirmation qui à sa face même – par son caractère général – n'a aucun sens, mais qui peut donner l'impression d'un démenti de l'allégation précise concernant Schreiber. Luc Lavoie ajoute une phrase qui va mettre Schreiber en furie, disant de lui qu'il est « le plus grand maudit menteur que la terre n'ait jamais porté[52] ».

L'ancien premier ministre a toutes les raisons d'être nerveux. Le public canadien – et les autorités fiscales! – ignorent toujours que Schreiber lui a versé de grosses sommes en 1993 et 1994. Maintenant que Schreiber est dans le collimateur de la justice, cette information risque de sortir devant les tribunaux. Que Mulroney ait omis de déclarer cet argent à l'impôt ne ferait qu'ajouter au caractère suspicieux de leur lien d'affaires. Il décide donc de procéder à une divulgation volontaire – avec une demi-douzaine d'années de retard –, dans laquelle il reconnaît avoir reçu 225 000 dollars. Le montant a été versé en liquide, sans reçu et sans facture ; il n'a jamais été déposé à la banque, mais plutôt dans des coffrets de sûreté à Montréal et à New York. Qu'importe, les autorités fiscales ne sont pas regardantes en autant qu'elles touchent leur part. Le plus beau, c'est qu'en cas de divulgation volontaire, le

---

51.   « *The bottom line is that he never received any money from anybody.* »

52.   « *[Schreiber] is the biggest fucking liar the world has ever seen.* »

ministère du Revenu ne calcule alors l'impôt que sur la moitié du montant déclaré, une clause bonbon abolie depuis. Bien entendu, l'information est confidentielle, comme tout ce qui concerne le fisc. Même la police fédérale n'en est pas avisée.

En avril 2003, Brian Mulroney croit pouvoir enfin tourner la page lorsque le commissaire de la GRC, Giuliano Zaccardelli, lui envoie une lettre annonçant qu'« après une enquête exhaustive au Canada et à l'étranger », la police fédérale n'a pu prouver les allégations contre lui et qu'en conséquence « aucune accusation ne sera déposée ». Mais son repos d'esprit sera de courte durée car, à l'automne suivant, le juriste et auteur William Kaplan révèle dans le *Globe and Mail* que Schreiber a bel et bien versé d'importantes sommes à Brian Mulroney. Il s'agit d'autant plus d'une véritable bombe que Kaplan s'était porté à la défense de Brian Mulroney cinq ans plus tôt en publiant un livre[53] dénonçant les tactiques du gouvernement de Jean Chrétien à son endroit. S'estimant personnellement trompé par Mulroney et son entourage, Kaplan y va maintenant d'un autre livre[54] dans lequel il dévoile le détail des tractations entre Schreiber et Mulroney : ils se seraient rencontrés à la résidence d'été du premier ministre, au lac Harrington, en juin 1993, puis Schreiber l'aurait engagé pour faire la promotion de certains de ses projets. Les deux hommes se seraient vus à trois reprises dans des hôtels, où Schreiber aurait versé à chaque occasion un montant de 100 000 dollars en coupures de 1 000 dollars canadiens à l'ancien premier ministre. En février 2006, alors qu'il se bat toujours pour éviter son extradition en Allemagne – où un ancien ministre de la Défense vient d'être condamné à deux ans de prison pour avoir reçu de lui un pot-de-vin dans l'affaire de la vente de blindés à l'Arabie saoudite –, Schreiber confirme dans une entrevue au *Fifth Estate* de la CBC les révélations de Kaplan concernant les paiements à Mulroney. Puis, en mars 2007, il intente une poursuite contre Mulroney pour récupérer les 300 000 dollars qu'il dit lui avoir versés. Dans sa poursuite, il affirme que Brian Mulroney n'a pas effectué le travail de lobbyiste pour lequel il l'a payé,

---

53. William Kaplan. *Presumed Guilty : Brian Mulroney, the Airbus Affair, and the Government of Canada*, Toronto, McClelland and Stewart, 1998.

54. William Kaplan. *A Secret Trial : Brian Mulroney, Stevie Cameron, and the Public Trust*, Montréal, McGill-Queen's University Press, 2004.

soit la promotion du projet Bear Head comme, soutient-il, les deux hommes l'avaient convenu au lac Harrington le 23 juin 1993. C'était deux jours avant que Mulroney ne quitte officiellement la fonction de premier ministre. Cette date est importante. Cruciale, même. A-t-il, alors qu'il était toujours premier ministre, conclu ce jour-là un contrat avec un homme d'affaires dont on apprendra plus tard qu'il était un criminel ? En juillet, la Cour supérieure de l'Ontario donne raison à Schreiber dans sa poursuite civile contre Mulroney, le condamnant à rembourser 470 000 dollars. Cette décision sera renversée par la suite. Si l'affaire n'était pas aussi sérieuse, on pourrait parler de burlesque judiciaire, Schreiber se retrouvant au même moment en Cour suprême – pour la deuxième fois – dans sa bataille pour éviter l'extradition.

En tout état de cause, on est bien loin des rumeurs d'origine. Rappelons-le, elles prétendaient qu'il y aurait eu collusion et pots-de-vin en vue d'influencer la décision d'Air Canada d'acheter les avions Airbus, un contrat de presque deux milliards de dollars. On en est maintenant à se demander si Brian Mulroney a bel et bien agi comme lobbyiste – au Canada ou à l'étranger – pour favoriser la construction d'une usine de blindés légers *après* avoir quitté ses fonctions et si l'entente pour jouer ce rôle n'aurait pas été conclue *avant* – deux jours avant ! – qu'il ne cesse d'être premier ministre. La somme en jeu – une rémunération de 300 000 dollars selon Schreiber, de 225 000 dollars selon Mulroney – représente moins d'un cinq-millième de la valeur du contrat d'Airbus, à peine plus de 1 % des commissions secrètes obtenues par Schreiber au terme de la transaction. Si cette somme est liée à l'influence qu'aurait exercée Brian Mulroney en faveur d'Airbus, on devrait en conclure qu'il n'est vraiment pas gourmand !

N'empêche, les apparences sont troublantes et, à Ottawa, où le conservateur Stephen Harper est au pouvoir depuis janvier 2006 à la tête d'un gouvernement minoritaire, les partis d'opposition réclament la tenue d'une commission d'enquête. À la mi-novembre 2007, Brian Mulroney lui-même dit souhaiter qu'une commission d'enquête publique fasse la lumière sur toute cette histoire afin de nettoyer sa réputation souillée. Le premier ministre Harper demande alors à un conseiller indépendant de déterminer les questions auxquelles devra répondre la commission d'enquête. Mais les partis d'opposition sont pressés et ils convoquent immédiatement les principaux acteurs de l'affaire à comparaître devant le Comité de l'éthique de la Chambre des communes.

Lorsque Karlheinz Schreiber s'y présente, le 29 novembre, c'est pour dire que le 23 juin 1993, au lac Harrington, il n'a pas été question d'argent, seulement de la possibilité que Brian Mulroney travaille pour lui dans le dossier Bear Head après avoir quitté ses fonctions ; surtout, il affirme que les montants payés à Brian Mulroney n'avaient aucun lien avec le contrat d'acquisition des avions Airbus. Deux semaines plus tard, convoqué devant le même comité, Brian Mulroney confirme cette version des faits, bien qu'il diverge d'opinion avec Schreiber sur de nombreux aspects. Il soutient avoir reçu de lui trois versements de 75 000 dollars, non de 100 000 dollars. Il dit aussi avoir rempli son engagement envers lui en faisant la promotion des véhicules blindés légers qu'aurait fabriqués l'usine Bear Head auprès des dirigeants de plusieurs pays étrangers, dont la Russie, la Chine, les États-Unis et la France… tous eux-mêmes d'importants fabricants d'armement militaire. Rappelé devant le Comité de l'éthique en février 2008, Schreiber répète qu'il a versé 300 000 dollars à Brian Mulroney et déclare qu'il n'a jamais été question qu'il fasse du lobbying international pour le projet. Son mandat, dit-il, était de faire des pressions au Canada pour favoriser l'implantation de l'usine en Nouvelle-Écosse ou au Québec. Devant ces versions irréconciliables, le comité parlementaire recommande la tenue d'une enquête publique. Au même moment, le conseiller indépendant mandaté par Stephen Harper pour fixer les paramètres d'une commission d'enquête recommande de lui confier 17 questions, toutes visant à déterminer la nature de la relation d'affaires ayant lié Brian Mulroney à Karlheinz Schreiber. Elle ne vise donc pas à éclaircir les circonstances de la décision d'Air Canada d'acquérir des appareils Airbus et le rôle qu'auraient pu y jouer les deux hommes, bien que, dans l'esprit de plusieurs, il s'agisse là du soupçon central et de la raison pour laquelle on parle de « l'affaire Airbus ». En juin 2008, le gouvernement fédéral nomme le juge Jeffrey Oliphant à la tête de cette commission. Les audiences débuteront près d'une année plus tard, fin mars 2009.

Dans son témoignage, le 16 avril, Schreiber soutient qu'il n'estime pas avoir conclu de contrat avec Brian Mulroney le 23 juin 1993, mais plutôt après qu'il ait quitté son poste de premier ministre et de député. Le coup dur pour Brian Mulroney survient à la fin avril lors de la comparution de son ancien chef de cabinet, Norman Spector. Il affirme que pendant l'année et demie au cours de laquelle il a occupé ce poste, soit de septembre 1990 à février 1992, le premier ministre a rencontré

Schreiber à une demi-douzaine d'occasions et que, par la suite, il lui a demandé de faire pression sur la machine gouvernementale en faveur de l'usine de Bear Head. Cependant, lorsqu'on l'a informé que le projet allait coûter plus de 100 millions de dollars de plus que prévu, raconte Spector, Brian Mulroney a demandé que l'on cesse de s'y intéresser.

Le 2 août 2009, ayant épuisé tous ses recours judiciaires pour faire casser l'ordre d'extradition rendu contre lui, Karlheinz Schreiber est mis à bord d'un avion en direction de l'Allemagne où, le lendemain, il est traduit devant un tribunal pour être formellement accusé de fraude, d'évasion fiscale et de corruption de membres du CDU, le parti de l'ancien chancelier Helmut Kohl, dans l'affaire de la vente de blindés à l'Arabie saoudite. Moins d'un an plus tard, en mai 2010, il est condamné à huit années de prison.

Le même mois, le juge Oliphant dévoile les résultats de son enquête. Le pire est évité pour Brian Mulroney, car le juge estime que son contrat verbal avec Schreiber s'est conclu le 27 août 1993, soit deux mois après qu'il eut quitté ses fonctions de premier ministre. Néanmoins, le rapport soulève de nombreuses interrogations sur le comportement éthique de Mulroney. Ainsi, il considère que Schreiber a eu un « accès inapproprié et excessif » à l'ancien premier ministre pour faire la promotion du projet Bear Head, et cela sans s'être inscrit au registre des lobbyistes. Cet accès, il le doit à l'intervention de deux amis de Brian Mulroney, Elmer MacKay et Fred Doucet, ce dernier dûment enregistré comme lobbyiste pour Bear Head et donc rémunéré pour ouvrir la porte du premier ministre à son client. Ensuite, le juge Oliphant considère que les trois paiements en argent liquide – le 27 août 1993 à l'hôtel de l'aéroport de Mirabel, le 18 décembre 1993 dans un salon de l'Hôtel Reine Elizabeth de Montréal, puis le 8 décembre 1994 à l'Hôtel Pierre de New York – ont toutes les apparences d'un stratagème visant à dissimuler les traces de leur relation d'affaires. Cet argent, dit le juge, provenait d'un compte ouvert par Schreiber dans une banque suisse et portant le nom « Britan », qui ressemble à une lettre près à « Brian ». Les sommes qui y avaient été versées provenaient d'un autre compte suisse – nommé « Frankfurt » – contrôlé par Schreiber et dans lequel il avait déposé plusieurs années auparavant ses commissions reliées à la vente des avions Airbus à Air Canada. Mais, dit le juge, rien n'indique que Brian Mulroney connaissait l'origine initiale de l'argent que lui a donné Schreiber.

Cependant, tant pour ses relations avec Schreiber que pour la façon dont il a tenté de cacher ses transactions avec lui, y compris aux autorités fiscales pendant de nombreuses années, Brian Mulroney a eu une «conduite inacceptable», croit le juge. Le comportement de l'ancien premier ministre, conclut-il, a enfreint deux dispositions du Code d'éthique s'appliquant aux titulaires de charge publique mis en place par son propre gouvernement en 1985.

En somme, Brian Mulroney a manqué de jugement. Il a permis à des amis de s'enrichir en abusant de leur accès au premier ministre et il a fait preuve d'un sens de l'éthique indigne de sa fonction lorsque, après l'avoir quittée, il a cherché selon toute apparence à «travailler au noir» et a agi par la suite de manière à le cacher aux autorités. Si son comportement manque d'éthique, il n'est pas illégal pour autant.

Par ailleurs, et puisque le point de départ de cette saga est «l'affaire Airbus», on doit convenir qu'on est loin des allégations originales.

«Le scandale d'Airbus, dit Brian Mulroney, c'est qu'il n'y avait pas de scandale. Ça a été véhiculé et fabriqué par les médias, par certains de nos ennemis.» Malgré deux décennies d'enquêtes journalistiques et policières, l'ancien premier ministre n'a jamais été accusé de quoi que ce soit en rapport avec ce contrat, encore moins reconnu coupable – sinon devant le tribunal de l'opinion publique, où tout ce qui traîne salit. Brian Mulroney a toujours été préoccupé par la place que lui réservera l'Histoire. Il sait que cette affaire restera à jamais comme une ombre sur son gouvernement et sa personne. Et s'il rejette toute suggestion qu'il ait pu vendre son âme en poussant Air Canada à acheter un type d'appareil plutôt qu'un autre en échange de «considérations futures», il reconnaît tout de même, de manière générale, n'avoir pas été à la hauteur sur les questions éthiques qui ont entaché son premier mandat : «J'aurais dû être plus engagé là-dedans, plus intelligent que je ne l'étais, moins tolérant de certaines amitiés.»

Chapitre 46

Élection référendaire

L e 1er octobre 1988, Brian Mulroney se rend à Rideau Hall, la résidence du gouverneur général, pour demander la dissolution du Parlement et plonger le Canada dans l'une des plus importantes campagnes électorales de son histoire. Elle sera en effet déterminante pour l'avenir de l'entente de libre-échange avec les États-Unis, qui s'impose comme le thème central de la lutte. Elle le sera aussi pour l'accord du lac Meech, dont on ne sait trop quelles seraient les perspectives en cas de victoire libérale.

Lors du vote aux Communes pour ratifier l'amendement constitutionnel, le 26 octobre 1987, près d'une douzaine de députés libéraux avaient défié l'ordre de leur chef John Turner en se prononçant contre son adoption. Puis, ce fut au tour du Sénat de l'examiner. Les libéraux y détiennent toujours la majorité des sièges, résultat de la « générosité » de Pierre Elliott Trudeau à l'endroit de ses loyaux amis. Quatre ans après son départ, leur fidélité est encore intacte, ce qui donne à la Chambre haute des allures de gouvernement en exil. Au moment de l'étude de l'amendement constitutionnel au Sénat, Trudeau est d'ailleurs appelé comme témoin, et les propos qu'il y tient sur les conséquences de la clause de société distincte sont proprement ahurissants : « Nous avons des exemples dans l'histoire où un gouvernement devient totalitaire parce qu'il agit en fonction d'une race et envoie les autres dans des camps de concentration. » À la même époque, s'adressant à une assemblée de militants libéraux, et ignorant qu'un journaliste se trouve dans la salle, il prédit que le Québec – une fois reconnu comme société distincte – pourrait déporter sa communauté anglophone. Lors du vote au Sénat, les fidèles de Trudeau font barrage, défiant ainsi leur chef «officiel», John Turner. Le Sénat ne disposant que d'un veto suspensif en matière constitutionnelle, l'amendement doit être soumis une fois de plus à l'approbation de la Chambre des communes pour être considéré comme ayant été officiellement adopté par le Parlement. Le vote a lieu le 22 juin 1988, un an après celui de l'Assemblée nationale du Québec. Cette fois, seulement sept députés libéraux défient la ligne de leur chef en votant contre l'accord, mais l'on voit bien qu'il y a une ligne de fracture dans le parti sur la question québécoise.

Tentant de faire diversion sur un thème plus fédérateur pour ses troupes, John Turner annonce à la fin juillet, un mois avant le vote aux Communes sur l'Accord de libre-échange canado-américain, qu'il va exiger des sénateurs libéraux qu'ils bloquent l'adoption du projet de loi, empêchant donc la mise en application du traité prévue au début janvier 1989. Seule une élection, dit-il, peut résoudre la question. Brian Mulroney est lui aussi convaincu que l'accord doit être soumis à l'électorat. Il l'était avant même le début des négociations, trois ans plus tôt. Mais la méthode utilisée par John Turner pour le provoquer en duel – la prise d'otage au Sénat d'une loi adoptée par les députés élus démocratiquement – accorde un immense avantage stratégique au premier ministre. «C'était un cadeau pour moi qu'il demande à des non-élus libéraux, des patroneux, de bloquer une décision aussi importante de la Chambre des communes.» Après des années de tourments sur les questions éthiques de son propre gouvernement, Brian Mulroney se retrouve en position de pouvoir mener campagne contre les relents du favoritisme pratiqué par les libéraux quatre ans plus tôt. C'est donc match nul en matière de patronage.

Le 31 août 1988, le projet de loi de mise en œuvre de l'Accord de libre-échange est adopté à la Chambre des communes dans une atmosphère de crise nationale. Les gradins du parlement sont remplis à capacité. Des gens pleurent, d'autres crient des insultes. Pendant le vote, plusieurs entonnent le *Ô Canada* en signe d'affirmation patriotique. Au printemps, les conservateurs traînaient de l'arrière de 20 points dans les sondages. Ils sont maintenant remontés en première place tandis que les dissensions persistantes à l'intérieur du Parti libéral plombent son chef et, avec lui, les intentions de vote des libéraux – désormais en troisième position.

Un mois après le vote aux Communes, Brian Mulroney déclenche des élections. Le scrutin du 21 novembre s'annonce comme un quasi-référendum sur le libre-échange avec les États-Unis. « Nous croyons à un commerce plus libre parce que c'est la clé de la croissance et de la prospérité future », dit Brian Mulroney. Il veut vendre de l'espoir aux Canadiens ; John Turner, de la méfiance. Au Québec, le château fort historique des libéraux, Turner rencontre un mur, car les deux partis provinciaux, le Parti libéral de Robert Bourassa et le Parti québécois, sont favorables au libre-échange. « Il va se produire quelque chose d'absolument étonnant dans nos mœurs politiques », remarque Jacques Parizeau, puisque les deux ennemis jurés font activement campagne main dans la main dans une élection… fédérale.

Ailleurs au pays, surtout en Ontario, le NPD et les libéraux rivalisent de vigueur dans leurs dénonciations apocalyptiques des conséquences du libre-échange avec les États-Unis. Peu portée sur les demi-mesures, la libérale Sheila Copps prédit que des couples américains infertiles profiteront des salaires plus bas au Canada et des soins de santé gratuits pour venir y embaucher des mères porteuses. « Beaucoup de Canadiens avaient peur de se faire envahir par les Américains », rappelle-t-elle, et la publicité libérale exploite cette crainte. Dans l'un de ses messages télévisés, le PLC montre le drapeau canadien remplacé par un drapeau américain ; dans un autre, un homme efface sur une carte du continent la ligne longeant le 49e parallèle, la frontière entre le Canada et les États-Unis.

À la troisième semaine de campagne, quelques jours seulement avant les débats télévisés devant opposer les trois chefs de parti, le réseau CBC diffuse un reportage choc qui révèle une tentative de renversement du chef libéral, John Turner, par des libéraux mécontents de son leadership. Les auteurs de ce « coup d'État » en gestation souhaitent le remplacer par Jean Chrétien. L'affaire domine l'actualité de la campagne et a pour effet de diminuer considérablement les attentes quant à la performance de John Turner lors des débats des 24 et 25 octobre. S'y présenter encore vivant tient presque de l'exploit, d'autant qu'il est terrassé par des maux de dos atroces qui affectent visiblement sa mobilité. D'aucuns disent que cela provient du trop grand nombre de poignards que des libéraux y ont plantés.

Animé par l'énergie du désespoir, John Turner se démarque nettement grâce à une charge à fond de train contre l'Accord de libre-échange, particulièrement dans le débat de langue anglaise où ses critiques se font plus incisives. L'accord, dit-il, a tout donné aux Américains : l'accès illimité à nos ressources, aussi bien l'eau que le pétrole ; en contrepartie, le Canada n'a rien obtenu. À peine une illusoire promesse d'ouverture d'un plus grand marché. Selon Turner, l'effet sera, à terme, de détruire les programmes sociaux qui font la spécificité canadienne : l'assurance maladie, l'assurance-chômage, les pensions de vieillesse, même la politique de bilinguisme. « Il faisait des déclarations comme ça et tout ce que je pouvais dire : "C'est faux !" », se rappelle Brian Mulroney. « Même ma mère m'a demandé : "C'est-tu vrai que je vais perdre ma pension ?" »

Au lendemain des débats, les avis des experts et commentateurs sont partagés à savoir qui de Brian Mulroney ou de John Turner en est sorti vainqueur. Chose certaine, Turner a nettement distancé le chef néodémocrate Ed Broadbent par son opiniâtreté. Sans surprise, les conseillers de Mulroney, comme son secrétaire de presse Marc Lortie, estiment qu'il a mieux fait, « mais ce qu'on ne sait pas et qu'on allait voir au cours des prochains jours, c'est que les doutes allaient s'amplifier ». Turner a semé l'inquiétude, un mal insidieux parce qu'il n'est pas que rationnel. Il fait appel à notre instinct de survie, producteur de méfiance. Il fait douter de soi, mais aussi de celui qui nous propose de prendre un risque. Le message subliminal des libéraux est en fait le suivant : "Vous ne pouvez pas faire confiance à cet homme, Brian Mulroney." Après les quatre dernières années, beaucoup de Canadiens partagent ces réserves et les deux chefs des partis d'opposition s'assurent de les nourrir dans chacune de leurs attaques. « Nous ne permettrons pas à monsieur Mulroney de détruire le rêve canadien », lance John Turner lors de ses discours de plus en plus empreints de patriotisme, une pratique ironiquement si peu canadienne ; « Cette élection consiste à empêcher le gouvernement Mulroney d'aller de l'avant avec une entente de libre-échange qui fera de nous des citoyens de deuxième classe dans notre propre pays », renchérit le chef du NPD, Ed Broadbent.

Chose inhabituelle dans les méthodes politiques canadiennes, des opposants s'invitent dans la plupart des assemblées conservatrices. Ils chahutent Brian Mulroney, l'interrompent pendant ses discours, l'invectivent. Des militants conservateurs tentent de les faire taire, de les expulser. Certaines bousculades se terminent dans le sang. Cela fait des images extraordinaires pour les bulletins de nouvelles, contribuant à dramatiser encore davantage le débat. Les syndicats canadiens sont particulièrement remontés contre l'Accord canado-américain, craignant qu'il ne conduise à une baisse des conditions de travail au Canada, à un nivellement par le bas. Ils ont mobilisé leurs membres qui attendent Brian Mulroney, affiches à la main, partout où il se présente. À mi-campagne, les sondages prédisent une victoire libérale. Dans l'entourage du chef conservateur, on assiste, impuissants, à la chute constante des intentions de vote, et l'on sait ce que cela signifie. « Jamais dans notre histoire, explique Derek Burney, un parti au pouvoir ayant commencé une campagne électorale en première position puis étant passé en seconde place n'a réussi à reprendre la tête. Ça ne s'est jamais produit. »

Le quartier général du Parti conservateur prend peur et impose un encadrement de plus en plus strict à son chef : Brian Mulroney doit s'en tenir aux discours et aux lignes de presse qu'on lui prépare, il doit éviter les contacts avec les journalistes. À tout le moins, on cherche à limiter les dégâts.

Le 2 novembre, à trois semaines du vote, Brian Mulroney se trouve à Victoria, en Colombie-Britannique, lorsqu'il est une fois de plus interrompu par des manifestants pendant son discours. Cette fois, ils ne se contentent pas de lui lancer des insultes, de le traiter de menteur ou de vendu ; pour donner plus de crédibilité à leurs dénonciations, ils citent des clauses spécifiques de l'Accord de libre-échange qui, disent-ils, menacent les programmes sociaux canadiens. Comme il a appris à le faire au cours des jours précédents, plutôt que de se laisser distraire par les invectives et d'argumenter avec les chahuteurs, il les invite poliment à lui permettre de terminer son discours en leur promettant de les rencontrer personnellement par la suite pour entendre leurs commentaires. L'élégance de la proposition a généralement l'effet escompté, soit de faire taire les manifestants. Marc Lortie, l'attaché de presse de Mulroney, vient de voir une porte s'ouvrir : « J'ai dit : "Monsieur le premier ministre, pour la première fois ils ont fait une erreur. Ils ne vous ont pas attaqué en disant que vous aviez tort. Ils ont cité des numéros d'articles qui, je vous le garantis, n'ont rien à voir avec les programmes sociaux." » Lortie propose donc à Brian Mulroney d'inviter les caméras de télévision à assister à sa rencontre avec la poignée de manifestants après le discours afin de montrer aux Canadiens que les opposants au libre-échange disent n'importe quoi. Mais sa suggestion est mal accueillie par l'entourage politique du chef : « Là, il y a un moment de tension dans l'équipe qui dit : "Non, non, on ne peut pas faire ça, ça déroge à notre plan de match." » Mulroney prend alors une décision cruciale, celle de se libérer des diktats prudents de ses faiseurs d'élection. « On joue le tout pour le tout », dit-il. Et c'est ainsi que pendant 45 minutes, il affronte ses opposants en présence des journalistes et des caméras de télévision. « Les Américains vont détourner nos rivières pour obtenir notre eau potable », lui dit l'un des manifestants ; « Pas du tout ! », rétorque Mulroney, citant telle clause de l'accord. « Oui, mais nos programmes sociaux, dit son voisin, vont disparaître. » Mulroney prend le traité. « Regardez l'article 17.3. Ça dit le contraire. » Un autre dit : « Nous allons perdre nos pensions de vieillesse. » « Ah oui ? Quel article ? »

« C'était un point tournant », estime Brian Mulroney, car, d'une part, il a montré qu'il maîtrisait le contenu du traité, mais surtout, c'est le moment où il a décidé de reprendre le contrôle de sa propre campagne. On voulait qu'il joue à la défense (de l'accord) ; il passe à l'attaque. « Inquiétez-vous pas, on va leur donner la claque ! Ils voulaient une lutte, ils vont en avoir une belle, je vous l'assure », lance-t-il, comme s'il s'était soudainement libéré de ses chaînes. Cependant, son énergie n'explique pas à elle seule le renversement de l'opinion publique auquel on allait assister en fin de campagne. Deux autres facteurs y contribuent. D'une part, le Parti conservateur lance une campagne publicitaire très agressive qui s'en prend à la crédibilité du chef libéral, John Turner. Des millions de dollars y sont investis, pendant que les grandes entreprises canadiennes entrent dans la danse en se portant à la défense de l'Accord de libre-échange. D'autre part, les conservateurs arrivent à désamorcer la crainte la plus dommageable, celle voulant que le traité puisse mettre en danger le programme d'assurance maladie, le régime de soins de santé universel et gratuit qui, aux yeux de beaucoup de citoyens, est devenu le symbole le plus distinctif de l'identité canadienne.

Le coup de maître se produit grâce à Ray Hnatyshyn, alors ministre de la Justice et candidat conservateur dans la région de Saskatoon. Son père était un ami de Emmett Hall, que plusieurs considèrent comme le père du régime canadien d'assurance maladie. Natif du Québec, Hall a

passé sa vie adulte en Saskatchewan, où il est devenu un juge respecté.
En 1962, le gouvernement canadien alors dirigé par un autre éminent
Saskatchewanais, John Diefenbaker, lui a confié la direction d'une commission royale sur le système de santé. Deux ans plus tard, il propose
de généraliser à l'ensemble du pays le régime universel et gratuit instauré en 1962 en Saskatchewan par le premier gouvernement socialiste
en Amérique du Nord, celui de Tommy Douglas. Ainsi donc, un quart
de siècle plus tard, en pleine campagne électorale, le père de Ray
Hnatyshyn demande à Emmett Hall d'examiner du haut de ses 90 ans
le traité de libre-échange et de lui dire ce qu'il pense des accusations
voulant qu'il menace l'existence du régime canadien d'assurance maladie. « Hall rappelle Hnatyshyn le lendemain, raconte Mulroney, et il
dit : "Tout ce que dit monsieur Turner est faux, il n'y a rien dans le traité
de libre-échange qui a cet impact-là." Hnatyshyn lui dit : "Auriez-vous
la gentillesse de dire ça publiquement ?" "Absolument !" »

C'est ainsi que le 3 novembre, le vieux juriste tient une conférence
de presse pour déclarer que « rien dans cet accord ne menace le régime
de soins de santé au Canada ». La semaine suivante, au Québec, Claude
Castonguay qui, comme ministre de la Santé dans le premier gouvernement de Robert Bourassa, avait instauré en 1970 le régime d'assurance
maladie québécois – allant jusqu'à donner son nom à la carte d'accès
aux soins gratuits, la « castonguette » – faisait la même chose. « Nos
programmes sociaux, dit-il, ne sont absolument pas menacés par
l'Accord de libre-échange. »

Le vent a tourné. Le 21 novembre, les conservateurs remportent
l'élection avec 43 % du vote populaire, 11 points devant les libéraux.
Disposant de 169 députés, le gouvernement a une majorité réduite mais
tout de même confortable. Aucun chef conservateur depuis John A.
Macdonald, un siècle plus tôt, n'était parvenu à obtenir deux majorités
successives. Brian Mulroney a conservé une pluralité des sièges dans
l'Ouest du pays et en Ontario. Au Québec, comme si cela était possible,
les conservateurs ont fait encore mieux qu'en 1984. Avec 53 % des voix
– davantage qu'en Alberta ! –, ils raflent 62 comtés. Au Canada anglais,
particulièrement chez l'élite culturelle progressiste, cet appui massif des
Québécois aux conservateurs et au libre-échange est vécu comme une
trahison.

« Ça leur a fait énormément mal que le Québec ne comprenne pas leur point de vue à eux alors qu'avec Meech, le Québec leur demandait de comprendre son point de vue. » – Marcel Masse

Un mois plus tard, la veille de Noël, le Parlement canadien ratifie l'Accord de libre-échange. Le Sénat n'y fait pas obstruction et l'adopte à son tour le 30 décembre. Une nouvelle ère de rapprochement entre le Canada et les États-Unis s'ouvre juste au moment où le président, George H. Bush – élu le 4 novembre – accède à la Maison-Blanche. L'arrivée de la nouvelle administration américaine est une belle occasion de renouveler la représentation canadienne à Washington. Brian Mulroney y nomme son ancien chef de cabinet, Derek Burney, comme ambassadeur. Il arrive en poste juste à temps pour participer à l'inauguration de la nouvelle ambassade du Canada située à quelques pas du Congrès, symbole puissant de la proximité grandissante des deux pays.

Une note finale sur cette élection : défait dans sa circonscription de Saskatoon–Clark's Crossing, Ray Hnatyshyn sera nommé l'année suivante gouverneur général du Canada.

Chapitre 47

R.I.P. Meech

Un mois après la réélection des conservateurs, la Cour suprême du Canada rend un jugement aux conséquences politiques explosives. Par son « arrêt Ford », dévoilé le 15 décembre 1988, le plus haut tribunal au pays invalide les dispositions relatives à l'affichage commercial contenues dans la loi 101, la Charte de la langue française adoptée sous le gouvernement de René Lévesque. La cour affirme que l'interdiction totale de l'anglais (ou de toute autre langue que le français) imposée aux entreprises par la loi 101 constitue une atteinte à la liberté d'expression garantie par la Charte canadienne des droits et libertés, et que cette mesure n'est pas raisonnable dans le cadre d'une société libre et démocratique. Reconnaissant les besoins particuliers du Québec de protéger la langue de sa majorité, le tribunal estime que l'imposition de la prédominance du français serait une mesure suffisante pour y arriver.

Nous sommes alors à un an d'une campagne électorale au Québec et le gouvernement de Robert Bourassa reçoit ce jugement comme s'il s'était agi d'une grenade dégoupillée. Le Conseil des ministres est déchiré sur la marche à suivre. Il envisage d'utiliser la clause dérogatoire – aussi appelée « clause nonobstant » –, qui permet à une province de se soustraire temporairement à l'application de la Charte canadienne. Brian Mulroney est aux abois et il tente de dissuader Robert Bourassa. « J'avais dit : "Robert, si tu fais ça, tu joues complètement entre les mains des adversaires de Meech. Tu pourrais tuer Meech" », une opinion partagée par le plus proche conseiller de Bourassa, Jean-Claude Rivest. Invité à décrire les conséquences que pourrait avoir l'utilisation de la clause dérogatoire lors d'une réunion de travail avec l'entourage du premier ministre québécois, Rivest se rend à un tableau et trace une croix sur le mot « Meech ». « Tous nos *contacts* au Canada, au niveau ministériel, politique, dans la fonction publique, tout le monde a pris le téléphone et nous a dit : "Ne faites pas ça !" »

Brian Mulroney lui-même téléphone à des journalistes de Québec pour manifester son mécontentement : « Il avait appelé à la maison vers huit heures du soir, se rappelle Robert McKenzie. Il voulait laisser sortir la vapeur : "Pourquoi Bourassa fait ça ?" On sentait que ça le mettait en difficulté dans le Canada anglais. »

Mais Robert Bourassa est lui aussi en difficulté. Son ministre, l'influent et redouté Claude Ryan, menace de démissionner si Québec accepte de se conformer au jugement de la Cour suprême. Malgré le froid et l'effervescence habituelle à une semaine de la fête de Noël, des dizaines de milliers de personnes descendent dans la rue pour réclamer la défense de la loi 101 dans son intégralité. Les artistes se bousculent pour être du spectacle et la démonstration de force inquiète les libéraux au point où le lendemain, le gouvernement dépose le projet de loi 178, qui propose un compromis sur la question linguistique : comme le stipulait la loi 101, l'affichage commercial extérieur ne se fera qu'en français – quoi qu'en dise (nonobstant) la Charte canadienne des droits –, mais à l'intérieur des commerces, il sera possible d'avoir des affiches bilingues à la condition que le français y prédomine. Robert Bourassa est hésitant, c'est dans sa nature, mais on lui force la main, estime Jean-Claude Rivest : « C'est une des rares décisions majeures qui lui a été plus ou moins imposée par une partie importante de son Conseil des ministres, le caucus, le parti et l'opinion publique québécoise. » En quelques jours à peine, la loi 178 est adoptée à l'Assemblée nationale, menant à la démission des trois ministres anglophones du Cabinet Bourassa, Herbert Marx, Richard French et Clifford Lincoln. Ce dernier, justifiant son geste à l'Assemblée nationale, a cette phrase : « *A right is a right, is a right.* » Ayant entendu la rumeur de ces démissions possibles, un adjoint de Brian Mulroney avait appelé son vis-à-vis à Québec pour lui demander si elle était fondée ; il s'est fait répondre « *So what ?* » (« Et puis après ? »)

Gil Rémillard, ministre québécois responsable du dossier constitutionnel, connaît la réponse à cette question fanfaronne. Au printemps 1988, le gouvernement néodémocrate du Manitoba a perdu les élections aux mains du conservateur Gary Filmon. Il s'agit d'une victoire très précaire pour Filmon : il n'a fait élire que 25 députés, un de moins qu'à l'élection précédente ! Le NPD a fait pire. Il en a perdu 18, ce qui le place en troisième position. Tout s'est joué dans la remontée spectaculaire des libéraux dirigés par Sharon Carstairs, dont le nombre de députés est passé de 1 à 20 grâce à un bond de 22 % dans le pourcentage du vote. Or Sharon Carstairs partage l'avis de Pierre Elliott Trudeau à propos de l'accord du lac Meech. Le soir de l'élection, le 26 avril, elle lance : « Meech est mort. »

Gary Filmon dirige donc un gouvernement minoritaire sous étroite surveillance. Plus par solidarité partisane que par conviction personnelle, il s'est prononcé en faveur de l'accord du lac Meech lorsque l'Assemblée législative de la province a commencé l'étude de l'amendement constitutionnel. Des audiences publiques doivent avoir lieu à la fin décembre, par hasard quelques jours après le jugement de la Cour suprême sur l'affichage commercial au Québec et donc au moment précis où le gouvernement québécois s'apprête à faire fi de la Charte canadienne des droits au détriment de sa minorité anglophone. « Et je reçois un téléphone de mon homologue de la Justice du Manitoba, se rappelle Gil Rémillard, me disant : "Gil, si vous votez cette loi-là, nous, on ne peut pas continuer." Je sais que monsieur Bourassa en a parlé à monsieur Mulroney, mais de notre côté on en est arrivés à la conclusion qu'on n'avait pas le choix. »

Le lendemain de l'adoption de la loi 178, Gary Filmon annonce la suspension des audiences publiques, affirmant que l'utilisation de la clause nonobstant contrevient à l'esprit de l'accord du lac Meech. Pourtant, la clause dérogatoire n'a rien à voir avec l'accord du lac Meech : elle a été inscrite dans la Constitution de 1982 – négociée en l'absence du Québec – à la demande…, du Manitoba ! Pierre Elliott Trudeau l'a acceptée, sans doute à reculons, comme le prix à payer pour obtenir l'accord d'une majorité des provinces en faveur du rapatriement de la Constitution. N'empêche, son utilisation par Québec, à la première occasion, avant même la ratification de l'accord du lac Meech par le reste du Canada, est perçue comme un avant-goût des choses à venir, reconnaît Gil Rémillard : « Ça a été interprété comme voulant dire : voilà la signification de la société distincte et voilà, en utilisant la clause nonobstant, ce qu'ils veulent faire de cette société distincte. »

Chose certaine, cela a donné à ceux qui s'opposaient déjà à l'accord du lac Meech un « prétexte noble » – dixit Marcel Masse – pour redoubler d'ardeur dans leur combat désormais débarrassé de son habit anti-Québec peu présentable. L'opposition au Canada anglais devenait légitime. Même ceux qui avaient toujours détesté Pierre Elliott Trudeau et son « French power » le prenaient à témoin de la pureté morale de leurs objections à l'accord du lac Meech.

À Ottawa, Brian Mulroney a une autre raison de s'inquiéter des conséquences de cet épisode. Son ami et ministre Lucien Bouchard rue dans les brancards. Il est secrétaire d'État, donc ministre responsable des minorités linguistiques canadiennes : les francophones hors Québec et les Anglo-Québécois. Or la loi 178 vient d'affirmer que peu importe ce qu'en dit la Charte des droits – qui est un élément de la Constitution canadienne –, Québec refuse de respecter le droit des commerçants anglophones d'afficher dans leur langue. Dans une entrevue à La Presse canadienne dont on raconte qu'il l'aurait lui-même sollicitée, il se porte à la défense de la loi 178. La clause nonobstant, dit-il, est un mécanisme essentiel à la protection des valeurs québécoises. C'est comme si un ministre de l'Agriculture, parce qu'il est végétarien, se prononçait pour l'interdiction de l'élevage des animaux : il aurait choisi de défendre un pan de son mandat et pas l'autre, en se laissant guider par ses opinions personnelles. Lorsqu'on lui demande de corriger le tir, Lucien Bouchard pique une de ces colères dont il a l'habitude et il menace de démissionner. Paul Tellier, le greffier du Conseil privé, y voit un geste d'insubordination, et il recommande à Brian Mulroney de congédier sur-le-champ ce ministre « instable ». Dans ses mémoires, Mulroney écrira qu'il a commis une erreur en ne suivant pas cet avis. Il tient à garder Bouchard à ses côtés, et il lui propose plutôt un autre ministère où la loyauté à ses propres convictions sera moins souvent mise à l'épreuve. Un mois plus tard, Lucien Bouchard devient ministre de l'Environnement.

Ailleurs au Canada, la loi 178 continue à gruger les appuis à l'accord du lac Meech, d'autant plus à Terre-Neuve où le sentiment anti-Québec est alimenté par un vieux conflit qui remonte aux années 60. La province cherchait alors à développer son potentiel hydroélectrique du Labrador, mais elle avait besoin de l'appui financier et logistique du Québec pour y arriver. Or les différents gouvernements québécois, de Duplessis à Johnson en passant par Lesage, préféraient développer des barrages sur le territoire québécois. Pour s'engager dans la construction du projet de Churchill Falls, la deuxième plus grande centrale souterraine au monde, et pour transporter sur son territoire les 5 000 mégawatts d'électricité qu'elle allait générer, Hydro-Québec obtient d'acheter toute la production au prix de 2,5 cents le kilowatt/heure pendant les 40 prochaines années, avec possibilité de renouveler l'entente pour 25 années additionnelles. Or la mise en service complète de l'ouvrage, en 1974, coïncide avec une flambée mondiale des prix de l'énergie. Tout à coup, les 2,5 cents semblent un prix ridiculement bas, d'autant qu'Hydro-Québec revend cette énergie à prix fort sur le marché américain et engrange tous les profits. Se considérant flouée par le Québec, la province de Terre-Neuve tente de faire rouvrir le contrat, une querelle juridique qui se rend jusqu'en Cour suprême du Canada à deux reprises, en 1984 et en 1988. Les deux fois, le plus haut tribunal donne raison au Québec. Un contrat est un contrat, est un contrat.

En juillet 1988, Terre-Neuve était devenue la huitième province à ratifier l'accord du lac Meech – il ne manquait plus que le Manitoba et le Nouveau-Brunswick. Mais au moment du vote, les libéraux terre-neuviens avaient voté contre. Le jour même, leur chef, Clyde Wells, annonçait qu'il abrogerait la ratification de sa province s'il en avait l'occasion. Or, le 20 avril 1989, les Terre-Neuviens sont appelés aux urnes et ils portent au pouvoir les libéraux de Clyde Wells à la tête d'un gouvernement majoritaire, bien qu'ils aient obtenu un pourcentage du vote populaire inférieur à celui des conservateurs. Le lendemain du vote, Wells affirme que les électeurs lui ont donné le mandat de renégocier les termes de l'accord du lac Meech, dont il n'aime pas l'approche trop centrée sur les demandes du Québec. Adepte de la vision de Pierre Elliott Trudeau sur la clause de société distincte, il considère qu'elle doit être remise en question. Il n'y a pas de Canadiens de première et de deuxième classe, dit-il, et la Constitution doit tous les traiter de manière identique. Or, laisse-t-il entendre, en accordant une place « distincte » au Québec, Meech rabaisse toutes les autres provinces à l'état de sous-provinces : « Je veux que nous soyons une vraie province, déclare-t-il une semaine après son élection, et pour y arriver, nous devons faire des changements importants à l'accord du lac Meech. Je ferai tout ce qui est nécessaire pour y arriver, sinon l'accord du lac Meech n'entrera jamais en vigueur. »

Si cela fait injure à la réalité – l'adhésion de Terre-Neuve au Canada en 1949 s'est accompagnée de plusieurs dispositions spéciales, y compris la protection constitutionnelle du droit d'y fabriquer et d'y vendre de la margarine ! –, les déclarations de Clyde Wells le propulsent sur la scène nationale comme le champion de l'intégrité d'une certaine vision du Canada qui confond égalité avec uniformité.

Chose certaine, brique par brique, un mur commence à se dresser devant Brian Mulroney sur le chemin de la réconciliation nationale. Au moment où, ailleurs, les murs tombent.

Chapitre 48

Chute du mur

En 1989 et 1990, pendant qu'au Canada les élites politiques sont occupées à chipoter sur les mots à propos du Québec – distinct ou pas –, ailleurs, le monde bascule. En avril 1989, la Pologne a ouvert la marche quand le gouvernement communiste du général Jaruzelski a dû plier devant la multiplication des grèves nationales et légaliser le syndicat indépendant Solidarność (Solidarité) présidé par Lech Walesa, principal mouvement d'opposition au régime à parti unique. Dès lors, des regroupements prodémocratiques se mettent à fleurir un peu partout en Europe de l'Est. Un vent de liberté se lève sur les pays enfermés depuis 40 ans derrière le « rideau de fer ». Il souffle même au-delà, jusqu'en Chine, où commence à la mi-avril une série de manifestations d'étudiants et d'intellectuels qui réclament des réformes démocratiques. Incapable d'enrayer le soulèvement, le gouvernement chinois impose la loi martiale et, le 4 juin, fait intervenir l'armée sur la place Tian'anmen à Pékin, tuant des centaines, sinon des milliers de manifestants. Quelques semaines avant cette violente répression, mais alors que le pays était secoué par les premières manifestations, le leader de l'Union soviétique, Mikhaïl Gorbatchev, avait effectué une visite à Pékin. Interrogé sur ce que lui inspirait la grande muraille de Chine, il avait lancé cette remarque prophétique : « Il y a déjà trop de murs entre les hommes. »

À la tête du régime soviétique depuis 1985, Gorbatchev veut réformer le système communiste qu'il sait être brisé : il en a eu la révélation, une décennie plus tôt, en visitant le Canada, et plus précisément le milieu rural. La différence dans les conditions de vie entre les agriculteurs canadiens et les travailleurs agricoles soviétiques l'a convaincu de la faillite du modèle collectiviste. Il prêche la transparence – la *glasnost* – et la restructuration de l'économie – la *perestroïka*. Pour souligner le caractère historique des réformes qu'il a entreprises, le magazine *Time* a fait de lui l'homme de l'année en 1987, et, deux ans plus tard, on sent poindre dans les pays de l'Est un sentiment populaire anti-communiste et prodémocratique.

Pourtant, lorsque les dirigeants du G7 se réunissent à Paris, le 14 juillet 1989, en pleines célébrations du bicentenaire de la Révolution française, il ne se trouve personne pour appuyer Jacques Delors – le représentant de la Communauté européenne siège au G7 bien qu'il ne compte pas dans les « 7 » – lorsqu'il propose un plan de soutien aux mouvements démocratiques des pays de l'Est. Personne, sauf Brian Mulroney, dont l'influence à la table des pays industrialisés se fait de plus en plus grande. « C'est Mulroney qui a pris la parole et qui a dit : "C'est normal que la CEE assure l'animation et la coordination de ce programme", rappelle Jacques Delors. Cette décision a été prise grâce à lui en particulier. »

Quelques mois plus tard, le 9 novembre 1989, le mur de Berlin tombe. Symbole de la division idéologique et militaire entre les deux superpuissances qui se mènent une « guerre froide », il est détruit à coups de pics et de marteaux par une marée humaine d'Allemands de l'Est aspirant à la liberté. Le barrage avait cédé. Tout le bloc communiste allait y passer. « C'était absolument énorme », commente Robert Fowler qui, de conseiller en matières internationales de Brian Mulroney, était devenu sous-ministre adjoint à la Défense. « Personne ne pensait que ce serait possible dans nos vies professionnelles, personne. »

Heureux hasard du calendrier, Brian Mulroney doit se rendre à Moscou quelques jours plus tard, fin novembre – pour la première visite officielle d'un premier ministre canadien dans la capitale russe en 20 ans. Avant son départ, le président américain appelle Brian Mulroney pour lui demander de transmettre un message confidentiel à Gorbatchev : « Bush m'a dit : "Dis-lui que nous n'allons pas danser sur la tombe de l'Union soviétique" », se rappelle Brian Mulroney. Selon lui, il s'agit du plus grand moment de la présidence de Bush père. Après 40 ans d'affrontement entre les deux régimes ennemis, au moment où l'un d'eux, épuisé, pose un genou par terre, l'autre renonce à déclarer victoire, rejette le triomphalisme facile.

De retour de son voyage de cinq jours en URSS, Brian Mulroney se rend à Washington pour faire rapport au président Bush sur ses quatre heures d'échange en tête à tête avec Gorbatchev. Le leader soviétique est sincère, lui dit-il, on peut lui faire confiance dans la négociation d'un traité de réduction des effectifs militaires, mais il a besoin d'aide financière pour mener à bien ses réformes. Dix jours plus tard, Mikhaïl Gorbatchev et George H. Bush se rencontrent sur l'île de Malte et annoncent au monde « la fin de la guerre froide ».

Autre hasard du calendrier, les ministres des Affaires étrangères des deux organisations de défense ennemies, l'OTAN et le pacte de Varsovie, doivent se rencontrer au Canada dans les semaines qui suivent. Bousculée par les événements, la réunion de février 1990 se transforme en un débat sur la réunification des deux Allemagnes. L'atmosphère est explosive, se rappelle Brian Mulroney. Pas plus les Soviétiques que les Anglais ou la France ne sont chauds à l'idée de recréer la grande Allemagne. De douloureux souvenirs leur reviennent en tête et, lorsque Brian Mulroney prêche en faveur de la réunification allemande, certains le prennent mal, se rappelle Michel Rocard, alors premier ministre français.

« *Les voisins des Allemands, c'est plutôt nous. Et quand les Allemands se fâchent, on paie les pots cassés plus vite que vous. Et donc on prétendait avoir un regard un peu plus aigu.* » – Michel Rocard

N'empêche, l'Histoire est en marche et, dans le cas allemand, Brian Mulroney se trouve du bon côté puisque les deux Allemagnes vont se réunir officiellement à peine huit mois plus tard. Une révolution planétaire est en marche, les tensions sont grandes, les risques immenses, et Brian Mulroney, désormais un vétéran de la scène internationale, se retrouve au centre de la diplomatie mondiale. Pour plusieurs, comme Jacques Delors, il est l'homme de la situation. « Sa personnalité comptait. Vous savez, à ce moment-là, entre les États-Unis et l'Europe, ça n'était pas facile. » Les tensions étaient aussi palpables entre la France de François Mitterrand et la Grande-Bretagne de Margaret Thatcher, dont le tempérament était particulièrement exécrable à cette époque, au point où son propre parti allait bientôt organiser un putsch pour s'en débarrasser. Brian Mulroney, estime Charles Powell, le conseiller de la Dame de fer, était l'un des seuls qui arrivaient à la raisonner. « Brian Mulroney est naturellement et instinctivement une personne conciliante, et bien sûr madame Thatcher était tout le contraire. Elle était la dernière personne à rechercher un compromis, mais Brian avait le talent de la charmer et de la persuader de bouger là où d'autres ne pouvaient y arriver, tant par la force de ses arguments que par sa personnalité attachante. » De l'autre côté de la Manche, l'étroite étendue de mer qui semble parfois être un océan entre la Grande-Bretagne et la France, on a la même perception à l'égard du premier ministre canadien, confirme son vis-à-vis français de l'époque, Michel Rocard : « Mulroney est un homme ouvert, amical, joyeux, qui respire la bonne humeur et qui l'inspire partout où il passe et ça, c'est une vraie vertu. »

Ses coups de colère n'en sont que plus efficaces. Personne ne s'étonnait de voir Margaret Thatcher pester contre ceci ou cela, de sorte qu'on portait moins attention aux motifs de ses objections. Par contre, lorsque l'habituellement amical Brian Mulroney élève sa voix de baryton, cela a son effet. « Oui, il pouvait être dur en affaires et vigoureux », se souvient George H. Bush. Ainsi, lorsque Brian Mulroney, à la fin janvier 1990, apprend que les Américains s'apprêtent à lancer des négociations sur un accord de libre-échange avec le Mexique, il voit rouge. L'Accord de libre-échange canado-américain a fait en sorte d'égaliser les chances : une entreprise peut s'installer au Canada ou aux États-Unis et avoir un libre accès au marché des deux pays. Cet équilibre ne tient plus si les États-Unis concluent un accord bilatéral semblable avec le Mexique : une entreprise voudra alors s'installer aux États-Unis pour avoir un accès garanti à l'ensemble de l'Amérique du Nord, de la frontière du Guatemala jusqu'au pôle Nord. Brian Mulroney appelle le président Bush pour lui passer un savon : « J'ai dit : "Je m'en fous royalement de l'avis de tes conseillers. Le Canada va faire partie des négociations. Si le Canada n'est pas là, nous allons le considérer comme un geste hostile." » Trois semaines plus tard, Mulroney se rend au Mexique pour en convaincre le président Salinas et il parvient finalement à imposer la présence du Canada dans ce qui deviendra l'ALENA, l'Accord de libre-échange nord-américain.

Dans ces quelques mois de la fin de l'année 1989 et du début de 1990 où le monde change comme dans un film en accéléré, un autre événement marquant se produit. Le leader noir sud-africain Nelson Mandela est libéré de prison après 27 ans dans les geôles de l'apartheid ; son parti, le Congrès national africain, est légalisé. « Aujourd'hui, proclame-t-il à la face du monde, les Noirs et les Blancs reconnaissent que le régime d'apartheid n'a plus d'avenir. »

« Le lendemain de sa libération, Mandela m'appelle. Il me dit : "Quand j'étais en prison, j'ai entendu à la BBC qu'un jeune premier ministre conservateur au Canada avait pris le leadership dans mon dossier. Pour remercier le Canada et vous personnellement, si cela vous intéresse, j'aimerais me rendre à Ottawa pour ma première visite dans un parlement démocratiquement élu et vous parler de ma vie et de ma libération." Alors moi, au téléphone, j'ai dit : "Monsieur Mandela, voulez-vous venir demain ou après-demain ?" » – Brian Mulroney

Nelson Mandela arrive à Ottawa le 17 juin 1990 et il prononce au Parlement un discours saluant le rôle de leader joué par le Canada à l'ONU, au Commonwealth, à la Francophonie et au G7 en faveur du démantèlement de l'apartheid. C'est un baume sur la plaie béante que porte alors Brian Mulroney : son ami Lucien Bouchard a quitté le Cabinet quelques semaines plus tôt pour protester contre la tournure que prend le dossier de l'accord du lac Meech dans ses derniers moments d'agonie. Conscient des tensions qui divisent le Canada, Mandela profite de son discours au Parlement pour lancer un vibrant plaidoyer en faveur de la réconciliation, le thème si cher à Brian Mulroney.

L'impossible est en train de se produire sous les yeux du monde : dans les pays du bloc de l'Est et en Afrique du Sud, les murs du communisme et de l'apartheid s'écroulent. Pendant ce temps, au Canada, le pays qui a inventé les soldats de la paix, les murs de l'incompréhension et de la méfiance se dressent de manière inexorable.

Chapitre 49

La trahison

Au début de l'année 1990, lorsque le chef de cabinet de Brian Mulroney, Stanley Hartt, lui a recommandé d'abandonner l'idée de faire ratifier l'accord du lac Meech, « Mulroney a dit : "Il n'est pas question de laisser tomber Meech." Il a décidé de se battre jusqu'au bout », raconte son secrétaire de presse d'alors, Gilbert Lavoie. Pour Brian Mulroney, cet accord est la concrétisation de sa promesse de réconciliation nationale et, d'une certaine manière, la manifestation juridique de sa propre personnalité, celle d'un anglophone né au Québec qui accueille, accepte, et même célèbre la différence québécoise. Il ignore à quel point sa décision de persévérer sur le sentier de Meech sera lourde de conséquences sur la politique canadienne et sur sa propre vie. Car ce dossier deviendra une véritable obsession qui grugera son énergie et sa santé émotive. « En termes de temps et en termes d'intensité, dit Paul Tellier qui l'a côtoyé pendant sept ans, c'est vrai que c'est le dossier qui l'a accaparé le plus. »

En novembre 1989, à l'occasion d'une rencontre avec les premiers ministres provinciaux, trois d'entre eux – McKenna du Nouveau-Brunswick, Filmon du Manitoba et Wells de Terre-Neuve – avaient dit à Mulroney qu'ils ne pouvaient ratifier Meech sans y apporter de nombreux amendements. Wells lui avait aussi envoyé une longue lettre détaillant les fondements de ses objections. La parenté idéologique avec la pensée de Pierre Elliott Trudeau était évidente. Elle le sera davantage lorsqu'on apprendra que la conseillère constitutionnelle de Wells, Deborah Coyne, a une aventure avec l'ancien premier ministre canadien, qui a deux fois son âge et qui lui donnera une fille, Sarah.

Par-dessus le marché, le Parti libéral du Canada est plongé dans une course à la direction après le départ de John Turner, un partisan de Meech. Or celui qui s'annonce comme l'un des candidats les plus susceptibles de l'emporter, Jean Chrétien, a pris ses distances avec l'accord. Son échec, dit-il, ne serait pas une tragédie ; le Québec et le Canada peuvent bien s'en passer. Jean Chrétien a la partie facile pour manifester son désaccord puisqu'il n'est plus député depuis 1986, ayant démissionné de son siège pour retourner à la pratique du droit au cabinet Lang Michener, à Ottawa. Il y est bientôt rejoint par Roger Tassé, son ancien sous-ministre au ministère de la Justice, celui qui a coordonné le travail de rédaction de la Charte canadienne des droits et libertés. Dans sa biographie publiée en 2013[55], Roger Tassé relate les échanges qu'il a eus avec Jean Chrétien à propos de la clause de société distincte contenue dans l'accord du lac Meech, et il estime que ses déclarations publiques critiquant l'accord étaient avant tout une stratégie politique par laquelle « [il] se donnait des munitions pour la prochaine course à la chefferie du Parti libéral ».

Brian Mulroney croit qu'il a fait une très grave erreur à ce moment-là, celle d'espérer pouvoir convaincre trois premiers ministres qui ne se trouvaient pas à la table des négociations du lac Meech, en avril 1987, de respecter l'engagement de leurs prédécesseurs. D'autant que dans tous les cas, les signataires originaux de l'accord étaient d'une affiliation politique différente de la leur. Or, c'est bien connu, une loi non écrite de la joute partisane veut que les adversaires politiques n'aient jamais rien fait de bon. Et dans les rares cas où cela leur serait arrivé, on pourrait quand même espérer mieux !

Brian Mulroney estime que son erreur a été de s'entêter à vouloir amener les récalcitrants à changer d'opinion. Il aurait dû demander à la Cour suprême du Canada de trancher, réclamer son avis sur les conséquences juridiques de la clause de société distincte : les opposants à Meech étaient-ils justifiés de redouter son impact sur la Charte des droits ?

« Je suis convaincu que la Cour suprême aurait dit : "Le gouvernement a raison, ça n'a aucune implication sur la Charte." Et ça aurait

---

55. Roger Tassé. *Ma vie, le droit, la Constitution et bien plus encore ! Mémoires d'un sous-ministre fédéral de la Justice*, Cowansville, Éditions Yvon Blais, 2013.

été la fin des folies de monsieur Trudeau et de son argument inacceptable et honteux contre le Québec et contre Meech. » – Brian Mulroney

On dit d'un marteau que, pour lui, tous les problèmes ressemblent à un clou. Pour Brian Mulroney, chaque différend peut se régler par la négociation. C'est chez lui une seconde nature. Il va donc chercher un moyen de satisfaire les adversaires de Meech, de les accommoder, ne serait-ce que superficiellement, pour leur permettre de sauver les apparences. En politique, comme dans les relations de travail, il faut ménager un espace de dignité à toutes les parties. C'est une affaire de dosage, de perception, savoir ne pas y perdre de vue ses propres idéaux, sa propre dignité.

Cela ne rassure pas Robert Bourassa, tout juste réélu à la tête d'un gouvernement majoritaire à la fin septembre 1989. Malgré les dénonciations véhémentes du Parti québécois envers l'accord du lac Meech – «trop peu, trop tard» –, les Québécois venaient quand même de se prononcer une fois de plus en faveur de cette solution «raisonnable» au problème existentiel de leur place à l'intérieur du Canada. La perspective de rouvrir l'entente pour plaire à ses opposants fait dire à Robert Bourassa, lors du Conseil national de son parti, en février 1990, qu'il n'a pas l'intention de «pratiquer le fédéralisme à genoux». Il est mûr pour une discussion avec son ami Brian, qu'il va visiter le 3 mars à sa résidence du lac Harrington. Brian Mulroney parvient à le convaincre qu'il faut faire un geste en direction des opposants à Meech, sinon «il est voué à l'échec». L'exercice sera délicat. Il faut éviter d'enflammer les esprits par des déclarations intempestives, et c'est le mot d'ordre que l'on donne aux députés conservateurs du Québec réunis en caucus une semaine plus tard, au lac Meech, dans la même salle où l'entente avait été conclue. Devant l'inquiétude des troupes, Lucien Bouchard, tout juste nommé «ministre responsable du Québec», plaide en faveur de la patience et de la confiance dans la détermination du gouvernement de préserver les acquis de Meech. Pour y arriver, tous doivent se serrer les coudes, rester unis dans la tempête et mordre leur langue.

Puis, le 21 mars, Franck McKenna dévoile le texte d'une résolution d'accompagnement à l'accord du lac Meech, que Lowell Murray et Brian Mulroney s'empressent d'accueillir avec ouverture. Le lendemain, à trois mois de l'échéance pour ratifier l'accord du lac Meech, Brian

Mulroney s'adresse à la nation dans une allocution télévisée. Le procédé, inhabituel, est à la mesure de l'importance de l'enjeu. Le premier ministre dit voir dans cette proposition une voie de sortie qu'il décrit comme un « Meech plus ». En échange de la ratification par toutes les provinces de l'accord du lac Meech tel quel, sans amendement, Ottawa s'engagerait à procéder, ensuite, à l'adoption d'un texte contenant une dizaine d'autres mesures. « L'accord du lac Meech deviendrait partie intégrante de la Constitution comme prévu, le 23 juin, après quoi une résolution d'accompagnement serait présentée », dit Brian Mulroney. Québec fait mine d'y trouver son compte.

« Pour monsieur Bourassa et, je sais, pour le premier ministre Mulroney, il n'est pas question de diluer l'entente du lac Meech. Qu'il y ait une résolution d'accompagnement qui dise "On va continuer les discussions après", pourquoi pas ? » – Gil Rémillard

Dans son discours à la nation, Brian Mulroney annonce que cette résolution d'accompagnement sera soumise pour étude à un comité parlementaire chargé d'en préciser le contenu. Lucien Bouchard s'en tient à son rôle et il dit approuver la création du comité. Mais, à l'intérieur, il rage d'avoir été mis devant un fait accompli. C'est en effet à la télévision qu'il a appris la création de ce comité et l'existence de la résolution. Il la désapprouve. À ses yeux, elle rogne l'intégralité de l'accord du lac Meech, car l'une de ses dispositions vise à reconnaître au gouvernement fédéral l'obligation de promouvoir la dualité linguistique partout au Canada, non plus seulement de la protéger comme cela était inscrit dans l'accord. La majorité anglo-canadienne pourrait-elle ainsi être justifiée de mettre tous les moyens à sa disposition, financiers et judiciaires, pour faire la promotion d'une place accrue de l'anglais au Québec, surtout dans l'éventualité où la province s'aventurerait à trop vouloir affirmer sa « société distincte » ? Malgré son inquiétude, Lucien Bouchard prête son concours à l'exercice, se faisant même le messager de Brian Mulroney pour en confier la présidence à Jean Charest qui vient tout juste d'être rétrogradé comme simple député du comté de Sherbrooke après avoir démissionné de son poste de ministre de la Jeunesse et du Sport amateur ; il avait commis l'erreur d'appeler un juge pour faire pression sur lui en faveur de Marc Saint-Hilaire, un entraîneur exclu – injustement, à ses yeux – de l'équipe canadienne en vue des Jeux du Commonwealth. Durement atteint par sa sortie forcée du Cabinet, celui qui fut à 28 ans le plus jeune ministre canadien de l'histoire aurait pu voir dans la proposition une belle occasion de se remettre en selle, mais il hésite.

« Je dis à Lucien : "Je ne suis pas sûr que c'est une bonne idée que je le préside." Il me dit : "Monsieur Mulroney va t'appeler." Ce soir-là, monsieur Mulroney appelle : "Je veux te rencontrer." Alors là je voyais bien qu'ils en avaient discuté. » – Jean Charest

Ce que Jean Charest ignore, c'est que Brian Mulroney a ouvert un autre canal de communication, celui-là avec Jean Chrétien, par l'intermédiaire de son ami Paul Desmarais. Le fils du riche financier est marié avec la fille de Jean Chrétien, France, ce qui facilite les rapprochements. « Tranquillement, pas vite, on voyait que Chrétien voulait endosser Meech d'une façon quelconque », dit Brian Mulroney. On raconte que par l'intercession de son conseiller Eric Maldoff, Jean Chrétien aurait fait quelques suggestions ensuite remises discrètement au comité Charest. À l'époque, « je suis pas du tout informé de ça », soutient Jean Charest, qui dit n'avoir appris que plus tard la provenance de certains avis. Ce qu'il sait, par contre, c'est que le ministre Lowell Murray est allé négocier directement avec le premier ministre du Nouveau-Brunswick, Frank McKenna, le contenu de la résolution d'accompagnement. McKenna se sent alors coupable d'avoir déclenché le mouvement en faveur de la réouverture de l'entente du lac Meech, une brèche dans laquelle s'est par la suite précipité Clyde Wells et une partie de l'opinion publique canadienne. Le torrent anti-Québec et anti-francophone qui a suivi à travers le pays lui fait regretter son geste. McKenna n'a rien en commun avec ces radicaux qui, à Brockville, en Ontario, s'essuient les pieds sur des drapeaux du Québec devant les caméras de télévision. Ni avec le mouvement qui conduit quelques dizaines de villes ontariennes à se déclarer unilingues anglaises, un geste de provocation à la fois inutile et vexatoire qui réjouit Jacques Parizeau. « Les anglophones un peu partout au Canada sont en train de se soulever contre Meech. Dans certains journaux, ça ne crie pas, ça hurle. Moi, ça faisait mon affaire. C'est du gâteau. Je scrute ça à la loupe, j'en suis ravi », se rappelle avec délectation l'ancien chef péquiste, d'autant plus que ces manifestations d'intolérance alimentent la fièvre nationaliste au Québec.

Si McKenna s'engage rapidement à adopter Meech en échange de l'acceptation d'une résolution d'accompagnement, il ne restera plus que le Manitoba à convaincre, puisque l'Assemblée de Terre-Neuve a déjà ratifié l'accord – quoi qu'en dise Clyde Wells. Mais craignant de se faire prendre de vitesse, le premier ministre de Terre-Neuve procède à un nouveau vote de sa législature, début avril 1990, pour retirer officiellement l'appui de la province. Dans une déclaration révélatrice du sentiment revanchard que cachent les arguties juridiques de son gouvernement, le ministre terre-neuvien des Finances, Hubert Kitchen, lance cette phrase sublime de transparence : « Le Québec nous a mis le couteau sur la gorge avec Churchill Falls. On les tient exactement de la même manière avec Meech. » Lucien Bouchard lui donne le change en déclarant en conférence de presse : « Le Canada anglais aura à choisir entre Québec et Terre-Neuve. »

C'est dans ces eaux de plus en plus tourmentées, agitées de part et d'autre d'accusations de traîtrise, que le comité Charest cherche à naviguer, son président essayant de maintenir le contact à vue avec Lucien Bouchard, le lieutenant politique de Brian Mulroney au Québec. « Je l'ai rencontré à plusieurs reprises, dit Jean Charest, pour lui expliquer l'avancement des travaux et la façon dont ça s'orientait. » Selon ce qu'en comprenait Lucien Bouchard, le comité Charest allait accepter quelques-unes des suggestions de Franck McKenna, en particulier en ce qui concerne le dossier autochtone, mais il écarterait celles risquant de limiter les acquis de Meech. « En un mot, les choses se présentaient plutôt bien[56] », raconte Bouchard dans son autobiographie.

Début mai, lorsque le caucus conservateur se rassemble à Mont-Tremblant, on marche véritablement sur des œufs. Les états d'âme de plusieurs députés et ministres font redouter le pire. « Brian Mulroney craignait que certains de ses ministres démissionnent, confie Gilbert Lavoie. C'est vraiment Benoît Bouchard et Monique Vézina qui nous inquiétaient à ce moment-là. » Ces craintes sont renforcées par un article du quotidien *Le Devoir* qui révèle que Bernard Landry organise une rébellion massive dans les rangs conservateurs. Selon ses estimations, entre 20 et 25 députés songeraient à quitter le navire pour siéger comme députés indépendants pro-Québec. Interrogé par Brian Mulroney,

---

56.   Lucien Bouchard. *À visage découvert*, Montréal, Éditions du Boréal, 1992.

Lucien Bouchard jure qu'il n'en est rien, qu'il n'a pas entendu parler du maraudage que Bernard Landry prétend avoir entrepris. Jean Charest profite de la rencontre de Mont-Tremblant pour remettre à Lucien Bouchard la copie de travail de son rapport qui doit être publié une semaine plus tard. Dans les jours qui suivent, les deux hommes en discutent, avant que le ministre de l'Environnement ne s'envole vers l'Europe pour un voyage à la fois professionnel et personnel.

Un grand mystère plane toujours sur ce qui se produira par la suite, sur les motivations des uns et des autres, l'enchevêtrement des malentendus, le choc des idées et des ego, le sens des mots « loyauté » et « trahison ». Chose certaine, les événements des prochains jours vont marquer à jamais Brian Mulroney ; ils seront aussi déterminants pour l'avenir politique du Canada, pendant au moins les 20 années suivantes. Aussi vaut-il la peine d'y consacrer quelques pages, bien que l'on en connaisse déjà l'issue : la rupture de 30 ans d'amitié entre Brian Mulroney et Lucien Bouchard, puis la création du Bloc québécois, un parti indépendantiste œuvrant sur la scène fédérale.

La veille de son départ pour l'Europe, Lucien Bouchard rencontre son vieil ami d'université Bernard Roy à l'Hôtel Mirabel, où les deux hommes partagent un souper. Roy n'occupe plus de fonction officielle au gouvernement depuis qu'il a abandonné le poste de chef de cabinet de Brian Mulroney, deux ans plus tôt. Selon Roy, Lucien Bouchard semble préoccupé par le contenu du rapport Charest qui doit bientôt être rendu public, mais pas outre mesure, car – c'est du moins l'impression qu'il lui en donne – Bouchard continue de faire confiance à Brian Mulroney pour protéger l'intégralité de l'accord du lac Meech. Quelques heures plus tôt, avant de quitter Ottawa pour Mirabel, Lucien Bouchard a eu une autre rencontre, celle-là plus agitée, avec Paul Tellier. Elle ne devait durer qu'une quinzaine de minutes, mais elle s'étire pendant plus d'une heure, le greffier du Conseil privé expliquant à Bouchard, selon ce qu'il en rapporte dans son autobiographie, que la clé de la solution à l'impasse est l'accord de Jean Chrétien. Et pour l'obtenir, dit-il, la résolution d'accompagnement doit reconnaître le rôle d'Ottawa dans la promotion de la dualité linguistique. Tellier plaide que cela n'est rien d'autre que ce que prévoit déjà la Loi sur les langues officielles. Lucien Bouchard est néanmoins furieux de ce nouveau compromis qu'il dit craindre de ne pas pouvoir « vendre » aux éléments les plus nationalistes du caucus québécois. L'homme est souvent bouillant, puis il reprend ses sens. Un voyage en Europe où il retrouvera son épouse et leur jeune fils, Alexandre, lui fera le plus grand bien…

Après une brève escale à Londres, Lucien Bouchard arrive à Bergen, en Norvège, où se tient une conférence de 34 pays de l'Europe de l'Ouest et de l'Amérique du Nord sur les changements climatiques. Elle ouvrira la voie au Sommet de la Terre, deux ans plus tard à Rio, encore aujourd'hui considéré comme un point tournant dans le domaine de l'environnement. C'est Pierre Marc Johnson, l'ancien premier ministre du Québec, qui a été désigné rapporteur officiel de la conférence de Bergen, une fonction prestigieuse qu'il doit à Brian Mulroney. Cela remonte à décembre 1989 lorsque, quelques jours après la défaite électorale du gouvernement péquiste que dirigeait Pierre Marc Johnson, Mulroney le joint au téléphone dans une maison de campagne des Cantons-de-l'Est où il passe les fêtes de Noël en famille.

« Il m'appelle, le 24 décembre, pour me dire : "Comment ça va ? Est-ce que je peux faire quelque chose pour toi ?" C'est une ouverture dont je ne me suis pas prévalu, mais que j'ai appréciée cependant. Quelques mois après, il m'a nommé dans un poste non rémunéré à la Table ronde nationale sur l'environnement et l'économie qu'il avait mise sur pied. » – Pierre Marc Johnson

C'est ainsi que, de fil en aiguille, Johnson se taille une place dans la délégation canadienne lors des premiers grands sommets sur l'environnement. Le voilà donc sur la terrasse d'un quai à Bergen, attablé avec Lucien Bouchard, en fin d'après-midi. Les deux hommes se connaissent depuis longtemps. Bouchard – qui avait activement milité pour l'élection du Parti québécois en 1976 et que René Lévesque aimait bien – était le négociateur en chef du gouvernement péquiste avec les 300 000 syndiqués de la fonction publique québécoise alors que Johnson occupait le poste de ministre du Travail.

« C'est là, sur les quais de Bergen, que je comprends qu'il se passe des choses importantes pour Lucien Bouchard et qu'il est sur le point d'annoncer qu'il s'oppose au rapport Charest, et que ça va le mettre à mal avec Brian Mulroney. » – Pierre Marc Johnson

Lucien Bouchard est déchiré entre sa loyauté à Mulroney et sa loyauté à l'idéal qui l'a conduit en politique fédérale, soit la réconciliation entre le Canada et le Québec « dans l'honneur et l'enthousiasme ».

Or il ne voit plus ni honneur ni enthousiasme dans les marchandages visant à rafistoler l'accord du lac Meech. « Moi, je pense qu'à Bergen, les jeux étaient faits », dit Pierre Marc Johnson. Si ce n'était pas encore le cas, Johnson le provoque. « Il faut que tu te décides. Est-ce que tu veux être premier ministre du Canada ou premier ministre du Québec ? »

Dans les jours qui suivent, les 14 et 15 mai, les nombreux appels d'Ottawa en direction de Lucien Bouchard et de son assistante, Micheline Fortin, – elle en a reçu à elle seule 52 ! – restent sans réponse. Même ceux de Paul Tellier. Jean Charest est particulièrement inquiet de ce silence, lui qui doit dévoiler son rapport le 17 mai et qui cherche son approbation à la version finale du texte. « Je tente d'entrer en communication avec monsieur Bouchard, mais il ne me répond pas. »

Sitôt la conférence de Bergen terminée, Lucien Bouchard saute dans un avion à destination de Paris pour aller rejoindre son épouse, Audrey, et leur jeune fils, qui sont déjà sur place. Ces quelques jours de congé étaient planifiés de longue date. Le couple loge rue Saint-Dominique, chez un ami et futur ambassadeur, Marc Lortie. L'ancien secrétaire de presse de Brian Mulroney est depuis six mois premier conseiller politique à l'ambassade de Paris. Il trouve Bouchard d'une humeur massacrante.

« Moi, je pense que c'est l'Environnement qui l'a perturbé ; c'est plutôt l'environnement politique au Canada. Le rapport Charest est en train de sortir et il trouve qu'il n'a pas été suffisamment consulté dans la rédaction du rapport. À sa première lecture, il trouve qu'on a diminué l'impact de l'accord du lac Meech. Il rue dans les brancards parce qu'il s'est senti écarté du processus alors qu'il trouvait qu'il aurait dû être au centre du processus. Il est profondément malheureux. Et quand un homme de sa trempe est profondément malheureux, il y a des risques d'explosion. » – Marc Lortie

Le rapport que Jean Charest dépose à la Chambre des communes propose comme prévu l'adoption de l'accord du lac Meech – tel quel – accompagné d'une résolution contenant une vingtaine d'éléments. Le principal est sans doute une clause visant à clarifier les limites de la reconnaissance du Québec comme société distincte, la subordonnant à la Charte canadienne des droits et libertés. « Ailleurs au Canada, on argumentait que ça allait changer la distribution des compétences [des provinces]. Ce n'était pas vrai, ça n'a jamais été vrai. Encore fallait-il le dire », plaide Jean Charest. Fallait-il vraiment le dire ? La question est intéressante. Si l'exercice visait à amadouer Clyde Wells, ne risquait-il pas par ailleurs de rebuter les Québécois ? Avec l'accord du lac Meech, le reste du Canada tentait de racheter l'offense de 1982 en offrant au Québec une bague de fiançailles dans un joli écrin de velours bleu, jurant à sa bien-aimée qu'elle occuperait désormais une place vraiment spéciale dans son cœur. Distincte. Ce ne sont que des mots, mais ils font plaisir à entendre. Ils agissent comme un baume sur une plaie. Ils rassurent pour la suite des choses. Leur signification concrète, les deux partenaires le savent, ne se confirmera qu'avec le temps. Ultimement, c'est la Cour suprême du Canada qui sera appelée à interpréter au cas par cas le sens profond de cette reconnaissance. Elle le fera en tenant compte des autres balises et des autres droits inscrits dans la Constitution et la Charte canadienne des droits et libertés. Or, les neuf juges de la Cour suprême sont nommés par le gouvernement fédéral. Six d'entre eux proviennent de l'extérieur du Québec. Quelqu'un peut-il raisonnablement croire que malgré toutes ces contraintes, le plus haut tribunal verra dans la clause de société distincte de quoi lancer le Québec sur la voie de l'indépendance ou lui permettre de persécuter sa minorité anglophone ? En plus d'une ceinture et de bretelles, faut-il vraiment ajouter un corset ? Et en choisissant de le faire, ne court-on pas un gros risque, celui de détruire la magie du moment ? « Voici une bague de fiançailles, ma distincte compagne, mais tu sais, encore faut-il le dire, cela ne change vraiment rien entre nous… »

Tout de suite après le dépôt du rapport Charest, le ministre Benoît Bouchard se précipite au téléphone. Si Lucien Bouchard a refusé de parler à Jean Charest, il prend l'appel de son homonyme qui lui dit : « Lucien, le rapport Charest est sorti et c'est ce qu'on pensait. Il y a des éléments dans ça qui sont inacceptables. Il me dit : "Je suis en train de me reposer, j'arrive dimanche soir, on s'en parle lundi." »

Le lendemain, vendredi, l'adjointe politique de Lucien Bouchard, Micheline Fortin[57], demande à Marc Lortie s'il est possible d'utiliser les services de l'ambassade pour expédier un télégramme. Dans deux jours,

---

57. Au moment de la rédaction de cet ouvrage, Micheline Fortin est chef recherchiste du Centre de l'information de Radio-Canada à Montréal. Elle a aussi agi à titre de recherchiste dans la production de la série documentaire sur Brian Mulroney, diffusée à l'automne 2013, qui est à l'origine de ce livre.

le 20 mai, ce sera le 10ᵉ anniversaire du référendum sur l'indépendance du Québec. Depuis, René Lévesque est décédé, emportant avec lui, croient plusieurs, le rêve de faire du Québec un pays à part entière. Ce n'est évidemment pas l'avis du Parti québécois qui, se relevant de sa défaite électorale de l'année précédente, se réunit en Conseil national à Alma, dans le comté de Lucien Bouchard, pour commémorer l'anniversaire de ce premier grand rendez-vous manqué. Les organisateurs de l'événement ont envoyé une invitation à Lucien Bouchard pour qu'il vienne y prononcer quelques mots de bienvenue, ce qu'il aurait probablement accepté de faire si ce n'avait été de son conflit d'horaire. Un de ses adjoints, David Cliche – le fils de l'ancien juge Robert Cliche –, a donc approché Jacques Parizeau quelques jours auparavant en se rendant à son bureau de la Place-Ville-Marie, à Montréal, pour lui demander s'il accueillerait favorablement l'idée que le député fédéral de Lac-Saint-Jean rédige plutôt un bref message dont le chef péquiste pourrait faire lecture à ses militants. Parizeau – qui ne porte pas Lucien Bouchard dans son cœur – a grommelé une acceptation de principe avec si peu d'enthousiasme, dit-il, qu'il l'a ensuite complètement oubliée.

À Bergen, Lucien Bouchard avait pris quelques minutes pour commencer à rédiger à la main son mot de bienvenue. Après avoir pris connaissance de cette première esquisse, l'un de ses conseillers, Martin Green – un anglophone – lui a mentionné qu'il en trouvait le contenu inapproprié de la part d'un ministre fédéral, tellement il était chaleureux envers le Parti québécois. Bouchard avait décidé de « dormir là-dessus » puis avait égaré sa copie. Encore sous le coup de sa lecture du rapport Charest dont on lui a télécopié le texte à Paris, Lucien Bouchard reprend sa plume. La main, admettra-t-il plus tard, est alourdie par sa mauvaise humeur. Il charge ensuite son adjointe, Micheline Fortin, d'assurer l'expédition du document par les services de télécommunication de l'ambassade. Marc Lortie s'étonne de son contenu. « Alors je dis à son adjointe : "Êtes-vous sûre que le ministre veut envoyer un tel télégramme ?" » Il y avait, estime Marc Lortie, « un peu trop d'audace dans ce message », une réserve que la « fille d'Alma » ne partage pas.

Le lendemain, le samedi 19 mai, l'atmosphère est fébrile à Alma, où s'ouvre le Conseil national du Parti québécois. On vient d'apprendre qu'un député conservateur, François Gérin, a quitté son parti en signe de protestation contre le contenu du rapport Charest. On attend les prochains. L'ancien partenaire de Brian Mulroney à la commission Cliche, Guy Chevrette, devenu par la suite député du Parti québécois, se trouve dans la salle lorsque Jean Royer, le chef de cabinet de Jacques Parizeau, l'accoste, tout excité. « Lucien nous a envoyé un beau télégramme, lui dit-il, et tu vas capoter. » Chevrette a donc les oreilles et les yeux grands ouverts lorsque le chef péquiste se met à lire devant les 200 militants réunis à l'aréna d'Alma un message dont le nom de l'expéditeur est gardé secret jusqu'à la toute fin. « J'étais à la gauche de monsieur Parizeau. Il en salivait, je m'en souviens très bien », dit Chevrette. Après avoir rappelé « la franchise, la fierté et la générosité du Oui que nous avons alors défendu autour de René Lévesque et de son équipe », le texte lu par Jacques Parizeau se termine ainsi : « La mémoire de René Lévesque nous unira tous en fin de semaine car il a fait découvrir aux Québécois le droit inaliénable de décider de leur destin. Et c'est signé Lucien Bouchard, député de Lac-Saint-Jean. » La salle se lève alors d'un bond, ovationnant le télégramme et son auteur.

« *On a dit : "Ça y est, on est partis pour la gloire !" C'était l'euphorie dans l'aréna. On se demandait tous : "Qu'est-ce qui va arriver de Lucien ? Poser un geste du genre, il ne peut pas rester ministre de Mulroney. Ou bien Mulroney va le sacrer dehors, ou bien il va démissionner."* » – Guy Chevrette

Jacques Parizeau aussi considère le message de Lucien Bouchard comme un affront au premier ministre canadien : « C'est une bombe parce qu'à l'égard de Mulroney, c'est de la provocation. Moi, ça fait mon affaire, moi, je gazouille. Mais Mulroney a dû recevoir ça comme une claque en pleine figure ! »

C'est en effet le cas. Les médias venaient à peine de faire état du télégramme et de son accueil enthousiaste que le téléphone du ministre Benoît Bouchard a sonné. Au bout du fil, Brian Mulroney est en émoi.

« *Il me dit : "Qu'est-ce qui se passe, là ? On me dit qu'on vient de publier une lettre d'appui de Lucien au PQ qui est en congrès à Alma." Moi, je n'en ai aucune idée, je n'ai jamais été averti. Il est complètement déboussolé. Il ne comprend pas. Il ne comprendra jamais d'ailleurs.* » – Benoît Bouchard

À Alma, une fois passé le moment des réjouissances, Guy Chevrette a cependant des remords envers son ancien collègue de la commission

Cliche : « Je sympathisais un peu avec Brian parce que je me disais qu'il était de bonne foi, ce gars-là. Il a essayé et puis regarde ce qui arrive. »

De son côté, Lucien Bouchard a passé la journée du samedi à marcher dans les rues de Paris, à visiter des jardins et des musées. La ville est si belle au mois de mai. Elle renaît après une longue saison faite de grisaille et de pluie. Bouchard aime cette énergie, mais tous les charmes de Paris ne parviennent pas à lui faire oublier les combats à venir et qu'il anticipe. De retour dans l'appartement de Marc Lortie, il doit se précipiter hors de son bain pour faire taire le vacarme du téléphone qui sonne vers minuit : au bout du fil, Paul Tellier, en service commandé. « Quand le télégramme a été envoyé, dit-il, le premier ministre m'a demandé de parler à Lucien Bouchard et [de lui demander] de s'expliquer. » Bouchard, nu et tout dégoulinant, proteste de sa bonne foi. « Il considérait qu'il n'avait rien fait de répréhensible, que le télégramme en question devait être pris dans son contexte », se remémore Paul Tellier. Par contre, Lucien Bouchard monte le ton en ramenant la conversation au rapport Charest. Chacun reste sur ses positions. On s'en reparlera lundi.

Ce soir-là, Brian Mulroney s'isole dans le bureau du 24 Sussex et, comme un adolescent en peine d'amour, il confie son chagrin à son journal personnel : « Je crois que j'ai perdu mon pari avec moi-même, mon rêve d'une dimension nouvelle et solide de l'unité canadienne, que nous pouvons construire un pays assez grand et assez souple pour que tous les Canadiens puissent trouver épanouissement, fierté, identité et dignité. […] Un jour, les termes de l'accord du lac Meech paraîtront raisonnables à tous les Canadiens, mais il se pourrait que ce jour arrive trop tard[58]. »

Le lendemain de ce cataclysme, soit le dimanche 20 mai, l'avion ramenant Lucien Bouchard de Paris se pose en début de soirée à Montréal. Le ministre saute aussitôt dans sa voiture. Direction Ottawa. En route, il appelle son collègue ministre Marcel Masse, à qui il donne l'impression d'être complètement stupéfait devant la clameur provoquée par son télégramme. « Qu'est-ce qui se passe ? », demande-t-il à Masse qui le met en garde : « J'ai dit : "Je pense qu'il y a un comité de réception à

---

58. Extraits cités dans les *Mémoires, op. cit.*, p. 901 et 902.

Ottawa qui n'est pas très heureux." » Marcel Masse ne partage pas l'agitation autour du message de bienvenue envoyé par Lucien Bouchard, bien qu'il concède qu'« il avait peut-être mis un peu plus d'accueil [que nécessaire]. Mais d'un autre côté, dit-il, il faut comprendre qu'il était avec eux pendant longtemps, qu'il a fait des négociations avec tout ce monde-là, que c'est dans son comté. Bof! »

Il y a effectivement un comité de réception qui attend Lucien Bouchard à Ottawa. D'abord, le soir même, Luc Lavoie, l'homme à tout faire de Brian Mulroney, à qui Bouchard confie son intention de démissionner. Sans doute informé sur-le-champ, le premier ministre va tout mettre en œuvre pour le faire changer d'idée. Ce départ risque de faire éclater le caucus québécois. Il pourrait compromettre l'opération de sauvetage de l'accord du lac Meech à un mois de l'échéance pour obtenir sa ratification. C'est sans compter que la démission de son ami lui briserait le cœur. « Monsieur Mulroney essaie de sauver la mise, relate Jean Charest, il essaie de le convaincre de rester. Désespérément, il essaie de le convaincre de rester. » Pour y arriver, Brian Mulroney sollicite l'assistance d'amis communs. Mais, voilà, il le fait par personnes interposées.

L'opération se déroule le lundi 21 mai, un jour férié emblématique de la dichotomie canadienne : au Québec, on y célèbre la Fête de Dollard-des-Ormeaux (depuis devenue la Journée nationale des Patriotes), et dans le reste du Canada, la Fête de la Reine. En avant-midi, Paul Tellier tente de joindre Bouchard, en vain. « Ça a pris quelques heures avant que Lucien Bouchard me retourne mon appel, il savait très bien pourquoi j'appelais. » Enfermé chez lui, où il est debout depuis cinq heures du matin, réveillé par les pleurs de son fils, Lucien Bouchard ne prend aucun appel. Il est occupé à rédiger sa lettre de démission. Ce n'est qu'en après-midi, de son bureau de la colline du Parlement, qu'il communique avec Paul Tellier, qui le convoque à son bureau. Entre-temps, il est bombardé d'appels de députés, de ministres et d'amis personnels, parfois en pleurs, qui le supplient de ne pas partir.

La rencontre avec Paul Tellier ne va pas arranger les choses. Tellier reconnaît que l'affaire du télégramme, bien qu'embarrassante, demeurait gérable. Ce n'était, dit-il, « certainement pas une lettre de démission », même si le télégramme pouvait être considéré, venant d'un ministre fédéral, comme « un manque de jugement sérieux ». À son avis, « Mulroney aurait passé l'éponge ». Sauf que, voilà, « Lucien n'était pas prêt à s'excuser ». Ainsi donc, Brian Mulroney a demandé au greffier du Conseil privé, le plus haut fonctionnaire de l'État, mais un fonctionnaire tout de même, d'exiger des explications de la part de Lucien Bouchard, voire des excuses. « Erreur », estime Peter White, pour qui il aurait fallu que le premier ministre le fasse lui-même. « La rencontre cruciale aurait dû avoir lieu entre ces deux très grands amis. » D'autant plus qu'il y avait peu d'atomes crochus entre Tellier (l'hyperfédéraliste, l'un des dirigeants occultes des forces du Non au référendum de 1980) et Bouchard (le nationaliste) – les deux principaux rivaux dans l'influence qu'ils exerçaient sur Brian Mulroney. L'échange tourne au dialogue de sourds : télégramme, rapport Charest, télégramme, Meech. Si, de surcroît, c'est effectivement ce qu'on exige de lui, des excuses publiques, alors ceux qui connaissent l'orgueil qui anime Lucien Bouchard ne s'étonnent pas qu'il annonce à Paul Tellier que sa lettre de démission est déjà prête. « Je lui ai dit : "Lucien, tu es ami avec monsieur Mulroney depuis des décennies. Tu ne peux pas simplement me laisser la lettre comme ça !" Il ne voulait pas passer au 24 Sussex. » Les choses n'allaient pas en rester là. L'artillerie lourde venait d'arriver de Montréal en la personne de Bernard Roy, l'ami commun de Mulroney et de Bouchard.

« On m'a appelé pour me dire : "Viendrais-tu à Ottawa pour parler à ton bon ami Lucien Bouchard qui menace de démissionner ?"... avec le mandat de le convaincre de ne pas démissionner. Mon rôle a été de plaider la cause du gouvernement fédéral en faisant valoir que l'accord dans sa forme remodelée ne changeait en rien l'objectif poursuivi au niveau des cinq conditions [de Meech] et qu'il devait, même si ce n'était que par loyauté pour son patron, le premier ministre, rester au gouvernement. Il ne voulait rien entendre. Déjà, je pense, sa décision était prise. Et donc j'ai échoué dans ma tentative de le convaincre. » – Bernard Roy

Bernard Roy confirme ainsi que la mésentente portait davantage sur l'accord du lac Meech que sur le télégramme. L'un des motifs de la colère de Lucien Bouchard concerne les démarches entreprises en coulisse pour obtenir l'appui de Jean Chrétien. « C'était un des sujets qui le fatiguaient. » Pour lui, « d'avoir négocié avec Chrétien, c'est un peu comme d'avoir négocié avec le diable. » À défaut de le faire changer d'avis, Bernard Roy parvient à le convaincre de se rendre au 24 Sussex pour remettre en personne sa lettre de démission au premier ministre.

Le chemin parcouru ce jour-là par le document n'est pas banal, et les méandres qu'il a empruntés contribueront à envenimer les relations entre les deux hommes pendant des décennies.

On l'a dit, Lucien Bouchard a passé toute la journée à en peaufiner le texte. L'édifice du parlement est presque vide en ce jour de congé, mais le bureau de Lucien Bouchard bourdonne d'activité. La journée est chaude et la pièce est mal climatisée. Afin d'aérer un peu, Micheline Fortin a ouvert une fenêtre en hauteur donnant sur le corridor. Au moment où l'assistante de Lucien Bouchard lit la version finale de la lettre à haute voix au bénéfice de la secrétaire pour qu'elle la tape à la machine à écrire – et en même temps au bénéfice d'un traducteur pour qu'il en assure la version anglaise –, la journaliste Chantal Hébert du quotidien *Le Devoir* se dirige vers le bureau du ministre dans l'espoir bien incertain d'y trouver quelqu'un à qui parler des derniers développements. Elle sera bien servie! En passant sous le soupirail, elle s'arrête tout net en entendant la voix de Micheline Fortin. Témoin discret de la dictée de la lettre de démission, elle la retranscrit mot à mot. La publication de son contenu, le lendemain, en première page du *Devoir*, confortera Brian Mulroney dans sa perception que l'opération était un coup monté, la «preuve» étant que Bouchard a même fait couler sa lettre dans un journal québécois proche des souverainistes!

Lorsque Lucien Bouchard se présente finalement au 24 Sussex le soir du 21 mai en tenant à la main une grande enveloppe dorée, Brian Mulroney sait ce qui l'attend. La rupture est consommée. C'est un moment terriblement éprouvant pour les deux hommes liés par trois décennies d'une amitié sincère. Ils sont les seuls à savoir ce qui s'est alors dit. Chacun a sa propre version. Elles ne concordent pas tout à fait. Brian Mulroney est catégorique: «Il [Lucien Bouchard] est arrivé, bien sûr, prêt à démissionner. Je savais que c'était la fin, mais avant qu'il ne puisse me dire un mot, je l'ai congédié.» Brian Mulroney avait d'ailleurs pris soin de rédiger une note qu'il a lue à Lucien Bouchard, lui annonçant qu'il lui retirait son poste de ministre à la suite des propos inadmissibles contenus dans le télégramme. Sa description de la rencontre s'arrête là. Congédié, Lucien Bouchard s'en est retourné avec sa lettre.

Plusieurs de leurs amis communs doutent de la séquence des événements. Comment Mulroney, le maître du compromis, le champion négociateur, le loyal compagnon, aurait-il pu ainsi couper les ponts avec son ami Bouchard, son « frère », sans même l'entendre, sans tenter personnellement de l'infléchir ?

La version de Lucien Bouchard, décrite dans son autobiographie, confirme que Brian Mulroney a ouvert la rencontre par la lecture d'un mot annonçant son renvoi du Cabinet, une mesure disciplinaire consécutive au télégramme. Là où leurs récits diffèrent, c'est sur ce qui s'est produit ensuite – non que Brian Mulroney mente ; il en fait simplement abstraction. Dans sa version, il a congédié Lucien Bouchard, qui s'en est retourné avec sa lettre sous le bras avant même d'avoir pu la remettre, point à la ligne. Mais, raconte Lucien Bouchard, il a bel et bien donné sa lettre au premier ministre, qui a pris le temps de la lire. Dans cette longue tirade, Bouchard annonce qu'il se retire du Cabinet fédéral et qu'il demeurera, « à tout le moins le temps d'une réflexion », simple député indépendant à la Chambre des communes où, dit-il, il utilisera sa liberté de parole « dans le sens des intérêts du Québec et du Canada ». La lettre ne fait qu'une brève allusion au télégramme ou à la controverse qu'il a suscitée, tout juste pour s'étonner que « ceux qui font profession d'exalter la liberté d'expression ne souffrent pas qu'un ministre fédéral, 10 ans après le fait, rappelle le désintéressement, la noblesse et la fierté de René Lévesque et des tenants du Oui. » S'il part, c'est qu'en conscience il ne peut s'associer au rapport Charest : « Je rejette ce rapport et me refuse aussi à lui donner la caution de mon silence. [...] Ce rapport, je dois le dire, monsieur le premier ministre, il me paraît que c'est celui des adversaires de l'accord du lac Meech. » La lettre ne contient aucune flèche visant directement Brian Mulroney. Au contraire, elle fait montre d'une grande déférence à son endroit, Lucien Bouchard lui donnant « l'assurance de [sa] reconnaissance et de [son] appui pour tout ce [qu'il a] fait et [fera] pour le Québec et le Canada ». Néanmoins, leurs chemins se séparent ici. « Je vous sais fidèle à vos rêves et à vos engagements de jeunesse. Vous accepterez, j'en suis sûr, que je le sois aux miens. »

Selon Lucien Bouchard, après en avoir pris connaissance, le premier ministre lui a demandé de supprimer un passage de la lettre particulièrement incisif, dans lequel il soulignait que même Pierre Elliott Trudeau n'avait pas osé inscrire dans la Constitution de 1982 une clause prévoyant la promotion du bilinguisme. Brian Mulroney l'invitait donc à y apporter ce correctif avant d'en faire le dépôt officiel le lendemain. Puis, au moment où Lucien Bouchard s'apprête à quitter la pièce, le premier ministre lui propose une solution de compromis : quitter le Cabinet, mais rester membre du caucus progressiste-conservateur. Bouchard promet d'y réfléchir. Cependant, dès son retour au bureau, il réalise que cela le placerait dans une position impossible, celle de l'élève à qui l'on fait porter le bonnet d'âne et que l'on exhibe dans un coin de la classe, en punition.

Le lendemain, aux Communes, Lucien Bouchard adopte l'attitude de celui qui a démissionné. Il justifie sa décision en s'en prenant au rapport du comité Charest : « Ce rapport, dit-il, n'aurait pas dû exister, je le réprouve, et je me vois contraint de quitter le gouvernement avec douleur, avec déchirement, aussi bien que le caucus conservateur, pour siéger comme député indépendant. »

Plus de 20 ans plus tard, la fracture entre les deux hommes est encore une plaie ouverte. Lorsque Brian Mulroney évoque cet épisode, sa mâchoire si caractéristique se prend de tremblements qu'il a du mal à réprimer.

« Écoutez, moi, Bouchard, je l'ai bien aimé. Comme un frère. On avait une relation formidable. Une grande amitié. C'est un gars très intelligent. C'est un bon gars. Avec qui je m'entendais à merveille. Même aujourd'hui, c'est un avocat talentueux, qui réussit très bien. Je n'ai pas un mot à dire contre ça. Mais j'étais son ami. Il y a 35 millions de Canadiens. Qui sera le dernier à poser un geste comme ça ? J'aurais dit : "Le dernier, ça va être Lucien Bouchard." Il était le premier. » – Brian Mulroney

Par-dessus le marché, Lucien Bouchard s'était engagé plusieurs semaines plus tôt, en tant que ministre fédéral de l'Environnement, à prendre la parole devant la Chambre de commerce de Montréal, le 23 mai. Or il n'est plus ministre de l'Environnement depuis le 21, mais la Chambre de commerce refuse sa demande d'annuler l'événement. Tous les billets sont vendus, la grande salle de bal de l'Hôtel Reine Elizabeth sera bondée. Le gratin du milieu des affaires de la métropole veut l'entendre parler du climat politique actuel au Canada, sans doute davantage qu'il n'aurait souhaité l'écouter à propos des dérèglements du climat planétaire. Au moment d'entrer dans la salle, Lucien Bouchard redoute d'être pris à partie, hué, chahuté. Le milieu des affaires déteste le risque et les fauteurs de troubles. La décision de Lucien Bouchard de briser les amarres au moment où le vent nationaliste souffle fort au Québec peut causer un tort immense au gouvernement Mulroney et à celui de Robert Bourassa. Première surprise, il est accueilli par une chaleureuse ovation. Puis arrive le moment de livrer son discours, un cri du cœur où il exprime ses doutes, ses déchirements, ses regrets, mais aussi sa conviction d'avoir pris la bonne décision devant le refus manifeste du reste du Canada de corriger l'humiliation infligée au Québec en 1982. Le Québec a présenté des demandes minimales pour réintégrer la famille canadienne, dit-il. Il s'est mis à nu. Il n'y a plus rien à enlever. Les Québécois doivent maintenant s'unir, conclut-il, ne serait-ce que par fierté, pour rétablir un rapport de force avec le reste du pays. En temps normal, un tel appel aurait suscité un silence embarrassé chez les représentants du milieu des affaires montréalais. Nous n'étions plus dans des temps normaux. La salle s'est levée d'un bond pour ovationner ce tribun exceptionnel enfin libéré de ses gonds. Brian Mulroney se sent abandonné de toutes parts. Non content de le laisser tomber, son ami Lucien Bouchard attise les braises du mécontentement.

« Il en est sorti très aigri, très aigri, constate Yves Fortier. Ça lui a fait mal, ça fait mal aussi à plusieurs de leurs amis. » Benoît Bouchard, que Brian Mulroney a ensuite désigné pour diriger le caucus conservateur québécois en remplacement de Lucien Bouchard, constate que le premier ministre est atterré, en morceaux, atteint au plus profond de son être : « Il est totalement démoli. Chez lui, là, je pense que c'est ses entrailles qu'on vient d'aller chercher. C'est beaucoup plus profond qu'on puisse le croire. »

La profondeur de cette blessure explique en partie l'acharnement de Brian Mulroney à en entretenir le souvenir. Ses pires pressentiments se sont vus renforcés par la publication, en 2004, d'une biographie de Jacques Parizeau sous la plume du journaliste Pierre Duchesne, passé quelques années plus tard à la politique active sous la bannière du Parti québécois. Dans ses mémoires, Brian Mulroney raconte que Jean Charest, alors devenu premier ministre libéral du Québec, lui a fait découvrir les pages incriminantes lors d'une rencontre à son bureau de l'avenue McGill à Montréal. Duchesne y révèle que Lucien Bouchard aurait approché le bureau de Jacques Parizeau deux semaines avant sa démission « pour préparer minutieusement sa sortie du gouvernement de

Brian Mulroney. Rien n'a été improvisé. » Le livre soutient de plus que Jacques Parizeau, ayant reçu une première ébauche du télégramme de Lucien Bouchard cinq jours à l'avance, lui aurait apporté personnellement six corrections. « Alors là, dit Mulroney, j'apprends que pendant qu'il siégeait juste à côté de moi au Conseil des ministres, il est entré en communication avec le PQ. » La fronde de Lucien Bouchard aurait donc précédé les conclusions des travaux du comité Charest, ce qui est la preuve de sa tartufferie. À partir de là, Mulroney retrace le fil des événements, ressasse les souvenirs : les réunions du caucus et du Cabinet qui ont précédé le départ de Lucien Bouchard vers l'Europe, le voyage qu'ils ont fait ensemble dans l'avion Challenger du premier ministre après une agréable soirée à Montréal, le 8 mai, pour marquer les 15 ans de la commission Cliche. Tout ce temps-là, Bouchard, son grand ami, son frère, lui jouait dans le dos, n'attendait que le meilleur moment pour le frapper, comme un lâche, décochant sa flèche empoisonnée – le télégramme – à distance, à partir de l'extérieur du pays. Une âme blessée s'abreuve des eaux les plus troubles. L'échafaudage construit par Brian Mulroney pour expliquer la trahison de Lucien Bouchard relève de cette logique. Il apaise sa conscience, engourdit sa douleur.

Le problème, c'est que cette explication repose en partie sur un malentendu dont l'origine pourrait bien être la mémoire parfois défaillante de Jacques Parizeau, ou plus exactement le télescopage de certains événements dans ses souvenirs. Lorsqu'il relate les débuts de la création du Bloc québécois, l'ancien chef péquiste aime bien mettre en valeur le rôle que son bureau y a joué, les réunions de stratégie de son « état-major », tous les lundis matins, où l'on a mandaté Bernard Landry de coordonner l'opération de maraudage auprès des députés conservateurs mécontents. « Absolument. La création du Bloc, ça c'est vrai que mon bureau, pas seulement mon bureau, mais moi aussi, on a été très, très actifs là-dedans. » Soit, mais à partir de quand ? La réponse à cette question est déterminante. C'est elle qui établira le degré de préméditation de la rupture de Lucien Bouchard d'avec son chef et ami Brian Mulroney ; c'est elle qui permettra de mesurer l'ampleur de sa trahison. Or, voilà, l'opération s'est déroulée en deux étapes, l'une impliquant Lucien Bouchard et l'autre pas. La séquence des événements est ici cruciale.

Oui, quelques semaines avant le départ de Lucien Bouchard, l'entourage de Jacques Parizeau a confié à Bernard Landry le mandat d'aller cueillir les fruits mûrs de la dissidence dans l'arbre conservateur fédéral. La liste des recrues potentielles est longue. Le PQ, d'autant plus opposé à l'accord du lac Meech que son adoption risquerait de convaincre plusieurs « nationalistes mous » de rentrer dans le rang fédéraliste, espère la démission d'une dizaine de députés de l'équipe gouvernementale. À quelques semaines de la date fatidique du 23 juin, cela pourrait radicaliser encore davantage l'opinion publique québécoise déjà remontée par le ton du débat au « Canada anglais ». Bernard Landry ne ménage pas ses efforts mais son optimisme, dit-il, ne va pas jusqu'à l'aveuglement. Il y a un député conservateur qu'il s'interdit de rencontrer car il estime qu'il sera impossible à infléchir à cause de sa profonde amitié avec le premier ministre Mulroney : Lucien Bouchard. Il le considère intouchable. Il redoute sa foudre. Dans les faits, c'est pourtant Lucien Bouchard qui va initier le mouvement de désertion du navire, mais sans l'intervention de Bernard Landry. Il sera suivi par une demi-douzaine de députés fédéraux, dont deux libéraux.

Ensuite, le bureau de Jacques Parizeau manigance en coulisse pour fédérer ce groupe de députés indépendants et créer le Bloc québécois avec, comme chef, Lucien Bouchard. Mais cela, dit Jacques Parizeau, ne survient qu'au moment où Bouchard est devenu agent libre. « Ça nous paraît tellement logique qu'il prenne la tête d'un parti qui n'a pas encore de nom, mais puisqu'ils sont plusieurs indépendants, la chose logique à faire, c'est qu'un parti se crée et que Bouchard en prenne la tête. » Cela a aussi l'avantage de tenir Lucien Bouchard occupé à Ottawa, loin des tales de Jacques Parizeau qui se méfie de cet homme car, pendant ses trois années comme ambassadeur à Paris, Bouchard a presque effacé les gains de plus de 20 ans de diplomatie québécoise auprès des gouvernements français. Bernard Landry confirme : « Au départ, Lucien Bouchard n'était pas dans nos plans. »

Reste la question du télégramme, autre pièce à conviction de la trahison présumée de Lucien Bouchard, de sa collusion avec Jacques Parizeau. L'ancien chef péquiste reconnaît que David Cliche, un des conseillers de Lucien Bouchard au ministère de l'Environnement, s'est présenté à son bureau de la Place-Ville-Marie, le lundi précédant le Conseil national du PQ à Alma, pour lui demander si un mot de bienvenue du député fédéral de Lac-Saint-Jean serait bien accueilli de sa part. Cliche, un souverainiste convaincu, a été candidat du PQ dans

Vimont en 1989. Sa défaite électorale n'a pas éteint ses ambitions politiques. Il sera d'ailleurs élu dans la même circonscription aux deux élections suivantes, en 1994 et en 1998, et il se verra confier plusieurs ministères québécois dont celui de l'Environnement. La proposition de Cliche porte sur l'idée d'un télégramme, pas sur son contenu, affirment Jacques Parizeau et son chef de cabinet, Jean Royer, aussi présent à la rencontre. Après l'accord de principe de Jacques Parizeau, Royer demande au responsable des communications du chef péquiste, Claude Beaulieu, de rédiger quelques « lignes » que l'on aimerait voir apparaître dans le télégramme de Lucien Bouchard. Or, pas une seule de ces suggestions ne se retrouve dans le texte que David Cliche a entre les mains lorsqu'il se présente quatre jours plus tard à la porte de Jacques Parizeau, soit le vendredi soir suivant, à Alma. N'ayant pas réentendu parler du mot de bienvenue de Lucien Bouchard depuis lundi, Jacques Parizeau a tout oublié de l'affaire. Il prend donc connaissance du télégramme pour la première fois ce soir-là, la veille d'en faire la lecture au Conseil national du PQ. Histoire, sans doute, de bien marquer son territoire, Parizeau suggère quelques modifications mineures dans la formulation du message : ici, changer « mon comté » pour « notre comté » ; là, remplacer « des » par « les » ; ailleurs, biffer le mot « nécessaire » dans la phrase où Bouchard – tout de même ministre fédéral de l'Environnement – parle de « la nécessaire lutte à la pollution ». Jacques Parizeau profite aussi de l'occasion pour recommander quelques changements plus substantiels au message dans le but de le rendre « plus nationaliste ». Surtout, il demande à David Cliche de vérifier auprès de Lucien Bouchard qu'il accepte bel et bien que le télégramme soit rendu public. Lorsque Cliche lui revient le lendemain matin avec des nouvelles de Paris, il confirme l'accord de Lucien Bouchard à la lecture publique de la missive. Par contre, Bouchard n'a accepté que quelques-uns des changements cosmétiques au texte recommandés par Jacques Parizeau. Toutes les suggestions qui visaient à en accroître la vigueur nationaliste sont rejetées. S'il s'agissait vraiment d'un plan diabolique de collusion entre Jacques Parizeau et Lucien Bouchard visant à déstabiliser le gouvernement de Brian Mulroney, on aurait pu imaginer meilleur arrimage.

Peut-être faut-il donc chercher ailleurs la cause de cette saute d'humeur de Lucien Bouchard qui l'a conduit à quitter le gouvernement. Au-delà de la considération principale, soit son désaccord avec le contenu du rapport Charest et la tentative d'accommoder Jean Chrétien et d'autres adversaires de l'accord du lac Meech, plusieurs amis avancent différentes hypothèses. Chacune offre des motifs dont l'accumulation peut expliquer son geste. Bernard Roy avance des raisons familiales : la décision de Lucien Bouchard de se lancer en politique fédérale ne faisait pas l'unanimité dans la fratrie des Bouchard. Certains proches – offusqués de sa trahison aux idéaux nationalistes qu'il avait lui-même épousés auprès de René Lévesque – s'étaient brouillés avec lui. La vigueur des sentiments anti-Québec réveillés par le débat sur l'entente du lac Meech avaient exacerbé ces tensions : comment pouvait-il encore demeurer, dans ces circonstances, un servile promoteur de l'unité nationale ? Il lui fallait choisir sa véritable famille.

Benoît Bouchard ajoute un autre élément. Comme plusieurs ministres, Lucien Bouchard vivait difficilement les effets de la crise financière qui affligeait alors le gouvernement fédéral. Une crise économique se dessine en Amérique du Nord, en 1990, de sorte que le ministre des Finances, Michael Wilson, doit tenir les cordons de la bourse très serrés. Or, Lucien Bouchard tente au même moment de faire adopter un « Plan vert » qui nécessite un engagement financier de plusieurs milliards de dollars. « On était en récession. Donc il y avait chez Lucien, je pense, un grand mécontentement », dit Benoît Bouchard.

Il y a enfin la manière, évoquée plus haut : envoyer Paul Tellier pour réclamer des « explications » qui se mutent ensuite en « demande d'excuses ». Peter White, ami commun de Mulroney et de Lucien Bouchard depuis l'université, a tenté de résoudre la quadrature du cercle en obtenant la version des deux parties. Sa conclusion rejette la thèse de la trahison adoptée par Brian Mulroney.

« Je pense que c'est une série de malentendus et de gestes pas très bien pensés qui ont mené à la rupture. D'abord, je pense que Brian et son entourage ont surréagi lorsque Lucien a envoyé son fameux télégramme pour célébrer l'anniversaire [du référendum]. Il n'y a pas de mal à ça ! Mais quelqu'un a dit que c'était impensable qu'un ministre de la Couronne envoie un tel message. Moi, je trouve ça parfaitement acceptable. Alors lorsque quelqu'un lui a reproché cela, c'est Lucien lui-même qui s'est offusqué, avec raison. Alors ça s'est empiré après ça. » – Peter White

Chose certaine, en ce 21 mai 1990, Brian Mulroney est un homme blessé, un politicien fragilisé. Or, il n'a pas le temps de s'apitoyer sur son propre sort. Il lui reste moins de 35 jours pour réaliser l'impossible : sauver Meech.

Chapitre 50

Sauver Meech

Dans les jours qui suivent le départ de Lucien Bouchard, Brian Mulroney reçoit tour à tour, au 24 Sussex, tous les premiers ministres provinciaux. « J'ai repris le collier », dit-il. Comme un cheval épuisé rappelé aux champs pour accélérer la récolte avant l'arrivée de l'orage. Ces rencontres qui s'étalent sur quatre jours ne sont pas une partie de plaisir. Après le départ de Gary Filmon, le premier ministre du Manitoba, Mulroney confie à son secrétaire de presse, Gilbert Lavoie : « Ça me fait mal au cœur. » De la part d'un conservateur, il aurait espéré un meilleur appui. En soirée, en écoutant les bulletins de nouvelles, il fond en larmes. Le dimanche 27 mai, Mulroney passe en mode plus offensif quand il consacre plus de quatre heures à se quereller avec Clyde Wells. Le lendemain de cet affrontement où il croit être parvenu à effriter le mur de certitudes dont le premier ministre de Terre-Neuve aime s'entourer, Brian Mulroney a une dernière rencontre, avec Robert Bourassa, au terme de laquelle il annonce la convocation de tous les premiers ministres provinciaux pour une ultime tentative de sauver l'accord du lac Meech.

La rencontre se tient à Gatineau, en territoire québécois. Du salon du cinquième étage du Musée des civilisations où les premiers ministres sont réunis le temps d'un souper, le soir du dimanche 3 juin, ils ont une vue magnifique du parlement canadien qui s'étale devant eux, sur la rive ontarienne de la rivière des Outaouais. Tandis que le soleil descend à l'horizon, les quelques centaines de mètres qui séparent le Québec du reste du Canada semblent devenir un océan d'incompréhension et de récriminations. « Ce n'est plus simplement des nuances et des questionnements ici et là, explique Gil Rémillard. Là, vous avez un premier ministre [Clyde Wells] qui dit : "Moi, je suis contre." » Robert Bourassa rétorque par un discours enflammé où il met en garde ses collègues : si un référendum sur l'indépendance avait lieu aujourd'hui au Québec, le Canada serait brisé en deux tellement les Québécois sont blessés par la perspective d'un échec anticipé de Meech, le rejet de la main qu'ils ont tendue au reste du pays.

En fin de soirée, lorsque Brian Mulroney propose de poursuivre la discussion de manière plus formelle le lendemain au Centre des conférences d'Ottawa, chaque premier ministre est placé devant l'Histoire. Lequel voudra porter le fardeau d'avoir refusé d'y participer ? Clyde Wells reproche à son prédécesseur d'avoir signé un accord faisant de Terre-Neuve une province de second ordre : peut-il refuser l'offre qu'on lui fait de se présenter à une table de négociation pour tenter de faire mieux ?

En se rendant de plus ou moins bonne grâce, le lendemain matin, dans la salle où les dernières négociations constitutionnelles, en 1981, ont mené à une entente conclue sans l'assentiment du Québec, aucun premier ministre ne s'imagine dans quoi il s'aventure. La rencontre va s'étirer du matin au soir pendant la semaine entière, « la semaine la plus difficile de ma vie politique », dira plus tard Brian Mulroney. Car Clyde Wells n'est pas le seul à avoir des réticences envers l'accord du lac Meech. Jean-Claude Rivest se rappelle que la délégation ontarienne entière semble avoir bu les paroles de Pierre Elliott Trudeau.

« *Alors là, vraiment, les discussions sont très, très, très difficiles. Les gens à l'arrière, les fonctionnaires, là vraiment, c'est la guerre.* » – Jean-Claude Rivest

Entre premiers ministres aussi, c'est la guerre. Psychologique, lorsque Joe Ghiz de l'Île-du-Prince-Édouard se lance dans une longue tirade contre Clyde Wells. « Ghiz l'a attaqué de front, se rappelle Brian Mulroney, d'une façon brutale en le traitant de tous les blasphèmes possibles, en lui disant : "Toi, Clyde Wells, tu vas finir par briser le Canada." »

« *Vous avez vu des premiers ministres pleurer, des gens s'engueuler. Vous avez une atmosphère pleine d'émotion. C'est très dur. On est très conscients que c'est la dernière chance. Il y a un sentiment parmi tout le monde qu'on vit un moment déterminant, qu'on vit un moment qui va avoir des conséquences.* » – Gil Rémillard

Tous les talents de négociateur de Brian Mulroney sont mis à contribution, à commencer par sa capacité à écouter, ce qui signifie prendre son temps, ne rien précipiter. « Ça fait partie de la personnalité de monsieur Mulroney, dit Jean-Claude Rivest, le temps n'existe pas. Il n'existe qu'une chose, c'est, en bout de ligne, l'accord. »

Mais Clyde Wells résiste. Cible de toutes les attaques, il annonce à ses collègues qu'il veut mettre fin à la discussion. « Il voulait sortir. Il disait : "J'en peux plus", relate Mulroney, alors Getty [de l'Alberta] l'a arrêté à la porte. Il a dit : "Assis-toi, tu t'en vas nulle part." C'est un joueur de football, Getty. Alors Wells s'est finalement rassis et on a conclu ça avec une entente. »

Au sixième jour, épuisés, les premiers ministres parviennent en effet à un accord qui préserve Meech et fixe les principes des prochaines rondes constitutionnelles. En toute fin de soirée, dans une cérémonie retransmise en direct par les principales chaînes de télévision, Robert Bourassa parle de cette entente comme de la réparation de l'outrage qui s'était produit dans cette même salle, neuf ans plus tôt. Pendant son allocution, une clameur provient de l'extérieur de l'édifice, si forte qu'elle est parfaitement audible sur le plancher du Centre des conférences : la foule assemblée dehors chante le *Ô Canada* pour marquer son soulagement qu'on soit enfin arrivé à un règlement de cette crise existentielle. « Et on pleurait, et on pleurait, dit Gil Rémillard. J'ai vu des larmes dans les yeux de mon premier ministre. On était tous très, très émus. » Si des premiers ministres ont les yeux dans l'eau, pour Clyde Wells c'est de rage de s'être laissé piéger. Mais il n'a pas dit son dernier mot. Ce soir-là, chaque premier ministre est appelé à apposer sa signature au bas de l'entente que le chef de cabinet de Brian Mulroney, Norman Spector, apporte à chacun d'eux à tour de rôle, selon le protocole établi en fonction de la date d'entrée des différentes provinces dans la Confédération. Clyde Wells de Terre-Neuve ferme donc la marche, et lorsqu'il signe le document, tous se lèvent pour lui offrir une ovation. « On savait qu'il avait signé quelque chose, dit Gil Rémillard, mais on ne savait pas qu'il avait émis une petite réserve. »

L'accord de Wells comporte en effet un astérisque. Il est condition-
nel à l'approbation du Parlement de Terre-Neuve ou à l'accord de la
population de la province lors d'un référendum dont on se demande
bien comment il pourrait être tenu en moins de deux semaines. Nous
sommes le 8 juin 1990. Meech doit être ratifié unanimement par les
provinces avant le 23. Reste donc le vote à l'Assemblée législative de
Terre-Neuve, ce qui n'est pas une surprise puisque, ayant rescindé son
approbation à l'amendement constitutionnel quelques mois plus tôt, il
fallait bien qu'elle se prononce de nouveau. Cet engagement est un
immense progrès dont Brian Mulroney se félicite dans une entrevue
publiée le 11 mai dans les pages du *Globe and Mail* et qui fera scandale.
Appelé par les journalistes Jeffrey Simpson, John Fraser et Susan Delacourt
à expliquer comment il s'y est pris pour ramener les premiers ministres
provinciaux à la table, Mulroney raconte qu'il les a tous rencontrés
individuellement et que, voyant une mince possibilité de parvenir à une
entente, il a décidé de tenter sa chance, de «lancer les dés» («*roll the
dices*»). «Ça voulait dire "mettre le paquet", c'est tout ce que ça voulait
dire», explique Brian Mulroney. Peut-être, sauf que cette expression
allait donner aux adversaires de l'accord du lac Meech une autre occasion de s'en prendre à son principal architecte, Mulroney lui-même.
«Il a été perçu comme quelqu'un qui joue l'avenir du Canada en lançant
les dés», dit son attaché de presse d'alors, Gilbert Lavoie. Comme si
l'autre possibilité, ne pas tenter un ultime effort pour en arriver à sauver
l'entente, en somme abandonner le projet de ramener le Québec à la
table de la fédération canadienne, aurait – elle – été préférable pour le
Canada! Bien sûr, lancer les dés, tenter sa chance, courir le risque, jouer
quitte ou double: toutes ces expressions, selon le contexte où elles sont
utilisées, peuvent être synonymes de témérité, décrire un acte insou-
ciant et irréfléchi. Qui peut raisonnablement croire que cela représente
l'état d'esprit de Brian Mulroney au moment où, suant sang et eau après
le départ de son ami Lucien Bouchard, il convoque de nouveau les premiers ministres dans l'espoir de parvenir à concrétiser son engagement
de réconcilier le Québec avec le reste du Canada? Depuis quand la per-
sévérance d'un politicien à réaliser une promesse électorale est-elle la
preuve de son irresponsabilité? C'est pourquoi la réaction à ses propos
lui semble totalement disproportionnée et injuste.

« *De janvier 90 à la fin juin 90, il a consacré tellement de temps à essayer de sauver l'accord du lac Meech que de se faire crucifier sur une expression comme celle-là, il ne l'a jamais accepté. Il n'a jamais accepté que c'est ça qu'il voulait dire.* » – Gilbert Lavoie

Au-delà de la formule qui fait scandale, plusieurs s'interrogent tout de même sur l'à-propos d'avoir accordé l'entrevue au *Globe and Mail*, y voyant le résultat de la propension de Brian Mulroney à vouloir attirer les regards sur lui, à chanter ses propres louanges. Sans doute blessé de ce que les médias ne lui fassent pas la vie facile, conscient de son impopularité personnelle à travers le pays – à l'exception notable du Québec –, Brian Mulroney a-t-il agi par vanité en confiant sa satisfaction d'être parvenu à obtenir encore une fois – la troisième ! – l'unanimité des premiers ministres autour de son projet constitutionnel ? Peut-être avait-il été froissé que le lendemain de la conclusion de l'entente, ce soit la photographie de David Peterson, le premier ministre de l'Ontario, qui se retrouve en première page de plusieurs journaux ontariens et non la sienne, lui sans qui rien de cela n'aurait été possible. Piqué dans son orgueil, a-t-il cherché à se replacer lui-même au centre de l'Histoire en acceptant d'accorder l'entrevue qui allait se retourner contre lui et devenir prétexte à s'en méfier encore davantage ?

« *Ce jour-là, au Canada anglais, dans les élites bien pensantes, on a décidé que c'était un homme dangereux et on le lui a fait payer pendant 20 ans.* » – Pierre Marc Johnson

Pour ceux qui s'opposaient déjà aux termes de l'accord du lac Meech ou – de manière moins avouable – à son objectif même, soit une ronde constitutionnelle consacrée à ramener le Québec à la table, la déclaration de Brian Mulroney au *Globe and Mail* a servi, tant dans sa forme que dans son contenu, d'alibi facile.

Clyde Wells ne s'en privera pas. Sitôt rentré d'Ottawa, il annonce que son Assemblée législative va se prononcer sur l'amendement constitutionnel et qu'il s'agira d'un vote libre. Chaque ministre ou député votera selon sa conscience. Il n'y aura pas de mot d'ordre, pas de discipline de parti. Et, fait exceptionnel, Wells invite tous les premiers ministres qui le désirent à venir à St. John's s'adresser aux députés avant qu'ils ne rendent leur jugement. Son invitation à Brian Mulroney est plus insistante. Elle prend la forme d'une mise en demeure lorsqu'il informe Lowell Murray, le ministre canadien responsable du dossier constitutionnel, qu'en cas de refus de se présenter à Terre-Neuve, Brian Mulroney portera l'odieux de la défaite de l'accord. « Je savais que si je ne me présentais pas, Wells dirait : "Ça n'a pas passé parce que le premier ministre a refusé de venir défendre son bébé ici." » Les avis sont partagés ; plusieurs premiers ministres provinciaux conseillent à Mulroney de ne pas s'humilier, lui et sa fonction. Mais finalement, il décide de s'y rendre. Pire que l'échec serait la culpabilité de ne pas avoir tout essayé pour réussir. « C'est une croix qu'il a portée jusqu'à la fin. Il n'a jamais tenté de la laisser tomber », commente Marcel Masse, admirateur devant tant de ténacité. Certains, comme John Parisella, alors chef de cabinet adjoint de Robert Bourassa, en arrivent à le prendre en pitié. « Monsieur Mulroney a été obligé d'aller parler au Parlement terre-neuvien, quasiment se mettre à genoux », dit-il.

Ainsi donc, le 21 juin, veille du vote annoncé, Brian Mulroney se présente sur le plancher de l'Assemblée législative de Terre-Neuve. Pendant une heure, il improvise une défense passionnée de l'accord, un compromis honorable, dit-il, dont le rejet plongerait le pays tout entier dans l'incertitude. « Imaginez-vous dans quelques années, lance-t-il aux députés de manière prophétique, lorsque vous serez dans votre salon, en compagnie de vos enfants, en train de regarder à la télévision la couverture en direct du prochain référendum sur l'indépendance du Québec ; lorsque vous constaterez que le Oui est en avance et que vos enfants s'étonneront que vous ayez laissé cela se produire en refusant d'adopter un accord aussi raisonnable que celui du lac Meech, que leur répondrez-vous ? Comment pourrez-vous justifier votre geste ? »

Après son allocution, accueillie poliment, Brian Mulroney est invité par Clyde Wells à se rendre à sa résidence pour un souper en compagnie de l'épouse du premier ministre terre-neuvien. « Pour lui, d'être invité à manger chez Clyde Wells, se rappelle Gilbert Lavoie, ça voulait dire beaucoup. Et lorsqu'il est revenu à bord de l'avion, il nous a dit : "Ça va marcher." » Pourtant, Wells s'était bien gardé de donner des garanties à Mulroney. Au moment de partir de la maison du premier ministre terre-neuvien, Brian Mulroney lui a demandé d'évaluer les chances que le vote de l'Assemblée penche en faveur de l'accord : « 5 chances sur 10 », lui a répondu Wells. Pile ou face.

Puis le lendemain matin, 22 juin, de retour à Ottawa, Brian Mulroney apprend que Clyde Wells songe à annuler le vote. Il est consterné, se sent berné, trahi. Il appelle son ami Paul Desmarais pour lui demander de faire pression sur Jean Chrétien, qui se trouve à Calgary, où le Parti libéral s'apprête à élire son nouveau chef le lendemain. Mulroney croit que Clyde Wells écoutera Jean Chrétien s'il lui recommande de tenir le vote comme il s'est engagé à le faire lorsqu'il a signé l'accord du 8 juin.

Reste le problème de la ratification de l'accord par l'Assemblée législative du Manitoba, qui n'est toujours pas résolu, mais il est d'une autre nature. Ayant fait traîner les choses jusqu'à l'extrême limite, le gouvernement de Gary Filmon se trouve en fâcheuse position lorsque le député néodémocrate Elijah Harper, voulant protester contre l'absence des groupes autochtones lors de la négociation de l'accord du lac Meech, se lève, une plume d'aigle à la main, et refuse d'accorder son consentement à la motion permettant la tenue d'un vote de la législature sur l'amendement constitutionnel. Or la motion requiert l'unanimité. Même si les trois partis représentés au Parlement manitobain appuient officiellement l'accord, Elijah Harper s'objecte, 12 jours durant, debout, tenant sa plume en signe d'attachement aux valeurs ancestrales autochtones. Son objection n'est pas sans fondement. La Constitution canadienne de 1982 ne s'est pas faite uniquement sans le Québec. Les peuples autochtones avaient eux aussi été oubliés, d'autant plus facilement qu'ils forment un groupe hétéroclite, parlant plusieurs langues, dispersé sur un vaste territoire, sans statut gouvernemental formel. Toutes les tentatives visant à corriger cette «omission» lors des multiples conférences qui ont suivi le rapatriement de la Constitution se sont butées à un obstacle majeur: le Québec. Avant d'accepter une redéfinition de la Confédération canadienne impliquant la création d'un nouvel ordre de gouvernement – autochtone –, le Québec exigeait qu'on règle d'abord son cas, qu'on le ramène, lui, à la table et à des conditions honorables permettant de faire oublier l'outrage de la négociation menée sans lui en 1981. C'est ce que l'accord du lac Meech visait à accomplir. Or voilà qu'un seul député d'opposition d'origine autochtone à la législature du Manitoba se trouvait en position de bloquer cet accord, comme pour effacer un affront par un autre. Les milieux canadiens anglais opposés à la reconnaissance du Québec comme société distincte n'auraient pu espérer meilleur scénario. Les deux autres «peuples fondateurs» se font mutuellement blocage.

Les experts constitutionnalistes d'Ottawa considèrent alors qu'à elle seule, la situation à la législature manitobaine ne suffirait pas à empêcher la ratification de l'accord du lac Meech, qu'il s'agit en fait d'un vice de forme. À leur avis, en cas de ratification de l'entente par Terre-Neuve, on pourrait demander à la Cour suprême du Canada d'autoriser une prolongation du délai de trois ans en évoquant un simple pépin technique, puisque l'adoption par le Parlement du Manitoba ne fait pas de doute, les trois partis appuyant l'accord. On demanderait par conséquent au plus haut tribunal d'autoriser que l'on reparte l'horloge des trois ans à partir de la ratification par la deuxième province, la Saskatchewan, soit à la fin septembre 1987. Cela donnerait donc trois mois additionnels pour contourner l'imbroglio procédural au Manitoba. Pour que les 10 provinces aient ratifié l'accord à l'intérieur d'un cycle de trois ans, cela signifierait aussi qu'il faudrait reprendre le vote à l'Assemblée nationale du Québec, qui obtiendrait ainsi le dernier mot sur l'adoption de l'amendement constitutionnel. Mais rien à faire, Clyde Wells, prétextant que Meech est déjà mort au Manitoba, annonce l'annulation du vote à Terre-Neuve. « Il a trahi sa signature, dit Brian Mulroney, il a trahi sa parole, il a trahi son pays. Meech n'a pas été défait, il n'a pas été battu : il n'y a jamais eu de vote ! »

Ce vendredi noir, Robert Bourassa se lève à l'Assemblée nationale pour affronter, il le sait, la colère ressentie par une grande partie des Québécois. Contrairement à son habitude de toujours improviser, il a pris la peine d'écrire sur un bout de papier une phrase qui passera à l'histoire : « Le Canada anglais doit comprendre de façon claire que, quoi qu'on dise et quoi qu'on fasse, le Québec est, aujourd'hui et pour toujours, une société distincte, libre et capable d'assumer son destin et son développement. » À l'échelle des déclarations nationalistes fortes, il bat à plate couture le télégramme de Lucien Bouchard du mois précédent. Dès la fin du discours de Robert Bourassa, Jacques Parizeau se lève de son siège de chef de l'opposition et traverse le parquet de l'Assemblée pour aller féliciter « [s]on premier ministre ». Et pour cause. Il sent qu'il l'a échappé belle.

« S'il avait fallu que Meech passe, la cause souverainiste aurait eu du plomb dans l'aile. » – Jacques Parizeau

Découragé, voyant son rêve écroulé, Brian Mulroney rentre tard chez lui, ce soir-là. Il souffle un vent terrible sur la capitale fédérale, arrachant les branches d'arbres centenaires, plantés à peu près au même moment où naissait le Canada. Comme le vent de colère qui souffle au Québec et dans le reste du pays, il a pour effet de plonger dans le noir le 24 Sussex où les enfants Mulroney ont ouvert toutes grandes les fenêtres pour faire sortir la chaleur de ce four subitement privé d'électricité. Brian Mulroney monte avec son épouse dans son bureau et ferme la porte. Ils ont connu des moments difficiles, mais jamais elle ne l'avait vu dans un pareil état. « La mort de Meech m'a terrassé, m'a presque tué sur le spot », dit Mulroney, encore abattu par le souvenir pénible de ce moment. « Pour moi, c'était comme un décès dans la famille. Ça m'a complètement matraqué. C'était le pire moment de ma vie politique ou même, je pense parfois, de ma vie entière. »

Or ce weekend de la fin juin, celui de la Fête nationale au Québec, ne fait que débuter et il ne manquera pas d'événements mémorables. Le lendemain, le samedi 23, lorsque les libéraux fédéraux élisent Jean Chrétien comme leur nouveau chef, les partisans de Paul Martin, un défenseur inconditionnel de l'accord du lac Meech, arborent un brassard noir en signe de deuil de l'entente constitutionnelle. L'un d'eux, le coloré député Marcel Prud'homme, lance alors un cri du cœur à l'endroit du reste du Canada : « Et quoi encore ? demande-t-il. Doit-on maintenant se mettre à genoux et baisser nos culottes ? » Au même moment, sur le plancher du congrès, Jean Chrétien croise la route de Clyde Wells, venu expressément de Terre-Neuve pour participer au vote. En lui faisant une chaude accolade, Chrétien lui déclare sa reconnaissance : « Merci pour ton beau travail. » La scène, croquée par les caméras de télévision, fera en sorte que Jean Chrétien sera pour toujours associé à la mort de l'accord du lac Meech, peu importe ses dénégations et sa pirouette du lendemain, lorsqu'il affirme que la situation lui fait penser à un automobiliste pris dans un banc de neige : il suffit, dit-il, d'avancer et de reculer à quelques reprises pour se déprendre[59]. Deux députés libéraux lui donnent la réplique en claquant la porte du congrès. Il s'agit de Jean Lapierre et de Gilles Rocheleau, qui annonceront quelques jours plus tard leur départ du caucus libéral.

---

59. Lorsqu'il deviendra ensuite premier ministre, jamais Jean Chrétien ne convoquera une conférence constitutionnelle, ni pour avancer, ni pour reculer. Par contre, c'est lui qui occupera le siège de premier ministre du Canada lorsque, cinq ans plus tard, un second référendum sur l'indépendance du Québec passera à quelques milliers de votes d'un Oui majoritaire.

Le soir du 23 juin, journée officielle de l'échec de son projet constitutionnel, Brian Mulroney s'adresse à la nation de son bureau de la colline du Parlement. « Hier soir, dit-il, le dernier espoir que l'accord puisse être ratifié a été anéanti par l'Assemblée législative de Terre-Neuve et du Labrador qui a ajourné sans tenir de vote. » Mais, poursuit Brian Mulroney, tentant de se faire rassurant, « l'échec de Meech n'est pas l'échec du Canada. »

Pourtant, ça en a tout l'air lorsqu'une marée humaine en blanc et bleu envahit les rues de Montréal, le lundi 25 juin, pour la célébration de la Fête nationale. La traditionnelle parade de la Saint-Jean attire plus d'un quart de million de personnes défilant, drapeau à la main, dans un gigantesque pied de nez au reste du pays. On y voit des marcheurs déchirer le drapeau canadien comme pour faire contrepoids à ceux qui, plus tôt en Ontario, avaient foulé celui du Québec. Quelques députés conservateurs sont de la marche et, soulevés par son énergie patriotique, deux d'entre eux, Louis Plamondon et Benoît Tremblay, appellent ensuite Brian Mulroney pour lui annoncer qu'ils quittent aussi le parti à la suite de Lucien Bouchard. En privé, Brian Mulroney est un homme brisé, un naufragé.

« On le voyait physiquement. Il était accablé par les événements. Monsieur Mulroney a souvent laissé transparaître ses émotions au caucus. Je l'ai vu de temps en temps les larmes aux yeux. » – Jean Charest

L'état de choc va persister pendant plusieurs mois. Début septembre, le lendemain de son élection surprise à la tête d'un gouvernement majoritaire en Ontario, le chef néodémocrate Bob Rae reçoit un coup de fil de félicitations du premier ministre canadien. Les deux hommes se parlent pour la première fois de leur vie et Bob Rae en conserve un souvenir précis : « Je pense qu'il était dans une dépression personnelle. » Le sujet est bien sûr délicat, la dépression étant une maladie reconnue qui s'accompagne de certains symptômes précis : fatigue, tristesse, troubles du sommeil, sautes d'humeur, sentiment de culpabilité. Au risque de déplaire à son mari, Mila Mulroney – dont le père était un éminent psychiatre – admet qu'à la suite du départ de Lucien Bouchard et de la défaite de l'accord du lac Meech, son époux est en effet entré en dépression. « Une toute petite », ajoute-t-elle cependant.

Chapitre 51

Dérapages

Décidément, l'été 1990 est bien mal parti. Moins de trois semaines après la mort de l'accord du lac Meech, un policier est tué par balles lorsqu'il tente de dégager une barricade érigée par des autochtones qui s'opposent depuis plusieurs mois à l'agrandissement d'un terrain de golf à Oka, au nord-ouest de Montréal. La « crise autochtone » voit ensuite arriver, en appui solidaire, des « guerriers » mohawk, lourdement armés, qui bloquent le pont Mercier pendant deux mois. La paralysie de cette importante artère autoroutière au sud de Montréal cause des problèmes de circulation considérables. La tension monte jusqu'à provoquer des scènes inimaginables où des citoyens (blancs) lapident des familles (autochtones) tentant de fuir en automobile leur village assiégé par l'armée canadienne. Cette crise alimente le discours des opposants à la reconnaissance du Québec comme société distincte : « Voyez comment ils traitent leurs minorités. »

Sur le front politique, la souveraineté franchit pour la première fois la barre des 60 % d'appui au Québec. Coincés dans une crise politique et sociale d'une rare intensité, libéraux et péquistes se rapprochent et conviennent de créer la Commission sur l'avenir politique et constitutionnel du Québec, aussi appelée la commission Bélanger-Campeau, du nom de ses coprésidents – le banquier Michel Bélanger (un économiste fédéraliste étroitement associé à la Révolution tranquille du début des années 60) et Jean Campeau (un administrateur souverainiste qui a dirigé pendant 10 ans la Caisse de dépôt et placement du Québec).

La Commission, où siège un nombre inhabituellement élevé de représentants de la société québécoise (en tout 36), dont les poids lourds politiques Robert Bourassa, Jacques Parizeau et Lucien Bouchard, entendra au fil des mois 600 mémoires, en majorité favorables à l'indépendance du Québec. En parallèle, le Parti libéral du Québec mène sa propre réflexion sous la direction de Jean Allaire, qui favorise une voie nettement autonomiste. «Comme disait mon grand-père, commente Gil Rémillard, ça permettait à la *steam*[60] de sortir des gros chars.» Robert Bourassa gère le temps dans l'espoir que la colère s'apaise. Il a raison, croit Jean Charest, selon qui «ce n'est pas le temps de prendre une décision quand on est de cette humeur-là».

C'est au beau milieu de cette période de grande instabilité que Robert Bourassa tombe malade, atteint de mélanome, une forme sévère de cancer de la peau. Son médecin en a fait le diagnostic à la fin juin et on a aussitôt pris rendez-vous pour une chirurgie à l'Institut national du cancer situé à Bethesda, en banlieue de Washington. Lorsque éclate la «crise d'Oka», Bourassa, qui n'avait parlé à personne de sa maladie, décide de reporter l'opération jusqu'à la conclusion du drame. Ce n'est donc qu'en septembre que, dans le plus grand secret, il se rend dans la capitale américaine où les médecins lui retirent plusieurs ganglions cancéreux dans le bas du dos. «Alors là, tout dérape, c'est aussi simple que ça», dit Jean-Claude Rivest. Affaibli par la maladie au moment où plusieurs éléments dans son parti sont atteints d'une fièvre nationaliste grandissante, Robert Bourassa ne parvient plus à contrôler le jeu.

À Ottawa, son complice dans l'accord du lac Meech, Brian Mulroney, ne se porte pas beaucoup mieux. En plus de sa déconfiture constitutionnelle et de la crise d'Oka, Brian Mulroney doit composer avec un Cabinet de plus en plus fracturé. C'est qu'une crise économique frappe durement le Canada. Statistique Canada le confirmera en octobre 1990: le pays est en récession depuis le mois d'avril. Cela impose des choix difficiles, auxquels plusieurs ministres résistent de toutes leurs forces, dont Joe Clark, le vieux rival de Mulroney. Au point où le premier ministre écrit dans son journal personnel que Clark «mettait en danger la santé de [s]on gouvernement». Il faut sabrer dans les dépenses, réduire les transferts aux provinces, geler le budget de Radio-Canada, relancer les privatisations comme celles de Pétro-Canada ou de Télésat, resserrer les critères d'admission à l'assurance-chômage, fermer des bureaux

---

60. Traduction: la vapeur.

de poste en région. Les conservateurs avaient promis de juguler le déficit, mais rien n'y fait, le poids des intérêts sur la dette pèse trop lourd.

« *Tous les programmes ont été revus systématiquement. Il y en a qui ont été éliminés, d'autres dont le taux de croissance a été réduit. Donc l'effort a été fait. Est-ce que les résultats ont été aussi importants que le premier ministre le souhaitait ? La réponse c'est non.* »
– Paul Tellier

Les choix du premier ministre ne font pas l'unanimité autour de la table du Cabinet, notamment son insistance pour maintenir à un niveau record historique la contribution du Canada à l'aide étrangère, à l'effacement de la dette des pays les plus pauvres, au financement de la Francophonie naissante. « Nos experts nous disaient : "On va dépenser tel montant d'argent." J'ai dit : "Woh !", se rappelle Brian Mulroney, qui a dû insister : "Nous allons dépenser dans la Francophonie ce que l'on dépense dans le Commonwealth. On n'est pas là pour être des quêteux." » L'un des résultats les plus tangibles de cet engagement demeure sans doute TV5 Monde. Au départ, la France souhaitait en faire une simple antenne de transmission de la production télévisuelle hexagonale. Il a fallu beaucoup d'efforts et d'argent pour y imposer la présence de Radio-Canada, ouvrant la voie à celle d'autres partenaires de la Francophonie. « Si TV5 est si présent dans le monde, dans plus de 200 États et territoires, dans plus de 250 millions de foyers, nous le lui devons en grande partie », estime Abdou Diouf, alors président du Sénégal, devenu depuis secrétaire général de la Francophonie. D'autres choix, à l'interne, provoquent des remous, comme la décision d'accorder une garantie de prêt de 2,7 milliards de dollars pour lancer les travaux de construction du projet pétrolier Hibernia, au large de Terre-Neuve. Tant au Cabinet que dans le caucus, surtout celui du Québec, l'idée d'accorder des milliards à la province qui vient de saboter l'accord du lac Meech, à peine quelques mois plus tôt, soulève un vent d'indignation. Mais Brian Mulroney y tient. Dans les premières semaines de son premier mandat, il avait conclu une entente avec Terre-Neuve sur le partage des revenus du pétrole provenant des fonds marins, comme il l'avait promis en campagne électorale. Il faut maintenant y donner suite, de manière à ce que Terre-Neuve, durement frappée par la crise des pêches, l'éternel enfant pauvre de la fédération, sorte enfin de la pauvreté. « Il en a mangé toute une au Cabinet, raconte Derek Burney.

Les gens s'imaginent qu'un Cabinet est une équipe unie et harmonieuse. Pas du tout. Ça a été une bataille très difficile, mais regardez ce que ça a fait pour Terre-Neuve aujourd'hui. » En effet, la province est maintenant l'une des plus riches du pays grâce aux revenus pétroliers, de sorte qu'elle contribue à la péréquation, le système par lequel Ottawa redistribue tous les ans des milliards de dollars pour permettre aux provinces les plus pauvres d'accorder à leurs citoyens des services publics de qualité. C'est ainsi que les soins de santé, d'éducation et de services sociaux du Québec et de l'Ontario – oui, l'Ontario! – sont en partie financés par Terre-Neuve, une situation qui aurait relevé de la science-fiction dans les années 80.

La récession de 1990 a ceci de particulier qu'elle survient un an après le début de la mise en place de l'Accord de libre-échange avec les États-Unis – un accord, avait promis Brian Mulroney en campagne électorale, qui allait ouvrir la voie à une période sans précédent de prospérité économique. Plusieurs Canadiens se sentent bernés. Mulroney leur a menti, se disent-ils : les queues qui s'allongent aux bureaux d'assurance-chômage en sont la preuve! Comme si ce n'était pas suffisant, le gouvernement Mulroney veut imposer aux Canadiens une nouvelle taxe qui s'appliquera sur tous les produits et services : la TPS. À la différence de la TVA européenne, qui est incorporée dans les prix affichés par les commerçants – donc invisible –, la TPS sera une taxe visible. Elle s'ajoutera à la facture. On retrouve là la philosophie économique conservatrice classique, réfractaire à une augmentation de la taille de l'État et donc de ses revenus : la taxe étant visible, les prochains gouvernements hésiteront à la hausser car ils auraient alors à en porter le poids politique aux élections suivantes. En attendant, ce sont les conservateurs qui subissent tout le fardeau de l'impopularité de la TPS, bien que son objectif économique soit louable : elle vise à stimuler la production industrielle canadienne qui est alors frappée d'une taxe – invisible – de 13,5 % s'appliquant à la sortie de l'usine sur tous les biens fabriqués au Canada, qu'ils soient destinés au marché canadien ou à l'exportation. Dans un marché clos, protégé des biens étrangers par des barrières douanières élevées, cela peut fonctionner. Dans un marché de plus en plus mondialisé et, de surcroît, à l'intérieur d'une zone de libre-échange, la taxe de 13,5 % est un boulet au pied des entreprises, qui a pour effet de rendre leurs produits moins concurrentiels. La solution : éliminer cette taxe et la remplacer par une autre, moins élevée mais plus étendue, qui s'appliquera à tous les produits et services indistinctement de leur provenance. Dire que la mesure est mal accueillie relève de l'euphémisme. Les experts en marketing politique hésitent plutôt entre les termes « courageuse » et « suicidaire ». « Ça ne prend pas un doctorat en philosophie de l'Université de Montréal pour savoir que la TPS, une taxe visible, allait être impopulaire », raille Brian Mulroney.

La mesure, annoncée en 1989, fait lentement son chemin législatif au Parlement canadien, où libéraux et néodémocrates lui mènent une lutte de tous les instants, jusqu'à son adoption à la Chambre des communes, le 10 avril 1990. Coïncidence, ce soir-là, Brian Mulroney se trouve à Toronto, l'épicentre de l'opposition au libre-échange, car il assiste en soirée, en compagnie du président américain George H. Bush, à un match de baseball opposant les Blue Jays aux Rangers du Texas. Lorsque Mulroney se présente au monticule pour lancer la première balle, il est accueilli par des huées qui ne laissent pas de doute sur sa popularité vacillante. Cette colère va bientôt se transporter au Sénat, où les libéraux détiennent toujours la majorité des sièges, six ans après la première élection des conservateurs.

Le 25 septembre 1990, le nouveau chef libéral, Jean Chrétien, annonce que « le Parti libéral, au Sénat, a décidé de bloquer la TPS. C'est clair et unanime. » C'est en effet très clair pour ceux qui se donnent la peine d'assister aux séances du Sénat, où les libéraux usent et abusent de toutes les manœuvres dilatoires imaginables. Pour Brian Mulroney, le « gouvernement libéral en exil au Sénat » fait encore des siennes, une situation qui devient de plus en plus intolérable : « Ils ont voté contre le libre-échange, ils ont voté contre la TPS, ils ont voté contre la création du Sommet de la Francophonie, ils ont voté contre la loi sur les brevets pharmaceutiques qui allait créer des milliers d'emplois à Montréal et ailleurs, contre l'accord du lac Meech. Ils étaient contre tout, tout, tout ce que nous faisions. C'était une gang de réactionnaires avec un seul but, partisan. »

À situation exceptionnelle, mesure exceptionnelle : Brian Mulroney décide d'avoir recours à une clause oubliée de la Constitution qui autorise le gouvernement à nommer huit sénateurs additionnels, permettant ainsi aux conservateurs d'obtenir la majorité des sièges à la Chambre haute. Parmi ces « sénateurs britanniques », comme on les surnomme, se trouvent deux anciens ministres libéraux de Robert Bourassa : Thérèse Lavoie-Roux et Claude Castonguay. Il y a aussi l'ancien confrère de classe de Brian Mulroney à l'Université Laval, Michael Meighen. Lorsque ces nouvelles recrues font leur entrée au Sénat, les troupes libérales les accueillent par un vacarme assourdissant, à coups de poing sur les pupitres, avec des cloches, des gazous, des hurlements, « à tel point que nous ne pouvions pas nous faire assermenter dans la Chambre », se rappelle Michael Meighen. La tactique les force à se rendre à l'arrière, dans le bureau du président du Sénat, pour parvenir à prêter serment. Maintenant majoritaires, les conservateurs ne sont tout de même pas au bout de leur peine. Pendant des semaines, les libéraux continuent à chahuter, à multiplier les motions, à laisser sonner les cloches d'appel au vote. Le sénateur Philippe Gigantès, un ancien journaliste devenu recherchiste pour le gouvernement de Pierre Elliott Trudeau qui l'a nommé au Sénat tout juste avant son départ, en 1984, en profite pour lire à voix haute pendant de longues heures un livre qu'il vient d'écrire, assurant du même coup sa traduction gratuite aux frais des services d'interprétation simultanée du gouvernement. « Les sessions duraient 24 heures. C'était le bordel ! », se souvient Michael Meighen. Cette bataille qualifiée par Brian Mulroney de « terrorisme législatif » se conclut au bout de trois mois, soit à la mi-décembre 1990, à quelques jours de l'entrée en vigueur prévue de la TPS, le 1er janvier 1991.

Pour beaucoup de Canadiens, récession, libre-échange, TPS, échec constitutionnel, tout contribue à alimenter leur détestation de Brian Mulroney – ce que les partis d'opposition se chargent volontiers d'alimenter dans l'espoir d'en recueillir les fruits lors des prochaines élections. La récolte sera au-delà de leurs espérances les plus folles : le Parti conservateur sera décimé, n'obtenant que deux sièges au terme de la campagne de l'automne 1993, au cours de laquelle les libéraux de Jean Chrétien promettront de renégocier l'Accord de libre-échange et d'abolir la TPS. Réalisant qu'ils ne font ni l'un ni l'autre, l'une des plus féroces adversaires des deux mesures, la députée Sheila Copps – pourtant vice-première ministre – démissionnera de son siège au Parlement pour se présenter de nouveau candidate dans son comté d'Hamilton-Est. Penaude d'avoir trahi ses promesses électorales, elle demande à ses électeurs de lui accorder leur absolution – ce qu'ils feront, lui permettant de reprendre ses fonctions au Cabinet. Vingt ans plus tard, ayant quitté la politique, elle estime que Brian Mulroney passera à l'histoire pour avoir été un «visionnaire» avec le libre-échange et pour avoir remis en ordre les finances de l'État grâce à la TPS: «Ça lui a coûté très cher politiquement, dit-elle, mais cela a donné au pays la capacité de surmonter une crise économique.» Son ancien collègue ministre des Finances, Paul Martin, estime également que le gouvernement libéral de Jean Chrétien doit une fière chandelle au courage politique de Brian Mulroney: «Si, nous, on a réussi à baisser les impôts personnels, une des raisons, c'est à cause de la TPS.»

Ces hommages politiques qui lui seront rendus avec 20 ans de retard sont de bien peu d'utilité à Brian Mulroney en ce début d'année 1991, alors qu'il s'apprête à prendre une décision à laquelle aucun autre premier ministre du Canada n'a été confronté depuis Louis St-Laurent en 1950. Déclarer la guerre à un autre pays.

Chapitre 52

Guerre en Irak

A u début d'août 1990, le dictateur irakien Saddam Hussein ordonne à son armée de traverser la frontière du Koweït. En deux jours, le petit pays pétrolier est occupé. Il s'agit d'un acte de guerre contrevenant aux lois internationales. Le fait qu'il survienne dans la région du golfe Persique, qui fournit tous les pays industrialisés en pétrole, n'en est que plus préoccupant. Dans les jours qui suivent, le président George H. Bush appelle Brian Mulroney et lui demande de venir passer la soirée avec lui à la Maison-Blanche, en secret. « Je respectais son jugement et j'appréciais son éclairage sur des sujets de cette nature. Il était pour moi un conseiller et un ami », dit l'ancien président américain. Mulroney se rend donc à Washington avec son chef de cabinet Stanley Hartt. L'ambassadeur Derek Burney les rejoint et tous les trois vont souper à la Maison-Blanche où George H. Bush leur montre les plans de la CIA et de l'armée américaine pour chasser les troupes irakiennes du Koweït. Ces plans prévoient l'appui militaire de quelques pays amis, dont le Canada, à l'opération de libération que les Américains souhaitent déclencher rapidement. « J'ai dit : "George, le Canada n'acceptera pas cette intervention-là" », relate Brian Mulroney.

Le bloc communiste est en train de s'écrouler, comme le démontrera en décembre 1990 l'élection de Lech Walesa à la tête de la Pologne. La décennie qui s'amorce marque le début d'une nouvelle ère dans la dynamique planétaire. D'un monde bipolaire marqué par l'opposition de deux idéologies rivales dont chacune possède son système économique, sa zone d'influence et la capacité de détruire le bloc adverse, on se dirige vers un monde multipolaire, potentiellement beaucoup plus instable. L'équilibre de la terreur entre deux camps rivaux disciplinés fait place à la multiplication des zones d'influence, ce qui risque de dégager quelques « électrons libres ». Comment ces crises seront-elles gérées dans l'avenir ? Les Américains, désormais vainqueurs de la guerre froide, seront-ils les gendarmes du monde, agissant à leur guise ? Ou est-ce que la planète, bientôt débarrassée du carcan des deux super-puissances, retrouvera un ordre respectueux des règles et des institutions internationales mises en place pour les faire respecter ? Le conflit Irak-Koweït constitue le premier test post-chute du mur de Berlin. Il va tracer la voie. Aux yeux de Brian Mulroney, c'est l'occasion de remettre l'application du droit international là où elle aurait toujours dû se situer : à l'ONU, dit-il au président Bush. « On va faire partie d'un mouvement de résistance à la condition que les États-Unis présentent une résolution au Conseil de sécurité et que nous ayons l'approbation des Nations Unies. Si on fait cela, on embarque. Si tu ne fais pas cela, le Canada n'y sera pas. » George H. Bush, lui-même un ancien ambassadeur des États-Unis à l'ONU, avait peut-être besoin d'une telle fermeté de la part d'un pays ami pour convaincre les va-t-en-guerre du Pentagone – toujours fébriles à l'idée de tester leurs derniers joujoux – de la nécessité de respecter les règles du droit international avant de déclencher le feu de la réplique.

Après cette remarque sur le fond, Brian Mulroney a une autre suggestion à faire à George H. Bush, cette fois sur la forme. « J'ai dit : "Si j'étais toi, j'appellerais immédiatement François Mitterrand pour lui dire qu'il est le premier et le seul leader en Europe que tu as consulté." » Mitterrand, lui explique-t-il, trouvera normal que le président américain ait d'abord parlé à ses amis canadiens. Mais si Washington contacte ensuite la Grande-Bretagne, cela donnera l'impression qu'on est en présence d'une opération du bloc anglo-saxon, ce qui risque d'être mal perçu en France et par extension en Europe. C'est pourquoi il recommande à Bush d'appeler Mitterrand – non seulement en premier, mais en début de journée à Paris. Le président français sera ainsi flatté que son vis-à-vis américain prenne la peine de communiquer avec lui alors qu'on est au milieu de la nuit à Washington. Sur-le-champ, Bush demande qu'on le réveille à trois heures du matin pour loger un appel à Paris. La délicate attention fait mouche : « La France sera avec vous », lui assure François Mitterrand.

Le Canada est alors l'un des pays qui siègent au Conseil de sécurité de l'ONU. Son représentant est Yves Fortier, l'un des associés au cabinet d'avocats qui a accordé à Brian Mulroney son premier emploi après ses études à Laval. Ami intime de Mulroney, il obtient de lui le mandat de mener discrètement une opération de séduction auprès des autres membres du Conseil. Quelques semaines plus tard, Yves Fortier accompagne Brian Mulroney à la Maison-Blanche, où les deux hommes informent le président que tous les membres du Conseil de sécurité sont prêts à appuyer une résolution exigeant le retrait des troupes irakiennes du Koweït et autorisant l'usage de la force si Saddam Hussein refuse d'obtempérer.

Le couple Bush-Mulroney, de plus en plus soudé par l'amitié, passe les mois suivants à rallier une vaste coalition de 34 pays, y compris plusieurs du Moyen-Orient. Cela semble essentiel à Brian Mulroney pour éviter de donner l'impression qu'il s'agit d'une intervention occidentale dans les affaires du monde arabe. Selon John Major, qui s'apprête alors à remplacer Margaret Thatcher à la tête du gouvernement britannique, la contribution active de Mulroney à ces démarches explique en partie le succès de l'opération diplomatique.

« L'opinion du Canada sur ce qu'il est juste de faire est importante pour les autres. Le Canada n'est pas une grande puissance militaire, mais lorsque le Canada embarque, tout le monde se dit que cela signifie qu'il s'agit de la chose à faire. Le Canada possède une conscience. » – John Major

À la fin novembre, le Conseil de sécurité accorde à Saddam Hussein un mois et demi pour retirer ses troupes du Koweït. S'il ne l'a pas fait d'ici le 15 janvier 1991, ce sera la guerre. Pour le Canada, il s'agira de la première depuis l'intervention en Corée, au début des années 50. La décision d'aller en guerre s'avère difficile pour Brian Mulroney. « À ce moment-là, personne ne connaissait le résultat. Saddam Hussein avait la quatrième force militaire au monde. Tout le monde croyait que c'était une force extraordinaire. Alors, pour moi, ça pesait énormément. » Le nouveau chef libéral, Jean Chrétien, s'illustre par une position d'une rare originalité : sans désavouer la résolution de l'ONU, il demande que dès le déclenchement des hostilités, le Canada retire toutes ses Forces de la région.

Dans les faits, la contribution des Forces canadiennes est assez limitée. Dès le mois de septembre, la Marine avait envoyé trois de ses navires pour patrouiller dans le golfe Persique et y faire respecter le blocus commercial imposé à l'Irak. Cette présence n'était pas très menaçante. Le navire de ravitaillement HMCS Protector avait dû être équipé, tout juste avant son départ, d'un canon que l'on avait récupéré… dans un musée. Plus tard, le Canada a paru plus sérieux en expédiant un escadron de chasseurs F-18 appelé à participer activement à la bataille dès son déclenchement à la mi-janvier. Contrairement à ce que craignait Brian Mulroney, cette première guerre du Golfe s'est déroulée à toute vitesse. En quelques semaines, l'armée irakienne est en déroute, ses convois pulvérisés par l'aviation de la coalition alors qu'ils tentent de rentrer en Irak. La Grande-Bretagne et les généraux américains veulent en profiter pour les pourchasser jusqu'à Bagdad et aller y détrôner Saddam Hussein. Mais les alliés arabes s'y opposent, ainsi que Brian Mulroney, à qui George H. Bush demande son avis. Selon Mulroney, il s'agirait d'une violation de la résolution adoptée au Conseil de sécurité, qui visait à libérer le Koweït d'une présence étrangère, pas à attaquer un autre pays, encore moins à y réaliser un changement de gouvernement.

« J'ai dit : "George, n'oublie pas que nous allons perdre des joueurs importants." Pour la première fois dans l'histoire, à cause justement de cette approbation des Nations Unies, nous avions dans la coalition des pays arabes. J'ai dit : "Ça serait une trahison épouvantable pour eux, eux qui ont signé pour un geste précis, que l'on dise, maintenant qu'on a réussi ça, qu'on en fait davantage sans l'approbation des Nations Unies. C'est inacceptable." » – Brian Mulroney

Jamais, dit-il, le Canada n'aurait accepté de risquer la vie de ses soldats dans une aventure pareille. Quoi qu'il en soit, le 27 février 1991, la guerre est terminée, l'armée irakienne vaincue, bottée hors du Koweït. Aucun soldat canadien n'a perdu la vie dans l'opération. Le droit international a prévalu, les institutions ont fonctionné sans entrave, le lien de confiance avec le monde arabe a été préservé, la superpuissance américaine a été contenue. Un vent d'optimisme souffle sur les ruines de la guerre froide, au point où les leaders du G7 décident d'inviter à leur sommet annuel nul autre que le président de l'Union soviétique, Mikhaïl Gorbatchev.

La rencontre qui s'ouvre à la mi-juillet à Londres est un événement historique. Mais l'accueil enthousiaste réservé à Gorbatchev lors des cérémonies publiques contraste avec celui qu'il reçoit de la part des pays riches lorsqu'il s'adresse à eux à huis clos. « Il était à genoux, résume Brian Mulroney, il nous a concédé la victoire, à nous du G7. C'était pénible et intéressant à la fois. Fascinant. » Gorbatchev dit aux dirigeants du monde occidental que son économie est en ruine et il les implore de lui accorder leur soutien financier pour assurer la transition vers une économie de marché. Il accepte toutes les demandes américaines en ce qui concerne la réduction des armes stratégiques (le traité START sera signé deux semaines plus tard à Moscou). Pendant une heure, le dirigeant de ce qui était jusqu'alors l'une des deux superpuissances planétaires admet la défaite. Et pourtant, on ignore son appel à l'aide. Certains lui font même la morale. Mulroney est furieux. « J'ai trouvé ça complètement inacceptable, dit-il. Plusieurs autour de la table ont refusé de lui donner une cent, alors ils ont reçu une volée de bois vert de moi ce jour-là. Ce n'était pas poli, cet échange-là, c'était vigoureux. » Comment peut-on justifier notre refus de l'aider, demande-t-il, alors que depuis des décennies, nous dépensons tous des milliards de dollars – en pure perte – pour nous protéger militairement contre l'URSS ? Nous aurions tout donné pour éviter ces coûts, dit Mulroney, et maintenant que nous avons gagné, nous rejetons la main tendue par l'Union soviétique. John Major, qui préside la rencontre, se rappelle de l'intervention de Brian Mulroney et de son isolement à la table du G7.

« Brian était l'un des seuls qui croyaient que l'on n'aidait pas suffisamment Gorbatchev, que l'on aurait dû le soutenir davantage, et en rétrospective, si on l'avait fait, peut-être que Gorbatchev n'aurait pas ensuite connu les difficultés qui lui sont arrivées. » – John Major

Le leader soviétique est retourné à Moscou humilié et bredouille. Sa stratégie de la main tendue, contestée par les orthodoxes du régime, a échoué. Il va vite en payer le prix. Le mois suivant, Gorbatchev est renversé par un coup d'État, le nouveau régime prétextant une maladie subite de son président. La planète entière se demande qui contrôle désormais les milliers d'armes atomiques soviétiques. L'URSS va-t-elle replonger dans la ligne dure communiste, mettre fin aux réformes entreprises, chercher de nouveaux prétextes d'affrontements avec l'extérieur, comme cela survient souvent lorsqu'un pays veut faire oublier ses problèmes internes ? C'est l'alerte rouge à la résidence d'été de George H. Bush, à Kennebunkport. Comme l'année dernière au moment de l'invasion du Koweït, Bush appelle Brian Mulroney et l'invite à le rejoindre d'urgence. Les deux hommes entreprennent alors ce que Derek Burney appelle « le plus incroyable marathon de diplomatie téléphonique » qu'il ait jamais vu. Mulroney a en effet suggéré un plan à George H. Bush : rallier tous les leaders du G7 à l'idée de déléguer deux des leurs, le chancelier allemand Helmut Kohl et le président français François Mitterrand, comme émissaires pour aller rencontrer en personne Mikhaïl Gorbatchev et constater d'eux-mêmes la gravité de sa maladie. « Bush a aimé l'idée, dit Mulroney, alors on a commencé à vendre notre salade. Ça a été bien accueilli par tout le monde. » Tout le monde, à l'exception du nouveau pouvoir à Moscou que la visite de Kohl et Mitterrand visait à démasquer. La menace de cette visite, s'ajoutant aux manifestations courageuses de milliers de moscovites devant le Kremlin, fait avorter le putsch et Gorbatchev reprend sa place à la tête de l'URSS. La fédération soviétique sera démantelée avant la fin de l'année, lorsqu'une dizaine de ses anciennes républiques formeront la Communauté des États indépendants.

Dans les cercles diplomatiques, cet épisode, en plus de celui de la guerre du Golfe, rehausse le prestige et l'influence de Brian Mulroney au point où son nom commence à circuler comme candidat à la succession de Javier Pérez de Cuéllar à titre de secrétaire général de l'ONU. Après sept années au pouvoir, deux accords de libre-échange et la réforme de la fiscalité canadienne, Mulroney aurait pu se laisser tenter. « J'étais prêt à partir », reconnaît-il. Son talent naturel pour tisser des liens personnels, arracher des compromis que l'on croyait impossibles à atteindre, sa connaissance des principaux acteurs mondiaux, tout cela en faisait un candidat très sérieux. « S'il l'avait voulu, estime Yves Fortier, Brian Mulroney aurait pu devenir secrétaire général des Nations Unies. Ses amis, monsieur Bush, François Mitterrand et Gorbatchev, le voulaient. » Mais un an après la défaite de l'accord du lac Meech, le Canada semble au bord de l'éclatement, le Parti conservateur aussi. Les laisser dans un tel état, estime Mulroney, serait un geste déloyal envers son parti, son pays et le Québec. Un dimanche soir de la fin octobre 1991, il appelle son ami Yves Fortier à New York. « J'aimerais que tu ailles voir le président du Conseil de sécurité, demain, pour lui dire de retirer mon nom. » Étonné, Fortier lui demande pourquoi, surtout, lui dit-il, qu'«on [le lui] offre sur un plateau d'argent ». Le dernier membre du Conseil de sécurité, la Chine, s'apprêtait à donner son accord, Yves Fortier en est convaincu. C'est alors que Brian Mulroney lui dit : « Je ne peux pas faire ça à mon parti. »

En pleine tempête, le capitaine ne peut pas quitter le navire.

Chapitre 53

L'obsession

Les relations entre Brian Mulroney et la presse parlementaire à Ottawa ont toujours été conflictuelles, particulièrement avec les médias anglophones de Toronto. Le *Toronto Star* et la CBC sont devenus pour lui une source constante d'indignation. Son prédécesseur, Pierre Elliott Trudeau, était parvenu à se détacher de ces considérations, son indifférence envers la classe journalistique étant composée pour moitié de mépris et moitié d'arrogance. Brian Mulroney, lui, n'arrivait pas à faire abstraction des médias. Son secrétaire de presse, Gilbert Lavoie, qui avait couvert à titre de journaliste les dernières années de pouvoir de Pierre Elliott Trudeau, y voit la conséquence de leurs origines sociales diamétralement opposées. Trudeau – fils de riche – pouvait tout se permettre sans se soucier des conséquences. L'argent ne fait peut-être pas le bonheur, mais il peut être une grande source de liberté d'esprit. Brian Mulroney, lui, venait d'un milieu ouvrier.

« J'ai toujours pensé qu'à cause de ses origines plus modestes, il y avait davantage chez lui un besoin de montrer ce qu'il pouvait faire. Parfois, à mon avis, ça le rendait plus vulnérable. » – Gilbert Lavoie

Brian Mulroney entretenait avec les journalistes une relation amour-haine qui devenait de plus en plus malsaine au fil des ans, ses griefs envers eux s'accumulant comme des strates géologiques. « Il savait tout ce qui se disait dans tous les journaux, sur toutes les radios et toutes les télés », se rappelle Derek Burney, qui avoue l'échec de ses nombreuses tentatives pour mettre fin à cette dépendance médiatique alors qu'il était son chef de cabinet. « Il était beaucoup trop sensible à ce que disaient les médias, et plus il y était sensible, pire ils étaient. » Régulièrement, se rappelle-t-il, Brian Mulroney l'appelait chez lui, le samedi matin, pour s'insurger contre un article du *Toronto Star* et lui demander d'intervenir pour corriger les faits. Invariablement, il lui répondait qu'il n'avait pas lu l'article, qu'il n'avait pas l'intention de le faire et que Mulroney aurait aussi dû éviter d'en prendre connaissance puisque cela le mettait en colère.

« Sa sensibilité aux médias n'était pas qu'une simple distraction. C'était devenu presque une obsession. Et ce n'était pas une obsession constructive. Plus il grattait cette plaie, plus elle saignait, et ce n'était pas le sang des médias qui coulait, mais le sien. » – Derek Burney

Or en 1991, ce n'est pas l'encre rouge qui manque. La TPS est entrée en vigueur en janvier, s'ajoutant aux effets de la récession. Les rivalités régionales sont exacerbées par les débats constitutionnels et la montée du Reform Party dans l'Ouest et du Bloc québécois. Brian Mulroney semble agir comme le paratonnerre de toutes les récriminations, au point où ses conseillers lui suggèrent de prendre un peu de distance, d'être moins présent dans les médias, ce qui va à l'encontre de ses instincts personnels et politiques. Charmeur, habile dans l'art de convaincre, il croit sincèrement pouvoir se sortir de n'importe quelle situation grâce à son talent de persuasion. À force de s'expliquer, on va finir par le comprendre, semble-t-il se dire, alors qu'en fait, à force de le voir se justifier de tout ce qui va mal, beaucoup de Canadiens se convainquent que c'est lui le problème.

Sa coupe déjà remplie d'amertume déborde lorsque le magazine satirique *Frank*, publié depuis 1989 à Ottawa, lance un faux concours destiné aux jeunes militants conservateurs. Il promet une récompense à celui qui arrivera à « déflorer » Caroline Mulroney. L'unique fille du premier ministre est alors âgée de 17 ans.

« "Venez débaucher la fille du premier ministre, venez la violer." Alors vous pouvez imaginer ma réaction. Quels personnages écœurants. » – Brian Mulroney

Vingt ans plus tard, Brian Mulroney voit toujours dans cette affaire l'œuvre en sous-main de plusieurs journalistes de la presse parlementaire qui collaborent de manière anonyme avec la publication satirique afin de le discréditer. Si un événement semblable se produisait aujourd'hui, croit son attaché de presse d'alors, Gilbert Lavoie, « il y aurait une poursuite, mais à cette époque-là tout le monde disait que ça ne sert à rien d'intenter une poursuite car tout ce que ça va faire, c'est de la publicité [pour le magazine *Frank*]. »

La plupart des médias ont choisi de s'abstenir et de ne pas se faire l'écho de ce concours de mauvais goût. Brian Mulroney n'y voit qu'une forme de consentement tacite. Il aurait souhaité que la Tribune de la presse à Ottawa et les journaux dénoncent le magazine.

« *Je peux vous dire que je m'en souviens à un point tel que j'ai appelé un jour un journaliste, Michael Valpy du* Globe and Mail *à Toronto. J'ai dit : "Michael, je vous appelle pour vous remercier parce que vous êtes le seul journaliste au Canada qui a dénoncé ce comportement éhonté contre ma fille. Le seul." Les autres ont passé ça sous silence.* » – Brian Mulroney

Revenant sur cet épisode lors d'une entrevue accordée à la CBC un an plus tard, Brian Mulroney confie qu'il était tellement hors de lui qu'il aurait voulu avoir une arme à feu pour s'en prendre personnellement aux responsables de la publication et « faire des dommages considérables ».

La relation obsessionnelle de Brian Mulroney envers la critique est aux yeux de certains la manifestation d'une plaie de l'âme, la conséquence de son identité de catholique anglo-québécois ayant grandi à Baie-Comeau. « C'est un minoritaire dans une minorité, et un minoritaire veut toujours être aimé de la majorité », analyse Marcel Masse. Pour lui, « sa faiblesse, c'est de vouloir être aimé ».

Chapitre 54

Le couteau sur la gorge

En juin 1991, un an après l'échec de l'accord du lac Meech, l'Assemblée nationale du Québec adopte la loi 150, la Loi sur le processus de détermination de l'avenir politique et constitutionnel du Québec. Certains la surnomment plus prosaïquement «le couteau sur la gorge». En effet, elle pose un ultimatum au reste du Canada, lui accordant un délai maximum de 16 mois pour présenter une nouvelle offre constitutionnelle au Québec, à défaut de quoi il tiendra un autre référendum pour décider de son avenir. Il s'agit essentiellement du compromis auquel en était arrivée la commission Bélanger-Campeau, mise sur pied au lendemain de l'impasse de Meech. «Au fond, le message c'est de dire: "Donnez une deuxième chance à Meech"», estime Jean-Claude Rivest, le conseiller de Robert Bourassa. Sauf qu'on n'est plus dans la même dynamique. D'abord, le Québec boude dans son coin. Pas question de répéter l'humiliation de Meech, a décrété Robert Bourassa. Le Québec ne négociera plus à 11, mais seul à seul avec l'unique interlocuteur qu'il reconnaît désormais: le gouvernement fédéral. Et puis surtout, à la différence du processus qui a conduit à l'accord du lac Meech, le Québec n'a plus de «conditions» ou de «demandes». La ronde Québec ayant fait place à une ronde Canada, voyons ce qu'il en sortira et les citoyens en jugeront par référendum, au plus tard le 26 octobre 1992. Dans les mots de Gil Rémillard, «on dit: "Si on n'a pas d'offre, on fera un référendum. Si on a des offres, on va les regarder de façon très attentive."» C'est la position du missionnaire constitutionnel.

À défaut d'une liste officielle de demandes de la part du gouvernement québécois, le Parti libéral a tout de même confié à Jean Allaire le mandat d'y réfléchir. Dévoilé en janvier 1991, son rapport recommande une importante dévolution des pouvoirs d'Ottawa vers Québec, accordant à l'Assemblée nationale la compétence exclusive dans 22 domaines dont l'énergie, l'agriculture, l'environnement et les télécommunications. Le rapport propose aussi l'abolition du Sénat. Publiquement, Brian Mulroney tente alors de minimiser l'importance du document : « Je ne l'ai pas vu comme une menace. On me dit que c'est un document de travail qui émane d'un comité d'une formation politique. » Dans son journal personnel, Mulroney est cependant plus incisif. Ces demandes, écrit-il le soir même du dépôt du rapport Allaire, sont « ridicules et réduiraient le pouvoir du gouvernement fédéral en purée, à zéro ». Robert Bourassa est malade, il n'arrive plus à contenir ses troupes. Mulroney a le moral dans les talons : « Je ne suis plus certain que le Canada puisse être sauvé, écrit-il, et je ne suis pas non plus certain d'être le chef qu'il faut pour y présider. »

Les choses ne vont pas s'arranger lorsque, deux mois plus tard, en mars, le Parti libéral de Robert Bourassa adopte le rapport Allaire, ce qui en fait donc la position officielle du parti au pouvoir à Québec. « C'était une erreur de sa part, mais il l'a fait pour faire dégonfler le ballon, j'ai compris ça », commente Brian Mulroney 20 ans plus tard. À l'époque, il était pourtant furieux, se rappelle son lieutenant québécois, Benoît Bouchard.

« *Monsieur Mulroney avait dit dans une rencontre avec d'autres ministres : "Les dirigeants québécois sont tous des séparatistes." Alors j'en avais assez, là. Il vient un moment où tu as l'impression qu'on te demande presque de t'excuser d'être Québécois. Je n'étais pas allé là [à Ottawa] pour ça. Je lui ai écrit une lettre de quatre ou cinq pages sur ce ton-là. J'en avais par-dessus la tête.* » – Benoît Bouchard

Le rapport Allaire n'était pas le seul motif de la mauvaise humeur de Brian Mulroney. À la fin de l'automne 1990, il avait lancé deux initiatives destinées à trouver une issue à l'impasse constitutionnelle. La première, une commission présidée par l'ancien commissaire aux langues officielles, Keith Spicer. Aussi appelée le « Forum des citoyens », la commission visait à répondre aux critiques voulant que les négociations constitutionnelles se fassent toujours en vase clos, entre premiers ministres, sans tenir compte de l'avis des citoyens. Dans la foulée de l'échec de Meech et en pleine récession économique, l'exercice s'est transformé en défouloir collectif, faisant du premier ministre Mulroney lui-même la principale cible de l'insatisfaction citoyenne. À la fin de ses audiences, Keith Spicer conclut que « le pays est en colère contre le premier ministre », et il propose d'élargir l'assiette de la prochaine réforme constitutionnelle : en plus du Québec – dont les Canadiens sont prêts à reconnaître qu'il est différent, mais à la condition que cela ne s'accompagne pas de nouveaux pouvoirs –, il faudra satisfaire les revendications des autochtones et réformer le Sénat, voire l'abolir. L'autre initiative, annoncée en décembre 1990, visait à revoir le processus d'amendement constitutionnel, Meech ayant montré les limites de la formule existante. Cette étude est confiée à un comité parlementaire coprésidé par le jovial constitutionnaliste devenu sénateur conservateur Gérald Beaudoin et le député conservateur Jim Edwards.

Pendant que l'on consulte les Canadiens à n'en plus finir, les voix les plus criardes se sentent autorisées à se faire entendre. L'écrivain Mordecai Richler décrit les Québécois comme une tribu d'arriérés fondamentalement racistes. La toujours virulente *collumnist* Diane Francis dénonce le chantage de ces enfants gâtés et pleurnichards, dont les leaders indépendantistes, Jacques Parizeau en tête, devraient selon elle être arrêtés et jetés en prison pour haute trahison. Qu'elle soit ensuite choisie comme la « femme de l'année » par l'édition anglo-canadienne du magazine *Châtelaine* en dit long sur l'état d'esprit qui règne alors dans le ROC (Rest of Canada). Cette fureur ne fait qu'alimenter le sentiment d'aliénation et de rejet ressenti par de nombreux Québécois. Le Reform Party dans l'Ouest et le Bloc québécois au Québec poussent, heureux comme des champignons, sur ce tas de fumier.

En avril 1991, Brian Mulroney appelle à l'aide son ancien adversaire Joe Clark en le nommant ministre des Affaires constitutionnelles. Il a l'avantage d'avoir été très occupé à l'étranger au cours des années précédentes, ce qui lui a permis d'éviter toute association avec l'accord du lac Meech et ses suites malheureuses. Mulroney souhaite qu'il jette un regard neuf sur ce dossier et qu'il parvienne à établir une proposition constitutionnelle capable de passer le test d'un référendum national à l'automne 1992. Le jour de sa nomination, Clark parle de « changer le pays » par « une réforme profonde ».

On annonce qu'un comité parlementaire aura la tâche de consulter – encore ! – les Canadiens sur les propositions constitutionnelles que l'on souhaite présenter en septembre. Le comité sera coprésidé par le sénateur Claude Castonguay et la députée Dorothy Dobbie. L'exercice est doublé d'un autre comité, bien plus influent sur ce que seront les propositions constitutionnelles d'Ottawa. Il est composé de 18 ministres fédéraux sous la présidence de Joe Clark. C'est donc presque la moitié du Conseil des ministres qui se rencontre deux fois par mois, en pleine période estivale, pour débattre uniquement de ces questions. On y discute ferme, plusieurs séances se terminent d'ailleurs dans les crises de larmes. Les idées les plus audacieuses circulent – abolition de la monarchie ou souveraineté culturelle du Québec –, pour être aussitôt rejetées. L'aile nationaliste québécoise représentée par Benoît Bouchard, Gilles Loiselle et Marcel Masse va de frustration en frustration devant la résistance à tout ce qui ressemblerait à une forme de fédéralisme asymétrique où le Québec pourrait exercer des pouvoirs dans certains domaines que d'autres provinces préféreraient laisser au gouvernement central, comme la formation de la main-d'œuvre. La dernière rencontre du comité, à la mi-août, à Iqaluit, donne la mesure de ces tensions lorsque, sous l'impulsion de Benoît Bouchard, tous les ministres québécois quittent la table pour protester contre les propositions trop modestes que l'on y débat sur le partage des pouvoirs. Avant de sortir, Bouchard avait avisé la journaliste Denise Harrington de la CBC, pour s'assurer que les caméras allaient bien témoigner de la mauvaise humeur de la délégation québécoise. Ministres anglophones et francophones sont à couteaux tirés. La coalition édifiée par Brian Mulroney menace d'éclater. C'est à ce moment qu'il renonce à la perspective de devenir secrétaire général des Nations Unies pour se consacrer à sauver son parti et son pays, tous deux au bord de l'éclatement. Il reste à peine un an avant le référendum annoncé au Québec, un an pour parvenir à un consensus dans le reste du Canada sur une réforme constitutionnelle capable de rallier une opinion publique qui en a soupé de ce mélodrame et des demandes du Québec ; capable aussi de convaincre une majorité de Québécois qu'il s'agit d'une réforme suffisante pour la préférer à l'option de la souveraineté.

À la fin août 1991, le Conseil des ministres en entier est convoqué à Whistler, en Colombie-Britannique, pour prendre connaissance du résultat des travaux du comité tels que compilés par Paul Tellier et

Jocelyne Bourgon, deux purs produits de la haute fonction publique fédérale. Plusieurs ministres québécois sont révoltés par le contenu du document, qui représente un net recul par rapport à l'entente du lac Meech, mais Paul Tellier les rassure : quelques jours plus tôt, il est allé le présenter à Robert Bourassa, qui n'y a pas trouvé de problèmes, leur dit-il. Les ficelles sont un peu grosses : d'abord, Bourassa n'a pas vu le document. Tellier lui en a uniquement fait un résumé oral, ce qui permet d'escamoter les éléments qui choquent. Et puis il y a surtout l'état d'esprit de Robert Bourassa, qui n'échappe pas à Paul Tellier : « Ce qui m'avait frappé dans cette rencontre-là, se souvient-il, c'est que monsieur Bourassa était malade et son intérêt était moins intense. Il semblait s'intéresser plus à un de ses petits-enfants qui était là [qu'aux offres constitutionnelles d'Ottawa]. » Sur le chemin du retour, Tellier s'entretient au téléphone avec un Brian Mulroney impatient. « Ça va fonctionner ou ça fonctionnera pas ? », lui demande avec insistance le premier ministre. Paul Tellier soutient qu'il n'a pas été catégorique car, dit-il, Robert Bourassa avait été nuancé dans ses réactions : « Le monde n'était jamais noir ou blanc pour monsieur Bourassa, c'était toujours dans le gris. » Sauf qu'au Conseil des ministres, Tellier prend la parole pour se faire l'interprète de l'accord de Bourassa qui, dit-il, n'a pas de problèmes particuliers avec le projet malgré l'abandon du droit de veto pour le Québec et les limites explicites que l'on veut donner à la clause de société distincte. Tour à tour, les ministres québécois s'insurgent et Brian Mulroney conclut la rencontre en leur donnant raison. Il faudra faire mieux pour que les offres soient acceptables aux yeux des Québécois.

Un mois plus tard, le 24 septembre 1991, après de multiples affrontements entre Joe Clark et Benoît Bouchard – qui menace à plusieurs reprises de démissionner –, le gouvernement présente sa proposition constitutionnelle, un document appelé *Bâtir ensemble l'avenir du Canada*. Il est accueilli poliment tant par le gouvernement Bourassa que dans le reste du pays. Mais les médias s'emparent rapidement d'une clause enterrée dans les dernières pages du texte – qui en compte tout de même près de 60 – où il est dit que le Parlement fédéral se réserve la « compétence exclusive pour légiférer en toute matière qu'il déclare utile à l'efficacité du fonctionnement de l'union canadienne ». Au nom du bien de l'économie, Ottawa se donnerait ainsi tous les droits. Il pourrait intervenir dans tous les domaines et même exproprier la « compétence exclusive » des provinces s'il le juge « utile ». C'est ce dont rêvent depuis toujours plusieurs mandarins fédéraux qui se considèrent comme les seuls représentants du bien commun des Canadiens. Mais est-ce un projet de « fédéralisme renouvelé » vendable au Québec ? Lucien Bouchard, dont le parti, le Bloc québécois, a tenu son congrès de fondation quelques mois plus tôt, en juin à Tracy, dénonce cette clause fourre-tout que, dit-il, même « Trudeau et ses 74 nouilles » n'auraient osé défendre.

Ces propositions fédérales sont soumises à l'examen du comité Castonguay-Dobbie, qui entreprend tant bien que mal une série de consultations à travers le Canada. Les débuts sont difficiles. En tournée au Manitoba, le comité se retrouve devant une salle complètement vide, ce qui amène son coprésident, Claude Castonguay, à qualifier l'exercice de « fiasco total ». Deux semaines plus tard, le 25 novembre 1991, il démissionne de son poste pour être remplacé par le sénateur Gérald Beaudoin. On parlera désormais du comité Beaudoin-Dobbie.

L'industrie du défoulement constitutionnel marche à fond, les demandes des uns le disputant aux récriminations des autres. Après quelques mois d'audiences et tout juste avant le dépôt du rapport du comité, Brian Mulroney se rend à Montréal pour y rencontrer en secret Robert Bourassa et l'informer des conclusions de l'exercice. La clause permettant à Ottawa de s'immiscer dans tous les domaines « utiles » est disparue. On ouvre la porte à un nouveau partage des pouvoirs et on s'engage dans une réforme du Sénat. Bourassa se montre ouvert à ces recommandations, disant y trouver une « excellente base de négocia- tion ». Puis, lorsque le rapport Beaudoin-Dobbie est rendu public, Robert Bourassa en dénonce le contenu en conférence de presse. « C'est un peu un réflexe de fédéralisme dominateur », dit-il à propos de l'intention exprimée dans le document de mieux harmoniser les normes et règle- ments à travers le pays. Parlant des « fédéraux », Bourassa les décrit comme des gens qui « considèrent qu'ils doivent être présents dans tous les secteurs et qu'à toute fin pratique ils pourraient avoir le dernier mot ». Brian Mulroney est hors de lui. Il se sent trahi par Robert Bourassa et à bon droit, estime John Parisella, alors un des proches conseillers du premier ministre québécois. « Ça a dû être une dure journée, ce jour-là », dit-il. Gil Rémillard admet qu'à force de souffler le chaud et le froid, Québec ne fait qu'une chose, créer davantage de confusion dans un dossier qui n'en manque pourtant pas au départ. « Oui, à un moment

donné, du côté d'Ottawa, on nous disait : "Mais qu'est-ce que vous voulez faire, là ? Qu'est-ce qui se passe ?" »

Le moral de Brian Mulroney n'était déjà pas à son meilleur. En
début d'année, il avait confié son désarroi à son journal personnel. « Si
le Québec devait tenir un référendum sur la souveraineté, avait-il écrit
le 4 janvier 1992, je crois que le Oui l'emporterait. De même, si on tenait
un référendum national sur quelque proposition en apparence avanta-
geuse pour le Québec, la réponse serait Non. » Deux mois plus tard, la
réaction de Robert Bourassa à la ixième version des propositions fédérales confirme qu'on n'a pas avancé d'un millimètre. Pourtant, il ne
reste que quelques mois pour trouver une solution avant le référendum
de l'automne. En fait, le ministre Joe Clark annonce qu'Ottawa se donne
jusqu'au 31 mai pour parvenir à une proposition constitutionnelle
négociée avec les provinces.

La première rencontre fédérale-provinciale a lieu le 12 mars, sans
la présence du Québec. C'est maintenant au tour de l'Ontario de mettre
un couteau sur la gorge d'Ottawa. Le premier ministre Bob Rae pose
ses conditions à Brian Mulroney : « J'ai dit : "Si vous voulez que l'Ontario
soit là, les autochtones doivent être à la table." Il savait qu'il n'avait pas
beaucoup le choix. » Désormais, les négociations se feront à 16 autour
de la table : 9 provinces, 2 territoires, 4 chefs autochtones, et Ottawa.
Quant au Québec, estime Bob Rae, les absents ont toujours tort : « J'ai
toujours pensé que si monsieur Bourassa n'est pas là, il ne peut pas
dicter ce qu'on va décider. » La veille de la première rencontre du groupe
élargi – à Halifax, le 8 avril –, Brian Mulroney rend visite à Robert
Bourassa pour le rassurer. Si ce vaisseau surpeuplé n'arrive pas à s'entendre
sur une offre acceptable, Ottawa prendra l'initiative de présenter seul
un projet constitutionnel, au plus tard en juillet. Il n'est pas question
qu'à défaut d'une proposition fédérale, Bourassa soit forcé de tenir un
référendum sur l'indépendance, pas plus que sur sa « question de
Bruxelles », une idée lancée par le premier ministre québécois lors d'un
voyage dans la capitale européenne, en février. La proposition consiste
à faire du Canada un marché économique formé de deux états associés
partageant un gouvernement commun. Pour Brian Mulroney, cela
n'a tout simplement aucune chance de se produire. Dans le meilleur
des cas, Joe Clark arrivera à s'entendre avec les provinces, territoires
et groupes autochtones. Dans le pire scénario, s'il y a échec de ces

négociations, Ottawa présentera un projet constitutionnel qu'il sou-
mettra à un référendum national, forçant ainsi la main aux premiers
ministres provinciaux qui seraient tenté de jouer les trouble-fêtes. Les
Québécois ne seront donc pas les seuls consultés sur l'avenir du pays.

Chapitre 55

L'environnement

En juin 1992, une centaine de chefs d'État et de gouvernement se rencontrent à Rio de Janeiro, au Brésil, pour le « Sommet de la Terre ». La conférence des Nations Unies sur l'environnement et le développement est l'un des plus importants regroupements de dirigeants mondiaux jamais vus et l'un des plus grands succès pour les écologistes. Peu de gens savent à quel point il est dû à Brian Mulroney.

La rencontre n'aurait pas eu le même poids politique si, comme prévu, le président américain George H. Bush avait refusé d'y participer. D'autres chefs d'État y auraient vu une occasion de se défiler. Or Brian Mulroney est doublement responsable de la décision de Bush d'assister au Sommet de la Terre. D'une part, c'est son travail patient et entêté, d'abord auprès de Ronald Reagan puis de George H. Bush, qui a conduit à la signature d'un accord canado-américain sur la qualité de l'air au printemps 1991. Après sept ans d'efforts, pendant lesquels Brian Mulroney n'a pas eu une seule rencontre avec un président américain sans lui parler du problème des pluies acides, voilà que les deux pays se sont entendus pour réduire leurs émissions polluantes responsables de l'acidification des lacs et de la destruction des forêts. Ils se donnent moins de 10 ans pour ramener ces émissions à la moitié de ce qu'elles étaient 10 ans plus tôt. Le Canada fera beaucoup mieux en atteignant son objectif en à peine trois ans. L'accord est considéré comme un modèle du genre, et pas seulement parce qu'il est parvenu à régler le problème des pluies acides ; il montre que des gouvernements, même dirigés par des conservateurs, ont un rôle à jouer dans la régulation des effets de l'activité économique, qu'ils doivent et peuvent intervenir pour défendre l'intérêt commun. « Ce qui était le plus important, croit Brian Mulroney, c'était la symbolique de deux grands pays qui ont décidé de faire de l'environnement une priorité. » La gauche et les militants écologistes n'ont plus le monopole de la protection de l'environnement. Des gens « sérieux », portant des habits trois-pièces, promoteurs de la croissance économique et de la création de richesse, peuvent aussi se préoccuper des effets indésirables de la production industrielle. Même les capitalistes mettent parfois le nez dehors et s'inquiètent de la qualité de l'air ou des dangers liés à la disparition de la couche d'ozone. C'est d'ailleurs sous Brian Mulroney que s'est conclu en 1987 le protocole de Montréal, qui vise à éliminer les CFC, des produits responsables de l'appauvrissement de cette couche de l'atmosphère qui protège la Terre des rayons ultraviolets nocifs provenant du Soleil. Il s'agit du premier traité environnemental qui ait réussi à obtenir la ratification universelle.

Ainsi donc, en 1992, un an après l'Accord canado-américain sur les pluies acides, les États-Unis se retrouvent en année électorale. George H. Bush cherche à obtenir un deuxième mandat, mais les choses s'annoncent mal pour lui car l'économie américaine peine à se relever de deux années de ralentissement. Plusieurs électeurs se tournent alors vers un candidat populiste indépendant, le multimilliardaire Ross Perot qui, fort de son succès à diriger des entreprises, prétend pouvoir redresser le gouvernement américain à coup de compressions draconiennes et de mesures protectionnistes. Sa montée fulgurante dans les sondages – il se retrouvera en première place avec 39 % d'appuis à l'été 1992 – incite George H. Bush à éviter les grands sommets internationaux pour se concentrer sur les problèmes domestiques plus immédiats. Mais lors d'un entretien téléphonique, début mai, Brian Mulroney parvient à le convaincre de se rendre à Rio. Ce sera, lui dit-il, une occasion de célébrer sa réputation d'environnementaliste encore tout auréolée par l'accord sur la qualité de l'air conclu avec le Canada. « J'ai dit : "George, tu dois y aller, les absents ont toujours tort et tu auras tort si tu ne viens pas." Alors il a changé d'idée. »

L'annonce de la participation du président américain au Sommet de Rio apporte à l'événement une importance politique et une attention médiatique sans précédent pour une rencontre sur des questions environnementales. Elle monte le niveau des attentes, ce qui ne fait cependant pas l'affaire de tout le monde. Les pays les plus industrialisés, ceux du G7, ont beau avoir endossé les concepts de « développement durable » et de « lutte aux changements climatiques » à l'instigation du Canada lors de leur sommet économique à Toronto, quatre ans plus tôt, ils hésitent à s'engager trop rapidement dans la concrétisation de ces beaux principes.

Brian Mulroney fait figure d'exception. Dès 1987, peu après la publication du rapport de la Commission mondiale sur l'environnement et le développement – le « rapport Brundtland », du nom de la présidente de la Commission, la norvégienne Gro Harlem Brundtland –, qui a introduit la notion de développement durable, Brian Mulroney passe à l'action. Le ministre de l'Environnement, Lucien Bouchard, siège désormais au comité des priorités du Cabinet, où il a un droit de veto sur les grands projets. « C'était une décision gouvernementale de faire de l'environnement une priorité nationale et internationale », explique Brian Mulroney. D'où son idée de créer la « table ronde nationale sur l'environnement et l'économie ». L'objectif est de réconcilier écologistes, industriels, chercheurs et syndicats autour du thème du développement durable afin d'amener les Canadiens « à voir d'un autre œil la relation entre l'environnement et l'économie et à agir en conséquence », déclare alors le premier ministre. Il y nomme comme vice-président et responsable des affaires internationales Pierre Marc Johnson, ce qui amène l'ancien premier ministre québécois à participer à plusieurs conférences préparatoires au Sommet de Rio aux côtés de fonctionnaires du ministère des Affaires extérieures. À l'hiver 1989, de retour de l'une de ces réunions, à Bruxelles, Johnson écrit une courte lettre personnelle à Brian Mulroney pour lui faire part de ses inquiétudes : les défenseurs de la protection de l'environnement se buttent toujours aux objections des milieux économiques parce qu'ils n'ont pas de langage commun, de données objectives, d'indicateurs concrets sur lesquels bâtir un dialogue constructif. À moins de remédier à ce problème, croit Johnson, tout progrès significatif est illusoire. Aussi lui fait-il une proposition que Brian Mulroney range dans la poche du veston qu'il portera quelques mois plus tard à l'occasion du Sommet du G7. La rencontre a lieu cette année-là à Paris, à la mi-juillet, de manière à coïncider avec les célébrations du bicentenaire de la Révolution française. Pour marquer cet événement charnière de l'histoire, la France a invité plusieurs chefs d'État et de gouvernement qui ne font pas partie du club sélect du G7 à un dîner officiel. Brian Mulroney y est témoin d'un échange animé entre le chancelier allemand Helmut Kohl et le président du Brésil José Sarney. Kohl, dirigeant du moteur économique allemand, reproche au Brésil, pays toujours englué dans la misère, de ne pas protéger la forêt amazonienne des pilleurs qui la grugent pour son bois et pour étendre la production agricole. Piqué par cette critique, Sarney lui réplique : « Si vous avez la solution pour concilier le développement et l'environnement, donnez-la-moi ! »

C'est alors que Brian Mulroney s'interpose et sort de sa poche la proposition que lui avait faite Pierre Marc Johnson : confier à l'OCDE, l'Organisation de coopération et de développement économiques, le mandat d'élaborer des indicateurs de l'environnement qui tiennent compte de leur impact sur l'économie et l'emploi, de manière à appliquer la maxime voulant qu'« on peut agir sur ce qu'on peut mesurer[61] ». La proposition recueille immédiatement un appui enthousiaste de tous les participants à la rencontre, de telle sorte qu'ils décident de l'incorporer au communiqué final du Sommet du G7, au grand dam de l'armée de hauts fonctionnaires et de diplomates qui prépare ce type de document des semaines à l'avance. Pour Pierre Marc Johnson, c'est un coup de maître typique de la personnalité de Brian Mulroney, toujours dans l'action et à la recherche de solutions concrètes : « Un problème, un trou, une cheville », résume-t-il. Cet épisode est par la suite devenu le prétexte d'échanges humoristiques à la table du G7, raconte Brian Mulroney : « Kohl disait toujours : "Avant d'entrer dans un débat aujourd'hui, messieurs dames, je veux savoir si Brian a un document dans sa poche !" »

Au Sommet de la Terre, à Rio, Brian Mulroney allait réaliser un coup encore plus fumant. Les experts de l'environnement de la planète entière avaient travaillé depuis des années à la rédaction de traités internationaux sur la désertification, la diversité biologique et les changements climatiques. La rencontre de Rio, espéraient-ils, pourrait offrir l'impulsion politique nécessaire à leur ratification par un nombre suffisant de pays pour leur donner vie. Encore fallait-il que les pays les plus influents s'y rallient pour leur reconnaître un minimum de crédibilité. Or tous les pays du G7 semblent se ranger derrière les Américains pour y réfléchir, prendre leur temps, étudier encore un peu la question. C'est

---

61. Traduction littérale de l'expression anglaise « *what gets measured gets done* ».

tellement compliqué, voyez-vous. Dans ce contexte, paralysé par le blocage américain, le sommet se dirige vers un échec. Le communiqué final sera plein de bons mots en faveur de l'environnement, mais vide de mesures concrètes. L'organisateur de la rencontre, le Canadien Maurice Strong, lance un appel désespéré au ministre canadien de l'Environnement, Jean Charest, pour que le Canada annonce rapidement son intention de signer la convention-cadre sur les changements climatiques et celle sur la biodiversité.

« Il me fait le plaidoyer suivant : "Il faut absolument que le Canada brise l'embâcle et tu dois absolument convaincre le premier ministre de cette décision-là parce que si vous l'annoncez, les autres pays vont suivre."» – Jean Charest

Seul Brian Mulroney peut prendre une décision semblable. Jean Charest l'appelle à Ottawa – c'était quelques jours avant que le premier ministre ne se rende à Rio – et il lui recommande d'amener le Canada à forcer le jeu en annonçant qu'il ratifie les deux traités. Brian Mulroney sait à ce moment-là qu'il en est à son dernier tour de piste comme chef de gouvernement. Quitte à froisser les susceptibilités de quelques-uns de ses partenaires du G7, il donne à Jean Charest l'autorisation d'aller de l'avant. « Je tenais absolument à le signer, dit Brian Mulroney, pour envoyer un signal, surtout aux Américains, que c'était la voie de l'avenir, qu'il fallait embarquer avec nous. » Mulroney veut montrer la voie, mais pas couper des ponts.

« Et là, il me dit une chose qui est très typique de lui. Il me dit : "Je veux que tu communiques avec le ministre de monsieur Bush, Bill Reilly (l'administrateur de l'Agence de protection de l'environnement, qu'il connaissait), pour l'informer de notre décision. Et je veux que tu lui dises pourquoi nous agissons et je veux que tu le lui dises avant qu'on l'annonce publiquement pour éviter que les Américains soient pris par surprise."» – Jean Charest

L'annonce de la décision canadienne allait mettre de la pression sur les Américains, les faire paraître mal à Rio, alors que Brian Mulroney avait convaincu George H. Bush de s'y rendre en lui faisant miroiter l'accueil chaleureux qu'il y recevrait. C'est pourquoi il tient à en informer d'abord l'administration américaine, pour amoindrir le coup, une leçon de diplomatie que n'a jamais oubliée Jean Charest : « Cela crée un environnement où il est possible d'être en désaccord et de travailler avec notre voisin sans pour autant envenimer la relation. C'est ce que monsieur Mulroney a réussi pendant toute sa carrière politique.»

Comme l'espérait Maurice Strong, l'annonce que le Canada s'apprête à signer la Convention-cadre des Nations Unies sur les changements climatiques et la Convention sur la diversité biologique brise l'embâcle. Finalement, le Sommet de Rio permet de lancer le mouvement qui culminera cinq ans plus tard avec l'adoption du protocole de Kyoto sur la réduction des émissions de gaz à effet de serre.

Chapitre 56

Au bord de l'implosion

À la fin du printemps 1992, chaque seconde rapproche le Canada d'une échéance inéluctable : le Québec tiendra un nouveau référendum à l'automne sur son avenir politique. Brian Mulroney est résolu à ce que les Québécois aient alors à se prononcer sur une nouvelle offre de réconciliation avec le reste du Canada qui permettrait d'effacer le sentiment de rejet et d'humiliation ressenti après la mort de l'accord du lac Meech. Son ministre Joe Clark y travaille depuis plus d'un an avec les provinces hors Québec et les principales associations autochtones, mais les progrès sont laborieux et toujours insuffisants. Le scénario d'un échec de ces négociations devient de plus en plus probable, au point où, au début juin 1992, Brian Mulroney demande au ministre Clark de se préparer à mettre fin à l'exercice. Ottawa prendra alors seul la responsabilité de présenter un projet de réforme constitu-tionnelle, par-dessus la tête des premiers ministres provinciaux, et il légitimera cette proposition en la soumettant au jugement de tous les Canadiens à l'occasion d'un référendum national. La Chambre des communes vient d'ailleurs, début juin, d'adopter une loi permettant la tenue d'une telle consultation populaire. Pour Brian Mulroney, l'absence d'un projet canadien n'est pas une option envisageable. Comme dans un couple en crise où un conjoint refuse toute remise en question en disant à l'autre : « Je n'ai pas l'intention de changer quoi que ce soit et, maintenant, à toi de décider si tu restes ou si tu pars », une « non-proposition » serait une invitation à la rupture.

Mais Joe Clark refuse de lâcher prise. Il croit toujours pouvoir en arriver à une entente avec les provinces et les groupes autochtones. Ses discussions en privé avec Robert Bourassa – il n'est toujours pas question pour Québec de négocier avec les autres provinces – lui laissent croire que le gouvernement québécois est prêt à lâcher du lest sur bien des questions en échange d'une offre qui reprendrait les principaux éléments de Meech. Soit, mais il faut un jour finir par finir. Le calendrier est implacable.

Le 29 juin, Brian Mulroney reçoit chez lui, au 24 Sussex, tous les premiers ministres provinciaux du « Rest of Canada ». C'est la première fois qu'il les réunit depuis l'ultime tentative, deux ans plus tôt, de sauver du naufrage l'accord du lac Meech. Il leur accorde une dernière semaine pour parvenir à s'entendre sur un projet constitutionnel que l'on pourrait « vendre » aux Québécois, à défaut de quoi c'est son gouvernement qui présentera le sien. Le 3 juillet, à l'expiration du délai fixé par Brian Mulroney, le ministre Benoît Bouchard, coprésident du comité, quitte la rencontre en constatant l'échec. Il laisse à Joe Clark le soin de vider la salle derrière lui et d'éteindre les lumières sur ce processus improductif. La veille, alors qu'il s'apprêtait à quitter le Canada pour se rendre en Europe où il allait participer au Sommet annuel du G7, Brian Mulroney avait d'ailleurs donné à Joe Clark la directive de fermer les livres et de tout remballer. Or, surprise, sans en aviser Benoît Bouchard, le seul Québécois présent jusque-là à la table, sans même en informer Brian Mulroney qui se trouve à bord de son avion, au-dessus de l'Atlantique, Joe Clark conclut en soirée un accord avec les provinces et les leaders autochtones. Juste à temps pour les bulletins de nouvelles de fin de soirée, il se précipite devant les caméras de télévision pour proclamer que « le succès d'aujourd'hui est sans précédent dans la Confédération ». Vingt ans plus tard, Benoît Bouchard en est toujours stupéfait : « Je ne sais pas quelle idée Joe a pu avoir de penser qu'on aurait une entente sans que le premier ministre ne soit au courant. » D'autant plus que cette entente prévoit un Sénat « triple-E » – à la fois *élu*, offrant un nombre de sièges *égal* à chaque province, et possédant un rôle et des pouvoirs qui en font un rouage *efficace* de l'appareil législatif canadien. Or Brian Mulroney avait dit à Joe Clark que cette idée de diluer la présence du Québec à un dixième ou un douzième des sièges à la Chambre haute serait invendable au Québec. Déjà condamnés par les lois implacables de la démographie et de l'immigration qui ont pour effet de diluer graduellement leur influence à la Chambre des communes, les Québécois verraient leur place au Sénat rabougrie au rang d'une province sur 10 ou d'un territoire sur 12, bien en deçà de leur poids réel pourtant déjà minoritaire.

On voulait régler l'outrage du rapatriement de la Constitution de 1982 négocié sans la présence du Québec ; on vient de conclure un accord sans le Québec qui a pour effet de diminuer encore davantage son poids politique au Parlement canadien et qui ne lui fait aucune concession sur le partage des pouvoirs qu'il réclame. L'enthousiasme de Joe Clark l'aveugle ; il ne s'agit pas d'un succès « sans précédent ». C'est plutôt la répétition d'un précédent que l'on voulait réparer. « Le problème avec le fédéral à ce moment-là, affirme Bob Rae, c'était qu'on avait deux gouvernements. On avait monsieur Mulroney et on avait monsieur Clark. » C'est un premier ministre canadien de trop.

Mulroney apprend la conclusion de cette entente « historique » en descendant d'avion à Londres. Il est furieux, appelle Joe Clark qui l'assure que Robert Bourassa est d'accord avec la réforme du Sénat. « J'étais étonné, dit-il, je ne pouvais pas croire que Robert Bourassa avait accepté ça. » Bourassa peut-il être à ce point désespéré de recevoir une offre du reste du Canada qu'il est prêt à hypothéquer à jamais l'influence du Québec dans les décisions nationales ? Brian Mulroney demande à Paul Tellier de vérifier. Il le rappelle avec la réponse de Bourassa.

« *Robert lui a dit : "Ben, peut-être que oui, peut-être que non, selon les circonstances." C'était du Bourassa tout craché. Je l'aimais bien, Robert, mais c'était un peu comme le Jello, il pouvait bouger vite et dans toutes les directions à la fois !* » – Brian Mulroney

Brian Mulroney fait ensuite appel à son ami Paul Desmarais, à qui il demande de s'assurer de l'état d'esprit de Robert Bourassa. À son grand étonnement, lui rapporte Desmarais, Bourassa est en effet favorable à l'entente, bien qu'à la réflexion il entretienne quelques réserves sur la réforme proposée du Sénat. Proche conseiller de Robert Bourassa, John Parisella se souvient très bien de cette journée qui coïncide avec son anniversaire de naissance. « L'échéance de l'automne approchait, dit-il, donc c'est un peu dans cet esprit-là qu'on a montré une certaine ouverture. Monsieur Bourassa, sa motivation, c'était de reprendre et d'accélérer la discussion », quitte à lâcher du lest sur le Sénat en acceptant d'y réduire la place du Québec. Mais selon lui, cela serait de peu d'importance car, d'après sa compréhension de la proposition qui était alors envisagée, on allait diminuer les pouvoirs du Sénat de sorte que le « triple-E » se déclinerait ainsi : élu, égal, édenté. C'était faire bien peu de cas de la dynamique politique : une fois élu, le Sénat disposerait d'une légitimité accrue, et qui sait comment évoluerait son rôle ? Bob Rae confirme l'ouverture conditionnelle de Robert Bourassa : « Monsieur Bourassa m'a dit qu'il peut accepter un Sénat de "triple-E" mais qu'il faut regarder tous les pouvoirs et comment ça va s'arranger. »

N'empêche, au-delà des pouvoirs formels, les symboles comptent. Le rétrécissement institutionnalisé de la présence québécoise à Ottawa, ce n'est pas exactement ce que Pierre Elliott Trudeau avait promis aux Québécois lors du référendum de 1980. Ce n'est pas non plus ce qu'avait fait miroiter Brian Mulroney dans son discours de Sept-Îles sur la réconciliation nationale. Il ne s'agit donc pas d'un projet de réforme qu'il croit pouvoir faire avaler aux Québécois. « Je voyais cette position-là comme étant inacceptable pour le Québec », dit-il. Dans l'immédiat, Mulroney est confronté à un immense gâchis qui plonge son gouvernement dans l'une des pires crises de ses neuf années au pouvoir.

Avant son retour du Sommet du G7 à Munich, l'entente a déjà mis le feu aux poudres. Plusieurs députés et ministres protestent en coulisse. Un éditorial mémorable du quotidien *Le Devoir* résume en trois lettres le sentiment général : N-O-N. Lorsque Brian Mulroney se pose à Ottawa, à la mi-juillet, son gouvernement est au bord de l'implosion. Le Cabinet en entier est convoqué et chacun de ses membres est appelé à tour de rôle à s'exprimer sur l'entente conclue par Joe Clark. Ils sont plus d'une trentaine, la réunion dure près de six heures, six heures de tumulte. Plusieurs ministres du Québec menacent de démissionner si l'accord est endossé par le gouvernement. « C'est resté très, très présent dans mon esprit, dit Benoît Bouchard. J'avais fait des compromis, j'en avais beaucoup fait. Mais pas celui-là ! » D'autant plus que Bouchard se sent personnellement trahi par Joe Clark, qui lui a fait le coup de la « nuit des longs couteaux » lorsqu'il a profité de son absence pour ficeler l'entente. À la fin d'un débat orageux, Brian Mulroney demande le vote.

« J'ai fait le tour du Conseil des ministres, et Joe Clark était assis à côté de moi, et à ce que je me souvienne, il n'y avait pas un des ministres qui était en faveur de ce que Clark avait fait. Pas un. Et

plusieurs d'entre eux étaient vigoureux dans leur dénonciation du résultat. Ça a provoqué une crise majeure. On l'a gardée à l'interne, mais quand même c'était là. » – Brian Mulroney

Les moins généreux remettent en question la loyauté de Joe Clark à l'égard de son chef et, par extension, du gouvernement. Ils le désavouent personnellement. D'autres sont prêts à lui accorder le bénéfice du doute, mais une chose est certaine, le produit de son travail est démoli. Il faut maintenant ramasser les pots cassés et une seule personne peut y parvenir. « Les ministres ont dit : "Il va falloir que vous, premier ministre, embarquiez là-dedans", et c'est là où la ronde de Charlottetown a repris. »

Et c'est reparti !

Le collier

D ans les derniers jours du mois de juillet 1992, une période de
l'année où le temps a l'habitude de se suspendre au Québec,
« vacances de la construction » obligent, Brian Mulroney reprend
le collier et s'attelle une fois de plus à la charrue constitutionnelle. Il
doit d'abord convaincre Robert Bourassa de reprendre le dialogue avec
ses homologues des autres provinces. La position attentiste adoptée par
Bourassa vient de montrer ses limites. Les absents ont toujours tort et
le « paquet » livré par Joe Clark en est la preuve. Mais Bourassa hésite.
Mulroney doit lui forcer la main en des termes pas très diplomatiques.

« *Quand Bourassa se faisait tirer l'oreille, monsieur Mulroney lui
avait dit – et je lui avais dit qu'il ne faudrait jamais que ça sorte
publiquement –, il avait dit à monsieur Bourassa: "Robert, écoute,
tu as l'air d'une fille sur le bord de la rue qui attend la meilleure
offre."* » – Gilbert Lavoie

Robert Bourassa accepte finalement, mais du bout des lèvres.
Attention, dit-il, il n'est toujours pas question de monter à la chambre
pour consommer l'acte d'union: il n'y aura pas de négociations constitutionnelles formelles. Il consent simplement à passer au salon pour
parler.

Afin de ménager les susceptibilités de Bourassa, la rencontre se
tient, début août, en territoire québécois, à la résidence d'été du premier
ministre canadien, au lac voisin du lac Meech. C'est la première fois
depuis plus de deux ans que Robert Bourassa se trouve en présence des

autres premiers ministres. L'ordre du jour tient en une phrase : « On fait quoi maintenant ? »

Certains tiennent à l'entente du 7 juillet, négociée, disent-ils, de bonne foi. D'autres commencent à lui trouver des défauts, soit sur les droits autochtones, soit sur la réforme du Sénat. Chose certaine, ce « sommet » décontracté au bord du lac Harrington ne suffira pas à lui seul à régler le problème, tous le savent en y arrivant. Tout au plus peut-il permettre de convaincre Robert Bourassa qu'il y a suffisamment de bonne volonté autour de la table pour qu'il accepte d'y revenir. L'heure est grave, il doit cesser de bouder et participer au dernier conseil de famille. Bourassa se donne une semaine pour y réfléchir et les 11 se fixent un nouveau rendez-vous au bord du lac, le 10 août, au terme duquel Robert Bourassa accepte enfin de s'engager dans une nouvelle négociation constitutionnelle. Elle se fera non plus à 11, mais à 17, les territoires et les groupes autochtones faisant désormais partie de la caravane constitutionnelle. On n'a plus le choix, dit Brian Mulroney ; « Clark les a mis dans le bateau, ils sont déjà là. »

Comme s'il n'en avait pas suffisamment sur les bras avec les provinces et les autochtones, Brian Mulroney doit aussi composer avec les fractions de plus en plus apparentes à l'intérieur de son caucus opposant les députés de l'Ouest et ceux du Québec. Le parti sur lequel repose son pouvoir, un peu injustement décrit comme une coalition de francophones et de francophobes, est déchiré sur la réforme du Sénat. Les députés de l'Ouest sentent dans leur cou le souffle chaud du Reform Party qui les talonne sur cette question vue par plusieurs citoyens des Prairies comme une occasion de mettre fin à la domination politique du « Canada central » dont ils estiment avoir trop longtemps fait les frais. Au Québec, pour une raison diamétralement opposée, on se méfie de cette réforme qui va marginaliser encore davantage la voix des francophones, un peuple fondateur déjà condamné à perpétuité au statut d'actionnaire minoritaire. Dans le vide sidéral des mois d'été où l'actualité canadienne a l'habitude de partir elle aussi en vacances, ce débat occupe toutes les tribunes et nourrit les appréhensions les plus sincères comme les rivalités les plus méprisables.

La séance s'ouvre le 18 août dans la grande salle de conférence de l'édifice Lester B. Pearson, le siège du ministère des Affaires étrangères à Ottawa. Dans les jours qui précèdent, Robert Bourassa a délégué ses représentants pour aller exposer à leurs vis-à-vis fédéraux les attentes québécoises en matière de partage des pouvoirs. On leur répond que, si tard dans la partie, il est impossible de faire passer une telle bouchée. La conférence constitutionnelle est déjà convoquée, Québec a accepté d'y participer et, qu'on le veuille ou non, il faut partir de l'entente du mois de juillet pour essayer de la rendre plus acceptable, pas pour l'alourdir encore davantage en ajoutant au bas de la liste, à l'article « varia », les revendications du rapport Allaire.

La séance de négociation qui s'ouvre le 18 août va durer cinq jours. Selon Brian Mulroney, ce sont les cinq plus durs de sa carrière. Nous sommes à deux mois d'un référendum au Québec, Robert Bourassa est diminué par la maladie et la pression de ses conseillers se fait insistante. Son ambivalence proverbiale est de plus en plus frustrante pour ses partenaires. Selon Jean-François Lisée[62], Brian Mulroney aurait à un certain moment plaqué Gil Rémillard contre un mur et lui aurait lancé un « *Go fuck yourself* » bien senti, un événement dont les deux protagonistes présumés disent, 20 ans plus tard, ne conserver aucun souvenir. Finalement, le 22 août, on en arrive à un nouvel accord unanime de cette « ronde Canada ». Ottawa, les provinces, les deux territoires et les représentants des peuples autochtones, tous y ont mis du leur, au point où l'entente semble ployer sous son propre poids : réforme du Sénat qui passerait à 62 sièges (six par province et un pour chaque territoire) ; constitutionnalisation de la Cour suprême ; modification de la formule d'amendement en accordant un veto à chaque province sur toute modification des institutions nationales ; nouvelle clause (dite « clause Canada ») d'interprétation de la Constitution où l'on retrouve la « société distincte » mais aussi le multiculturalisme ; inclusion d'une « charte sociale et économique » ; révision de la répartition des sièges à la Chambre des communes ; reconnaissance du droit inhérent à l'autonomie gouvernementale pour les autochtones ; élimination du pouvoir de désaveu du gouvernement fédéral envers des lois provinciales ; élimination des obstacles au commerce interprovincial ; possibilité pour les provinces de se retirer avec pleine compensation de programmes fédéraux dans

---

62. Jean-François Lisée. *Le Naufrageur : Robert Bourassa et les Québécois, 1991-1992*, Montréal, Éditions du Boréal, 1994, p. 353.

leurs domaines de compétence. La complexité de l'ensemble est sans précédent, sa taille éléphantesque – plus de 9 000 mots! Tous les participants à la négociation de ce Goliath constitutionnel se donnent rendez-vous quelques jours plus tard à Charlottetown pour finaliser le texte dans la salle où les pères de la Confédération ont conclu le pacte canadien de 1867. Cette seconde rencontre n'est pas que symbolique. Pendant deux jours, on y ferraille vigoureusement, la délégation québécoise cherchant à arracher quelques compromis supplémentaires en ce qui concerne le partage des pouvoirs, en particulier dans le domaine de la formation de la main-d'œuvre, que le Québec considère comme une extension de ses compétences exclusives en matière d'enseignement. Une fois l'entente conclue, le 28 août, les premiers ministres annoncent que tous les Canadiens seront consultés sur son contenu, le même jour et avec la même question. Le Québec tient à avoir *son* référendum, le 26 octobre. Soit, mais partout ailleurs, on aura le même.

Brian Mulroney l'a encore fait. Pour la cinquième fois – d'abord au lac Meech en avril 1987, ensuite début juin 1987 à l'édifice Langevin, trois ans plus tard au Centre des conférences d'Ottawa, il y a quelques jours à Ottawa, puis maintenant à Charlottetown –, il est parvenu à obtenir un accord unanime sur un projet de réforme constitutionnelle, un exploit que l'on croyait impossible à accomplir au Canada depuis des décennies. Il est épuisé mais satisfait. D'autres le sont moins. Tout juste après avoir écouté le compte-rendu de la conférence au *Téléjournal* de Radio-Canada, André Tremblay, l'un des plus proches conseillers constitutionnels de Robert Bourassa et un ancien confrère de classe de Brian Mulroney, appelle à Québec Diane Wilhelmy, sous-ministre aux Affaires constitutionnelles. Quelqu'un quelque part enregistre leur conversation qui dure 27 minutes.

Si la nouvelle de l'entente est accueillie triomphalement par le caucus conservateur fédéral, on ne peut en dire autant de la réception dans le Parti libéral de Robert Bourassa où, le lendemain, une quarantaine de membres de la commission jeunesse, sous le leadership de Mario Dumont, décident de claquer la porte. Quoi qu'il en soit, le train est maintenant sorti de la gare. La question référendaire est rendue publique début septembre: «Acceptez-vous que la Constitution du Canada soit renouvelée sur la base de l'entente conclue le 28 août 1992?» La campagne référendaire s'annonce bien puisque les sondages montrent que le projet recueille l'appui des deux tiers des Canadiens. L'opinion publique est elle aussi fatiguée des querelles constitutionnelles. Finissons-en et passons à autre chose.

Puis le ciel tombe sur la tête de Brian Mulroney et de Robert Bourassa. Une station radio de la ville de Québec, CJRP, a reçu un colis. Une cassette contenant l'enregistrement de la conversation entre les deux principaux conseillers constitutionnels de Robert Bourassa. La station s'apprête à en diffuser le contenu et elle a confectionné une campagne publicitaire pour annoncer l'événement: «CJRP a la preuve: Bourassa s'est écrasé.» Informée de l'explosion imminente de cette bombe, Diane Wilhelmy s'adresse aux tribunaux et obtient une injonction interdisant la diffusion de l'enregistrement. Il est forcément illégal, dit son avocat, puisque la loi canadienne ne permet qu'aux participants à une conversation téléphonique de l'enregistrer. L'interdit de diffusion ne fait qu'augmenter l'appétit médiatique pour cette histoire. Ne se considérant pas astreint à respecter l'injonction d'un tribunal québécois puisqu'il est imprimé en Ontario, le *Globe and Mail* publie le contenu de la conversation mystère. André Tremblay y déplore la faiblesse de Robert Bourassa à la table de Charlottetown: «Mes genoux sont usés, dit-il. On s'est écrasés, c'est tout.» Le barrage est fissuré, la fuite se transforme en torrent, inondant tous les médias. En quelques jours, l'appui à l'accord s'effondre au Québec, une chute de 15 points. «Ça a réglé le problème au Québec, ça a été extraordinaire l'impact de ça», commente Brian Mulroney. Comme si ce n'était pas suffisant, le camp du Oui à l'entente de Charlottetown tarde à en rendre le texte public, ce qui contribue à la perception qu'il s'agit d'un compromis bricolé dans l'urgence et dont quelques fils pendouillent toujours. «Le camp du Oui refusait de montrer le texte, ironise encore Jacques Parizeau ; vous ne cachez pas un texte comme ça très longtemps.» Réalisant un coup de marketing brillant, c'est le camp du Non dirigé par le Parti québécois qui distribue le texte à deux millions d'exemplaires annotés dans la marge de remarques assassines sur son contenu.

Dans son journal personnel, Brian Mulroney écrit le 19 septembre que «la dernière semaine a été épouvantable pour le camp du Oui» et qu'il s'est rendu à Montréal pour rencontrer Robert Bourassa afin de «le secouer un peu. Rien n'y fait.» On s'étonnera davantage du portrait qu'il dresse alors de la situation dans le reste du pays: «Je crois que la campagne se passera très bien au Canada anglais », écrit-il. C'était sans compter sur Pierre Elliott Trudeau, qui prépare une autre sortie fracassante dont il a le secret. Elle aura lieu le 1ᵉʳ octobre, au pire moment.

Les derniers jours du mois de septembre sont en effet éprouvants pour le camp du Oui à l'accord. L'affaire Tremblay-Wilhelmy continue à dominer l'actualité avec ses multiples démarches judiciaires pour interdire la diffusion intégrale de la conversation. Le 28 septembre, devant la nécessité de brasser l'opinion québécoise, Brian Mulroney tente de réaliser un coup de circuit. Lors d'un discours à Sherbrooke, il énumère les « 31 gains pour le Québec » obtenus à Charlottetown, puis, dans un geste spectaculaire destiné aux caméras de télévision, il déchire la feuille où sont inscrits ces 31 points : « Si nous votons Non, lance-t-il en joignant le geste à la parole, on déchire ces gains historiques, et moi je veux les conserver pour le Québec et le Canada ! » Le caractère théâtral de cette sortie n'échappe à personne ; il devient même objet de ridicule, une démonstration de désespoir. Les jours qui suivent en rajouteront une couche supplémentaire lorsqu'un tribunal autorise la publication de la transcription écrite de la conversation entre André Tremblay et Diane Wilhelmy. Elle se retrouve dès le lendemain, 1ᵉʳ octobre, en première page de tous les journaux. Les médias électroniques la font lire par des journalistes ou des comédiens. En 24 heures, le Non gagne 10 points supplémentaires dans les sondages au Québec.

C'est ce jour-là qu'a choisi Pierre Elliott Trudeau pour chausser ses talons hauts de belle-mère constitutionnelle afin de descendre en flammes l'accord « élitiste » et ses auteurs, au premier chef le « pleutre » et « pyromane » Brian Mulroney. Le décor manque d'élégance – son discours se tient à La Maison Egg Roll, dans le quartier Saint-Henri, le plus pauvre de Montréal – mais les 400 convives réunis sous les auspices des amis de *Cité Libre*, la revue intellectuelle qu'il a jadis dirigée, dévorent sa dénonciation sans pitié. L'entente de Charlottetown, dit-il, est tellement mauvaise pour le Canada qu'il lui préfère la séparation du Québec. C'est dire. Les échos de cette sortie se répercutent immédiatement d'un bout à l'autre du pays. Trudeau vient de rendre politiquement acceptable un rejet de l'accord qui, chez plusieurs Canadiens, pouvait être motivé par des sentiments inavouables en public : refus de la société distincte, condamnation du bilinguisme, blocage face aux revendications autochtones, antipathie envers Brian Mulroney. Le « paquet » de Charlottetown est tellement volumineux qu'en cherchant un peu, on peut toujours trouver à y redire. Brian Mulroney lui-même reconnaît que l'ensemble était loin de la perfection. « Même si Charlottetown se révéla être une entente gauche et maladroite, écrit-il dans ses mémoires, elle était absolument meilleure que l'autre option : un autre référendum au Québec, sans proposition fédérale. » Au mieux, la proposition sera acceptée ; au pire, elle aura servi de prétexte à ce que le référendum porte sur autre chose que le projet indépendantiste. Selon Marcel Masse, elle constituait une aventure impossible pour Brian Mulroney.

« *Il portait la croix de la TPS, il portait la croix du lac Meech, il portait la croix du libre-échange, et ça n'a pas été une bonne décision de se lancer là-dedans parce qu'on était trop tard dans le mandat.* »
– Marcel Masse

Le jour du référendum, le 26 octobre, Allan Gregg, le maître sondeur conservateur, informe Brian Mulroney qu'il y a une mince chance que le Oui l'emporte. Mais quel que soit le résultat, Mulroney connaît la suite. En après-midi, il s'en confie à son journal personnel : « Je suis épuisé... J'attends avec impatience le verdict de ce soir qui me permettra de reprendre possession de ma vie. »

Le soir du 26, entouré d'une poigné de collaborateurs, Brian Mulroney est à la résidence du lac Harrington pour écouter la couverture télévisuelle du dépouillement du vote. Le verdict est sans appel. L'accord de Charlottetown est rejeté par une majorité de provinces et par une majorité de Canadiens, le Non obtenant 55 % des voix. Au Québec, le camp du Non recueille l'appui de 57 % des électeurs. Plusieurs proches conseillers de Robert Bourassa lâchent un soupir de soulagement. Ils imaginent, ô frayeur, ce qui se serait produit si les Québécois avaient voté en faveur de l'accord alors que le reste du Canada l'aurait rejeté. Il y a une limite à tendre l'autre joue. Le double rejet a au moins l'avantage de préserver les apparences. Match nul. Pas d'humiliation en vue, sinon pour Brian Mulroney. À l'annonce des résultats, son épouse Mila, en béquilles à la suite d'une fracture de la cheville, le prend dans ses bras. Tous les deux savent qu'il s'agissait de sa dernière bataille, la dernière chance de concrétiser sa promesse de réconciliation nationale. Benoît Bouchard assiste à la scène, de laquelle émane une grande tristesse. « Tout ce qui avait été Brian Mulroney depuis au moins 10 ans venait de s'écrouler, c'est-à-dire ramener le Québec dans la fédération canadienne.» En rétrospective, et bien qu'il considère toujours l'entente de Charlottetown comme un prix de consolation par rapport à l'accord du lac Meech, Brian Mulroney évoque encore cette défaite avec mélancolie.

« Le rôle du Québec au Canada, le rôle des Québécois, la réconciliation des francophones et des anglophones, c'est un peu usé, maintenant, mais durant ma vie, pour moi, c'était ce qu'il y avait de plus important. » – Brian Mulroney

Démission

Trois jours après la défaite référendaire, Brian Mulroney annonce à son caucus qu'il va rester à la barre du parti en vue des prochaines élections, ses troisièmes, qui se tiendront dans moins d'un an. Il le répète à son Conseil des ministres et aux dirigeants du PC. Bien sûr, il leur ment et il le sait. Sa décision de partir est prise depuis longtemps. Elle l'était avant même la tenue du référendum. Cependant il est convaincu qu'il ne peut y avoir d'ambivalence sur son avenir. Son gouvernement serait paralysé par les rivalités entre les aspirants à sa succession. À ce propos, il a déjà une bonne idée de qui ferait l'affaire. Il en a dessiné le portrait-robot dans son journal personnel : le candidat idéal est une femme, jeune, bilingue et de l'Ouest. Autrement dit, c'est Kim Campbell, étoile montante de son gouvernement depuis qu'elle s'est fait élire dans Vancouver Centre, en 1988. À peine plus d'un an plus tard, Mulroney l'a nommée ministre de la Justice en confiant à son journal qu'elle sera « peut-être un jour… chef ». Au début de l'année 1993, il la déplace au poste de ministre de la Défense nationale à l'occasion d'un remaniement ministériel destiné à réaffirmer son autorité sur le gouvernement à quelques mois d'une élection générale.

Puis, le 24 février, Brian Mulroney se présente à la réunion hebdomadaire du caucus conservateur en compagnie de son épouse et de ses deux plus jeunes enfants, un geste exceptionnel qui signifie que le moment est important. Aussi soulagé qu'ému, il annonce à ses députés qu'il quittera ses fonctions de premier ministre dès que le Parti progressiste-conservateur lui aura trouvé un successeur. « C'était le temps de partir, dit-il. Je n'avais plus rien à prouver et j'étais rendu au bout de mes forces. »

Dans la salle du caucus, ce matin-là, plusieurs députés et ministres ont les yeux dans l'eau. Ils ont traversé bien des tempêtes avec lui, affronté des crises politiques et personnelles. Il les a souvent fait rire avec son humour ravageur. Il les a chavirés plusieurs fois en laissant libre cours à ses émotions. Surtout, il les a écoutés avec respect et ouverture. Et dans les moments où il leur est arrivé de tomber, il a tout fait pour les soutenir. Il était souvent le premier arrivé. Lorsque le ministre acadien Bernard Valcourt a perdu la maîtrise de sa motocyclette sous l'effet de l'alcool, s'infligeant de sérieuses blessures qui lui ont coûté un œil et son siège au Cabinet, Brian Mulroney l'a pris sous son aile. Il lui a offert le gîte dans un chalet près du lac Harrington où il est allé le visiter tous les jours pendant plusieurs semaines, passant parfois des heures avec lui à discuter de ses problèmes et à le rassurer sur son avenir. Quand Jean Charest a dû remettre sa démission comme ministre du Sport amateur après les révélations sur l'appel qu'il a logé à un juge en faveur d'un entraîneur, Brian Mulroney s'est proposé pour l'annoncer lui-même à son père, sachant à quel point la tâche serait pénible au jeune politicien.

Pour l'auteur de ce livre, ce fut une source d'étonnement sans cesse renouvelé de constater, d'une entrevue à l'autre, l'étendue de ces marques d'attention. Hauts fonctionnaires, ministres, adversaires politiques, journalistes, premiers ministres provinciaux, tous avaient une histoire à raconter, souvent la gorge nouée par l'émotion : Mulroney au bout du fil pour le premier appel au réveil d'une chirurgie cardiaque ; Mulroney qui téléphone à sept heures du matin, le lendemain du décès d'un frère ; Mulroney qui offre d'ouvrir des portes pour apaiser le deuil d'une épouse ; Mulroney qui, pendant des mois, refuse de parler à un haut fonctionnaire des dossiers pressants avant d'avoir pris des nouvelles de l'état de santé de sa sœur victime d'un accident de la route ; Mulroney qui envoie un bouquet de fleurs à la mère d'un collègue pour son anniversaire ; Mulroney qui rejoint un député de l'opposition à l'hôpital pendant ses traitements de chimiothérapie pour lui donner des mots d'encouragement que son propre chef n'a pas trouvé le temps de lui exprimer ; Mulroney qui appelle le lendemain d'une victoire pour s'en réjouir, mais surtout le lendemain d'une défaite pour remonter le moral.

Au moins, les députés conservateurs qui ont connu ces faveurs du premier ministre n'auront pas à s'en ennuyer longtemps, car leurs jours à Ottawa sont comptés.

À la suite du désistement de presque tous les prétendants possibles à la direction du Parti conservateur – les Michael Wilson, Perrin Beatty, Don Mazankowski ou Bernard Valcourt –, Kim Campbell semble se diriger vers un couronnement. Ce n'est pas la marque d'un parti en santé. Brian Mulroney s'en inquiète et il intervient personnellement pour que le seul autre candidat d'envergure, Jean Charest, accepte de se lancer. Kim Campbell, que l'on croyait surdouée – du moins sur papier –, s'avère une candidate médiocre par son manque de jugement qu'elle tente de faire passer pour « une nouvelle façon de faire de la politique ». L'attrait de la nouveauté est en effet son principal argument de vente. Qu'elle soit une femme et, bientôt, si les conservateurs l'élisent comme leur chef, la première à occuper le poste de premier ministre du Canada, ajoute à sa candidature la dose de piquant qui lui permet en fin de course d'éviter de justesse d'être dépassée par la « tortue » Jean Charest.

La veille, le 11 juin, 10 ans jour pour jour après son élection à la tête du Parti progressiste-conservateur, Brian Mulroney était ovationné une dernière fois par les militants rassemblés dans la même salle, le Centre civique d'Ottawa. L'hommage de 90 minutes rendu à leur chef, le premier en près d'un siècle à leur donner deux majorités consécutives, a culminé avec la prestation du chanteur Roch Voisine interprétant sa chanson au titre étrangement évocateur dans les circonstances : *I'll Always Be There*[63].

Cinq jours plus tard, Brian Mulroney fait ses adieux au Parlement puis, le lendemain, il préside son dernier Conseil des ministres. Pince-sans-rire, Joe Clark en profite pour proposer une motion déclarant officiellement terminé le congrès à la direction de 1983, au cours duquel ils s'étaient affrontés.

---

63. Traduction : « Je serai toujours là. »

Conclusion

Nous le disions en ouverture de cet ouvrage, ce livre n'avait pas la prétention de couvrir et d'analyser tout le parcours de Brian Mulroney et l'ensemble des décisions prises par le gouvernement qu'il a dirigé pendant neuf ans. Son auteur n'est pas un historien mais un journaliste, de surcroît à l'emploi d'une société d'État, Radio-Canada, dont le mandat est certes de contribuer à une meilleure connaissance de notre histoire, mais pas de porter un jugement sur ses acteurs. Cela impose certaines contraintes tant sur la forme que sur le fond. Elles sont d'autant plus aiguës au moment de «conclure», un acte qui implique de faire des choix, de souligner à gros traits certains faits et pas d'autres, puis d'en tirer des leçons qui – par définition – ne peuvent être unanimement partagées. Brian Mulroney n'a rien fait pour faciliter cette tâche, tellement il a nourri la controverse par ses gestes souvent audacieux et par son style parfois contestable. On a dit de lui tout et son contraire, qu'il était pleutre et courageux, opportuniste et déterminé, loyal et menteur, charmeur et colérique. Aucun de ces qualificatifs ne parvient à résumer l'homme. Chacun, à tout le moins dans l'esprit de celui qui l'a utilisé, contient sa part de vérité. On n'en est pas à une contradiction près puisque, très tôt dans sa vie, Brian Mulroney a choisi de joindre un parti au nom équivoque : le Parti progressiste-conservateur !

Progressiste, il l'a sans doute été. On ne renie pas ses origines, modestes dans son cas. Mais il y a plus : une constance philosophique dans sa pensée, bien qu'il n'ait pas beaucoup fréquenté les œuvres des grands philosophes. Elle lui vient davantage de son expérience forgée dans le rapport aux autres. Il aime les gens, profondément. Il aime les conquérir, par le rire et le charme. Cela lui a enseigné la tolérance, l'acceptation des faiblesses humaines, les vertus de la rédemption. D'où, par exemple, son opposition à la peine de mort, ce qui contribuait à le placer à la gauche de son parti. Une fois au pouvoir, lorsque la branche la plus conservatrice du caucus a réclamé la tenue d'un vote libre sur cette question, il a manœuvré pour faire en sorte que la députation québécoise, massivement opposée au rétablissement de la peine de mort, mette tout son poids dans la balance, le sien y compris. Devant son caucus, on a aussi pu l'entendre se porter à la défense des droits des homosexuels lorsqu'il a été question d'inscrire dans la Loi canadienne sur les droits de la personne une clause interdisant la discrimination fondée sur l'orientation sexuelle. À défaut de convaincre les plus réfractaires, il les a neutralisés par une habile évocation des valeurs religieuses associées à la droite chrétienne en décrivant les homosexuels comme « des enfants de Dieu ». C'est la même expression qu'il a utilisée à plusieurs reprises dans son combat contre l'apartheid en Afrique du Sud. Les Noirs, dit-il, sont aussi « des enfants de Dieu ». Derrière les apparences, la couleur de la peau ou l'orientation sexuelle, il y a d'abord un être humain, chacun aspirant au respect de sa dignité. Leur quête va dans le sens de l'Histoire, proclame-t-il du haut de la tribune de l'Assemblée générale des Nations Unies : « Le mouvement en faveur de la dignité humaine est maintenant irréversible. » Progressiste, Brian Mulroney l'est encore par son avant-gardisme en matière de protection de l'environnement. Plusieurs politiciens aiment se gargariser de beaux discours en faveur de l'air pur et des grands espaces. Certains, généralement les plus conservateurs, préfèrent voir dans la défense de l'environnement une forme de militantisme de gauche anticapitaliste, ou à tout le moins un frein au développement économique et à la création de richesse. Brian Mulroney, lui, a cru très tôt qu'il s'agissait d'un impératif moral, une société ne pouvant pelleter indéfiniment ses poubelles dans la cour de la prochaine génération. Il a donc choisi d'agir, influencer, convaincre, avancer. L'entente canado-américaine sur la qualité de l'air, qui a permis de régler le problème des pluies acides, est sans doute l'exemple le plus concret de ses convictions en la matière – et aussi de sa détermination. Les Américains préféreraient sans doute le mot « entêtement ». Il lui a fallu sept ans pour y parvenir.

Sa conception des relations avec les États-Unis, puisqu'on en parle, a valu à Brian Mulroney de nombreux reproches. Ils étaient d'autant plus mordants que, pendant ses années au pouvoir, Brian Mulroney avait pour vis-à-vis américains des présidents républicains, à commencer par Ronald Reagan, le militariste, l'anticommuniste primaire, le renégat du droit international, le pourfendeur des syndicats et de l'appareil gouvernemental, le chantre de l'économie de marché, de la déréglementation et des baisses d'impôt pour les plus riches car, de leur table, il finirait bien par retomber quelques miettes pour les autres. Dans l'esprit de plusieurs, Reagan était ainsi une caricature de la droite conservatrice. Et puisque Brian Mulroney était son ami, cela faisait de lui un hyperconservateur par association. Pourtant, sa conception du monde était beaucoup plus près de celle du socialiste François Mitterrand que de celle du conservateur Ronald Reagan. Elle s'est souvent exprimée à l'encontre de la position américaine : sur l'apartheid, le financement de l'ONU, le projet de « Guerre des étoiles », le blocus économique contre Cuba, les actes de piraterie commis par les États-Unis au Nicaragua, le rôle des Casques bleus, la main tendue aux soviétiques, l'environnement. Mais la dissidence canadienne, telle que pratiquée par Brian Mulroney, s'est toujours manifestée avec retenue et dans le respect de la position américaine.

Au-delà de la manière, qu'on peut aimer ou pas, il y a les conséquences. Beaucoup ont reproché à Brian Mulroney d'avoir américanisé le Canada en concluant l'Accord de libre-échange. Peut-être, mais ce mouvement n'était pas nouveau, ni par les échanges économiques – 90 % des exportations canadiennes allaient déjà vers les États-Unis et 80 % étaient déjà libres de droit –, ni par l'omniprésence de la culture américaine au Canada, particulièrement au Canada anglais, mais aussi phénomène planétaire. Il faut également reconnaître que les mises en garde apocalyptiques des opposants au libre-échange ne se sont pas matérialisées : le régime public d'assurance santé ne s'est pas écroulé au Canada. C'est plutôt les États-Unis qui tentent tant bien que mal de s'en rapprocher. Les pensions pour personnes âgées n'ont pas disparu, pas plus que les politiques de bilinguisme. Il s'est plutôt produit un phénomène tout à fait inusité et imprévu. Les entreprises, produisant désormais souvent pour l'ensemble du marché continental nord-américain à la suite de la conclusion de l'ALENA, ont de plus en plus opté pour un seul emballage trilingue, anglais-français-espagnol. C'est ainsi que même dans le Walmart le plus reculé du Texas, les cartons de téléviseurs, de meubles, d'appareils électroménagers ou informatiques mettent en évidence une description française de leur contenu, sans que cela ne provoque la commotion qui a accompagné l'instauration du bilinguisme au Canada quelques décennies auparavant, quand des WASP criaient qu'on voulait leur enfoncer le français dans la gorge (« *to force French down our throat* »). Le plus grand succès de l'Accord de libre-échange, puis de l'ALENA, aura sans doute été la création d'un mécanisme neutre d'arbitrage des litiges commerciaux, une concession arrachée aux Américains à la dernière minute. On lui doit ainsi la pacification des relations commerciales, désormais soustraites aux cycles politiciens perpétuels qui caractérisent la société américaine.

Les liens amicaux avec les présidents américains, particulièrement chaleureux avec George H. Bush, ont permis à Brian Mulroney d'avoir un accès unique à leur influence. Certains y ont vu de la servitude, d'autres estiment que cela a donné au Canada un poids inégalé dans les affaires du monde. Cette proximité a-t-elle compromis la souveraineté canadienne ? C'est la thèse qu'a défendue le chef libéral Jean Chrétien, lors de la campagne électorale de 1993, par ses moqueries à l'encontre du présumé empressement de Brian Mulroney à répondre aux appels (sous-entendu : aux désirs) des présidents américains. Mulroney demande qu'on le juge aux résultats obtenus. Il ajoute que la véritable souveraineté d'un pays ne se mesure pas au nombre de conflits qu'il entretient avec les autres, mais bien davantage par la solidité de sa situation économique et financière. En quittant le pouvoir, en 1984, les libéraux n'avaient pas seulement laissé les tiroirs vides avec un déficit de près de 40 milliards de dollars, ils avaient aussi multiplié la dette par 10 sur une période de 15 ans. Les taux d'intérêt étranglaient l'économie, les financiers mondiaux posaient leurs exigences pour prêter à un client si gourmand qu'il devait emprunter pour payer l'épicerie.

Il fallait donc réduire les dépenses, s'occuper de la dette, revoir la fiscalité, dynamiser les exportations, se départir de certains avoirs et, en conséquence, revoir le rôle de l'État. Autant de mesures associées à la droite… sauf lorsqu'elles sont pratiquées par la gauche ! L'histoire canadienne récente montre en effet qu'aucun parti n'a le monopole du souci d'administrer de manière serrée les finances publiques ou, inversement, celui d'une propension à s'en balancer. Brian Mulroney est arrivé au pouvoir à un moment où la situation était devenue intenable, les seuls intérêts sur la dette représentant le tiers des revenus du gouvernement. Comme dans le dossier de l'environnement, il y a une limite à ce qu'une génération peut pelleter dans la cour de la suivante. L'équité intergénérationnelle devient un impératif moral. Il est vrai par ailleurs que les résultats, après neuf années de pouvoir conservateur, laissaient encore à désirer. Le déficit était toujours à un niveau insoutenable, soit près de 6 % du PIB. Il est aussi vrai que la dette a doublé pendant ces neuf années. Brian Mulroney aime dire que ces 200 milliards de dette additionnelle représentent uniquement l'accumulation des charges en intérêt sur la dette héritée des libéraux et qu'il n'y a pas ajouté un dollar supplémentaire provenant des dépenses gouvernementales. C'est sans doute une façon de voir les choses pour mieux s'en consoler. Par contre, peu de ceux qui lui reprochent de ne pas avoir mieux équilibré les livres auraient osé préconiser publiquement davantage de taxes et d'impôts ou des coupes plus sévères dans l'administration publique. En fait, ce sont souvent les mêmes qui ont contesté l'une et l'autre de ces mesures aussi impopulaires que nécessaires. Les libéraux de Jean Chrétien, par exemple, ont combattu avec fougue chacune des compressions de dépenses décrétées par les conservateurs. C'est ainsi qu'on a pu voir le député Don Boudria, membre en règle du Rat Pack, se coucher un jour sur les rails du Canadien National pour dénoncer la réduction des subventions fédérales au transporteur ferroviaire. Une fois au pouvoir, le même Don Boudria a siégé au Conseil des ministres où l'on a décidé de réduire de moitié le budget total du ministère des Transports !

Les plus âgés ont tendance à l'oublier, les plus jeunes n'ont pas connu cette époque, mais à l'arrivée au pouvoir de Brian Mulroney, les bureaux de poste étaient à peine plus nombreux que les hôtels de ville et beaucoup moins hospitaliers. Or, ils détenaient le monopole de la vente des timbres et de la distribution des colis. On y passait des heures à attendre. La création de comptoirs postaux confiés au secteur privé a représenté une révolution conquise au prix de combats épiques. Ainsi en allait-il des aéroports, tous gérés à partir d'Ottawa et qui avaient la réputation bien méritée d'être aussi accueillants que leurs vis-à-vis soviétiques de la période antérieure à la chute du mur de Berlin. L'État canadien produisait du pétrole, le raffinait et le vendait à la pompe, fabriquait des avions et des satellites, opérait le plus grand transporteur aérien, une compagnie de chemins de fer aussi bien pour les marchandises que pour les passagers, avait une entreprise de télécommunication par satellites, etc. En quelques années, pressé par le temps, un œil sur l'horloge de la dette qui peinait à ralentir sa course folle, le gouvernement Mulroney a vendu une grande partie de sa participation dans ces entreprises à vocation commerciale. Cela a permis de réduire de 100 000 le nombre d'employés de l'État fédéral. Il ne s'agit pas pour autant de pertes d'emplois. Dans les faits, plusieurs anciennes sociétés d'État, dynamisées par leur nouvelle incarnation commerciale, ont multiplié les investissements, prospéré et attiré de nouveaux travailleurs. Si elles étaient demeurées sous la responsabilité d'un gouvernement sans le sou, cherchant continuellement à faire des économies pour financer ses missions essentielles, ces entreprises auraient été vouées à une lente agonie.

Ces mesures étaient-elles populaires ? Sans doute pas. Pas plus que le resserrement des règles d'admission à l'assurance-chômage ou la mise en place de la TPS. Sont-elles allées trop loin ? S'agissait-il de décisions inconsidérées, motivées par une idéologie de droite ? C'est bien sûr le reproche qu'ont alors fait les partis d'opposition. Pourtant, le leader du NPD de l'époque, Ed Broadbent, reconnaît qu'« en réalité, il n'y a pas eu beaucoup de coupures dans le domaine social ». Brian Mulroney, estime-t-il, a lancé le débat sur la nécessité de contrôler la dette et les dépenses. Il a changé les mentalités. Il a, en fait, préparé le terrain pour le gouvernement qui a suivi : « C'est les libéraux, après monsieur Mulroney, qui ont fait les grandes compressions budgétaires », rappelle-t-il.

Par contre, l'ancien chef néodémocrate déplore que toutes les controverses entourant Brian Mulroney et son gouvernement aient fait oublier certaines des mesures sociales qu'il a adoptées. L'une a touché Ed Broadbent personnellement, le faisant éclater en sanglots au Parlement au moment de son adoption. Il s'agit des excuses officielles du Canada envers les citoyens d'origine japonaise injustement arrêtés, dépossédés de tous leurs biens, déportés et détenus dans des camps pendant la Seconde Guerre mondiale en vertu de la Loi sur les mesures de guerre, sans qu'aucun d'eux ne soit jamais accusé d'avoir trahi son pays. Ed Broadbent dit que ces excuses étaient « un des moments les plus touchants de [sa] vie de politicien, une des décisions les plus importantes dans l'histoire du gouvernement Mulroney ». Il faut savoir que la première épouse du chef néodémocrate était elle-même d'origine japonaise

et qu'il avait tenté à plusieurs reprises de convaincre Pierre Elliott
Trudeau de reconnaître l'injustice faite à cette communauté sous un
gouvernement libéral, celui de Mackenzie King. En vain.

Les excuses officielles présentées par Brian Mulroney à l'automne
1988 s'accompagnaient d'une indemnité à chacune des victimes encore
vivantes de ce triste épisode : 21 000 dollars. Une somme dérisoire pour
racheter l'honneur du pays qui a traité 21 000 de ses concitoyens en
« ennemis intérieurs ». D'autant plus que les événements s'étaient produits 40 ans plus tôt et que, depuis, la moitié d'entre eux avaient perdu
la vie. En guise de réparation, à leur mémoire, Ottawa ajoutait 24 millions de dollars pour créer une fondation destinée à la promotion des
relations interraciales au Canada.

Pour faire amende honorable avec l'Histoire, Brian Mulroney présenta aussi des excuses à la communauté italo-canadienne, dont 500
des membres furent également internés dans des camps pendant la
Seconde Guerre mondiale. Surtout, il créa une commission d'enquête
sur les criminels de guerre nazis ayant trouvé refuge au Canada après
1945. Présidée par le juge Jules Deschênes, la commission recommanda
de poursuivre les recherches pour retrouver des dizaines d'entre eux
que l'on soupçonnait d'avoir refait leur vie sous une nouvelle identité
en sol canadien. Par la suite, le gouvernement amenda le Code criminel
afin de permettre de les poursuivre au Canada.

Y avait-il une part d'opportunisme politique dans toutes ces mesures ?
Peut-être. La communauté juive est influente, la communauté d'origine
italienne abondante. Par contre, les descendants nippons n'ont pas un
poids électoral justifiant les 240 millions de dollars de compensation
accordés par le gouvernement Mulroney. Ce que ces décisions ont en
commun, c'est surtout la volonté de réconciliation nationale de Brian
Mulroney. Faire la paix avec le passé. Si, comme le lui ont reproché
plusieurs de ses adversaires, Brian Mulroney avait été principalement
mu par l'opportunisme, comment expliquer alors qu'il ait entrepris
autant de réformes vouées à la controverse ? Sa défense du bilinguisme
au Manitoba, le libre-échange, les changements constitutionnels, les
compressions budgétaires ou la TPS seraient donc autant de mesures
d'un opportuniste masochiste ou imbécile.

Comment son combat en faveur de la reconnaissance de la place
du Québec à l'intérieur du Canada, dont les prémisses se retrouvaient

déjà dans son mémoire de sciences politiques alors qu'il n'avait que 19 ans, pourrait-il aussi être mis sur le compte de l'opportunisme ? Son acharnement à le mener jusqu'à l'épuisement témoigne du contraire. « C'est une croix qu'il a portée jusqu'à la fin, une croix qui venait avec une couronne d'épines tout le long et qui l'a suivi », commente son ancien ministre Marcel Masse, admiratif devant un tel dévouement aux intérêts du Québec. Cette bataille, on le sait, lui a aliéné une partie de l'opinion publique dans le reste du Canada, contribuant à son impopularité. Il en était conscient, comme il l'a confié à son journal personnel, le 2 janvier 1991 : « J'ai peut-être été trop pro-Québec pour espérer être élu à nouveau. »

Il s'agit d'un des grands paradoxes de l'histoire canadienne, qu'un premier ministre à ce point dévoué à la réconciliation, étant parvenu à cinq reprises à obtenir l'unanimité des premiers ministres provinciaux et des partis politiques fédéraux en faveur d'amendements constitutionnels destinés à raccommoder le pays, en soit venu à être tenu responsable d'avoir réveillé les pires démons de la division, jusqu'à l'éclatement de son propre parti. Il n'aura finalement réussi, disent les cyniques, qu'à unir le pays contre lui et le Parti progressiste-conservateur et qu'à gonfler les ardeurs séparatistes au Québec. Ces reproches font commodément abstraction de certains faits : le Parti québécois a été créé en octobre 1968, tout juste après l'élection à Ottawa de Pierre Elliott Trudeau. Il a pris le pouvoir, huit ans plus tard, alors que les libéraux étaient encore à la tête du pays. À la suite du rapatriement de la Constitution par ce même gouvernement, en 1982, les Québécois l'ont lourdement fait payer aux libéraux fédéraux, d'abord en faisant le choix de la « réconciliation nationale » conservatrice, ensuite de la protestation bloquiste, puis du « aucune de ces réponses » néodémocrate. Par contre, alors que les conservateurs de Brian Mulroney étaient en poste à Ottawa, les Québécois ont voté à deux reprises en faveur d'un gouvernement provincial fédéraliste. Il serait donc injuste de leur reprocher d'avoir attisé la flamme indépendantiste, surtout quand le reproche est formulé par des pyromanes.

Il y a un étrange phénomène de « deux poids, deux mesures » dans le regard rétrospectif qui s'est imposé au Canada sur cette période. La « trudeaumanie » est devenue une évidence aussi concrète que l'impopularité de Brian Mulroney. Or les résultats électoraux racontent une tout autre histoire. Le pire score des conservateurs dirigés par Brian Mulroney, celui de l'élection de 1988, leur a accordé 15 sièges de plus que la meilleure performance de Pierre Elliott Trudeau, au faîte de sa gloire, en 1968. Personne n'a pourtant jamais parlé de « mulroneymanie ». Par contre, on lui attribue volontiers la cuisante défaite qui a suivi son départ, celle de l'élection de 1993. Sans doute y a-t-il joué un rôle, ce que Brian Mulroney reconnaît :

> « *Est-ce que je nierais qu'une partie importante de la population en avait soupé de moi et était heureuse de me voir partir ? Je ne nierais pas ça. Dans la vie, dans les affaires, dans les mariages, dans la politique, on se tanne des gens, des chefs. Écoutez, René Lévesque, un des grands [personnages] de ma vie, a été renversé par son propre parti ! Madame Thatcher a été évincée par son parti. George H. Bush a été défait après un premier mandat. Ça nous arrive à nous tous.* »

Mais l'impopularité personnelle de Brian Mulroney ne peut expliquer à elle seule la quasi-disparition du Parti progressiste-conservateur à laquelle on a assisté le 25 octobre 1993 et qui a propulsé le Bloc québécois, dirigé par Lucien Bouchard, dans le rôle d'opposition officielle avec 54 sièges, talonné de près par le Reform Party, avec 52 sièges. Ce serait oublier une donnée importante. Au moment du déclenchement des élections, en septembre 1993, les conservateurs alors menés par Kim Campbell disposaient d'une avance de 20 points dans les sondages sur les libéraux de Jean Chrétien. Ensuite, la campagne de Kim Campbell a été une série ininterrompue de gaffes, de déclarations maladroites et de grossières erreurs de jugement. Elle a tenté de justifier le résultat calamiteux de l'élection par la théorie du « calice empoisonné » dont elle aurait hérité, une manière commode de se dédouaner de sa propre incurie.

Le résultat, véritable cataclysme politique, allait bientôt conduire à la disparition du Parti progressiste-conservateur. La grande coalition formée par Brian Mulroney entre nationalistes québécois et conservateurs de l'Ouest venait de se scinder en deux, permettant aux libéraux de se faufiler au centre.

Épilogue

Deux jours après avoir cédé le poste de premier ministre à Kim Campbell, Brian Mulroney écrit dans son journal personnel qu'il a décidé d'accepter l'offre d'Ogilvy Renault, la firme d'avocats qu'il avait quittée en 1976, après sa première tentative de prendre la tête du Parti progressiste-conservateur. À l'époque, il avait troqué la pratique du droit pour entrer dans le monde des affaires. Dix-sept ans plus tard, il y revient à titre d'associé principal de la firme, où il va se retrouver dans les affaires comme jamais auparavant. En effet, personne ne s'attend à ce qu'il s'y remette à la pratique de la profession d'avocat. Il est plutôt un *rainman*, un «faiseur de pluie»: son rôle est d'attirer des clients lucratifs, de faire pleuvoir des contrats et donc de l'argent sur l'entreprise.

Brian Mulroney dit ne pas regretter ses années en politique, dont il parle comme d'«un grand privilège», bien que, ajoute-t-il, «ça nous a réduits financièrement presque à néant». En 1976, il avait quitté le droit pour aller faire de l'argent à l'Iron Ore, mais quand il est ensuite devenu premier ministre, il a encaissé un sérieux recul dans sa rémunération. Malgré tout le prestige associé à la fonction, il n'y a aucun doute qu'elle est beaucoup moins lucrative qu'un poste de haute direction dans une grande entreprise. En 1993, maintenant retraité de la politique à seulement 54 ans, le temps est venu pour Brian Mulroney de récolter les fruits de ses efforts et de faire sa place parmi les grands de ce monde.

Il s'inscrit au Washington Speakers Bureau, une agence de placement de conférenciers internationaux à laquelle étaient alors déjà associés

Ronald Reagan et Margaret Thatcher. On lui offre entre 70 000 et 100 000 dollars canadiens par discours, et il en prononce jusqu'à 25 par année. Cette activité « secondaire » lui rapporte donc à elle seule jusqu'à plus de deux millions de dollars annuellement, soit davantage que les salaires combinés de ses neuf ans à la tête du gouvernement canadien.

Pendant qu'il était premier ministre, le Canada a été un membre actif du Commonwealth et de la Francophonie. Brian Mulroney est aussi celui qui a fait entrer le pays dans l'Organisation des États américains, l'OEA, un club dont le Canada s'était jusque-là exclu, comme pour signifier que l'Amérique du Sud était la cour arrière de la seule puissance états-unienne. Bref, comme s'amuse à le dire Brian Mulroney, quand il a quitté la politique, il connaissait presque tous les dictateurs de la planète par leur prénom. Cela vaut de l'or dans le monde des affaires et, faut-il s'en surprendre, cela lui a valu un poste au conseil d'administration de la plus grande société aurifère de la planète, la canadienne Barrick Gold.

Au moment d'écrire ces lignes, Brian Mulroney préside toujours le conseil consultatif international de Barrick Gold qu'il a créé, il y a plusieurs années, afin de faciliter le rayonnement mondial de l'entreprise. On y retrouve, entre autres, l'ancien président espagnol José Maria Aznar, l'ancien gouverneur de la Floride Jeb Bush (qui est le fils de George H. Bush et le frère de George W. Bush, tous deux anciens présidents américains), l'ancien secrétaire à la Défense de Bill Clinton, William Cohen, l'homme d'affaires et imminence grise du Parti démocrate américain Vernon Jordan, et l'ancien conseiller personnel de Margaret Thatcher, sir Charles Powell.

Brian Mulroney est donc devenu l'ambassadeur de Barrick Gold, son ouvreur de portes, son lobbyiste international. Le président et fondateur de l'entreprise, le redoutable Peter Munk, partait régulièrement dans son jet privé en compagnie de Brian Mulroney pour se rendre en Afrique, où son rôle dans le démantèlement de l'apartheid leur assurait la présence d'un tapis rouge au pied de l'escalier de l'avion. En Amérique du Sud, où Barrick a multiplié les projets d'exploitation du minerai, la seule présence de Mulroney suffisait à offrir un accès direct au pouvoir politique. Un jour, arrivés une demi-heure à l'avance pour un rendez-vous avec un premier ministre sud-américain, Munk et Mulroney eurent la surprise de le voir interrompre sur-le-champ la réunion de son Conseil des ministres pour les recevoir. Le métier d'ouvreur de portes peut être très lucratif. Brian Mulroney est payé en fonction des résultats obtenus, selon les mandats que lui accorde Barrick. Pour la seule année 2012, l'entreprise lui a versé 2,5 millions de dollars.

Brian Mulroney a aussi siégé au fil des ans sur une multitude de conseils d'administration de très grandes entreprises : le géant américain de l'agroalimentaire Archer Daniels Midland et le mammouth financier JPMorgan Chase qui serait, selon le magazine *Forbes*, la plus grande banque au monde. Il a d'ailleurs été président du conseil de *Forbes*. On l'a aussi retrouvé au CA des banques d'investissement Blackstone (américaine) et Lion Capital (britannique), de la chaîne hôtelière Wyndham et de l'entreprise de services Cendant, qui a multiplié la propriété de bannières bien connues par les consommateurs, entre autres les chaînes de location d'automobiles Avis et Budget, les groupes hôteliers Ramada, Days Inn, Howard Johnson et Travelodge, les franchises de courtage immobilier Century 21 et Sotheby's, ou encore les services touristiques CheapTickets ou RCI ; au Québec, il est membre et préside pendant plusieurs années le conseil d'administration de Quebecor, géant de l'imprimerie, de l'édition de livres, de la câblodistribution, d'Internet, de la télévision, de la téléphonie cellulaire et, par sa filiale Sun News, le plus important éditeur de journaux au Canada.

Toutes ces activités l'ont amené à voyager beaucoup à travers le monde, ce qui lui a permis d'entretenir ses relations. Il a rendu visite à plusieurs reprises à Ronald Reagan et Margaret Thatcher, tous deux atteints d'Alzheimer, malgré l'état avancé de leur maladie. À chaque année, lui et son épouse Mila vont passer quelques jours à la résidence d'été de George H. Bush, à Kennebunkport, comme ils avaient pris l'habitude de le faire lorsqu'il était président. Brian Mulroney est l'un des seuls anciens chefs d'État ou de gouvernement que François Mitterrand ait accepté de recevoir à son chevet, peu de temps avant sa mort. Presque à chaque année, il se rendait saluer Nelson Mandela en Afrique du Sud jusqu'à son décès, fin 2013.

Pour écrire cet épilogue, j'ai rencontré Brian Mulroney à son bureau de la Place-Ville-Marie, à l'automne 2013, peu de temps après la diffusion de la série télévisuelle lui étant consacrée. À 74 ans, il maintenait encore un horaire de fou. La veille, il était à New York. Le lendemain, il partait en Israël. La politique de retraite obligatoire à 65 ans instaurée par son cabinet d'avocats ne s'applique visiblement pas à lui. Il n'a aucune intention de s'arrêter. Ce serait la mort, un sort auquel il est convaincu d'échapper en restant actif. Ainsi, me dit-il, « je ne vais pas mourir, je vais m'évaporer ».

Cela a bien failli se produire en mars 2005, à la suite d'une intervention chirurgicale pourtant mineure qu'il a subie à l'Hôpital Saint-Luc du CHUM. L'opération au poumon a entraîné une grave infection qui s'est attaquée à son pancréas, ce qui lui a valu un long séjour aux soins intensifs. Entré le 15 mars à l'hôpital, quelques jours avant son 66ᵉ anniversaire de naissance, il n'en est ressorti que trois mois plus tard, sérieusement amoindri. Il lui a fallu encore plusieurs mois de réhabilitation avant de pouvoir reprendre ses activités professionnelles. Par la suite, dit-il, il a beaucoup réduit le rythme de ses conférences à l'étranger qui lui imposaient des décalages horaires difficilement conciliables avec le diabète sévère dont il est affligé, conséquence de sa pancréatite. La maladie, le flirt avec la mort, ont aussi changé sa perception du monde. « Je suis plus tolérant, moins égoïste, plus dévoué à certaines causes pour des gens malades » – d'où, par exemple, son implication active dans des fondations destinées à la recherche médicale, celle du CHUM en particulier. « *I have no more mountains to climb*[64] », dit-il pour expliquer sa nouvelle philosophie de la vie. N'empêche qu'il continue de travailler à un rythme que lui envieraient plusieurs gens d'affaires ayant 30 ans de moins que lui. Son bureau d'avocats, portant maintenant le nom de Norton Rose Fulbright à la suite d'une succession d'acquisitions, semble y trouver son compte, le *rainmaker* continuant à attirer de juteux contrats pour la firme.

Certains lui reprochent de s'être trop intéressé à monnayer ses contacts internationaux auprès d'entreprises multinationales au détriment du rôle qu'il aurait pu choisir de jouer, celui de « *elder stateman* », de vétéran de la politique impliqué dans des causes sociales ou humanitaires. On doit d'abord reconnaître que l'affaire Airbus/Schreiber évoquée plus tôt a largement hypothéqué le capital de sympathie sur lequel il aurait pu s'appuyer pour maintenir une présence active dans

---

64.   Traduction libre : « Je n'ai plus rien à prouver. »

le débat public au Canada pendant une quinzaine d'années, soit des premières allégations en 1995 jusqu'au rapport de la commission Oliphant en 2010. Même s'il en avait été autrement, soutient-il, il aurait résisté à la tentation de commenter les faits et gestes des gouvernements qui lui ont succédé : « J'ai décidé de ne pas être une belle-mère, je trouve ça indigne », dit Brian Mulroney.

Cela ne l'a pas empêché d'y aller de quelques remarques obliques pour se réjouir de la décision du gouvernement libéral de Jean Chrétien de conserver la TPS et de se rallier à l'Accord de libre-échange nord-américain, deux mesures que les libéraux avaient pourtant désavouées alors qu'ils se trouvaient dans l'opposition. Lorsque les conservateurs de Stephen Harper ont ensuite pris le pouvoir et amorcé leur travail de sape des lois et règlements en matière de protection de l'environnement, un dossier pour lequel il s'était tant battu, Brian Mulroney s'est permis de le déplorer publiquement. En fait, quelques mois à peine après la première victoire électorale de Stephen Harper, en 2006, Brian Mulroney se voyait désigné comme « le premier ministre le plus écologiste de l'histoire du Canada ». Il profita de la cérémonie de remise du prix décerné par un jury de 12 personnalités canadiennes, au château Laurier, à moins de 200 mètres du bureau du premier ministre Harper, pour le prier de reconnaître « l'urgence » de combattre les changements climatiques et l'inciter à faire preuve d'un « leadership national fort ». « J'ai essayé d'envoyer un message, mais ça n'a pas pogné », commente-t-il de manière colorée. Sa déception provient de ce qu'il est toujours convaincu que la classe moyenne canadienne souhaite davantage laisser un environnement pur en héritage à ses enfants qu'obtenir pour elle-même une réduction immédiate d'impôt. « Quand je l'ai vu couper la TPS de 7 % à 5 %, ma réaction a été : "C'est probablement de la bonne politique partisane, mais c'est de la mauvaise politique publique[65]." » Sans cette réduction de la taxe à la consommation, croit Brian Mulroney, le Canada se serait épargné de retomber pendant plusieurs années dans les déficits. Il la comprend d'autant moins que les conservateurs avaient déjà encaissé 15 ans plus tôt le prix politique de la mise en place de la

---

65. Brian Mulroney a utilisé la formule en langue anglaise « *good politics but very bad public policy* ».

taxe. Pourquoi, se demande-t-il, avoir dilapidé un acquis si chèrement payé ?

Les réflexions de Brian Mulroney sur son héritage se font graduellement plus pesantes alors que se termine notre dernière rencontre à son bureau. Au cours des semaines précédentes, ses deux meilleurs amis sont disparus. D'abord, le fidèle compagnon de route Bernard Roy, puis l'influent conseiller de l'ombre Paul Desmarais. Celui-ci avait souvent rassuré Brian Mulroney sur la place qu'il occuperait un jour dans l'Histoire : « *Let the garden grow* », lui disait-il avec la sagesse du jardinier. Il faut laisser le jardin pousser avant d'en récolter les fruits, chaque chose arrivera en son temps. Mais avec l'âge, le temps devient une denrée de plus en plus rare. À 74 ans, Brian Mulroney vient de prendre les dispositions pour le grand voyage qu'il sait inéluctable. Lui et son épouse ont récemment choisi le site de leur dernier repos dans un cimetière de Montréal. Leurs quatre enfants habitent à Toronto, mais c'est sur le mont Royal que Brian et Mila vont couler leurs derniers jours et goûter ensuite au repos éternel. L'ancien premier ministre a aussi décidé de léguer au gouvernement canadien, après sa mort, la table de travail de John A. Macdonald dont son parti lui a fait cadeau en 1993. Qui sait ? Peut-être qu'un jour un autre premier ministre canadien y trouvera l'inspiration d'un nouveau beau risque et le courage d'entreprendre la réconciliation nationale dont Brian Mulroney a rêvé et qu'il est passé si près de réaliser.

Bibliographie

Bouchard, Lucien, *À visage découvert*, Montréal, Éditions du Boréal, 1992.

Cashore, Harvey, *The Truth Shows Up: A reporter's fifteen-year odyssey tracking down the truth about Mulroney*, Toronto, Key Porter Books, 2010.

Cornellier, Manon, *The Bloc*, Toronto, James Lorimer & Company, 1995.

Duchesne, Pierre, *Jacques Parizeau, tome III: le Régent, 1985-1995*, Montréal, Québec Amérique, 2004.

Gratton, Michel, *"So, What Are The Boys Saying?" An inside look at Brian Mulroney in power*, Toronto, McGraw-Hill Ryerson Limited, 1987.

Kaplan, William, *A Secret Trial: Brian Mulroney, Stevie Cameron, and the Public Trust*, Montréal, McGill-Queen's University Press, 2004.

Kaplan, William, *Presumed Guilty: Brian Mulroney, the Airbus Affair, and the Government of Canada*, Toronto, McClelland and Stewart, 1998.

Lisée, Jean-François, *Le Naufrageur: Robert Bourassa et les Québécois, 1991-1992*, Montréal, Éditions du Boréal, 1994.

Maltais, André, *Le Réveil de l'aigle: les Peuples autochtones, des sociétés en mutation*, Ottawa, Éditions Pierre Tisseyre, 2013.

Mulroney, Brian, *Mémoires*, Montréal, Les Éditions de l'Homme, 2007.

Mulroney, Brian, *Where I Stand*, Toronto, McClelland and Stewart, 1983.

Rémillard, Gil, *Le Fédéralisme canadien, tome I*, Montréal, Québec Amérique, 1983.

Rémillard, Gil, *Le Fédéralisme canadien, tome II*, Montréal, Québec Amérique, 1984.

Sawatsky, John, *Le Pouvoir de l'ambition*, Montréal, Libre Expression, 1991.

Tassé, Roger, *Ma vie, le droit, la Constitution et bien plus encore ! Mémoires d'un sous-ministre fédéral de la Justice*, Cowansville, Édition Yvon Blais, 2013.

Vastel, Michel, *Bourassa*, Montréal, Les Éditions de l'Homme, 1991.

Index

Note : La référence au cahier photo est en chiffres romains.

[C]

[D]

[E]

[F]

Fabius, Laurent, 213

Fédération des Travailleurs du Québec (FTQ), 79, 82

Filmon, Gary, 275, 285, 309, 315

Forbes, 383

Forrester, Maureen, 183

Fortier, Yves, 55-56, 59, 62-63, 67-68, 72, 96, 100, 102, 108, 110, 255, 303, 329, 332-333

Fortin, Micheline, 293-295, 300

Forum des citoyens, 340

Fowler, Robert, 168-169, 198, 280

Francis, Diane, 341

Francophonie, 215, 249, 283, 321, 382

Frank, 336-337

Fraser, John, 208

Fraser, John (journaliste), 312

French, Richard, 274

Front de libération du Québec (FLQ), 69-70

Fulton, Davie, 26, 38, 43, 47-48, 65-66

[G]

G7, 128, 215, 238, 249, 280, 283, 330-332, 348-350

Garde côtière canadienne, 257

Gazette, 43

Gendarmerie Royale du Canada (GRC), 209, 255, 259

Gérin, François, 295

Getty, Don, 219, 311

Ghiz, Joe, 310

Gigantès, Philippe, 324

Gillies, James, 92

Gimaïel, Pierre, 251

Globe and Mail, 221, 259, 312-313, 337, 363

Gorbatchev, Mikhaïl, 182, 279-281, 330-332, X

Gotlieb, Allan, 239

Gouin, Lomer, 29

Government Consultants International, 254

Grafftey, Heward, 87, 92

Gratton, Michel, 225

Gravel, Michel, 222

Green, Martin, 295

Gregg, Allan, 157-158, 163, 365

[L]

[M]

[O]

[P]

[R]

[S]

[T]

[U]

Cahier photo

Photographies provenant de la collection du Très Honorable
Brian Mulroney à Bibliothèque et Archives Canada.

Brian Mulroney et son père, Benedict,
devant leur modeste demeure de la rue
Champlain à Baie-Comeau.

Brian Mulroney à l'école catholique de Baie-
Comeau. La religion passait avant la langue pour
cette famille de descendance irlandaise.

Malgré son français parfois
hésitant, Brian Mulroney
se démarque par ses qualités
d'orateur. À la Faculté de
droit de l'Université Laval,
il devient rapidement l'un
des étudiants les plus
populaires.

Le Congrès des affaires canadiennes se tient en 1962 à l'Université Laval. Brian Mulroney anime un atelier auquel participe Marcel Chaput, le nouveau président du RIN. Peter White apporte le télégramme annonçant qu'il est suspendu de son poste de fonctionnaire fédéral pour insubordination.

En 1974, à la commission présidée par le juge Robert Cliche. « Un homme flamboyant, sympathique, drôle, qui a eu une influence importante sur moi. »

Mila et Brian Mulroney, en 1983, pendant la course à la direction du Parti progressiste-conservateur. Elle a tenu parole. Lorsqu'il a décidé de revenir en politique, elle lui avait dit « que s'il a toujours envie de le faire, on est avec lui. On va l'épauler, les enfants et moi. Toute la famille va être sur l'autobus ».

Son discours au Congrès du Parti progressiste-conservateur de 1983 est courageux. Il harangue les délégués : « Tout le monde au pays dit que nous sommes une bande de perdants. Pourquoi ? »

Chef de l'opposition à la Chambre des communes, Brian Mulroney impose son autorité au caucus conservateur en prenant la défense des francophones du Manitoba. « Ma position sur le bilinguisme est claire comme de l'eau de roche, c'est ma position depuis l'âge de 2 ans ! »

À Baie-Comeau, le soir de la victoire du 4 septembre 1984. « 211 députés, c'est trop. »

Le « beau risque » à l'œuvre. « Je le connaissais bien et j'avais énormément de respect pour lui comme démocrate », dit Brian Mulroney de René Lévesque. « Je n'étais pas d'accord avec sa politique souverainiste, mais il l'a faite de bonne foi. Il y croyait. Ce n'est pas illégitime d'y croire. »

Brian Mulroney et Ronald Reagan lors du « Sommet irlandais », à Québec, en mars 1985. « Je lui ai dit : "Ron, je veux un traité de libre-échange global avec les États-Unis." Il me dit : "Ça fait partie de ma vision pour mon propre pays et je vais travailler intimement avec vous là-dedans." » Mais le public canadien ne doit pas savoir. « C'était trop tôt. »

En octobre 1985, Brian Mulroney se prépare à prononcer un discours marquant dans la lutte contre l'apartheid devant l'Assemblée générale des Nations Unies. À la dernière minute, il en modifie le contenu avec l'ambassadeur du Canada, Stephen Lewis, contre l'avis du ministère des Affaires étrangères.

En janvier 1987, Brian Mulroney ne cache pas sa mauvaise humeur à l'endroit de l'administration Reagan. Il convoque le vice-président George H. Bush à Ottawa pour le sermonner à propos des négociations sur l'Accord de libre-échange. Les relations canado-américaines, lui dit-il, « sont au bord de la rupture ».

Lors d'une visite à Ottawa en avril 1987, Ronald Reagan examine un globe terrestre datant du 19e siècle offert à Brian Mulroney par son ami Paul Desmarais. Le passage du Nord-Ouest y semble étroit comme une rivière. « Je lui ai joué un mauvais tour. »

François Mitterrand prononce un discours au Parlement canadien en mai 1987. Depuis le « Vive le Québec libre ! » du Général de Gaulle, 20 ans plus tôt, aucun président français n'avait effectué une visite officielle au Canada.

Brian Mulroney en compagnie de son chef de cabinet Bernard Roy et de l'ambassadeur du Canada à Paris, Lucien Bouchard, déambulant dans le Vieux-Québec, à l'occasion du 2ᵉ Sommet de la Francophonie, en septembre 1987. Les trois amis s'y sont connus un quart de siècle plus tôt en fréquentant la Faculté de droit de l'Université Laval.

Brian Mulroney et le financier Paul Desmarais, en mars 1988. Ils sont amis depuis la fin des années 60. « Personne n'a profité plus que moi de [son] bon jugement et de [son] soutien généreusement et loyalement accordés à tous les moments cruciaux de ma carrière. »

En avril 1988, Brian Mulroney s'adresse aux deux chambres réunies du Congrès américain. L'Accord de libre-échange conclu quelques mois auparavant doit encore être ratifié par les parlements des deux pays. Au Canada, il sera bientôt au centre de la campagne électorale.

Le 2 novembre 1988, contre l'avis de l'organisation de la campagne conservatrice, Brian Mulroney décide d'affronter devant les journalistes des opposants à l'Accord de libre-échange après un discours à Victoria. Le parti se dirigeait vers une défaite. « On joue le tout pour le tout », lance Brian Mulroney.

Lowell Murray, ministre responsable du dossier constitutionnel, en conversation avec Lucien Bouchard et Brian Mulroney en mars 1989. L'adoption de la loi 178 au Québec a mis à mal le processus de ratification de l'accord du lac Meech dans le reste du pays. « J'avais dit : "Robert, si tu fais ça, tu joues complètement entre les mains des adversaires de Meech. Tu pourrais tuer Meech." »

Brian Mulroney effectue une visite officielle en URSS en novembre 1989, quelques semaines après la chute du mur de Berlin. Il discute pendant quatre heures avec le président soviétique, Mikhaïl Gorbatchev, au Kremlin.

Brian Mulroney affiche un air réjoui alors qu'il s'apprête à lancer la première balle d'un match de baseball opposant les Blue Jays de Toronto aux Rangers du Texas en compagnie du président américain George H. Bush. Pourtant, la foule réunie au Skydome de Toronto l'a accueilli par des huées en ce 10 avril 1990, journée de l'adoption par la Chambre des communes de la loi de mise en vigueur de la TPS.

Le 27 mai 1990, Brian Mulroney reçoit le premier ministre de Terre-Neuve, Clyde Wells, au 24 Sussex. Ils passent quatre heures à se quereller. Le lendemain, après une rencontre avec Robert Bourassa, Brian Mulroney annonce la convocation des premiers ministres provinciaux pour une ultime tentative de sauver l'accord du lac Meech.

Du 3 au 9 juin 1990, Brian Mulroney et ses homologues provinciaux font vivre aux Canadiens un véritable suspense constitutionnel. Il ne reste que quelques jours pour éviter l'échec de l'accord du lac Meech.

Après six jours d'intenses négociations, les premiers ministres annoncent la conclusion d'une entente pour « sauver Meech ». Au premier rang, David Peterson de l'Ontario, les ministres fédéraux Don Mazankowski et Lowell Murray, en compagnie de Brian Mulroney. Tout juste derrière lui, la ministre de la Justice Kim Campbell qui lui succèdera trois ans plus tard comme première ministre du Canada.

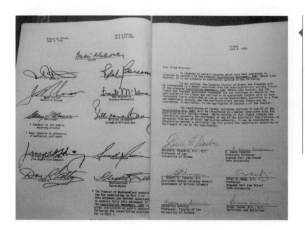

Le texte de l'entente intervenue le 9 juin 1990 portant la signature des onze premiers ministres. Celle de Clyde Wells s'accompagne d'une note dans laquelle il s'engage à endosser l'accord du lac Meech s'il reçoit l'appui de sa législature ou de la population de sa province par référendum.

Brian Mulroney implore les députés de la législature de Terre-Neuve de renouveler leur appui à l'accord du lac Meech. Le lendemain, Clyde Wells suspend les travaux de l'assemblée. « Il a trahi sa signature, dit Brian Mulroney, il a trahi sa parole, il a trahi son pays. Meech n'a pas été défait, il n'a pas été battu : il n'y a jamais eu de vote ! »

Un des jours les plus heureux de Brian Mulroney en juin 1990 : la visite au Parlement canadien du leader sud-africain Nelson Mandela, peu de temps après sa libération de prison. Il y avait croupi pendant 27 ans. Il deviendra plus tard le premier président noir d'Afrique du Sud.

Le jour de la mort de l'accord du lac Meech, Brian Mulroney et son épouse Mila sont en deuil.
« Pour moi, c'était comme un décès dans la famille. Ça m'a complètement matraqué. C'était le pire
moment de ma vie politique ou même, je pense parfois, de ma vie entière. »

La première crise internationale après la fin de la guerre froide : en août 1990, l'Irak vient d'envahir le Koweït et le président George H. Bush reçoit Brian Mulroney à sa résidence estivale de Kennebunkport, dans le Maine. Les deux hommes travaillent à obtenir l'accord du Conseil de sécurité de l'ONU en faveur d'une intervention militaire.

Brian Mulroney aimait bien les excursions de pêche en compagnie du président Bush dont il est demeuré un fidèle ami longtemps après la fin de leur carrière politique. On les voit ici lors d'un moment de détente en août 1990.

La vie de famille au 24 Sussex n'a pas été un conte de fées. « On avait une vie assez stricte »,
dit Mila Mulroney.

Portrait de Brian Mulroney l'air soucieux, réalisé en 2002. Il est poursuivi depuis des années par l'« affaire Airbus » qui viendra encore le hanter jusqu'à la fin de la décennie.